KB134391

지금 시작하는

오디세이아

Odysseia

지금 시작하는
오디세이아
of Homer

양승욱 지음

탐나는책

호메로스는 고대 그리스의 대표적인 시인이다. 그는 궁극의 서사시 『일리아스』와 『오디세이아』의 저자이며, 역사상 가장 위대한 작가 중 한 명으로 평가받는다.

플라톤은 그를 최초의 교사이자 지도자라고 했고, 아리스토텔레스는 그를 극작가라고 불렀다. 호메로스는 BC 5세기와 그 후로 이어지는 고전 시대에서 문명의 중요한 문화적 영웅이었다.

그는 최초로 상상할 수 있는 문화의 시대에 자신만의 기념비적인 공헌을 함으로써 역사에 기록되었다. 그의 출생지나 활동 연대에 대해서는 남겨진 기록이 없다. 하지만 작품에 구사된 언어나 여러 가지 사실로 미루어 BC 800년에서 BC 750년경 활동한 것으로 보는 견해가 설득력을 얻고 있다.

이 시기에 현재 우리가 고대 그리스라고 이해하는 발칸반도와 소아시아에는 소규모 도시(폴리스)가 1,000여 개 이상 만들어졌다. 폴리스의 규모는 대부분 작았으며, 인구가 적게는 수백에서 많게는 수천에 이르렀다. 이 도시 중 가장 강성했던 곳은 아테나와 스파르타, 아르고스,

테베, 코린토스였다.

도시국가는 대부분 혈연으로 맺어진 작은 공동체에 불과했기에 시민들의 충성심은 깊었지만, 폐쇄적이고 배타적이었다. 각각의 폴리스들은 독립된 사회적 공동체로서 독자적인 정부와 관습법, 종교의식, 지역 방언을 가졌다. 그들은 이방인을 받아들이지 않았고, 다른 도시국가와 합치지 않았으며, 기껏해야 종교 활동이나 군사동맹을 맺는 수준이었다.

이 시기에 분열되어 있던 그리스는 실질적인문화적 화합의 사례를 찾아보기 어려웠다. 하지만 그들은 동일한 언어를 사용하고 같은 종교를 믿었기 때문에 한 민족이라는 의식이 강했다.

그러한 정신은 그리스 남부 펠로폰네소스 반도에서 열렸던 올림피아 대제전과 델포이 신전의 아폴론 신탁에서 찾아볼 수 있다. 거기에 한 가지를 더하면 호메로스의 시가 남긴 유산일 것이다.

호메로스의 일리아스와 오디세이아는 문화적 통일의 경이로움으로 이해될 수 있다. 이 두 작품은 수많은 도시국가의 다양한 제도적 유산과 변화무쌍한 그리스 언어권의 세계를 문명과 문화적 정체성의 통일된 서술로 통합해냈다. 그러한 이유로 호메로스의 작품은 기독교의 성경과 더불어 서양 문명의 근원으로 숭배받았다.

오디세이아(Odysseia)는 '오디세우스의 노래'라는 뜻이다. 오디세우스가 트로이아 전쟁이 끝난 후 고향 이타케로 떠난 지 10여 년째 되는 어느 날로부터 시작하여, 40여 일에 걸친 이야기가 모두 12,110행에 달하는 방대한 분량으로 이루어진 장편 서사시이다. 일리아스처럼 24 그리스 문자를 딴 24권으로 나누어져 있다.

이 이야기는 오디세우스가 '목마를 이용한 뛰어난 전략'으로 트로이아를 멸망시킨 후 전리품을 챙겨 금의환향하면서 시작된다. 당시 오디세우스는 600명의 부하들을 거느리고, 열두 척의 배로 트로이를 출발했다. 하지만 그는 도중에 배와 부하들을 모두 잃었고, 고향인 이타케로 돌아가기까지 무려 10년의 세월을 온갖 고난과 맞서 싸워야 했다.

그리고 마침내 고향인 이타케로 귀향하여 자신이 집을 비운 사이

아내를 괴롭히고 자신의 재산을 탕진한 구혼자들에게 통쾌한 복수를 한다. 트로이아 전쟁의 영웅 오디세우스와 함께 호메로스의 세계로 모험을 떠나보자.

2022년 9월

양승욱

차례

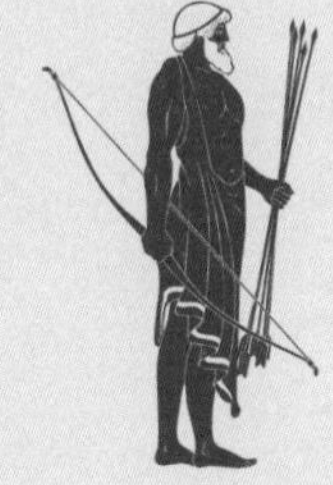

1부 전쟁은 끝났으나

2부 오디세우스의 모험은 계속되고

3부 돌아온 영웅의 복수

오디세우스 Odysseus

이타케의 왕이며 지혜롭고 현명한 전략가이다. 아내 페넬로페와 아들 텔레마코스를 두고 트로이아 전쟁에 참전했다. 아킬레우스와 더불어 트로이아 전쟁에서 가장 뛰어난 활약을 펼쳤으며, 10년간 이어진 트로이아 전쟁을 목마를 이용한 뛰어난 전략으로 그리스에 승리를 안겼다.

페넬로페 Penelope

오디세우스의 아내이며 텔레마코스의 어머니로 서양에서 현모양처의 본보기가 된다. 트로이아 전쟁의 원인이 되었던 세상에서 가장 아름다운 여인 헬레네와는 사촌 지간이다. 그녀는 남편이 부재할 때 자신의 지성을 발휘하고 사회적 신분과 남편에 대한 정절을 잘 지킴으로써 남편의 영지를 훌륭하게 지켜낸다.

텔레마코스 Telemachos

오디세우스와 페넬로페의 외아들이다. 열일곱 살이 되던 해 아테나 여신의 조언에 따라 아버지의 행방을 찾아 나선다. 처음에는 자신감이 없고 아버지와 같은 용기와 활력을 보여주지 못하지만 갈수록 성숙하고 단호한 모습으로 변해간다.

라에르테스 Laertes

라에르테스는 아르케이시오스의 아들로 오디세우스의 아버지이다. 오디세우스가 트로이아 전쟁에 참전한 후 소식이 없자 라에르테스는 절망하여 시골 농원에 칩거한다. 늙은 하녀와 그녀의 남편만이 라에르테스와 함께 했다.

에우리클레이아 Eurycleia

오디세우스를 태어날 때부터 길러준 충직한 유모, 오디세우스의 아버지

라에르테스가 황소 스무 마리 값을 치르고 얻었다. 오디세우스가 이십 년 만에 거지로 변장하고 귀향했을 때 그의 발을 씻어주다가 파르나소스 산에서 멧돼지에게 부상당한 흉터를 보고 오디세우스임을 알게 된다.

에우마이오스 Eumaeos

오디세우스의 충직한 돼지치기이다. 오디세우스가 이십 년 만에 몰래 귀향했을 때 자신의 오두막에서 그를 접대한 뒤 오디세우스가 구혼자들을 죽이는데 힘을 보탠다.

멘토르 Mentor

오디세우스의 충직한 친구이다. 오디세우스가 트로이아 전쟁에 참전하면서 자신의 재산을 관리해 줄 것을 부탁했다. 그는 또 오디세우스의 아들인 텔레마코스의 훌륭한 조언자이기도 했다. 이후 멘토르라는 이름은 성실한 조언자의 대명사가 되었다.

에우릴로코스 Eurylochus

오디세우스의 전우. 동료들과 키르케의 섬에 정탐을 나갔다가 혼자만 그녀의 궁전에 들어가지 않고 돌아와 동행했던 전우들이 모두 동물로 변했음을 알린다. 그는 항해 중 태양신 헬리오스의 소떼가 풀을 뜯고 있던 트리나키에 섬에 상륙하자고 제안했다. 그곳에서 오디세우스의 전우들은 신성한 소를 잡아먹었는데 그 탓에 난파하여 모두 익사하고 오디세우스만 살아남는다.

안티노오스 Antinous

페넬로페의 구혼자들 중 가장 난폭하고 오만하며 악랄한 자다. 오디세우스의 아들인 텔레마코스를 암살하려고 모의 하는 등 온갖 못된 짓을 주도한다.

에우리마코스 Eurymachus

페넬로페의 구혼자들 중 우두머리 역할을 한다. 꾀가 많으며 안티노오스와 함께 오디세우스의 궁전에서 악행을 일삼는다.

알키노오스 Alcinoos

나우시카의 아버지이며, 파이아케스족의 왕이다. 오디세우스가 칼립소의 섬을 떠나 귀향 도중에 난파하여 표류해왔을 때 그를 환대한다. 오디세우스의 긴 모험담을 들어주고 오디세우스가 아타케로 돌아갈 수 있도록 도움을 준다.

나우시카 Nausikaa

알키노오스 왕의 딸이다. 오디세우스가 칼립소의 섬을 떠나 고향으로 돌아가던 중 난파하던 날 그녀의 꿈속에 아테나 여신이 나타난다. 그녀는 아테나의 지시대로 스케리아 섬에 표류한 오디세우스를 시내로 안내한다. 오디세우스에게 연정을 품었으나 짝사랑으로 끝난다.

• 오디세우스에 등장하는 주요 신들

제우스 Zeus

그리스 신화의 최고신. 티탄 신족에 속하는 크로노스와 레아의 아들이다. 티탄 신족과의 전쟁에서 승리를 거둔 후 형제인 포세이돈과 하데스와 제비를 뽑아 우주를 삼분한다. 제우스는 하늘, 포세이돈은 바다, 하데스는 저승을 차지하고 대지는 서로 공유했다. 제우스는 누이인 헤라와 결혼하여 아레스, 헤파이스토스, 헤베와 에일레이티아를 자녀로 얻었다.

포세이돈 Poseidon

제우스의 형제이며 바다의 신. 세 갈래로 된 삼지창(트리아이나)을 들고 다닌다. 제우스와 종종 갈등을 일으킨다. 트로이아 인들이 성벽을 지어준 대가를 지불하지 않아 그들을 미워하며, 트로이아 전쟁이 일어나자 그리스 편에 섰다.

하데스 Hades

하데스는 크로노스와 레아의 세 아들 중 하나로 제우스와 포세이돈과 형제간이다. 제우스와 포세이돈과 함께 아버지 크로노스를 권좌에서 축출하고 제비를 뽑아 우주를 삼분할 때 저승을 차지했다. 그는 곡식의 여신 데메테르의 딸 페르세포네를 납치하여 왕비로 삼았다.

헤라 Hera

크로노스의 레아의 딸이며, 제우스의 누이이자 아내이다. 결혼을 수호하는 매우 아름다운 여신이지만 질투심이 많고 성미가 급하다. 파리스에게 앙심을 품은 그녀는 트로이아 전쟁에서 그리스군의 편에 선다.

아테나 Athena

전쟁과 지혜의 여신. 제우스의 머리에서 태어난 딸이다. 그녀는 트로이아 전쟁에서 헤라와 함께 그리스군을 적극적으로 돕는다. 특히 지혜로운 오디세우스를 총애한다.

아폴론 Apollon

음악과 태양, 질병, 치유의 신이며 궁술과 예언, 음악과 광명의 신이기도 하다. 제우스와 레토의 아들로 쌍둥이 누이인 사냥의 여신 아르테미스와 함께 델로스 섬에서 태어났다. 트로이아의 공주인 카산드라를 사랑했으나, 카산드라는 그의 구애를 거절했다.

아르테미스 Artemis

제우스와 레토 사이에서 태어난 딸로 아폴론의 쌍둥이 누이이다. 사냥과 순결의 여신이며 야생동물의 수호신이기도 하다. 트로이아 전쟁에서 오빠인 아폴론과 함께 트로이아 편에 섰다.

아프로디테 Aphrodite

바다의 거품에서 태어난 사랑과 미의 여신으로 대장장이의 신 헤파이토스의 아내이다. 인간인 안키세스와 사랑을 나누고 트로이의 영웅 아이네이아스를 낳았다. 헤라와 아테나와 더불어 미를 견주었을 때 자신의 손을 들어준 파리스를 도와 트로이아 전쟁에서 트로이아 편에 섰다.

헤르메스 Hermes

헤르메스는 제우스와 마이아의 아들이다. 헤르메스는 여신 이리스와 함께 신들의 전령이며, 죽은 자들의 혼백을 저승으로 인도하는 역할도 맡았다. 그는 또 복을 가져다주는 신으로서 상인과 도둑의 수호신이기도 하다.

헤파이스토스 Hephaistus

올림포스 12신 중 대장장이의 신으로 장인匠人, 기술, 불, 대장간 영역을 관장했다. 그는 전쟁의 신 아레스와 동복형제이기도 하다. 하지만 아레스와 달리 헤파이스토스는 제우스의 혈통이 아니다. 그는 아버지 없이 어머니인 헤라의 혈통만을 받고 태어났다.

아레스 Ares

전쟁의 신. 제우스와 헤라 사이에서 태어난 아들이다. 아프로디테와 연인 사이이며 아테나와 자주 대립한다. 트로이아 전쟁에서는 아프로디테와 함께 트로이아 편에 선다.

디오니소스 Dionysos

제우스가 테베의 왕 카드모스의 딸인 세멜레에게서 얻은 아들이다. 올림포스 12신 중 그는 포도주와 황홀경, 식욕, 식물의 영역을 관장했다. 자연이 주는 충만감을 포도주의 힘을 통해 드러내는 디오니소스는 도취감을 일으키고 신비로운 착상과 억제할 수 없는 광란을 불러오기도 한다.

오케아노스 Oceanos

오케아노스는 우라노스와 가이아의 아들이며, 거대한 바다(대양)의 신이다. 그는 누이인 테티스와 결혼하여 세상의 모든 바다와 강, 호수와 연못을 낳았다. 지혜의 여신 메티스와 행운의 여신 티케, 저승을 흐르는 강의 여신 스틱스도 이들의 딸이다.

레토 Leto

티탄 신족인 레토는 코이오스와 포이베의 딸이다. 그녀는 제우스의 사랑을 받아 쌍둥이 남매인 예언과 활의 신 아폴론과 사냥의 여신 아르테미스를 낳았다.

데메테르 Demeter

크로노스와 레아의 딸로 제우스의 누이이다. 그녀는 농업과 곡식의 여신이며, 저승의 왕비가 된 페르세포네, 부와 풍요가 신격화된 재물의 신 플루토스의 어머니이기도 하다.

페르세포네 Persephone

페르세포네, 일명 코레(처녀란 뜻)는 제우스와 데메테르의 딸이다. 하데스에게 저승으로 납치되어 그의 아내가 되었다.

무사 Mousa

제우스와 기억의 여신 므네모시네에게서 태어난 아홉 자매를 말한다. 그녀들은 학문과 예술을 담당하는 여신들이며, 아폴론의 델포이 신탁이 있는 파르나소스 산에 살았다.

키르케 Kirke

태양의 신 헬리오스와 대양의 여신 페르세이스의 딸이다. 콜키스의 왕 아이에테스의 동생이기도 하다. '새벽의 섬'으로 불리는 아이아이아 섬에 살고 있다. 요정으로 알려지기도 했으나 여신에 가깝다. 질투심이 많고 이기적이며 마법에 능해서 '마녀 키르케'로 불리기도 한다.

칼립소 Calypso

칼립소는 '감추는 여자'란 뜻의 요정이다. 아틀라스와 플레이오네의 딸 또는 헬리오스와 페르세이스의 딸로 알려져 있다. 후자의 경우 콜키스의 아이에테스의 누이이며 키르케의 자매가 된다.

• 그 외 괴물들

키클롭스 Cyclops

가이아와 우라노스의 아들인 외눈박이 거인 키클롭스('둥근 눈'이라는 뜻)는 영어로는 사이클롭스라고 부른다. 이마에 눈 하나를 가지고 있는 외눈박이 거인으로 솜씨 좋은 대장장이들이다. 하지만 오디세이아에서 키클롭스는 바다의 신 포세이돈의 아들이며, 유목생활을 하는 야만적인 거인 족으로 등장한다.

세이렌 Seiren

스킬라와 카립디스의 가까운 섬에 살며, 아름다운 노래로 지나가는 선원들을 유혹하여 익사하게 만든다. 반인반조로 알려져 있으며, 세계적인 커피 체인점 스타벅스의 로고 이미지로 유명하다.

스킬라 Scylla

스킬라는 원래 아름다운 소녀였다. 해신 글라우코스가 그녀에게 구혼하자 질투심을 느낀 키르케가 그녀를 머리 여섯에 발이 열둘인 괴물로 변하게 만들었다. 이후 그녀의 마음속에 사악한 기운이 흘러들어 성격까지 포악하고 잔인해졌다. 그리스의 메시나 해협 암벽 위에 살면서 지나가는 배의 선원들을 잡아먹었다.

카립디스 Charybdis

스킬라와 좁은 해협의 양옆에 마주 보고 살았다. 카립디스는 메시나 해협 일대의 소용돌이가 의인화된 존재로 여겨진다. 전승에 따르면 포세이돈과 가이아의 딸이라고 한다. 그녀는 식욕이 왕성해서 헤라클레스가 게리온의 소떼를 몰고 이곳을 지나갈 때 그중 몇 마리를 잡아먹었다. 이에 화가 난 제우스는 벼락을 쳐서 바다에 내던지자 괴물이 되었다고 한다.

서장

트로이아의 목마

아킬레우스의 청혼

헥토르의 죽음으로 트로이아는 큰 위기를 맞게 되었다. 그리스 장수들은 트로이아 성을 함락하는 것은 시간문제라고 생각했다. 그러나 생각지도 못했던 에티오피아군과 아마존의 여전사들이 트로이아를 돕기 위해 달려왔다. 그리스군은 이들과 함께 크고 작은 전투를 계속 치렀고, 전쟁의 끝은 보이지 않았다.

이즈음 아킬레우스는 한 여인에게 마음을 빼앗겼다. 그녀는 프리아모스 왕의 막내딸 폴릭세네였다. 아킬레우스는 그녀와 결혼을 결심하고, 그 사실을 아가멤논을 비롯한 그리스 장수들에게 알렸다. 그들은 모두 소스라치게 놀랐다.

"아킬레우스, 지금 제정신이오? 프리아모스 왕의 딸과 결혼하겠다니!"

아킬레우스는 차분한 목소리로 대답했다.

"여러분이 놀라시는 것은 당연합니다. 하지만 내가 폴릭세네와 결혼하게 되면 이 전쟁은 평화롭게 끝날 것입니다."

아가멤논은 고개를 가로저었다.

"10년이 넘도록 계속된 전쟁이 그렇게 쉽게 끝나겠소? 더구나 서로 피를 본 원수인데 그 결혼이 가능하겠소?"

이때 지혜로운 오디세우스가 두 사람의 대화에 끼어들었다.

"저는 가능하다고 생각합니다. 오랜 전쟁에 지친 트로이아는 기꺼이 이 제안을 받아들일 것입니다. 그렇게 되면 프리아모스 왕은 양국의 친선을 도모하기 위해 헬레네도 돌려주겠지요."

아이아스와 메넬라오스도 오디세우스의 의견에 일리가 있다며 동조했다. 전쟁을 하루빨리 끝내고 싶은 마음이 간절했던 장수들은 아킬레우스의 결혼을 명분삼아 전쟁을 평화적으로 종식시키고 싶어 했다. 아가멤논은 아킬레우스의 제안이 비현실적이라는 생각에 영 내키지 않았다. 하지만 장수들이 모두 동조하고 나서자 그도 마지못해 찬성했다.

프리아모스 왕은 아킬레우스가 보낸 사자를 접견했다. 그는 생각지도 못했던 청혼에 믿기지 않는 듯 여러 차례 같은 질문을 던졌다.

"아킬레우스 장군이 내 딸 폴릭세네와 결혼하기를 원한다고?

사자도 같은 대답을 반복했다.

"그렇습니다. 아킬레우스 장군께서는 이 결혼과 더불어 그리스와 트로이아의 전쟁이 평화적으로 끝나기를 희망하고 계십니다."

이때 프리아모스 왕의 옆에 있던 파리스가 흥분해서 소리쳤다.

"아킬레우스는 헥토르 형님을 살해한 원수입니다. 그런 자가 뻔뻔스럽게 폴릭세네에게 청혼을 하다니요. 이건 말도 안 되는 이야기입니다."

프리아모스 왕은 손을 들어 파리스를 제지했다.

"파리스, 진정해라. 우리 트로이아는 오랜 전쟁으로 모두 지쳐있다. 저승에 있는 네 형도 전쟁으로 고통받는 백성들을 위해 아킬레우스의 청혼을 받아들이기 원할 것이다."

프리아모스 왕은 아킬레우스의 청혼을 환영하며 받아들였다. 하지만 파리스는 이 결혼이 도저히 용납되지 않았다. 그는 마음속에 다른 생각을 품었다.

'이 결혼이 성사되어 전쟁이 끝나면 결국 헬레네를 돌려받을 속셈이겠지. 아킬레우스, 그런 얕은꾀에 내가 넘어갈 줄 알았나. 네 뜻대로 되지는 않을 것이다.'

파리스는 헥토르의 복수와, 헬레네를 빼앗기지 않기 위하여 아킬레우스를 죽이기로 계획했다. 그는 여동생 폴릭세네로 하여금 아킬레우스를 아폴론 신전으로 유인하게 했다. 또한 불사신 아킬레우스의 유일한 약점이 발뒤꿈치라는 것까지 알아냈다.

며칠 뒤 아킬레우스는 폴릭세네를 만나기 위해 트로이아에 있는 아

아킬레우스의 죽음 페테르 파울 루벤스, 1630년대

폴론 신전을 찾았다. 신전의 사제가 그를 맞았다.

"결혼준비를 의논하고자 왔소. 폴릭세네 공주는 어디 계시오?"

"이쪽으로 오시지요."

아킬레우스는 자신에게 닥쳐올 위험도 모른 채 사제의 안내를 받으며 신전의 회랑을 걸어갔다. 파리스는 신상 뒤에 숨어 화살을 장전하며 마음속으로 기도했다.

'아폴론 신이시여, 헥토르 형님의 복수를 도와주소서!'

마침내 아킬레우스가 신상 앞에 도착하자 기회를 포착한 파리스는 아킬레우스의 유일한 약점인 발뒤꿈치를 향해 화살을 날렸다. 화살은 바람을 가르며 날아가 아킬레우스의 발뒤꿈치를 정확하게 관통했다. 아폴론이 파리스의 기도를 들어준 것이다.

"크아악!"

아킬레우스는 날카로운 비명을 지르며 그대로 신전의 바닥에 고꾸라졌다. 아킬레우스는 원래 불사의 몸을 가졌다. 그의 어머니 테티스 여신은 아킬레우스가 태어나자마자 아들의 발목을 잡고 스틱스 강에 담갔다. 이후 아킬레우스는 불사의 몸이 되었고, 어떤 무기로도 그를 다치게 할 수 없었다. 하지만 어머니의 손목에 잡혀있던 발뒤꿈치는 강물에 닫지 않았고, 그곳은 아킬레우스의 몸에서 유일한 급소가 되었다.

파리스의 죽음

아킬레우스의 죽음은 그리스군에게 큰 타격을 안겨주었다. 사기가 땅에 떨어진 그리스군은 제사를 올려 신의 뜻을 물었다. 헤라클레스의 화살이 있어야 승리할 수 있다는 신탁에 따라 오디세우스는 렘노스 섬에 가서 필록테테스를 데려왔다.

필록테테스는 헤라클레스의 활을 물려받은 용사로 처음부터 트로이아 전쟁에 참전했었다. 그러나 렘노스 섬 원정 중에 뱀에 물려 상처를 입었는데, 그의 상처에서 나는 심한 악취와 그가 지르는 비명을 견디지 못한 동료들은 필록테테스를 렘노스 섬에 두고 떠났었다. 또한 오디세우스는 아킬레우스의 아들 네오프톨레모스도 트로이아로 데려왔다.

아킬레우스의 죽음으로 그리스군이 절망에 빠지자, 트로이아군은 파리스를 총사령관으로 삼아 대대적으로 그리스군을 향해 총공세를 펼쳤다.

"아킬레우스가 없는 그리스군은 오합지졸에 불과하다. 돌격하라!"

그러나 이 전투에서 파리스는 필록테테스의 독화살에 맞아 치명적인 상처를 입었다. 파리스는 부하들에게 자신을 오이노네에게 데려다 줄 것을 부탁했다.

오이노네는 파리스가 양치기였을 때 결혼했던 숲의 요정으로 약초를 써서 온갖 병과 상처를 치료할 수 있었다. 부하들은 급히 파리스를 마차에 태워 이다 산의 오이노네에게 달려갔다. 그녀는 부상을 입고 자신을 찾아온 파리스를 보고 깜짝 놀랐다. 그녀는 파리스의 핏기 없는 창백한 얼굴에서 생명의 불꽃이 꺼져가는 것을 느낄 수 있었다.

"파리스!"

"오이노네, 나를 살…려 주시오."

오이노네는 죽어가는 파리스를 보고 잠시 동정의 눈빛을 보였으나, 이내 표정이 싸늘하게 바뀌었다.

"흥! 다른 여자 때문에 나를 버리고 갈 때는 언제고, 이제 와서 나보고 살려달라고요?"

"제발…, 도와주시오. 부…탁이오."

파리스는 금방이라도 숨이 넘어갈 것 같은 호흡을 애써 가다듬으며 애원했다. 그러나 오이노네는 냉정하게 돌아섰다.

"미안해요, 파리스. 당신을 돕고 싶지 않아요. 당신은 병이 나으면 나를 다시 떠날 테니까."

오이노네는 애원하는 파리스를 야멸차게 뿌리치고 돌아섰지만, 막상 그를 태운 마차가 돌아서가자 뜨거운 눈물을 흘렸다. 그녀는 파리스를 태운 마차가 시야에서 완전히 사라지고 나서도 한참을 더 그 자리에 서 있었다.

트로이아 전쟁의 불씨가 되었던 파리스는 성으로 돌아온 후 결국 허망하게 눈을 감고 말았다.

헥토르와 파리스가 죽은 뒤에도 그리스군은 트로이아 성을 함락시키지 못했다. 병사들을 지휘하던 오디세우스는 새로운 전략을 짜기 위해 고심했다.

"정면 승부로는 트로이아 성을 함락시킬 수 없어. 뭔가 다른 방법이 필요해."

오디세우스는 난공불락의 트로이아 성을 지켜보며 깊은 생각에 잠겼다.

'저 성안으로 들어갈 수만 있다면….'

이때 오디세우스의 뇌리에 번뜩이는 아이디어가 떠올랐다.

"그래, 그 방법을 써봐야겠다."

그날부터 그리스군은 모든 공격을 멈추었다. 그렇게 하루 이틀이 지나고 몇 주가 흘러갔다. 프리아모스 왕은 그리스군의 동정을 살피던

척후병을 불러들였다.

“아직도 적진에서는 아무런 움직임이 없느냐?”

“그렇습니다. 폐하. 그뿐만 아니라 일부 적의 함선도 사라졌습니다.”

척후병의 보고에 프리아모스 왕은 알 수 없는 불안감이 엄습했다. 그는 아무리 생각해도 그리스군의 의도가 무엇인지 짐작할 수 없었다.

‘흐음, 무슨 속셈들인지….’

하지만 오랜 세월 동안 경험과 연륜을 쌓아온 프리아모스 왕은 어떤 위험이 닥쳐오고 있음을 감지하고 있었다. 그는 척후병에게 경계를 철저히 하라는 명령을 내렸다. 지금으로서는 그가 할 수 있는 최선의 방법이었다.

오디세우스의 계략

한편 사라진 그리스군의 함선들은 트로이아에서 멀지 않은 섬의 해안에 정박해있었다. 그곳에서 건축가 에페이오스는 오디세우스의 지휘 아래 커다란 목마를 만들고 있었다. 병사들 40명이 들어가고도 남을 거대한 목마였다. 아가멤논은 오디세우스의 안내를 받으며 작업 현장을 둘러보고 있었다. 그는 감탄하며 거대한 목마를 올려다보았다.

“오! 드디어 완성이 된 것 같군요.”

오디세우스가 대답했다.

“이제 마무리 작업을 하고 있습니다. 내일이면 계획대로 진행할 수 있습니다.”

아가멤논이 비장한 표정을 지으며 말했다.

"오디세우스, 행운을 빌겠소."

오디세우스 역시 비장한 표정으로 대답했다.

"걱정 마십시오. 아테나 여신께서 저를 도와주실 겁니다."

다음날 새벽, 하늘이 붉게 물들여졌을 즈음, 정찰을 나간 트로이아의 척후병은 깜짝 놀랐다. 전날까지 해변에 정박해있던 그리스군의 함대가 감쪽같이 사라지고 없었다. 대신 그곳에는 거대한 목마가 덩그러니 놓여있었다.

"이, 이럴 수가! 그리스군이 모두 사라졌다."

척후병은 그 사실을 황급히 왕궁에 보고했다. 프리아모스와 신하들은 깜짝 놀라서 바닷가로 달려 나왔다.

"정말로 그리스군은 흔적조차 찾아볼 수 없군."

그들이 영문을 모른 채 놀라워하고 있을 때, 병사들이 그리스군 포로 한 명을 끌고 왔다. 그는 오디세우스로부터 특별한 임무를 부여받은 시논이라는 병사였다.

프리아모스는 시논을 직접 심문했다.

"바른대로 말하라. 그리스군은 모두 어디로 갔으며 저 목마는 무엇이냐?"

시논이 두려움에 떨며 대답했다.

"그리스군은 전쟁을 포기하고 모두 고향으로 돌아갔습니다. 하지만 저는 그만 배를 놓치는 바람에 홀로 남게 되었습니다. 그리고 저 목마는 안전한 항해를 위해 아테나 여신께 바치는 제물입니다."

프리아모스는 목마를 올려다보며 혼잣말로 중얼거렸다.

'여신께 바치는 제물이라…. 그렇다면 함부로 건드릴 수 없겠군.'

이때 트로이아의 신관 라오콘이 나서며 외쳤다.

"거짓말입니다! 저 목마는 트로이아를 멸망시킬 저주받은 물건입니다. 당장 불태워 없애야 합니다."

라오콘은 손에 든 창을 목마를 향해 힘껏 던졌다. 창이 목마에 꽂히자 속이 빈 듯 '퉁'하는 소리가 났다. 그 소리에 트로이아 병사들은 동요하기 시작했다. 그들이 목마를 놓고 의견이 분분할 때 갑자기 바닷속에서 거대한 뱀 두 마리가 솟아올랐다.

"괴, 괴물이다!"

트로이아 병사들이 놀라 혼비백산할 때 두 마리의 뱀은 쏜살같이 달려와 라오콘과 그의 두 아들을 휘감은 채 바닷속으로 사라졌다. 트로이아 병사들은 라오콘이 목마에 대해 불경스러운 행위를 했기 때문에 신의 노여움을 산 것이라고 믿었다. 트로이아인들은 시논의 말을 모두 사실로 받아들였다. 그들은 신성한 목마를 성 안으로 옮겨야 한다고 주장했다. 프리아모스는 그 주장을 받아들였다.

"이 목마는 신에게 바쳐진 제물이 틀림없다. 어서 성 안으로 옮기도록 하라!"

목마가 성안으로 옮겨지는 것을 본 카산드라 공주는 파랗게 질려 프리아모스 왕 앞에 달려 나갔다.

"아버지, 저 불길한 목마를 성안에 들여놓으면 절대 안 됩니다. 저

트로이 목마 행렬 조반니 도메니코 티에폴로, 1760년경

목마는 트로이아를 멸망시킬 것입니다."

프리아모스는 딸의 말을 무시했다.

"그 무슨 불길한 소리냐? 이제 전쟁도 끝났으니 아무것도 두려워할 필요가 없다."

카산드라는 그 자리에 주저앉으며 절규했다.

"아아, 이일을 어쩌면 좋아. 이제 곧 신성한 도시 트로이아가 멸망하겠구나."

카산드라는 한때 아폴론의 사랑을 받았었다. 아폴론은 그녀에게 예언의 능력을 선물하며 환심을 샀다. 하지만 카산드라는 예언의 능력만 받고 아폴론의 사랑은 거절했다. 실연의 아픔을 겪은 아폴론은 화가 나서 그녀의 예언을 아무도 믿지 않도록 만들어 버렸다. 이후 카산드라의 예언의 능력은 믿어주는 이가 없어서 결국 쓸모없게 되어버렸다. 이것이 카산드라에 대한 아폴론의 저주이자 복수였다.

그날 밤, 트로이아 성은 축제 분위기에 휩싸였다. 전쟁이 끝났다고 믿은 트로이아인들은 술과 고기를 먹고 마시며 승리를 자축했다.

이 무렵 그리스의 함선들은 다시 해변에 정박했고, 병사들은 성 밖에 숨어서 대기했다. 밤이 깊어지자 트로이아 병사들은 모두 술과 잠에 취해 쓰러졌다. 그 모습을 확인한 시논은 휘파람을 불어 신호를 보냈다. 그 소리를 듣고 목마 속에 숨어있던 그리스 장수들이 쏟아져 나왔다. 그들은 굳게 닫혀있던 성문부터 열어젖혔다. 그러자 성 밖에 대기했던 그리스 병사들이 성안으로 물밀 듯이 쏟아져 들어왔다.

술에 취해 잠들었던 트로이아 병사들은 갑작스러운 그리스군의 공격에 변변한 대응조차 못하고 죽음을 당했다. 아킬레우스의 아들 네오톨레모스는 제우스 신전에 있던 프리아모스 왕을 죽이고, 헥토르의 어린 아들인 아스티아낙스를 성벽 아래로 던져 살해했다.

메넬라오스는 궁전 한쪽에서 헬레네를 찾아냈다. 그는 두 눈을 부라린 채 헬레네를 노려보며 칼을 뽑아 들었다. 금방이라도 칼로 목을 내려칠 것처럼 기세등등한 옛 남편을 보며 헬레네는 아무 말도 못 하고 그저 눈물만 흘렸다. 그 모습을 본 메넬라오스는 쌓였던 분노와 증

안드로마케 앞에서 던져지는 아스티아낙스

오보다 동정심이 앞섰다. 결국, 칼을 치켜든 메넬라오스의 팔은 힘없이 내려졌고, 칼은 바닥에 떨어져 나뒹굴었다. 메넬라오스는 헬레나에게 다가가 슬며시 그녀를 끌어당겨 품에 안았다. 헬레나는 메넬라오스의 품에 안긴 채 어깨를 들썩이며 애처롭게 흐느꼈다.

"아아, 헬레네. 당신을 잠시도 잊은 적이 없소. 지난 일은 모두 용서할 테니 그만 눈물을 거두고 나와 함께 고향으로 돌아갑시다."

한편 아킬레우스가 연정을 품었던 폴릭세네는 아킬레우스의 영혼의

폴릭세네의 희생 찰스 르 브룬, 1647년

바람대로 그의 무덤 앞에 산 제물로 바쳐졌다. 트로이아의 남자들은 대부분 목숨을 잃었고, 살아남은 남자들은 포로가 되었다. 여자들은 노예의 신분이 되어 그리스의 여러 도시로 팔려나갔다. 성스러운 도시 트로이아는 그리스군의 약탈과 방화로 철저하게 파괴되었고, 신전은 잿더미로 변하고 말았다. 이렇게 해서 트로이아는 하룻밤 사이에 폐허로 변했다.

트로이아의 장수 중 유일하게 목숨을 건진 이는 아이네이아스뿐이었다. 그는 어머니인 아프로디테 여신의 권유에 따라 자신의 일족을 데리고 탈출하는 데 성공하여 훗날 로마의 조상이 된다.

트로이아 전쟁은 그리스의 승리로 끝났다. 그러나 그 전쟁으로 트로이아의 영웅 헥토르와 그리스의 영웅 아킬레우스 등 양측의 수많은 영웅이 목숨을 잃었다. 그러나 살아남은 영웅들 또한 신의 분노로부터 온전치 못했다.

전쟁이 끝난 후, 전리품을 가득 챙긴 그리스 영웅들은 각자 벅찬 가슴을 안고 고향으로 향했다. 그러나 그들의 귀향길은 결코 순탄치 않았다. 신들은 그리스군이 트로이아에 저지른 만행을 그냥 보아 넘기지 않았다. 특히 오일레우스의 아들 작은 아이아스의 소행은 아테나 여신을 격노하게 했다.

트로이아 성이 함락되었을 때 프리아모스 왕의 딸 카산드라는 그리스군의 살육을 피해 아테나 신전으로 피했다. 이때 아이아스는 카산드라를 끌어내어 욕보이려고 했다. 그녀는 아테나 여신의 신상을 붙잡고 저항했는데 그 바람에 신상이 쓰러져 손상되고 말았다. 하지만 아이아스는 거리낌 없이 자신의 욕망을 채웠다. 그 사실을 알게 된 오디세우스는 아테나 여신의 진노를 피하기 위해 그를 돌로 쳐 죽이려 했다. 하지만 이번엔 아이아스가 아테나 여신의 신상을 부여잡고 죽음을 모면했다. 이에 아테나 여신은 그리스군 모두에게 벌을 내리기로 작정하고 제우스에게 부탁하여 폭풍우를 일으키게 하였다.

폭풍우를 만난 그리스 함선들은 대부분 난파되었다. 아이아스는 작은 섬에 의지하여 겨우 목숨을 구했으나, 아테나의 부탁을 받은 포세이돈이 삼지창으로 아이아스가 의지한 바위를 사정없이 내리쳐 그를 익사시켰다.

아트레우스가의 비극

그리스의 총사령관 아가멤논의 왕궁에서는 비극적인 운명이 그를 기다리고 있었다. 그는 과거 트로이아 원정을 앞두고 아르테미스 여신의 노여움을 샀고, 여신을 달래기 위해 자신의 큰딸 이피게네이아를 희생 제물로 바쳤다. 그러나 결정적인 순간 아르테미스 여신은 인간들 모르게 이피게네이아를 사슴과 바꿔치기하여 신전의 사제로 삼았다. 그 사실을 모르고 딸이 희생되었다고 생각한 그의 아내 클리타임네스트라는 격분하여 아가멤논을 저주했다. 그녀는 아가멤논이 왕국을 비운 사이 불륜을 저질렀다.

상대는 아가멤논의 사촌 형제인 아이기스토스였다. 아가멤논의 아버지 아트레우스와 작은 아버지 티에테스는 원수지간이었으며, 아이기스토스는 바로 티에테스의 아들이었다. 티에테스는 자신의 형수이자 아가멤논과 메넬라오스의 어머니인 아이로페와 불륜을 저질렀다. 그것을 알게 된 아트레우스는 동생인 티에테스를 초대해서 맛있는 음식을 대접했다. 그런데 알고 보니 그 음식은 티에테스의 자식들을 죽여서 요리한 것이었다. 그 사실을 알고 분노한 티에테스는 델포이 신전에 가서 형에게 복수할 방법을 물었다. 그 결과 딸과의 사이에서 태어난 아들이 복수해 줄 것이라는 신탁을 받았다. 그 후 티에테스는 자신의 딸을 겁탈하여 아이를 낳았는데, 그 아이가 바로 아이기스토스였다.

아이기스토스는 사촌 형수인 클라임네스트라와 정을 통한 후 아가멤논이 귀국하자 주저 없이 그를 살해했다. 아가멤논은 자신이 가장 안전하다고 믿었던 자신의 집에서 아내와 그녀의 정부에게 목숨을 잃은 것이다.

이들은 원래 아가멤논의 아들인 오레스테스를 죽여 후환을 없애려 했다. 당시 오레스테스는 아직 어렸지만 그가 성장하면 아버지의 복수를 하려 들것이 염려되었기 때문이다. 그러나 오레스테스의 누나인 엘렉트라가 그 사실을 눈치채고 동생을 숙부 스트로피오스가 다스리는 포키스로 보내 생명을 구했다. 오레스테스는 숙부의 왕궁에서 왕자 필라데스와 함께 성장했다. 이들의 우정은 오늘날까지 회자될 만큼 매우 돈독했다.

엘렉트라는 종종 동생 오레스테스에게 기별을 넣어 아버지의 원수

오레스테스의 회한 윌리앙 아돌프 부그로, 1862년

를 갚을 것을 종용했다. 성장한 오레스테스는 델포이 신전으로 가서 신의 뜻을 물었다. 복수를 허락한 신탁에 따라 그의 결심은 더욱 확고해졌다.

오레스테스는 스트로피오스의 사자로 변장을 하고 아르고스로 갔다. 자신은 오레스테스의 죽음을 알리러 왔으며 그의 유골함을 가져 왔다고 속였다. 그는 아버지 아가멤논의 묘지로 가서 제물을 바친 뒤 누나인 엘렉트라에게 자신의 신분을 밝혔다. 그리고 곧바로 어머니 클라임네스트라와 아이기스토를 찾아가 아버지의 복수를 단행했다. 하지만 자식이 어머니를 죽인 이 패륜 행위 때문에 오레스테스는 복수의 여신 에우메니데스의 저주를 받게 된다. 어머니가 저지른 죄와 신들의 명령에 따른 복수였다는 명분도 있고, 동정을 받을 수도 있었다. 하지만 복수의 여신들은 결코 오레스테스의 행위를 눈감아주지 않았다. 결국, 저주로 미치광이가 된 오레스테스는 세상을 헤매며 유랑해야만 했다. 그러자 친구인 필라데스는 그를 그림자처럼 따르며 보호했다.

시간이 흘러 오레스테스는 다시 신탁을 물었다. 그러자 스키티아의 타우리스로 가서 하늘에서 떨어진 아르테미스 조각상을 가져오라는 답을 얻었다. 신탁에 따라 오레스테스와 필라데스는 타우리스로 갔다. 그들은 그곳의 야만인들에게 붙잡혔다. 모든 이방인을 잡아서 아르테미스에게 제물로 바치는 그들의 관습에 따라 두 사람은 아르테미스 신전으로 끌려갔다.

그런데 이 신전의 사제는 다름 아닌 이피게네이아였다. 그녀는 오레스테스의 누나로 그리스 군의 제물로 바쳐진 것을 아르테미스가 구해주고 자신의 사제로 삼았었다. 이피게네이아는 붙잡혀온 두 젊은이의 정체를 알게 되자 곧 자신의 신분을 밝혔다. 세 사람은 여신상을 가지고 미케네로 도망쳤다.

그러나 오레스테스는 복수의 여신들의 저주를 벗어나지 못했다. 그는 아테나 여신에게 구원을 요청했다. 아테나는 그의 요청을 받아들여,

아레오파고스 법정에서 그의 운명을 재판했다.

복수의 여신이 그를 고소하였고, 오레스테스는 델포이 신탁의 명령에 따랐을 뿐이라고 증언했다. 신들의 투표 결과 찬반의 수가 같게 나왔다. 규정에 따라 오레스테스에게 무죄가 선포되었다.

헬레네를 데리고 귀향길에 오른 메넬라오스도 폭풍으로 상당수의 함선과 대부분의 부하들을 잃고 표류하여 지중해 연안을 떠돌다가 키프로스, 페니키아를 거쳐 이집트에 상륙했다. 그곳에서 그는 크게 환대를 받고 많은 선물까지 받았다. 헬레네가 받은 선물 중에는 금으로 만든 실타래와 바퀴 달린 바구니가 있었다. 그들은 이집트에서 5년을 보낸 후에야 스파르타로 돌아가서 왕과 왕비로서 권위와 영화를 누릴 수 있었다.

그러나 오디세우스의 귀향길은 그 누구보다 더 험난했다. 그는 포세이돈의 노여움을 사서 귀향길이 막혔고, 바다에서 표류하며 수많은 죽을 고비를 넘겨야 했다.

제1부

트로이아 전쟁은 끝났으나

"그 용사의 이야기를 들려주소서. 무사 여신이여!

트로이아의 신성한 도시를 파괴한 뒤,

참으로 많은 나라를 방황했던 지모가 뛰어난 사나이의 이야기를,

그는 수많은 종족이 사는 나라들을 보고 풍속을 배워 임기응변에 능하고,

바다에서 자신의 목숨을 구하고 전우들을 귀향시키려고 애썼지만

고생한 보람도 없이 부하들을 구하지 못했습니다.

그들이 자신들의 못된 짓으로 말미암아 스스로 파멸하고 말았기 때문입니다.

부하들은 어리석게도

태양신 헬리오스의 소와 양 떼를 잡아먹었고,

분노한 태양신은 그들에게서 귀향의 날을 빼앗아버렸던 것입니다.

이 일들에 관해서 어느 대목부터라도 좋으니,

여신이여, 제우스의 따님이여, 우리에게도 들려주소서!"

제1장

신들의 회의

오디세우스가 칼립소의 섬에 머문 지도 어느덧 7년의 세월이 흘렀다. 이즈음 포세이돈은 머나먼 아이티오페스(에티오피아)족에게 가서 자리를 비웠다. 인간 중 가장 먼 변방에 사는 아이티오페스족은 둘로 나뉘어 한쪽은 해가 저무는 서쪽 끝에, 또 다른 한쪽은 해가 솟는 동쪽 끝에 살고 있었다. 포세이돈은 그들로부터 황소와 새끼 양의 제물이 바쳐지는 제사를 받기 위해 간 것이다.

포세이돈이 잔치 자리에서 즐거워하는 동안, 다른 신들은 제우스의 올림포스 신전에 모였다. 인간과 신들의 아버지인 제우스가 먼저 입을 열었다. 그는 아가멤논의 아들인 오레스테스가 살해한 아이기스토스를 떠올리며 말했다.

"인간들은 걸핏하면 신들을 탓하니 참으로 고약하구나. 그들은 재앙이 우리에게서 비롯된다고 원망하지만, 사실은 자신의 분수를 모르고 날뛰다가 타고난 운명보다 더 심한 고통을 당하는 것 아닌가? 이번 일만 해도 그렇다. 아이기스토스는 아가멤논의 아내와 불륜을 저지르고는 아가멤논이 트로이아에서 귀국하자 그를 살해했다. 그것이 자신의 파멸을 불러올 줄 알면서도 말이다.

우리는 미리 아이기스토스에게 헤르메스를 보내 아가멤논을 살해하지 말 것과 그의 아내를 탐하면 안 된다고 경고했었다. 그런 짓을 하면 머지않아 아가멤논의 아들인 오레스테스가 복수할 것이기 때문이었지. 오레스테스가 지금은 나이도 어리고 타국에 가 있지만, 세월이 흘러 어른이 되면 아버지의 복수를 할 것이라고 헤르메스가 깨우쳐주었건만 아이기스토스는 충고를 무시했다. 그는 결국 비참한 최후를 맞았고, 자신의 소유를 모두 잃고 말았지."

그러자, 빛나는 눈의 여신 아테나가 오디세우스를 두둔하며 나섰다.

"우리들의 아버지시여! 크로노스의 아드님이시며 모든 통치자 가운데 가장 높으신 분이시여, 아이기스토스의 파멸은 당연합니다. 하지만 오디세우스는 경우가 다릅니다. 그토록 가고 싶은 고향에 가지 못하는 오디세우스의 처지를 부디 너그럽게 봐주세요. 그는 지금 바닷물로 둘러싸인 대양의 한복판에 있는 섬에서 고통당하고 있어요. 그 섬에는 여신과 다름없는 아틀라스의 딸 요정 칼립소가 살고 있지요.

그녀는 비탄에 잠긴 그 불행한 사람을 붙들어두고 고향인 이타케를

칼립소 조지 히치콕, 1906년경

잊도록 온갖 감언이설로 꼬드기고 있어요. 하지만 그는 한 번만이라도 고향 땅에서 연기가 피어오르는 것을 보기를 열망하며 차라리 죽기를 바라고 있지요."

제우스는 아테나의 말을 듣고 고개를 끄덕였다.

"아버지시여! 오디세우스가 조금이라도 아버지께 섭섭하게 하였다면 그를 벌하셔도 할 말이 없습니다. 하지만 그가 언제 아버지께 무례를 범한 적이 있나요?"

"나의 딸이여! 그렇지는 않다. 그는 신들에게 충성을 다하며 누구보다도 많은 제물을 바쳤다!"

아테나는 재빨리 제우스의 말을 받았다.

"그렇다면 오디세우스에게 자비를 베풀어주시기 바랍니다."

그러나 제우스는 고개를 가로저었다.

"오디세우스는 모든 키클롭스 가운데 가장 힘이 센 포세이돈의 아들 폴리페모스의 눈을 멀게 했다. 포세이돈이 오디세우스에 대한 분노를 풀지 않는 한 그는 고향 땅을 밟기 힘들 것이다."

제우스는 포세이돈을 의식하며 미적지근한 태도를 보였다. 그러나 아테나는 오디세우스를 위해 제우스를 설득하는 것을 포기하지 않았다.

"오디세우스가 칼립소의 섬에 붙잡혀 있은 지 벌써 7년이나 되었어요. 그는 충분히 고통을 받았어요. 그러니 이젠 오디세우스를 고향의 가족 품으로 돌려보내야 합니다. 아버지께서 결정하시면 포세이돈도 감히 거역하지 못하실 거예요."

제우스는 잠시 생각에 잠기었다. 그리고 무언가를 결심한 듯 눈빛을 번쩍이며 자리에서 일어났다. 그리고 다른 신들에게 손을 들어 보였다.

"좋다! 오디세우스가 고향에 돌아가도록 도와주겠다. 단, 우리 모두 함께 계책을 세워야 한다. 포세이돈이 나중에 알게 되더라도 우리 모두의 뜻이 담긴 결정이니 존중하도록 말이다."

올림포스의 신들이 모두 제우스의 의견에 찬성하자 아테나는 크게 기뻐했다.

"그렇다면 지금 바로 헤르메스를 전령으로 보내어 칼립소에게 우리의 뜻을 전하도록 해요. 오디세우스가 고향으로 돌아갈 수 있도록 말이에요."

제우스는 아테나의 제안을 받아들여 헤르메스를 즉시 칼립소가 사는 오기기아 섬으로 보냈다. 헤르메스가 떠나자 아테나도 올림포스를 내려갈 채비를 서둘렀다.

"저는 이타케로 가서 오디세우스의 아들 텔레마코스에게 용기와 희망을 주고 오겠어요. 긴 머리의 그리스인들을 회의에 소집하고, 그의 어머니인 페넬로페를 괴롭히는 모든 구혼자에게 향연 금지를 선포하도록 말이에요. 그들은 매일 양과 살이 오른 소를 잡아먹으며 오디세우스의 재산을 탕진하고 있어요. 그리고 텔레마코스를 스파르타와 필로스로 안내하여, 그가 아버지에 대한 소식을 알아보도록 할 거예요. 그러면 사람들에게 훌륭한 명성을 얻게 될 테니까요."

말을 마친 아테나는 황금으로 만든 샌들을 신고, 예리한 청동이 박힌 창을 집어 든 뒤 올림포스 산을 떠나 이타케로 향하였다. 순식간에 바다 위를 날아 이타케 섬에 도착한 아테나는 오디세우스의 성곽 대문으로 다가섰다.

여신은 어느새 오디세우스와 절친한 타포스 섬의 군주 멘테스의 모습으로 변장하고 있었다. 그녀가 문 앞에 서서 텔레마코스를 찾고 있을 때 구혼자들은 손수 잡은 황소의 가죽을 깔고 앉아 장기를 두고 있었다. 그들이 데려온 전령들과 시종들은 희석용 동이에 포도주와 물을 섞기도 하고, 무수히 많은 구멍이 뚫린 해면으로 식탁을 닦아 내놓았고, 고기를 썰어놓는 이도 있었다.

마침 텔레마코스가 문 앞에 서 있는 아테나를 보았다. 그는 비통한 마음으로 구혼자들 사이에 앉아 아버지의 영웅적인 모습을 마음속에 그리며 안타까워하고 있었다. 어느 날 갑자기 아버지가 나타나 이 거만한 구혼자들을 집에서 쫓아내고, 자신의 지위와 명예를 회복한 후 왕국을 다스리는 모습을 상상하던 참이었다. 그러다가 아테나를 발견하고, 서둘러 마중을 나갔다.

"어서 오세요, 어르신. 저의 집에 오신 것을 환영합니다. 우선 식사부터 하시고 이곳에 오신 용건을 말씀해주십시오."

텔레마코스는 아테나를 궁 안의 별실로 안내했다. 그리고 아테나가 들고 있던 청동 창을 받아 높은기둥 옆에 있는 깔끔한 나무 창대에 세워 놓았다. 거기에는 오디세우스의 창도 여러 개 세워져 있었다. 텔레마코스는 여신을 훌륭한 조각이 새겨져 있는 의자로 안내하였다. 의자 위에는 아마 실로 짠 방석이 놓여있고, 밑에는 발을 편하게 두도록 발판이 놓여있었다.

텔레마코스는 혹시 이 손님이 아버지의 소식을 들려주지 않을까 하고 내심 기대했다. 그래서 구혼자들의 소란을 피해 조용히 이야기를 나눌 수 있는 별실로 안내한 것이다. 아테나와 텔레마코스가 의자에 앉자 시녀가 아름다운 황금 물 항아리를 가져와 손을 씻도록 은으로 만든 대야에 물을 쏟아부었다. 그러고는 그 옆에 깨끗하게 닦은 식탁을 가져다 놓았다. 곧이어 식탁 위에 빵과 고기 등 푸짐한 음식이 차려졌고, 황금 술잔에는 포도주가 가득 채워졌다.

그때 거만한 구혼자들이 별실까지 들어와서 작은 의자에 걸터앉았다. 시녀가 그들에게도 손 씻을 물을 돌리고, 식탁 위에 음식을 차려주었다. 그들은 손님은 안중에도 없는 듯 게걸스럽게 먹고 마셔댔다. 그들은 충분히 먹고 마신 후 이번에는 노래와 춤을 찾았다. 음유시인 페미오스가 불려와 리라를 연주하며 아름다운 노래를 부르기 시작했다. 텔레마코스는 구혼자들을 노려보며 이맛살을 찌푸렸다. 그는 아테나에게 얼굴을 가까이 가져가서 다른 사람이 듣지 못하도록 작은 목소리로 말했다.

"손님, 이런 말씀을 드리면 불쾌하게 여기실지 모르지만 무례하더라도 용서해 주십시오. 저들은 남의 재물을 값도 치르지 않고 파먹으며 노래와 선율에 취해 무전취식하고 있습니다. 그것도 생사를 알 수 없는 분의 재물을 말입니다. 만일 그분이 이타케로 돌아오시면 저들은 모두 꽁무니를 빼고 도망칠 것입니다."

텔레마코스는 길게 한숨을 내쉬었다. 그리고 다시 속삭였다.

"휴, 하지만 안타깝게도 그분은 죽임을 당했고, 이제 가족들에게 아무런 위로가 되지 못하고 있습니다. 누군가 아버지가 곧 돌아오신다고 말해주어도 이젠 위로가 전혀 안 됩니다. 아버지가 돌아오리란 희망을 완전히 버렸으니까요."

텔레마코스는 머리를 좌우로 흔들며 연회를 즐기는 구혼자들을 곱지 않은 시선으로 힐끗 쳐다보고는 아테나에게 다시 질문을 던졌다.

"그건 그렇다 치고 이제 당신의 이야기를 해주세요. 당신은 누구이며 어디에서 오셨나요? 부모님은 어디에 계시며 무엇을 하는 분들이신지요? 이타케는 섬이어서 반드시 배를 타고 와야만 하는 곳인데, 어떤 선원들이 당신을 이곳에 데려다주었나요? 이곳에 온 목적은 무엇인가요? 제가 이런 질문을 드리는 것은, 손님께서 결코 걸어서 이곳에 왔다고는 믿지 못하기 때문입니다. 그리고 저에게 납득이 가도록 설명해 주십시오. 당신은 이곳에 처음 오셨습니까? 아니면 저의 부친과 특별한 인연이 있으신 가요? 그분께서는 평소 사람 사귀는 것을 즐기셔서 많은 분이 우리 집을 찾아오셨기에 드리는 질문입니다."

그러자 아테나가 말했다.

"그렇게 물으니 이제 내가 그대의 질문에 솔직하게 답하겠네. 나는 지혜가 뛰어난 앙키알로스의 아들 멘테스이며, 항해를 즐겨 하는 타포스인을 통치하고 있네. 부하들과 함께 철을 팔아 청동을 구하러 테메세로 가는 중일세. 내가 타고 온 배는 도시에서 멀리 떨어진 시골, 숲이 우거진 네이온 산기슭에 있는 레이트론 포구에 정박해 있네."

아테나는 잠시 말을 끊고 텔레마코스의 표정을 살핀 후 다시 말을 이어갔다.

"그건 그렇고, 나는 자네 아버지와 절친한 친구 사이네. 그대의 할아

텔레마코스와 멘테스 파블로 E. 파비쉬, 1699년

버지인 라에르테르 어르신께 가서 물어보게. 그분은 지금 도시를 떠나면 시골 땅에서 괴로워하며 지내신다고 들었네. 내가 이타케에 온 것은 오디세우스가 벌써 집에 와 있다고 들었기 때문이네. 그러나 신들께서 아직도 그의 귀향을 가로막고 있는듯하네. 나는 오디세우스가 반드시 살아있다고 확신하네. 그는 망망대해 어느 섬에 억류되어 있을 것이네. 아마도 적의를 품은 야만인들의 짓이겠지. 나는 예언자도 아니고, 새를 이용한 점술에 능한 것도 아니라네. 하지만 신들이 내 마음에 일러주신 생각에 따르면 그는 머지않아 고향으로 돌아올 것이네. 설령 쇠사슬이 그를 얽어매고 있다고 해도 계책에 뛰어나니 반드시 벗어날 방법을 찾아낼 것이네."

텔레마코스는 큰 충격을 받았다. 지금까지 아버지가 돌아올 것이라고 확신에 차서 말하는 사람은 아예 없었다. 그동안 만났던 사람들 대다수가 오디세우스의 사망을 주장하며, 절망밖에 전해주지 않았었다.

“이 점을 분명히 밝혀주게. 그대는 오디세우스의 친자가 확실한가? 그의 갓난쟁이 아들이 이렇게 훌륭한 청년으로 성장했다니, 지금 보니 그대의 용모며 눈매가 그를 빼닮았군. 트로이아로 출정하기 전 나는 그와 자주 왕래했기에 그를 잘 아네. 하지만 그 뒤로는 안타깝게도 오디세우스와 만난 적이 없네.”

텔레마코스가 대답했다.

“손님이시여, 그러시다면 제가 사실대로 말씀드리죠. 저의 어머니께서는 제가 그분의 아들이라고 분명히 말씀하셨습니다. 하지만 저는 잘 알지 못합니다. 자신을 낳아준 분을 아는 사람이 어디 있겠습니까? 요즘 제 심정은 그저 자신의 노년을 행복하게 맞는 운수 좋은 분의 아들이면 얼마나 좋았을까 싶습니다. 그런데 사람들은 저에게 필멸의 인간 중 가장 불운한 분의 아들이라고 말하죠.”

아테나는 아버지의 행방불명으로 좌절하는 텔레마코스의 어깨를 다독여주었다.

“힘을 내게. 신들은 결코 그대의 가문을 후세에 불명예스럽게 하시지는 않을 것이네. 페넬로페가 그대를 훌륭한 인재로 낳아주었기 때문일세.”

이때 구혼자들의 요란하게 떠들며 웃는 소리가 들려왔다. 아테나는 그들을 힐끗 쳐다본 후 텔레마코스에게 물었다.

“이곳에 오면서부터 궁금했는데 저들은 대체 누군가? 그대와 무슨 상관이라도 있는가? 온 저택을 점거하고 안하무인의 태도로 부어라 마셔라 하며 소란을 피우는 모습이 손님들이라고는 전혀 느껴지지 않네. 지각 있는 사람이라면 누구나 저 수치스러운 짓거리를 보고 분개할 만큼 난장판이 아닌가."

아테나의 질문에 텔레마코스의 표정이 어두워졌다.

"저들은 제 아버지의 자리와 재산을 노리고 모여든 이웃 나라의 영주들과 이타케의 귀족들입니다. 저들은 어머니께 결혼을 강요하며, 매일 잔치를 벌여 저희 집안의 재산을 마구 탕진하고 있습니다. 하지만 어머니께서는 저들을 물리치거나 감당할 수 있는 힘이 없습니다. 저들은 머지않아 저희 집안의 살림을 거덜 내고, 제 목숨마저 빼앗으려고 들 것입니다."

텔레마코스의 말을 듣고 아테나는 분개했다.

"저런 몹쓸 놈들! 저들을 응징하기 위해서라도 오디세우스가 꼭 돌아올 것이네. 지금 그가 돌아와서 이곳에 선다면 투구를 쓰고 방패와 두 개의 창으로 무장한 예전의 용맹스럽던 그 모습일 것이네. 전에 내 집을 찾아왔던 때의 씩씩하던 그 모습 말일세. 그는 나와 함께 술을 마시며 몹시 즐거워했었네. 당시 그는 에피레에 사는 일로스를 찾아가 청동 촉이 박힌 화살에 바를 치명적인 독을 얻으려고 했으나 거절당했네. 그 사실을 알고 내 아버지께서 그가 얻으려던 독을 나눠주셨지.

아버지께서는 오디세우스를 친자식처럼 아끼셨기 때문이네. 그때처럼 오디세우스가 용맹스러운 모습으로 돌아온다면 저 불한당들을 한 명도 남김없이 죽여 정의를 실현하련만, 하지만 그의 귀향도 복수도 모두 신들의 무릎에 놓여있네. 그러니 자네는 어떻게 하면 저 구혼자들을 궁전에서 몰아낼 수 있을지 잘 생각해 보게.

그리고 지금부터 내 말을 명심해 듣도록 하게. 그대는 내일 아침 이 나라의 영주들을 모두 회의장에 소집하게. 영주들이 모인 자리에서 저 구혼자들을 고발하고 저들을 이 왕궁에서 쫓아낸다는 판결을 내리되 반드시 신들을 증인으로 삼게. 영주들은 모두 자네의 의견에 기꺼이 동의할 걸세. 구혼자들에게 각자 자기 집으로 돌아가라고 하고, 그대의 어머니가 만약 재혼하고 싶어 하시면 위세가 당당한 자신의 친정집으로 돌아간 뒤 그곳에서 재혼하라고 말씀드리게. 그렇게 하면 친정 부모님은 엄청난 부자시니 성대하게 결혼식을 올려줄 것이고, 사랑하는 딸에게 관습대로 넉넉한 지참금도 마련하여 줄 것이네.

물론 나는 자네 어머니께서 재혼하실 생각이 전혀 없다는 것을 잘 알고 있네. 자네 어머니는 아직도 남편이 고향으로 돌아올 날만을 손꼽아 기다리고 계시지 않은가?"

텔레마코스는 아테나의 말을 한마디도 놓치지 않고 귀를 기울였다. 아테나는 그 모습을 보며 내심 흐뭇해했다.

"지금부터는 자네에게 하는 조언이네. 우선 좋은 배를 한 척 구하게. 그 배에 선원 스무 명을 태우고 오랫동안 행방이 묘연한 아버지의 행방을 찾아 떠나게. 혹시 누군가 아버지의 소식을 들려줄지도 모르고, 제우스께서 분부하신 소문을 듣게 될지도 모를 일이네. 자네는 먼저 필로스에 가서 고귀한 네스트로 왕께 물어보고, 그곳에서 스파르타로 가서 메넬라오스 왕을 만나보게. 그는 트로이아 전쟁에 참전한 장수 중 가장 늦게 귀국한 사람이니까 자네가 원하는 소식을 듣게 될지도 모르네. 만약 오디세우스가 살아서 귀국하고 있다는 소식을 듣게 된다면, 그대는 구혼자들에게 핍박을 받더라도 일 년 만 더 참고 견디도록 하게. 그러나 만약 그가 사망했다면, 그때는 고향으로 돌아와 격식에 맞게 장례를 성대하게 치르고 나서 어머니께 재혼을 권하도록 하게. 이 모든 일을 마친 후에는 구혼자들을 처치할 방법을 궁리해 보게. 이제부터는 어린아이 같은 생각을 품어서는 안 되네. 자네는 고귀한 오레스테스가 자신의 아버지 아가멤논 왕을 살해한 아이기스토스를 죽여 원수를 갚고 세상 사람들에게 어떤 명성을 얻었는지 들어보았겠지? 자네 역시 오레스테스처럼 용모도 준수하고 체격도 당당하니 용기를 가지게. 신들이 도와줄 것이네.

자, 그럼 나는 이만 부하들에게 돌아가겠네. 그들은 아마도 목이 빠지게 날 기다리고 있을 거야. 이제부터 자네의 운명을 스스로 개척해야 하네. 내 말을 명심하게."

텔레마코스는 아테나의 조언에 감격했다.

"멘테스님. 아버지처럼 따뜻한 격려의 말씀 감사드립니다. 그리고 청이 있습니다. 갈 길이 바쁘시더라도 잠시 이곳에 머물러주십시오. 목욕도 하시고 피로를 푸신 다음 충분한 대접을 받으신 후 제가 준비한 선물을 가지고 배로 돌아가십시오. 제 성의가 담긴 그 선물이 멘테스님에게는 저에 대한 기념이 될 것입니다."

아테나가 손을 들어 텔레마코스의 말을 끊었다.

"자네의 호의는 고맙지만 나는 갈 길이 바쁘다네. 자네가 만일 친절한 마음을 보여주고 싶다면 그 선물을 고향에 돌아가는 길에 들려서 가져가겠네. 자네가 준비한 선물의 가치만큼 나도 자네에게 답례품을 주고 가겠네. 텔레마코스, 용기를 잃지 말게! 신들이 자네를 도와주실 것이네."

아테나는 격려의 말과 함께 마치 한 마리 새처럼 하늘 높이 사라져 갔다. 텔레마코스는 자리에서 일어나 아테나의 말을 되새기다가 깜짝 놀랐다. 조금 전까지 대화를 나눈 사람이 신이라는 예감이 들었기 때문이다. 순간 텔레마코스의 가슴에 새로운 용기가 샘솟기 시작했다. 아테나는 이미 텔레마코스의 마음속에 힘과 용기를 불어넣어 주었고, 아버지에 대한 그리움이 더욱 사무치게 했다.

구혼자들은 여전히 흥청망청 먹고 마시고 있었다. 텔레마코스는 그런 구혼자들 틈에 앉으면서도 내심 기뻤다. 신이 자신을 도와주고 있다는 믿음 때문이었다.

"이봐, 텔레마코스. 아까 얘기 나누던 그 이방인은 누구야?"

구혼자 중 우두머리 격인 에우리마코스가 물었다. 텔레마코스는 그의 건방진 태도에 마음이 상했다.

"그냥 아버님의 오랜 친구십니다."

텔레마코스는 증오의 눈빛으로 그를 힐끗 쳐다보며 퉁명스럽게 대답했다. 연회장에 있던 음유시인은 여전히 트로이아 전쟁을 노래하고 있었다. 이즈음 노래 대목은 오디세우스의 실종으로 이어져 갔다. 2층 방에서 있던 페넬로페는 신이 영감을 불어넣은 그 노래를 알아듣고 시녀들의 부축을 받으며 층계를 내려왔다. 페넬로페는 구혼자들과 마주하게 되자 자신의 머리 장식 베일로 얼굴을 드리웠다. 그녀는 뜨거운 눈물을 주르륵 흘리며 음유시인을 향해 말했다.

"페미오스, 당신은 사람들을 매혹시키는 신들의 고결한 행적에 대한 노래를 많이 알고 있겠지요? 당신은 여기 계신 청중들에게 그 노래 중 하나를 들려주고, 저들이 그 노래를 들으며 조용히 포도주를 마시게 해주세요. 그리고 제발 내 가슴을 갈기갈기 찢어놓는 그 잔인한 노래만은 멈춰줘요. 비통한 그 노래를 듣다 보면 나는 헬라스와 아르고스의 중심부에서 명성이 자자했던 오디세우스를 잃어버린 슬픔에서 헤어날 수가 없답니다."

페넬로페가 울상을 짓자, 텔레마코스가 나서며 공손하게 말했다.

"어머니, 음유시인들은 신들이 주신 영감으로 노래합니다. 그 덕분에 인간의 운명을 알려주기도 한답니다. 어머니와 저의 운명도 제우스께서 잘 인도해 주실 겁니다. 그러니 어머니도 시인이 노래를 부르도록 허락해 주십시오. 아버지 혼자서만 트로이아 땅에서 귀국할 시기를 놓친 것이 아니라, 그 외에도 많은 이들이 목숨을 잃었으니 말입니다. 그들의 아내와 아들들 역시 어머니와 저처럼 슬퍼하고 있을 겁니다.

어머니께서는 처소로 돌아가셔서 하시던 일을 계속해 주세요. 베를 짜거나 실을 감는 일을 말이에요. 그리고 시녀들에게도 각자 맡은 일을 하라고 분부하십시오. 그것이 집안의 안주인으로서 해야 할 의무라고 생각합니다. 이렇게 남자들이 모여 있는 곳에 나오셔서 말씀하시는 것은 어머니께 어울리는 일이 아닙니다. 아버지께서 이곳에 계시지 않으니 그분을 대신해서 제가 가장 노릇을 해야 하기에 이런 말씀을 드리는 것입니다."

페넬로페는 깜짝 놀라서 아들의 얼굴을 쳐다보았다. 텔레마코스가 어른스럽게 말하는 모습을 그동안 본 적이 없었기 때문이었다. 마냥 어린아이로만 보이던 아들이 갑자기 어른이 된 것을 느끼자, 페넬로페는 가슴이 벅차올랐다.

'아! 이제 내 아들도 다 컸구나. 응석받이로만 알았는데 이렇게 훌륭하고 의젓하게 자라주었다니, 오디세우스의 청년 시절 모습과 어쩜 저리 똑같을까! 그이가 돌아와서 저 아이를 본다면 얼마나 흐뭇해할까?'

페넬로페는 텔레마코스의 말을 기꺼워하며, 성장한 아들의 모습에 감격하여 처소로 돌아왔다. 그녀는 무릎을 꿇고 앉아 신들에게 기도를 올렸다.

"아. 올림포스의 신들이여. 제 아들을 보살펴 주셔서 감사합니다. 부디, 오디세우스 또한 건강한 모습으로 무사히 돌아오게 해주세요."

페넬로페는 눈물을 흘리며 간절히 기도했다.

구혼자들은 갑작스럽게 어른스러워진 텔레마코스의 당당한 모습에 어안이 벙벙해졌다. 그들은 잠시 넋을 잃고 멍하니 텔레마코스를 쳐다보았다. 그러나 그것도 잠시, 실내는 다시 시끄러워졌고, 전보다 훨씬 소란스러워졌다. 그들은 마치 시정잡배들처럼 거칠었고, 교양이라고는 찾아보기 힘들 만큼 서로에게 무례하게 행동했다. 그들은 저마다 왕비가 자신을 남편으로 선택할 것이라고 주장했다. 그러다가 서로 시비가 붙어 고함을 지르고 몸싸움까지 벌이자 연회장은 이내 난장판으로 변하고 말았다. 그 모습을 지켜보던 텔레마코스는 끓어오르는 분노를 참지 못하고 고함을 질렀다.

"오만불손한 구혼자들이여, 불쌍한 내 어머니를 더는 희롱하지 마시오!"

그 소리에 깜짝 놀란 구혼자들은 소란을 멈추고 텔레마코스를 쳐다보았다.

"내가 충고하는데 이제 못된 짓을 그만하고 멈추시오. 그리고 앞에 놓인 음식이나 조용히 먹는 것이 좋을 것이오. 아무래도 오늘 밤이 당신들에겐 이곳에서의 마지막 만찬이 될 테니까. 내일이면 이 집에서 당신들이 누렸던 호의호식도 끝장날 것이오."

구혼자들은 갑자기 달라진 텔레마코스의 당당한 태도에 의문을 가졌다. 그들은 눈만 멀뚱거리며 할 말을 잊고 텔레마코스를 쳐다보았다.

"나는 내일 아침 일찍 아고라에서 이타케의 영주들을 소집하여 회의를 열 것이오. 그때 당신들을 공개적으로 고발하여 내 집을 떠나라는 판결을 내리도록 할 것이오. 하지만 당신들이 판결을 거부한다면, 나는 신들에게 간청을 드려 당신들이 그동안 저지른 흉악한 죄 값을 모두 치르게 할 것이오."

그동안 구혼자들에게 변변한 말 한마디 제대로 못하고 한없이 나약한 꼬마로 여겨졌던 텔레마코스가 너무도 당당하게 말하자, 구혼자들은 모두 놀랄 수밖에 없었다. 연회장에 잠시 무거운 침묵이 흘렀다.

침묵을 깬 것은 안티노오스였다. 그는 포도주를 많이 마셔 붉게 달

페넬로페와 구혼자들 존 윌리엄 워터하우스, 1912년

아오른 얼굴에 게슴츠레한 눈빛으로 텔레마코스를 노려보더니 이내 입가에 비웃음을 흘리며 말했다.

"꼬마가 어디서 그런 두둑한 배짱이 생겼지? 네가 벌써 이타케의 왕이 된 것으로 착각하는 거니? 하지만 안타깝게도 네게는 기회가 없을 것 같구나. 네 어머니가 나의 청혼을 받아들이는 순간 내가 이곳의 왕이 될 테니 말이야."

텔레마코스는 안티노오스의 도발에 흔들리지 않고 차분하게 말을 받았다.

"안티노오스, 이제 곧 신의 뜻이 누구에게 있는지 분명히 알게 될 것이오. 그러니 우리 집 재산을 함부로 탕진해가며 먹고 마시는 짓은 이제 그만하시오."

텔레마코스의 침착한 대응에 구혼자들은 당황한 표정을 감추지 못했다. 그들이 보기에 텔레마코스는 불과 몇 시간 만에 어린아이에서 장성한 청년으로 변모한 것처럼 보였다. 도무지 현실감이 느껴지지 않는 이 상황을 그들로서는 쉽게 받아들이기 어려웠다. 이때 안티노오스가 뭐라고 대꾸하기 위해 입을 막 열려고 하자, 에우리마코스가 그를 막아섰다. 그는 꾀가 많은 사람으로 구혼자 중 우두머리 역할을 하는 자였다.

"좋네! 자네의 말을 잘 알아들었네. 하지만 한 가지 묻고 싶은 것이 있네. 좀 전에 와서 자네와 이야기하던 손님은 누구인가? 처음 보는 사람 같은데! 우리가 잠시 한눈을 판 일도 없는데 마치 바람처럼 사라져 버렸더군. 몹시 고귀한 양반 같아 보여서 우리도 인사를 나누고 싶었는데 말일세. 두 사람이 우리와 떨어져서 꽤 은밀하게 이야기를 나누던데 그 내용을 나도 좀 알 수 없겠나?"

에우리마코스는 질문을 던지면서도 텔레마코스의 눈치를 계속 살폈다.

"그 손님이 혹시 자네 아버지의 소식이라도 전해주던가? 오디세우스가 이타케로 돌아올 것이라고 말이야."

그는 작은 단서라도 찾으려는 듯 열심히 캐물었다. 텔레마코스는 그의 속셈이 가소롭게 느껴져 경멸의 눈빛을 감추지 않았다.

"그 손님은 아버지의 소식에 대해 전혀 아는 바가 없었소. 그분은 타포스 섬의 군주 멘테스라는 분이오."

텔레마코스는 말은 이렇게 했지만 그가 불멸의 여신임을 알고 있었다. 에우리마코스는 더는 얻을 것이 없다고 여겼는지 더 이상 묻지 않았다. 그는 내심 텔레마코스의 변화된 모습에 적잖이 놀라워했다. 구혼자들은 다시 연회를 즐겼으며, 저녁이 되도록 술을 마셔댔다. 연회는 밤이 늦어서야 끝이 났고, 구혼자들도 각자 자신의 처소로 돌아갔다.

텔레마코스도 그제야 자신의 침실로 갔다. 그의 유모인 에우리클레이아가 횃불을 들고 침실로 가는 길을 앞서가며 밝혀주었다. 그녀는 갓난아기였을 때부터 돌보던 어린 주인을 너무도 아끼고 사랑했다. 그래서 텔레마코스의 시중만큼은 다른 시녀에게 맡기지 않고 자신이 직접 했다. 그녀는 텔레마코스의 잠자리를 챙겨주고 나서 옷가지까지 정리한 후 침실을 나갔다.

텔레마코스는 곧장 잠자리에 들었으나 쉽게 잠을 이룰 수가 없었다. 다음 날 아침에 있을 회의에 대해서 생각하고, 아테나가 변신한 멘테스의 말도 곱씹어 보았다.

"그분은 분명 인간이 아니야! 불멸의 신이 틀림없어! 나와 내 어머니 그리고 아버지를 위해 신들이 도와주시는 게 틀림없어!"

텔레마코스는 양털 담요를 덮은 채 밤이 새도록 여러 가지 계획을 세우고 또 세웠다.

제2장

텔레마코스의 출항

새벽의 여신 에오스가 장밋빛 손가락을 뻗어 대지를 밝혀갈 무렵, 텔레마코스는 침상에서 일어났다. 새 옷으로 갈아입고 샌들을 신은 뒤 어깨에는 검과 활을 매었다. 어깨를 활짝 펴고 늠름한 모습으로 방을 나서는 그의 얼굴에는 굳은 결의가 실려 있었다. 그 모습은 마치 오디세우스가 살아서 돌아온 것 같았다. 그는 곧바로 젊은 시종을 불러, 구혼자들과 이타케의 영주들을 아고라에 모이도록 시켰다. 그는 청동 창을 들고 날랜 사냥개 두 마리를 데리고 아고라(광장)로 향했다. 텔레마코스는 어제까지만 해도 아버지가 돌아오지 않을 것이라며 좌절감에 빠졌었다. 하지만 이제 용기와 희망으로 똘똘 뭉쳐 있었다.

텔레마코스가 아고라에 도착하자, 뿔뿔이 흩어져 있던 구혼자들과 이타케의 영주들이 아고라로 모여들었다. 그들은 광장에 높은 단을 쌓아 마련한 회의장 위로 올라가 각자 자신의 자리에 앉았다. 곧 영주들의 자리가 모두 찼고, 정 중앙의 오디세우스가 앉았던 왕의 자리만 비어있었다.

이때 텔레마코스가 사냥개 두 마리를 데리고 회의장 계단을 올라왔다. 아테나가 텔레마코스에게 축복과 위엄을 내려주자 보는 이들은 감탄을 금치 못했다. 구혼자들은 갑자기 부쩍 성장한 당당한 텔레마코스의 모습에 속으로 놀라움을 금치 못했다.

'세상에, 오디세우스의 풋내기 아들이 언제 저렇게 늠름한 청년으로 성장했단 말인가?'

텔레마코스가 아버지 오디세우스의 좌석으로 향하자 영주들은 몸을 옆으로 비켜 길을 터주었다.

텔레마코스가 아버지의 옥좌에 앉자 영주들 중 가장 연장자이자, 박식한 노인 아이깁토스가 제일 먼저 입을 열었다. 그가 첫 발언자로 나선 것은 나름대로 이유가 있었다. 노인의 사랑스러운 아들이 오디세우스를 따라 트로이아로 출정했기 때문이다. 그런데 안티포스라고 하는 이 아들은 창을 매우 잘 다뤘으나 외눈박이 거인 폴리페모스의 동굴에서 최후를 맞았다. 그 외에도 그에게는 세 아들이 더 있었고, 한 명은 에우리노모스로 구혼자의 무리와 어울렸고, 두 아들은 아버지의 일을 도왔다. 그런데 그는 죽은 아들의 생사를 몰라 늘 비탄에 잠겨 살았다. 평소처럼 아들 생각에 눈물을 흘린 노인은 좌중을 향해 고개를 돌렸다.

"오디세우스가 떠난 뒤로 우리는 한 번도 회의를 연 적이 없었소이다. 그런데 오늘 이렇게 집회를 소집한 것은 누구요? 나라 안에 중대한 일이 발생했소? 아니면 전쟁이라도 일어난 것이오? 이 회의를 연 사람이 누구든 그는 유능한 사람이고, 왕이 되면 훌륭한 지배자가 될 것이오. 그에게 제우스 신의 가호가 함께 하시기 바라오."

텔레마코스는 자신을 추켜 세워주는 연설에 내심 흐뭇했다. 경청하던 텔레마코스는 더 이상 오래 앉아 있을 필요가 없다고 여겨 자리에서 일어났다. 그러자 사려 깊은 전령 페이세노르가 그의 손에 왕홀을 건넸다. 텔레마코스는 수많은 구혼자 앞에 당당하게 서서 입을 열었다.

"노인장이시여, 좋은 말씀 고맙습니다. 오늘 집회를 소집한 것은 접니다. 나라 안에 큰일이 일어난 것도 아니고, 전쟁이 벌어진 것도 아닙니다. 다만, 제집에 불어닥친 두 가지의 불행을 알리기 위해섭니다. 여러분 모두 아시는 것처럼 전 고귀한 아버지를 잃었고, 두 번째는 무도한 구혼자들이 존경하는 제 아버지와 저의 집 재산을 모두 탕진하고 있습니다.

저희 어머니 또한 구혼자들로 인해 심한 고통을 받고 계십니다. 다들 어찌 이리 비겁하고 모질 수 있는지요? 차라리 내 외할아버지인 이카리오스께 찾아가십시오. 그분이 직접 사윗감을 고르게 하시고, 그분이 딸을 위하여 지참금까지 챙겨주시는 것이 순서일 것입니다. 당신들은 그럴 용기도 없으면서 매일 내 집에 몰려와 소를 잡거나 양과 살찐 염소를 잡아 놓고 술잔치를 벌이고 있습니다. 이래서야 천금을 쌓아두어도 버틸 재간이 있겠습니까? 하지만 기울어가는 집안을 일으켜 세워

줄 아버지도 안 계시니 집안이 몰락하는 건 시간문제겠지요. 만약 내게 힘이 있었으면 그동안 당신들의 행위를 지켜보고만 있지 않았겠지요. 여러분, 신의 분노가 두렵지 않으십니까? 여러분이 한 짓은 반드시 죗값을 치르게 될 것입니다. 올림포스의 주인이신 제우스 신과 집회를 주재하시는 율법의 신 테미스 여신 앞에서 영주 여러분께 부탁드립니다. 여러분의 자녀들이 제발 좀 그러지 못하도록 막아주십시오. 그리고 제가 아비 잃은 슬픔을 조용히 맛보도록 이제는 그만 괴롭히십시오."

텔레마코스는 격앙된 감정을 억누르며 영주들에게 말했다.

"내 아버지께서 이타케 사람들에게 해를 끼친 것이 아니라면, 그래서 나와 내 집에 악의를 품고 그에 대한 보상을 받기 위한 것이 아니라면 제발 자제해 주십시오. 여러분들이 내 재산을 축내고 가축을 잡아먹는 것은 사실 겁나지 않습니다. 언젠가는 반드시 그 대가를 치르게 될 것이기 때문입니다."

텔레마코스는 말을 마치고 나서 갑작스레 끓어오르는 슬픔을 주체하지 못한 채 눈물을 쏟았다. 그러자 동정심으로 사람들의 표정이 숙연해졌고, 아고라에 무거운 침묵이 흘렀다. 모든 이가 텔레마코스의 말에 반박할 엄두조차 내지 못했다. 이때 안티노오스가 구혼자 무리 속에서 뛰어나왔다.

"이봐, 텔레마코스! 너는 우리에게 모든 잘못을 떠넘기고 싶겠지? 하지만 사실은 그게 아니야. 잘 알고나 비난을 해!"

안티노오스는 텔레마코스를 향해 따지듯이 소리쳤다.

"그동안 네 어머니인 페넬로페는 우리를 속였어. 그녀가 마음에도 없는 거짓 약속을 남발해서 우리 모두를 들뜨게 만든 것이 어디 한두 해인가? 벌써 3년을 지나 4년째 되어가고 있어. 그녀는 방안에 큰 베틀을 놓고 길쌈을 하면서 이렇게 말했지.

'구혼자 여러분! 이제 영주이신 오디세우스께서 돌아가셨으니, 아무리 혼사가 급하더라도 이 길쌈을 마칠 동안은 참아주세요. 뽑아놓은 실을 헛되이 버릴 수야 없지 않겠어요. 제 시아버지인 라에르테스께서 운명하실 때를 대비하여 수의라도 만들어 놓을까 합니다. 그분께서 많은 재산을 두고도 수의 하나 입지 못하고 돌아가신다면, 이타케의 모든 여인들이 저를 나무라겠지요.'

우리는 그 사정을 들어주고자 계속 참고 기다려 주었어. 하지만 너의 모친은 낮에는 베를 짜고 밤에는 그것을 풀어 자그마치 3년이란 세월 동안 우리의 인내를 모욕하고 조롱했지. 그러다가 우리는 한 시녀를 통해 그 비밀을 알게 되었고, 마침내 그녀도 어쩔 수 없이 길쌈을 끝냈지.

이제 너도 우리 입장을 이해한 것으로 믿고 내가 구혼자들을 대표하여 요구하겠다. 너의 모친을 어서 친정으로 보내라. 그래서 그녀의 친정아버지가 선택한 사람이나 본인이 마음에 드는 구혼자와 결혼하도록 말이야.

만일 그녀가 아테나 여신께서 주신 지혜를 함부로 악용하여, 이타케의 젊은 청혼자들을 계속 농락한다면 어디 한 번 그렇게 해보라고

해. 우리는 그 옛날 머리카락이 아름다웠던 티로(살모네우스의 딸)라든가 알크메네(헤라클레스의 어머니), 아름다운 비녀를 꽂았다는 미케네 등 그런 여인들에 대해서 많이 들었지만, 훌륭한 손재주와 뛰어난 분별력, 타고난 재주는 그녀들과 견주어도 페넬로페만큼 뛰어난 여인이 없다는 것을 인정한다.

하지만 신의 사주라도 받은 것처럼 앞으로도 기만적인 행동을 계속한다면 우리 구혼자들은 너의 재산을 계속 축낼 것이네. 그녀가 우리 중 한 명과 결혼식을 치르기 전까지 우리는 아무도 이곳을 떠나지 않겠다."

안티노오스는 정색을하며 말했다.

다른 구혼자들도 안티노오스의 의견에 동의했다. 그러나 정작 텔레마코스는 침착한 표정을 지으면서 안티노오스의 말에 반론을 제기하였다.

"안티노오스여, 제 어머니를 함부로 비난하지 마십시오. 그리고 어머니가 원하지 않는다면 그분을 외가로 쫓아 보낼 수 없소. 그분은 나를 낳고 길러주신 분이니 말이오. 아버지의 생사마저 모르는데 제 의지로 어머니를 친정으로 돌려보낸다면, 외할아버지 이카리오스께 너무 큰 부담을 드리게 됩니다. 다시 말해서 외할아버지께 죄를 짓게 되어 그분께 지독한 보복을 당하게 될 것이며, 더하여 신들께서도 벌을 내릴 것이오. 만약 어머니가 이 집을 떠나실 때 나를 저주하며 무서운 복수의 여신들을 불러들이실 경우에는 말이오. 어디 그뿐이겠소. 세상 사람들도 나를 배은망덕한 불효자라고 손가락질할 것이오. 그런 까닭에 나는 도저히 그런 말을 입에 담을 수 없습니다.

실을 풀고 있는 페넬로페 조셉 라이트, 1785년

만약 당신들이 마음 한구석에라도 수치심을 느낄 줄 안다면 이 집에서 당장 나가주시오. 그리고 다른 곳에 가서 향연을 즐기시오. 그러나 내 집의 재물을 축내는 데 재미를 붙였다면, 어디 원하는 대로 해보시오. 나는 불멸의 신들에게 호소할 것이오. 다행히 제우스께서 내 기도를 들어주신다면 당신들은 커다란 죗값을 치르게 될 것입니다. 이 점만은 명심하시기 바랍니다."

텔레마코의 말에 응답이라도 하듯이 독수리 두 마리가 날아와 아고라 위를 날면서 원을 그렸다. 그리고 어리석고 우매한 구혼자들을 날카로운 부리로 찍을 듯 노려보았다.

마치 죽음을 예고하듯이 구혼자들에게 겁을 준 독수리들은 이내 사라졌다. 이 독수리들은 올림포스에서 제우스가 보낸 것으로 앞으로 일어날 일을 예언한 것이다.

"이타케의 영주들이여! 내 말을 잘 들으시오. 저것은 분명히 신이 우리에게 무언가를 예고하는 것이오."

마스트로의 아들인 할리테르세스가 외쳤다. 그는 새를 보고 점을 치며, 사람의 운명을 읽는 사람이었다. 그는 말을 이었다.

"그리고 구혼자들은 모두 내 말을 잘 듣게. 자네들에게 이제 끔찍한 불행이 덮쳐올 거야. 오디세우스가 가족들 곁으로 돌아올 날도 멀지 않았네. 그는 이미 우리 가까이에서 자네들을 처단할 계획을 세우고 있을지도 모르네. 그뿐만이 아닐세. 이타케에 있는 모든 사람에게 그 화가 미칠지도 모르네.

그러니 영주 여러분, 일이 터지기 전에 어서 대책을 세워 재앙을 막아야 합니다. 나는 결코 여러분에게 헛소리하는 것이 아니오. 오디세우스 왕께서 트로이아로 출정할 때도 말한 바 있지만, 이제 모든 것이 그의 뜻대로 되어가고 있소. 부하들을 모두 잃은 그가 이십 년 만에 고향으로 몰래 돌아오게 되리라고 내 예언하지 않았소? 자 보시오. 이제 곧 그 모든 예언이 현실이 될 것이오."

그러자 조용하던 회의장이 술렁거렸고, 구혼자들은 갑자기 날아든 독수리 때문에 불길함에 사로잡혔다. 하지만 구혼자들의 대표 중 하나인 에우리마코스가 할리테르세스의 말을 반박했다.

"노인장, 당신 집으로 돌아가서 자식들 점이나 쳐 주시지요. 그들이 불행을 당하지 않도록 말입니다. 하지만 오디세우스에 관한 일이라면 당신보다 내 예언이 더 뛰어날걸요. 태양을 쬐며 날아다니는 새가 한두 마리가 아니건만 어찌하여 독수리가 날아다니는 모습을 보고 미래를 점칠 수 있단 말이오. 내 확실히 말하지만 오디세우스는 이미 머나먼 타국에서 오래전에 죽었소이다.

당신도 그와 함께 죽었더라면 얼마나 좋았겠소. 그랬더라면 이따위 엉터리 예언을 못했을 것이고, 가뜩이나 화가 난 텔레마코스의 가슴에 부채질도 하지 않았을 텐데 말이오. 노인장께 분명히 경고하겠소. 서푼어치 지식에 의존하여 그따위 엉터리 예언을 계속하다가는 머지않아 스스로 큰 재앙을 만나게 될 것이오.

텔레마코스, 내 자네에게도 충고하겠네. 어머니를 친정으로 보내는 게 좋을 거야. 일가친척이 혼인잔치를 베풀고 값비싼 예물들을 마련하면, 그 모든 혜택이 자네 어머니에게 갈 것 아닌가? 그래야만 구혼자들도 더는 시끄러운 청혼을 그만둘 것 아닌가? 앞으로 어떤 일이 벌어지던 우리는 겁날 게 없네. 저 노인이 아무리 예언이니 뭐니 떠들어대도 아무런 소용이 없네. 괜히 미움만 더 사게 될 뿐이지. 자네 어머니가 계속 우리 구혼자들의 애만 태운다면 이 집안의 재산은 하나도 남아나지 못할 것일세. 명심하게."

이에 텔레마코스가 그 말을 영리하게 맞받았다.

"에우리마코스여, 그리고 의기양양하신 구혼자 여러분. 이제 그 문제는 더 이상 왈가왈부하지 맙시다. 왜냐하면 신들이나 여기 계신 모든 분이 이미 모두 아는 사실이니 말이오. 그보다 다른 청을 드리겠소. 내게 빠른 배와 스무 명의 선원을 준비해 주시오.

이제부터 나는 아버지를 찾아 나설 계획입니다. 그분의 귀국 소식을 알아보기 위해서 스파르타와 모래언덕이 많은 필로스로 떠날 작정이오. 혹시 그곳 사람들에게 아버지에 대한 소식을 들을 수 있을지 모르니까요. 만약 아버지가 살아서 귀국하셨다는 소식을 듣게 되면 아무리 고생이 되어도 앞으로 1년 정도는 더 참을 수도 있겠지요. 하지만 더는 이 세상 사람이 아니라는 소식을 듣게 되면 나는 곧 집으로 돌아와서 아버지를 위해 무덤을 쌓고, 아버지의 명성에 걸맞게 성대한 장례식을 치를 것입니다. 그리고 어머니의 재혼을 주선하겠습니다. 그러니 당신들은 내가 요청한 일을 상의하여 그 결과를 내게 알려주시오."

텔레마코스는 단호하게 자신의 생각을 밝힌 후 자리에 앉았다. 구혼자들은 그런 텔레마코스를 비웃었다. 그러자 멘토르라고 하는 사람이 일어서서 영주들을 향해 말했다. 그는 이타케의 영향력 있는 영주 중 한 명이며 오디세우스의 절친한 친구였다. 출정을 앞둔 오디세우스는 자신의 가족과 집안일을 멘토르에게 부탁했었다.

"이타케의 영주들이여, 지금부터 내가 하는 말을 끝까지 경청해 주기를 부탁드립니다. 이제부터 왕홀을 가진 영주라고 해도 그에게 친절과 인자함을 결코 기대하지 맙시다. 또한 정의로움도 기대하지 맙시다.

오로지 불의와 몰인정만을 바랍시다. 왜냐하면 당신들은 좋은 왕을 모실 자격이 없는 사람들이기 때문이오. 오디세우스는 일찍이 우리 모두의 왕으로서 친아버지처럼 인자하게 선정을 베풀었소. 그럼에도 불구하고 그를 생각하는 사람은 아무도 없구려. 나는 지금 여기서 구혼자들을 꾸짖자는 것은 아니오. 다만 난폭한 행동을 일삼으며 옛 주인의 살림을 탕진하는 무리들을 보고도 꿀 먹은 벙어리처럼 침묵하는 여러분에게 실망했다는 걸 말하는 것이오. 하늘을 우러러 부끄럽지도 않소? 이 많은 영주들 중에서 소수의 구혼자 무리를 혼내줄 사람이 정녕 하나도 없단 말이오?"

그러자 에우에노르의 아들 레오크리토스가 무리에서 뛰쳐나와 들개처럼 으르렁거렸다.

"얼빠진 멘토르여. 실성하셨소? 지금 사람들을 부추겨 우리를 제지해 보겠다는 거요? 천만의 말씀, 당신들보다 수적으로도 월등한 우리와 대적해 보시겠다고? 오디세우스가 돌아와 구혼자들을 쫓아낸다고 해도 그 부인께서 그다지 반기지 않을 거요. 수적으로 우세한 우리와 싸워봤자 얻을 것은 죽음밖에 없을 테니 말이오. 그러니 아예 그따위 말은 입 밖에 내지도 마시오. 자 이제 지루한 회합 따위는 끝났으니 모두 집으로 돌아가시오. 항해 준비는 멘토르와 할리테르세스가 할 거요. 두 사람은 대대로 이 집안의 충신들이었으니까. 하지만 말처럼 쉽지 않을 거요. 항해가 어린애 장난도 아니니까."

집회는 이렇게 끝났다. 영주들은 각자 자신의 집으로 돌아갔고, 구혼자들은 다시 오디세우스의 성으로 발걸음을 옮겼다. 그리고 이내 회의장에는 텔레마코스 혼자 남게 되었다. 텔레마코스는 자리에서 일어나 푸른 파도가 넘실거리는 바닷가로 뛰어갔다. 그는 잿빛 바닷물로 손을 씻고, 그 자리에 앉아 아테나 여신에게 기도를 올렸다.

"여신이여, 부디 제 소원을 들어주소서! 어제 저를 찾아오셔서 말씀하시기를, 안개가 뿌옇게 낀 바다로 나가 아버지의 소식을 알아보라며 제게 권고하셨지 않습니까? 그런데 무도한 구혼자들이 온갖 수단으로 저를 방해합니다. 부디 저를 도와주소서!"

올림포스에서 있던 아테나가 이 기도를 듣고 이번엔 멘토르의 모습으로 변신한 후 텔레마코스에게 왔다.

"텔레마코스여. 자네는 부친인 오디세우스의 혈통과 역량을 그대로 물려받았다네. 용기를 가지게나! 자네라면 할 수 있어. 그러니 지금 분별없는 구혼자들은 더는 신경 쓰지 말게. 그들은 참으로 어리석은 데다가 분별력도 없어서 죽음이 자신들에게 가까이 다가왔다는 것을 전혀 눈치채지 못한다네. 자네가 여행을 떠나는 것을 아무도 막지 못할걸세. 내가 자네를 위해 배와 선원들을 구해주겠네. 그리고 나도 자네와 함께 갈 것이니 지금은 구혼자들이 있는 집으로 돌아가게. 그리고 포도주와 보릿가루 등 식량을 챙기도록 하게. 배가 마련되면 바로 실을 수 있도록 말일세. 나는 함께 떠날 사람들을 찾아볼 테니 자네도 서둘러 떠날 채비를 하게나."

텔레마코스는 필요할 때마다 와서 도와주는 멘토르에게 고맙다는 인사를 건네고 서둘러 집으로 향하였다. 집안에서는 그 사이에 구혼자들이 안뜰에서 산양의 가죽을 벗기고, 살찐 암퇘지를 불에 굽고 있었다. 또 다시 풍성하고 흥겨운 술판을 벌이려는 것이었다. 안티노오스는 텔레마코스를 보고 웃으며 다가와서 그의 손을 움켜잡았다.

"이 성급한 젊은 열변가여! 그 맹렬한 말과 생각만으로도 이젠 충분하겠지? 자 다시 전과 같이 우리와 더불어 먹고 마시도록 하자. 하지만 자네의 항해 준비는 우리가 모두 알아서 해주겠네. 선박과 뱃사람들의 뒷바라지 말이야. 하루빨리 필로스에 도착하여 자네 아버지의 소식을 들을 수 있도록 말일세."

텔레마코스는 안티노오스가 이끄는 손을 가볍게 뿌리쳤다.

"나는 불한당들과 함께 식사할 생각이 전혀 없소이다. 당신들은 그동안 날 어린애 취급하며 내 재산을 낭비해왔소. 그런대도 아직 직성이 풀리지 않는단 말이오? 나도 이제 성인이 되었소. 앞으로는 내 의지대로 움직이고 무엇이든 스스로 판단할 거요. 필로스로 가서 원조를 받던지, 아니면 이 고장에서라도 당신들을 혼내줄 방법을 반드시 찾아낼 것이오. 당신들이 보기에 내 항해 계획이 우스워 보일 수도 있겠지. 하지만 나는 남의 배를 얻어 타고서라도 반드시 항해에 나설 것이오. 그리고 아버지의 왕국과 내 어머니를 지킬 것이오."

이들이 실랑이를 벌이는 사이 구혼자들은 여기저기서 먹고 마시고 떠드느라 분주했다. 그중에는 텔레마코스에게 심한 욕지거리를 하는 자도 있었고, 빈정거리는 자도 있었다.

"정말이지 텔레마코스는 우리를 죽이려고 여러 가지 궁리를 하는 모양이군. 그렇지 않으면 모래 언덕이 많은 필로스에서 자기와 함께 싸워줄 지원군을 데려오려나? 아니면 스파르타에서 데려올 생각인가? 이렇게 조급하게 서두르는 걸 보면 뭔가 수상해. 혹시 땅이 비옥한 에피라 땅에 가서 맹독이라도 얻어오려나? 그것을 우리가 마시는 술에 몰래 타서 독살하려는 계획일지도 모르지."

그러자 또 다른 구혼자가 끼어들었다.

"글쎄, 누가 알겠나? 그가 배를 타고 떠난 다음, 가족으로부터 멀리 떨어져서 방황하다가 목숨을 잃게 될지도, 마치 제 아버지 오디세우스처럼 말이지. 그렇게 되면 우리에게 얼마나 귀찮은 일이겠나? 그의 재산을 여럿이서 나누어 가지려면 갖가지 번거롭고 복잡한 일이 생기겠지? 하지만 이 집만은 그 녀석의 어머니에게 주어야 할 거야. 아니면 누구든지 그녀와 결혼하는 사내에게 주도록 하지."

그들이 공론을 벌이는 동안 텔레마코스는 성에서 가장 높은 탑으로 뛰어갔다. 그곳은 오디세우스가 모아둔 갖가지 보물과 무기들을 보관한 비밀 창고였다. 거기에는 옷들을 보관한 나무상자와 향기로운 올리브기름도 많았다. 또한 금과 동으로 만든 그릇들과 달콤한 포도주를 담은 통들이 길게 줄을 지어 늘어서 있었다. 마치 오디세우스가 온갖 고생을 끝내고 고향으로 돌아오는 것을 기다리고 있는 듯했다. 창고의 육중한 겹문은 자물쇠로 굳게 잠겨져있었고, 유모 에우리클레이아는 이 창고를 밤낮을 가리지 않고 정성을 다하여 지키고 있었다.

텔레마코스는 늙은 시녀 에우리클레이아를 불렀다. 오디세우스의 유모인 그녀는 오디세우스와 페넬로페는 물론 텔레마코스에게도 충직했다.

"유모. 나는 내일 새벽에 떠납니다. 그러니 항아리 열두 개에 가장 맛 좋은 포도주를 담고, 가죽 자루에 보릿가루 두 말을 담아주세요. 그리고 아무도 모르게 한곳에 모아주세요. 저녁때가 되면 내가 가지러 올 테니까."

이에 유모는 매우 놀라 하마터면 들고 있던 횃불을 떨어뜨릴 뻔했다. 곧 그녀의 두 눈에 눈물이 고였다.

"도련님! 떠나시다니요?"

"아버지를 찾기 위해 스파르타와 필로스에 갈 것입니다. 그러나 아무도 모르게 떠날 거예요. 또한, 어머니에게는 비밀로 해주세요! 제가 떠난다는 것을 알면 분명히 슬퍼하시면서 만류할 테니까요."

유모는 고개를 끄덕이면서 눈물을 훔쳤다.

"아, 어쩌다가 그런 생각까지 하게 되셨어요. 사랑하는 도련님, 애지중지 귀여움만 받던 몸으로 어찌 그 먼 곳을 가시려고 하세요. 오디세우스님은 이미 머나먼 객지에서 운명하셨나이다. 도련님마저 이곳을 떠나면 저 흉악한 구혼자들이 무슨 짓을 저지를지 몰라요. 온갖 흉계를 꾸며 이 집안의 모든 재산을 서로 나누어 갖겠지요. 그러니 그냥 여기 계세요. 집을 떠나 재난을 자초하지 마세요."

텔레마코스는 눈물을 흘리는 유모를 안아주며 다독거렸다.

"유모. 아무 걱정 하지 말아요. 이번 계획은 절대 무모한 것이 아니에요. 신들의 도움을 받아 떠나는 거예요. 하지만 단 한 가지, 유모가 나에게 맹세해 주셨으면 해요. 어머니에게 비밀로 하겠다고 말이에요. 내가 떠난 후 적어도 열흘간은 결코 어머니께 말씀드려서는 안돼요. 어머니께서 먼저 나를 찾으셨다가 내가 없어진 것을 아시게 될 때까지 말입니다. 그리고 오늘 저녁엔 하녀들도 내 방에 접근하는 것을 막아주세요. 혹시라도 하녀들이 구혼자들에게 쓸데없이 말을 전하게 될지도 모르니까요. 내가 항해를 떠난다는 사실을 알게 되면 그들은 분명히 배를 타고 쫓아와 나를 죽이려 할 거예요. 내가 며칠이고 그들의 눈에 띄지 않으면 어디 시골 농장에라도 간 줄 알겠지요."

에우리클레이아는 텔레마코스의 결심이 흔들리지 않는다는 것을 알고, 신의 이름을 걸고 비밀을 지키겠다며 맹세했다. 그러고는 곧바로 항아리에 포도주를 채우고, 튼튼한 가죽 자루에 보릿가루를 담기 시작했다. 그러는 사이 텔레마코스는 창고를 빠져나와 구혼자들의 틈에 섞였다.

한편, 아테나는 텔레마코스로 변신하여 배와 선원들을 구하러 이타케 거리를 돌아다녔다.

그녀는 길을 가다가 텔레마코스에게 호감을 가진 젊은이를 만날 때마다 걸음을 멈추고 물었다.

"친구여, 나와 함께 필로스와 스파르타로 여행을 떠나지 않겠나?"

"그거 좋지요. 텔레마코스님과 함께라면 어딘들 못 가겠습니까?"

그들은 흔쾌히 대답했다.

"필로스와 스파르타라니, 벌써 흥분이 되는데요. 즐거운 여행이 될 것 같습니다."

"고맙네. 그럼 날이 어두워지면 곧바로 항구로 나와주게."

이렇게 해서 함께 떠날 선원으로 젊은이 스무 명이 모두 채워졌다. 그러자 아테나는 선박업자인 프로니오스의 아들 노에몬을 찾아갔다.

"노에몬, 내게 빠른 배를 한 척 빌려줄 수 없겠습니까? 당신도 알다시피 난 아버지의 소식을 알아보기 위해 필로스와 스파르타로 항해를 해야 합니다. 열이틀이면 항해를 끝내고 배를 무사히 돌려드릴 수 있습니다."

노에몬은 잠시도 주저하지 않고 흔쾌히 승낙했다. 해가 석양으로 떨어지고 어둠이 대지를 덮어오자 아테나는 선원들을 모아 놓고 그들에게 용기를 불어넣어 주었다. 그런 후 오디세우스의 집으로 가서 구혼자들의 눈에 깊은 잠을 퍼부었다.

연회를 즐기던 구혼자들은 쏟아지는 잠을 이기지 못하고 각자 여기저기 흩어져 누워 잠을 청하였다. 그러자 아테나는 곧바로 텔레마코스에게 달려갔다. 그녀의 모습은 어느새 멘토르로 변신해 있었다.

"텔레마코스. 지금 당장 항구로 가세! 그곳에 자네를 기다리는 배와 선원들이 있네. 자네가 가면 바로 돛을 올리고 떠날 것이네."

"정말 고맙습니다. 이 은혜는 절대 잊지 않겠습니다."

아테나는 웃으면서 텔레마코스를 바다로 데리고 갔다. 항구로 가니 과연 한 무리의 청년들이 그를 기다리고 있었다. 텔레마코스가 말했다.

"친구들이여. 식량을 미리 준비해 두었으니 가서 가져오도록 합시다."

텔레마코스는 일행을 데리고 성으로 가서, 유모가 준비해 둔 양식을 가져다가 배에 실었다. 그러고는 아테나를 따라 배 뒤편으로 가서 앉았다. 이에 일행이 닻을 올리고 뱃전에 올라서자 아테나는 순조로운 항해가 될 수 있도록 순풍을 일으켜주었다.

그러자 텔레마코스는 일행들을 독려하여 밧줄을 잡도록 하고 소나무 돛대를 올려 중방구멍에다 밧줄을 단단히 동여맨 다음, 가죽끈으로 흰 돛을 힘껏 당겨 올리게 했다. 그러자 바람이 돛을 부풀리면서, 검푸른 물결이 뱃머리에서 하얗게 부서지기 시작했다. 배는 물살을 가르며 쏜살같이 앞으로 나아갔다. 일행은 술을 잔에 가득 따라서 불멸의 신들에게, 특히 지혜의 여신 아테나에게 잔을 올렸다. 텔레마코스가 탄 배는 아무런 어려움도 없이 밤새 바다 위를 달려 목적지로 향하였다.

제3장

필로스에서 있었던 일들

순풍의 인도로 배는 어둠을 헤치고 바다 위를 달렸다. 그리고 태양이 동쪽에서 떠올라 잔잔한 수면을 비출 때, 배는 필로스 섬에 도착했다.

그때, 바닷가에서는 필로스 사람들이 모여 바다의 신 포세이돈에게 큰 제사를 드리고 있었다. 백성들은 질서 정연하게 오백 명씩 아홉 줄로 앉아있었고, 각 줄마다 황소 한 마리씩을 준비하고 있었다. 동원된 백성이 무려 사천오백 명이고, 희생되는 황소의 숫자가 아홉 마리나 되는 큰 규모의 제사였다. 그들은 소 내장을 나누어 맛보고 허벅지 살을 구워서 제단에 바치다가, 해변으로 다가오는 낯선 배 한 척을 보았다. 그 배는 해안가에 정박한 후 선원들을 쏟아냈다. 맨 마지막으로 텔레마코스가 내리자 멘토르로 변신한 아테나가 그의 어깨를 툭 쳤다.

필로스의 해변에서 포세이돈에게 제물을 바치고 있는 네스토르와 아들들
그리스 도자기, 기원전 400~380년경

"자네가 멀고 먼 바다를 건너 이곳에 온 이유를 잊어서는 안 되네."

그러자 텔레마코스는 고개를 끄덕였다.

"네스트로는 어질고 인자한 사람이네. 그에게 가서 자네 아버지의 소식을 여쭤보게. 그는 현명한 사람이니 절대 거짓말은 안할 것이네."

텔레마코스는 가볍게 한숨을 내쉬었다.

"하지만, 어떻게 말을 건네야 할까요? 저는 말주변도 없고, 어른을 상대로 꼬치꼬치 캐묻는 것은 더욱 부담스러워요."

아테나는 위축된 텔레마코스를 격려했다.

"걱정 말게나. 자네는 아버지를 닮아서 잘 할 수 있을 걸세. 그리고 자네가 부족한 것은 신께서 채워 주실 것이네. 그러니 기죽지 말고 자신감을 가지게."

그 말에 텔레마코스는 자신감을 얻었다. 그는 아테나 여신의 뒤를 따라 필로스인들이 제사를 드리는 장소로 향했다. 그곳에는 네스트로가 아들들과 함께 앉아 있었다. 그 주위에서는 그의 부하들이 잔치 준비를 하며, 고기를 꼬챙이에 꿰거나 굽고 있었다.

네스토르는 아테나와 텔레마코스가 가까이 다가오는 것을 보고, 옆에 앉은 막내아들 페이시스트라토스에게 손님들을 안내하라고 시켰다. 페이시스트라토스는 아테나와 텔레마코스를 향해 다가갔다. 그리고 공손하게 말했다.

"이곳에 오신 것을 환영합니다. 이리 가까이 오셔서 저희와 함께 식사하시지요."

그는 텔레마코스와 아테나를 자기 아버지와 형들이 앉은 곳으로 데려가서 모래 위에 깔아놓은 털가죽 위에 앉으라고 권했다. 그리고 나서 불에 구운 제물의 내장을 가져와 손님들에게 대접했다. 그것은 제사 풍습 중의 하나였다. 페이시스트라토스는 아테나에게 황금 술잔을 주고 포도주를 따라주며 말했다.

"잔을 들어 포세이돈 신께 축원을 올리시지요. 불사의 신들에게 축원을 올리는 것은 좋은 일입니다. 우리 중 신의 은혜를 받지 않은 자가 없지요. 그러고 나서 젊은 손님께 잔을 전해주십시오. 저분도 불사의 신께 경배 드릴 수 있도록 말입니다."

멘토르의 모습으로 변신한 여신의 얼굴에 순간 흐뭇한 미소가 떠올랐다가 이내 사라졌다. 그러나 아무도 눈치챈 사람은 없었다. 아테나는 황금 술잔을 자기에게 먼저 돌리는 주인의 아량과 호의를 생각해서 즉시 포세이돈에게 기도를 올렸다.

"바다를 관장하는 포세이돈이시여, 우리의 축원을 들어주소서. 네스트로와 그의 가족들에게 영광을 내리시고, 필로스의 백성들에게도 축복을 가득 내려주소서! 텔레마코스와 나에게도 은총을 내리셔서 이곳에 온 목적을 반드시 이루고 돌아갈 수 있도록 보살펴 주십시오."

텔레마코스도 황금 술잔을 건네 받고 똑같이 기도했다. 이때 사람들은 불에서 구워진 고기를 베어내 접시에 담아 내놓고 잔치를 시작했다. 모두들 실컷 먹고 마시고 난 후 네스트로가 먼저 입을 열었다.

"자, 이제 식사도 어느 정도 하셨으니 몇 마디 물어보겠습니다. 손님께서는 어디에서 오셨나요? 무슨 일로 필로스까지 오셨는지 궁금합니다."

텔레마코스가 즉시 자리에서 일어서자, 아테나는 그에게 용기를 불어넣어 주었다.

"현명한 네스트로이시여, 저는 멀리 이타케에서 온 오디세우스의 아들입니다. 제 아버지는 트로이아 전쟁이 끝난 지 오래되었으나 아직 돌아오지 않고 계십니다."

네스트로는 놀라워하며 텔레마코스의 얼굴을 찬찬히 뜯어보았다.

"자네가 정녕 오디세우스의 아들인가? 그러고 보니 오디세우스와 꼭 닮았구나"

네스트로는 뛰어난 영웅인 오디세우스의 아들을 보자 감개무량하였다.

"그런데 오디세우스가 아직도 고향에 돌아가지 못했단 말인가?"

네스트로가 놀란 표정을 지으며 텔레마코스를 바라보았다.

"네! 그래서 저희 아버지와 친분이 깊으신 네스트로 님께 아버지의 행방을 여쭙기 위하여 찾아왔습니다. 듣자 하니 어르신께서는 아버지와 함께 트로이아 성을 함락시켰다고 하더군요."

이에 네스트로의 얼굴에 그림자가 드리워졌다.

"휴~ 트로이아 전쟁은 최악의 전쟁이었지. 아암…, 그곳에서 훌륭했던 영웅들을 많이 잃었다네. 우리가 겪었던 그 무서운 불행들을 어떻게 다 일일이 열거할 수 있겠나."

그는 먼 하늘을 잠시 지긋이 바라보았다. 그리고 옛일을 회상하며 눈시울을 적셨다.

"트로이아 전쟁에 참전한 영웅들의 최후에 대해서는 익히 들어 알고 있습니다만, 유독 제 아버지의 최후만은 아직 전해지지 않고 있습니다. 그분께서 어디서 최후를 맞으셨는지, 육지에서인지 바다에서인지 아무도 말해주지 않습니다. 어떤 이야기라도 좋습니다. 기억나시는 대로 모두 말씀해 주세요. 아버지를 반드시 찾아야 합니다."

텔레마코스가 애원하자 네스트로가 무겁게 입을 열었다.

"좋네! 자네는 나에게 슬픈 추억을 되새기게 하는군. 걷잡을 수 없을 만큼 용맹심에 불타는 우리 그리스의 전사들이 트로이아에서 참고 견디었던 그 슬픈 추억을. 우리의 배가 안개가 자욱한 바다 위를 헤매며 적을 찾아 무찔렀을 때, 그때는 언제나 아킬레우스가 앞장섰네. 그리고 프리아모스 왕의 훌륭한 도시에서 접전에 또 접전을 치를 때였지. 거기서 우리의 훌륭했던 영웅들이 거의 다 전사했어. 아이아스, 아킬레우스, 파트로클로스, 사랑하는 내 아들 안틸로코스까지, 우리의 불행은 그뿐만 아이었네. 그와 같은 불행을 어찌 일일이 열거할 수 있겠나? 자네가 오륙년 이곳에 묵어가면서 듣더라도 시간이 부족할 것이네. 어쩌면 그 내용을 다 듣기도 전에 가슴이 미어지는 고통을 견디지 못해 귀국해 버릴지도 모르지. 우리는 9년 동안 온갖 전략을 펼쳐 트로이아 성을 공격했지만 무너뜨리지 못했어. 하지만 오디세우스의 뛰어난 계책에 의하여 승리할 수 있었네. 트로이아에 있던 내내 나와 오디세우스는 서로 마음과 뜻이 잘 통했네. 지휘관들의 회의는 물론 개인적인 대화를 나눌 때에도 의견을 달리한 적이 한 번도 없었네. 우리는 위기 때마다 서로 힘을 합쳐 이겨나갔고, 전쟁이 끝난 후에도 함께 귀향길에 올랐지.

그러나 제우스 신께서는 그리스군의 귀향길에 무서운 계획을 세우셨네. 왜냐하면 트로이아 도성을 함락했을 때 우리가 저지른 일들이 신들의 노여움을 샀거든. 때문에 많은 사람들이 뜻밖의 재앙으로 죽음을 맞게 된 것일세. 가장 먼저 아테나 여신께서 아트레우스 집안의 두 형제 사이에 분쟁을 일으켰다네. 그래서 두 사람은 황급히 그리스의 전사들을 모조리 회합에 불러들였지. 그러나 온전한 절차도 밟지 않았고, 해 질 무렵이 되었을 때여서 병사들은 모두 술에 잔뜩 취한 상태였네. 거기서 두 사람은 귀국 시기를 놓고 격돌한 거야. 메넬라오스는 병사들이 모두 귀국을 바라고 있으니 당장 바다에 군선을 띄우자고 했지만, 아가멤논은 반대했네. 두 사람이 날선 언쟁을 벌이자 안 그래도 취한 병사들의 마음을 동요시켜서 지독한 갈등을 일으켰어.

그날 밤 잠자리는 서로에 대한 불쾌감과 앙심으로 인해 마음이 불편했는데, 이는 제우스께서 그리스군의 운명에 개입하셨기 때문이네.

이튿날 아침, 전체 병사들 중 절반은 배를 바다에 끌어다 내려놓고 전리품과 허리에 띠를 두른 부녀자들을 배에 실었네. 나머지 절반의 병사들은 그대로 거기에, 총사령관 아가멤논의 곁에 머물러 있게 되었네.

나는 메넬라오스를 따라서 출항했네. 우리 배는 물살을 가르며 순항하고 있었지. 돛을 부풀리지 않고도 순항할 수 있었던 것은 신께서 깊고 넓은 바다에 미풍을 보내셔서 잔잔한 물결이 일게 해주셨기 때문이었네. 그러나 제우스 신께서 우리들 사이에 싸움을 부추기셨다네. 그 결과 오디세우스 일행은 뱃머리를 돌려 그들이 오던 방향으로 돌아갔다네. 현명하고 지혜로운 오디세우스였지만, 아가멤논에게 충성을 맹세한 일이 그를 다시 트로이아로 이끈 것이지. 하지만 나는 귀향을 서둘렀네. 왜냐하면 신께서 계획하시는 재앙의 징조를 깨달았기 때문이지. 다행히 디오메데스의 합류로 우리는 힘을 얻었네.

우리는 항해 도중에 레스보스 섬에 머무르며 항로를 두고 고민했었네. 키오스 섬의 험난한 해협을 멀리 돌아갈 것인가, 아니면 프시리아 섬을 지나갈지를 놓고 고민했다네. 결론에 이르지 못하자 우리는 신께 전조를 보여주시기를 기도드렸네. 그러자 신께서는 우리에게 조금이라도 빨리 재난을 면하려면 대양을 가로질러 에우보이아로 향하도록 일러주셨네. 이때 메넬라오스도 우리와 합류했네.

때마침 바람이 소리 높이 불어오기 시작 했으므로 선단은 매우 빨리 물고기가 많은 바닷길을 달려, 그날 밤 게라이스토스 곶에 닿았네. 우리는 망망대해를 무사히 건너게 해주신 포세이돈께 감사를 드리기 위해 황소들의 허벅지 살을 푸짐하게 구워서 바쳤네. 그리고 나흘째 되는 날, 디오메데스 일행은 아르고스 땅을 밟았네. 나는 거기서도 지체하지 않고 곧장 필로스를 향해 항해를 계속했네. 처음 출발할 때 신께서 보내주신 순풍은 여전히 계속 불어오고 있었지. 덕분에 우리는 금세 고향에 당도할 수 있었네.

친애하는 젊은이여, 나는 아무 소식도 듣지 못한 채 돌아왔기 때문에, 그리스 장수들 가운데 누가 살아남고 누가 죽었는지는 잘 알지 못한다네. 그러나 귀국 후에 내가 들은 이야기는 숨김없이 모두 자네에게 들려주겠네. 아킬레우스의 아들 네오프톨레모스가 거느리는 미르미돈족의 용사들은 무사히 귀국했고, 포이아스의 아들 필록테테스와 이도메네우스도 마찬가질세. 그리고 아가멤논에 대한 이야기는 자네도 들었겠지? 그는 돌아오자마자 아이기스토스의 음모로 무참하게 죽음을 맞았네. 물론 아이기스토스 역시 아가멤논의 아들 오레스테스한테 무서운 보복을 당했지만 말이네. 보아하니 자네 또한 준수한 용모에 체격이 당당하고 용기까지 갖추었으니 오리스테스처럼 용기를 내게. 그렇게 하면 후세에 이름을 크게 떨치게 될 걸세."

이에 텔레마코스가 대답했다.

"고귀한 네스토르시여, 어르신의 말씀대로 오레스테스는 복수를 했고, 그리스 사람들은 그의 명성을 후세까지 노래로 전할 것입니다. 바라건대 신들께서 제게도 그런 큰 힘과 용기를 내려주신다면 얼마나 좋을까요? 난폭하고 무례한 구혼자들을 응징할 수 있을 만한 힘 말입니다. 하지만 제게는 그와 같은 행운이 주어지지 않았으니 그저 참을 수밖에 없는 형편입니다."

네스트로는 텔레마코스의 어깨를 다독거리며 용기를 주었다.

"자네 말을 들으니 이제 기억이 나는군. 사람들이 말하기를 그대 어머니한테 많은 구혼자들이 몰려들어 행패를 부린다고 하던데, 말해보게. 자네는 지금 그들에게 쫓겨나서 피해온 길인가? 그렇다고 해도 이타케 사람 전체가 자네에게 등을 돌린 것은 아니지 않나? 그러니 희망을 가지게. 오디세우스가 돌아와서 그 무법자들을 반드시 응징할거야.

오! 만일 오디세우스를 각별히 아끼시던 저 빛나는 눈의 여신 아테나께서 자네를 돌보신다면, 나는 여신께서 그토록 드러내놓고 한 인간에게 자비를 베푸시는 것을 일찍이 보지 못했네. 만일 그분이 자네를 도와 주시기만 한다면 그까짓 무리들은 단 번에 쓸어버릴 텐데……."

하지만 텔레마코스는 고개를 저으며 소심하게 말했다.

"위로해 주셔서 감사합니다. 저도 용맹스러운 전사가 되어서 아버지의 복수를 하고 싶습니다. 그래서 어머니를 괴롭히는 저 무도한 구혼자들을 물리치고 싶습니다. 하지만 저로서는 그것을 기대조차 할 수 없습니다."

이에 멘토르로 변신한 아테나가 꾸짖듯이 말했다.

"텔레마코스, 어찌 그런 나약한 말을 하는가? 자네는 신들께서 인간들이 간절히 원하기만 한다면 언제나 도와주신다는 사실을 모르는가? 만일 내가 자네 처지라면, 그리고 아무리 힘들어도 훗날을 기약할 수 있다면 기꺼이 집으로 돌아가서 기회를 엿보겠네. 물론 인간은 모두 죽을 수밖에 없는 필멸의 존재일세. 아무리 신들이 인간을 사랑한다고 해도 일단 죽음의 운명이 인간을 덮치면 그때는 전능하신 신들도 구해주지 못한다네."

이에 텔레마코스가 대답했다.

"멘토르님, 이제 고통스러운 이야기는 그만하시죠. 불사의 신들께서 이미 제 아버지에게 죽음의 운명을 정해 놓으셨으니까요. 제가 지금 네스토르님께, 지혜와 경륜이 출중하셔서 세 번이나 영주가 되신 어르신께 묻고 싶은 것은 다른 것입니다. 대체 그 큰 나라를 다스리던 아가멤논 대왕께서 어쩌다가 그런 허망한 죽음을 당하셨는지 사실대로 말씀해 주십시오.

그때 메넬라오스님은 어디에 계셨고, 아이기스토스는 어떻게 자기보다 훨씬 용맹스러운 분을 죽일 수 있었습니까?"

네스토르가 대답하였다.

"메넬라오스가 귀향했을 때 아이기스토스가 이미 죽었기에 망정이지, 만일 살아있었다면 어떻게 되었겠나? 당장 살해되어 아이기스토스의 시체가 토막 나서 새와 짐승의 밥이 되었을 걸세. 여자들조차 눈물을 흘려주지 않는 것을 보면 그가 얼마나 끔찍한 죄를 저질렀는지 가히 짐작할 수 있을 것이네. 그는 평화롭던 시절에도 아가멤논의 아내 클리타임네스트라를 유혹하려 했네. 물론 지각 있는 그녀도 처음부터 불미스러운 행동을 한 것은 아닐세. 더욱이 아가멤논이 트로이아로 떠나면서 아내를 지켜달라고 임명한 음유시인이 그녀 곁에 있었네. 하지만 신의 장난으로 그녀는 파멸의 길로 접어든 거라네. 아이기스토스는 음유시인을 무인도로 추방한 후, 그녀를 자기 집으로 유혹하여 불륜을 저지르고 말았네. 그러고는 맛있는 고기를 신의 제단에 올린 것은 물론 이거니와 비단, 황금 등 많은 제물을 바쳤네. 그것으로 신들의 노여움을 달랠 수 있다고 믿었겠지.

한편, 트로이에서 돌아올 때 우리는 귀국한다는 생각만으로 가슴이 벅차올랐네. 그런데 우리가 수니온 곶에 이르렀을 때였네. 아폴론이 활을 쏘아 메넬라오스 배의 키잡이를 죽였다네. 그는 오네토르의 아들 프론티스로 키를 다루는 능력은 아무도 당할 자가 없었네. 폭풍우 속에서도 안전하게 배를 몰 수 있는 최고의 키잡이였거든. 그래서 메넬라오스의 선단은 그의 장례를 치르고 다시 출항했네. 그런데 말레아 곶에 이르렀을 때, 제우스 신의 무서운 고함소리와 함께 집채만 한 파도가 덮쳐왔네. 여기서 사람들은 다시 둘로 갈라져, 한 무리는 키도네스족이 이아르다노스 강가를 따라 모여 사는 크레타 섬으로 향했네. 마침 남서풍이 불어주어 짙은 안개와 폭풍우 속에서도 고르티스의 변방에 다다를 수 있었네. 겨우 전멸을 면했지. 그리고 메넬라오스가 이끄는 다섯 척의 배는 간신히 난파를 면했지만 멀리 이집트까지 밀려가 버렸네. 그는 거기서 많은 재산과 보화를 모았지만, 언어가 통하지 않는 타국에서는 이방인에 불과할 뿐이었네.

그 사이 아이기스토스는 귀국한 아가멤논을 살해한 후, 황금이 많이 나는 미케네를 7년 동안 다스렸네. 그러나 8년째가 되는 해에 아테네에 가 있던 아가멤논의 아들 오레스테스가 돌아왔지. 그는 이미 장성한 용사가 되어 있었어. 오레스테스는 즉각 아버지를 배신한 어머니와 그녀의 정부인 아이기스토스를 죽여서 복수를 하고, 아르고스 사람들을 불러 향연을 베풀었네. 원망스러운 어머니와 아이기스토스의 장례를 치른 바로 그날, 메넬라오스가 금은보화를 가득 싣고 귀국했네.

그러니 젊은이, 집에 폭도들이 들끓는다면 집을 너무 오래 비워두지 말게. 그들에게 재산을 모두 빼앗긴다면 정말 큰일 아닌가?

하지만 돌아가기 전에 라케다이몬의 메넬라오스에게 꼭 찾아가게. 그는 머나먼 낯선 나라에서 돌아왔으니 말일세. 그가 표류하며 머물렀다는 그곳은 날아가는 새도 일 년 열두 달이 걸려야 갈 수 있을 만큼 먼 바다 저쪽이라네. 그러니 틀림없이 많은 것을 보고 들었을 거야. 어쩌면 자네 아버지의 소식을 들었을지도 모르네.

만일 자네가 육로를 선택한다면 내 수레와 말을 내어 주겠네. 그뿐만 아니라 내 아들들에게 메넬라오스가 사는 라케다이몬까지 안내하라고 시키겠네.

자네가 메넬라오스에게 직접 물어보게. 그는 틀림없이 유익한 대답을 해줄 것이네. 그리고 매우 어진 사람이니 자네를 속일 일도 없을 걸세."

그가 말을 마치자마자 해가 지고 어둠이 밀려왔다. 그러자 지혜의 여신 아테나가 그들에게 말했다.

"어르신, 참으로 지당한 말씀입니다. 그럼 이제 제물의 혀를 자르고 술을 걸러 포세이돈과 그 밖의 신들께 술을 올린 뒤 쉬도록 합시다. 내일 아침 일찍 떠나려면 얼른 잠자리에 드는 것이 좋겠습니다."

이 말에 전령들은 먼저 신주를 차례로 따른 다음, 제물의 혀를 불에 던지고 잔을 올렸다. 아테나와 텔레마코스가 배로 돌아가려고 자리에서 일어나자 네스토르가 만류했다.

"이럴 수는 없습니다. 내 집에 들르지도 않고 배로 돌아가신다니, 신들도 허락지 않을 것입니다. 우리가 구차하여 손님들이 쉴 방조차 없다면 또 모르겠습니다만, 오디세우스 같은 분의 귀한 자제를 배 위에서 쉬게 한다는 것은 경우가 아니지요. 이미 내 자식에게 손님을 접대하도록 단단히 일러두었소."

이에 아테나가 대답했다.

"정말 좋은 말씀을 하셨소. 고마운 분이시여. 텔레마코스는 어르신의 말씀대로 하는 것이 좋겠습니다. 하지만 저는 배로 돌아가서 일행들을 돌보고 사정을 설명해 주어야 합니다. 일행 중에는 제가 가장 연장자거든요. 다른 사람들은 텔레마코스와 동갑으로 모두 젊습니다.

저는 오늘 밤 배에서 쉬었다가 내일 아침엔 용감한 카우코네스족을 찾아가 얼마 되지는 않지만 빚을 받아야겠습니다. 그러니 이 젊은이에게 마차를 좀 내주시고, 자제분으로 하여금 동행하게 해주시면 참으로 고맙겠습니다. 이왕 폐를 끼치게 되었으니, 아주 힘이 세고 날쌘 말로 부탁드립니다."

이렇게 말하고 나서, 아테나는 물수리로 변하여 하늘로 세차게 날아 올라갔다. 이를 본 사람들이 모두 놀라 멍하니 하늘을 바라보았다. 네스토르는 텔레마코스의 손을 반갑게 마주 잡았다.

"텔레마코스, 자네는 진정 축복받은 사람이네. 신께서 이렇게 직접 동행하시다니, 행운아임이 분명하네. 저분은 틀림없이 올림포스의 여러 신들 중에서도 제우스의 따님이며, 그 이름도 드높은 아테나 여신이 아니고 누구겠나. 저 여신께서는 자네 아버지 오디세우스를 특별히 소중히 여기셨네.

오, 여신이시여! 저와 제 자식들에게도 훌륭한 명예를 내려 주소서. 그렇게 해 주시면 아직 한 번도 멍에를 씌우지 않은 한 살배기 암송아지의 뿔에 황금을 입혀서 제물로 바치겠나이다."

아테나 여신이 그의 기도를 들었다. 이윽고 네스토르는 아들들과 사위들을 거느리고 앞장서서 훌륭한 자기 저택으로 갔다. 드디어 저택에 이르자, 모두 차례대로 긴 의자와 팔걸이의 등에 걸터앉았다. 노인은 손님을 위해 달콤한 포도주를 준비했다. 그 술은 10년 동안 보관되어온 것으로 하녀가 뚜껑을 벗기고 혼주 병에 따르자 늙은 왕이 아이기스(염소 가죽 방패)를 가진 아테나에게 바치면서 정성껏 기도를 올렸다. 그런 다음 가볍게 잔치를 벌이고 각자 숙소로 돌아갔다. 텔레마코스는 주랑 밑의 짜 맞춘 침상으로 인도되었다. 그의 옆에는 물푸레나무 창의 명수인 페이시스트라토스를 재웠다. 그는 네스토르의 아들 가운데 유일하게 결혼하지 않았기 때문이다.

마침내 여명이 밝아오자 네스토르는 자리에서 일어나 현관 앞에 놓인, 윤이 반짝반짝 나는 흰 돌에 앉았다. 이 돌은 옛날 지혜가 신과 같았던 네스토르의 아버지, 넬레우스 왕이 앉았던 자리였다.

오늘은 그의 뒤를 이어 네스토르가 필로스 시민을 수호하는 왕홀을 손에 들고 그 자리에 앉은 것이다. 그러자 아들들이 그를 중심으로 빙 둘러앉았다. 에케프론과 스트라티오스, 페르세우스, 아레토스, 트라시메데스, 그리고 막내아들인 페이시스트라토스였다. 그들은 텔레마코스를 그 옆에 앉히는 것도 잊지 않았다. 네스토르가 먼저 입을 열었다.

"얘들아, 지금 당장 내 소원을 풀어다오. 나는 무엇보다도 가장 먼저 아테나 여신께 제사를 드리고 싶구나. 그분은 내 눈앞에 분명히 나타나셨다가 신들의 성대한 잔치 자리로 떠나셨다.

그러니 너희들 가운데 한 사람은 텔레마코스가 타고 온 배에 가서 일행들을 모두 데려오되 두 명은 파수꾼으로 남겨 두어라. 또 한 사람은 금세공을 하는 라에르케스를 이리 데리고 오너라. 당장 쇠뿔에 황금을 둘러 입혀야 한다. 나머지는 이대로 여기 남아서 잔치 준비를 해라. 시녀들에게는 특별히 훌륭한 요리를 정성껏 마련하도록 일러라. 그리고 궁 안에 축제 준비를 시키고 제단 주위에 좌석을 마련하도록 하며, 신선한 물을 떠오거라!"

아들들은 급히 서둘러 그 명령에 따랐다. 들판에서 어린 암소가 끌려왔고, 훌륭하고 빠른 배에서 인품이 뛰어난 텔레마코스의 일행들도 데려왔다. 금속 세공인은 세공의 마무리를 하는 모루와 쇠망치, 단단하게 만들어진 쇠 집게 등, 황금 세공을 하는 데 필요한 기구와 재료 따위를 챙겨왔다. 그러자 아테나 여신도 자신에게 바쳐질 제물을 받으려고 참석했다.

현명한 네스트로가 황금을 건네주자, 세공사는 여신이 보고 기뻐하도록 암소의 두 뿔에 금박을 훌륭하게 입혔다. 스트라티오스와 에프케론이 황금 뿔을 붙잡고 암소를 제단으로 끌고 갔다. 아레토스는 광에서 한 손에 꽃무늬가 새겨진 정화수 병을, 다른 손에는 보리 바구니를 들고 나왔다. 트라시메데스는 암소를 내려치려고 날카로운 도끼를 들고 대기하고 섰으며, 페르세우스는 피를 받기 위해 대접을 들고 있었다. 네스토르는 먼저 정화수로 손을 씻고 보리를 뿌려 즉시 아테나 여신에게 축원을 올렸으며, 암소의 머리털을 잘라 불속에 던져 넣었다.

그들이 기도를 마치자, 트라시메데스가 도끼로 암소의 목덜미를 힘껏 내리쳤다. 그와 동시에 네스토르의 딸들과 며느리들, 그리고 정숙한 아내 에우리디케가 함성을 질렀다. 사람들이 암소를 들어 올리자 페이시스트라토스가 단칼에 목을 베었다. 암소의 몸뚱이에서 검은 피가 분수처럼 솟구쳐 올랐다. 아들들이 달려들어 허벅지 뼈들을 조각낸 다음 기름덩이로 두 겹을 싸고 날고기 조각을 장작 위에 올려놓았다. 네스토르가 그것들을 장작불에 태우며 그 위에 붉은 포도주를 부었다. 아들들이 그것을 잘게 썰어서 꼬챙이에 꿴 후 불 속에서 바싹 구웠다.

네스토르와 헤어져 길을 떠나는 텔레마코스 헨리 하워드, 1769~1847년

한편 네스토르의 막내딸 폴리카스테는 텔레마코스를 목욕시킨 다음, 온몸에 향유를 발라 주고 화려한 망토와 튜닉을 입혀주었다. 그러자 텔레마코스의 모습은 마치 불사의 신처럼 위엄 있고 당당했다. 그가 네스토르 옆으로 가서 앉자 드디어 잔치가 시작되었다.

네스토르가 먼저 사람들을 둘러보며 말했다.

"자, 내 사랑하는 아들들아! 이제 갈기가 탐스러운 말을 골라 멍에를 씌운 다음 텔레마코스로 하여금 길을 떠나게 하라."

그의 말이 끝나자마자 아들들이 서둘러 날쌘 말들을 마차에 매어놓자, 하녀들이 앞다투어 왕이나 먹을 법한 맛있는 술과 음식을 내다 실었다.

텔레마코스가 호화로운 마차에 올라타자, 페이시스트라토스가 옆에 앉아 말고삐를 잡았다. 쌍두마차는 필로스의 성을 뒤로한 채 평원을 향해 내달렸다. 말들은 하루를 꼬박 쉬지 않고 달렸지만 조금도 지치지 않았다.

사방에 어둠이 깔리기 시작했다. 파라이라는 도시에 도착한 그들은 네스토르의 친척인 디오클레스의 집에서 그날 밤을 보냈다. 또다시 새벽의 여신이 밤의 장막을 걷자 그들은 마차에 올라 주랑을 빠져나왔다. 페이시스트라토스는 노련한 솜씨로 말을 몰아 종착지를 향해 내달렸다. 오전 내내 산세가 험한 지역을 통과하더니 오후가 되자 드디어 잘 익은 밀밭으로 뒤덮인 라케다이몬의 들판을 달렸다. 어느덧 또다시 사방에 어둠이 내렸다.

제4장

스파르타에서 있었던 일들

텔레마코스와 페이시스트라토스가 라케다이몬에 도착했을 때, 메넬라오스의 아들과 딸의 결혼 피로연이 열리고 있었다. 메넬라오스는 트로이아에서 아킬레우스의 아들 네오프톨레모스를 사위로 삼겠다고 약속했었다. 그는 이날 자신의 딸 헤르미오를 네오프톨레모스에게 시집보내면서 그 약속을 지켰다. 그리고 같은 날 메넬라오스가 하녀에게서 얻은 늦둥이 아들 메가펜테스도 귀족인 알렉토르의 딸과 결혼했다.

온 나라가 성대한 결혼식으로 인해 분주하게 움직였고, 곳곳에서 맛있는 음식 냄새가 코를 찔렀다. 궁에서는 왕의 친척과 백성들이 모여서 연회를 즐기고 있었다. 음유시인이 포르밍크스(리라류의 악기를 통칭하는 고어)를 연주하며 노래를 불렀고, 한 무리의 날렵한 무희들이 원을 그리며 춤을 추었다.

이때 텔레마코스와 페이시스트라토스는 궁 앞에 마차를 멈추고 말을 쉬게 했다. 이를 본 메넬라오스의 시종이 황급히 달려와 그들을 맞이했다.

"어서 오십시오. 손님들. 이곳에서 잠시만 기다려주십시오."

시종은 그 길로 메넬라오스에게 달려가서 보고했다.

"위대한 왕이시여! 밖에 제우스 신의 혈통인 듯 보이는 두 분의 손님이 와 계십니다. 자리를 마련해 줘야 할까요? 아니면 다른 곳으로 가라고 할까요?"

메넬라오스는 시종을 황당한 표정으로 바라보며 역정을 냈다.

"너는 지금까지 분별력 있게 행동했는데, 지금은 어찌된 거냐?"

시종이 놀라서 고개를 조아렸다.

"제가 무슨 잘못이라도……."

"너도 나와 함께 트로이아에서 고향으로 돌아오는 길에 수많은 사람들에게 신세를 지지 않았느냐? 그러니 우리도 나그네들을 당연히 대접해야지."

"네! 네! 제가 생각이 짧아서 미쳐 거기까지 생각하지 못했습니다."

시종이 잘못을 인정하며 고개를 조아리자, 메넬라오스는 그제야 화를 누그러뜨렸다.

"어서 그분들을 궁안으로 청하여 들이고, 시녀들에게 일러라! 그분들을 목욕시켜 드린 후에 깨끗한 옷을 내어드려 갈아입으시게 하라고 말이야. 그러고 나서 그 손님들을 내게로 모셔 오너라!"

시종은 부끄러운 마음으로 그 자리를 물러나 텔레마코스와 페이시스트라토스를 궁전 안으로 안내했다. 메넬라오스의 궁전은 태양이나 달과 같은 섬광으로 가득 차서 휘황찬란했다. 텔레마코스와 페이시스트라토스는 그 모습을 보며 찬탄해마지않았다.

궁궐 구석구석을 둘러본 그들은 반들반들한 욕조가 있는 목욕탕으로 안내되었다. 그들은 그곳에서 시녀들의 시중을 받으며 목욕을 한 뒤 향유를 몸에 바르고, 깨끗한 옷으로 갈아입었다. 그러자 시종이 텔레마코스와 페이시스트라토스를 메넬라오스 옆 안락의자로 안내했다.

한 시녀가 황금 물 항아리를 들고 와서 은대야에 세수물을 부어주고, 손을 씻게 했다. 다른 시녀가 그들 옆에 나무 탁자를 펴자, 요리사가 빵과 고기와 포도주 등 여러 가지 푸짐한 요리를 올렸다. 메넬라오스는 그들 앞에 잘 구워진 두툼한 쇠고기 덩어리를 놓아주며 말했다.

"어서들 마음껏 먹고 마시게. 충분히 먹고 마신 후에 그대들의 이름과 라케다이몬까지 오게 된 사연을 들어보고 싶네."

메넬라오스는 예의를 다해 텔레마코스 일행을 대접했고, 두 사람은 마음껏 먹고 마셨다. 바로 그때 텔레마코스가 페이시스트라토스에게 귓속말을 했다.

"페이시스트라토스! 정말 화려하군요. 이렇게 큰 홀을 청동과 황금, 백금, 은, 상아 등의 장식으로 가득 채우다니요. 내 생각에 올림포스 산에 있는 제우스 신의 신전도 이렇게 휘황찬란하지는 않을 것 같소. 메넬라오스 왕이야말로 세상에서 가장 행복한 분인 것 같소."

그러자 메넬라오스가 그 말을 엿듣고 말했다.

“젊은이들이여! 한낱 인간이 어찌 감히 제우스 신과 견주겠는가?”

메넬라오스가 진지한 표정으로 말했다.

“세상에 그분과 견줄 자는 없네. 그분의 궁전과 보배는 신과 인간 세계를 통틀어 단 하나뿐일세. 물론 인간 세상에서야 나와 견줄 자가 별로 없을 거라고 보네. 왜냐하면 자네들이 보고 있는 이 모든 보물은 자그마치 8년 동안 낯선 이방의 땅을 방랑하면서 얻은 것이거든. 나는 키프로스와 페니키아, 이집트 등을 표류하며 에티오피아, 에렘비, 리비아에까지 갔었네. 그곳들은 아주 풍족한 땅이라네. 가령 리비아는 암양이 2년에 세 번씩이나 새끼를 낳고, 새끼 양도 나면서부터 뿔이 돋았네. 영주부터 목동에 이르기까지 치즈나 고기, 양젖을 배불리 먹고도 항상 남아돈다네. 가난이 무엇인지 모르는 땅이야.

그러나 내가 이 나라들을 떠돌며 금은보화를 산처럼 모으는 동안, 나의 형 아가멤논은 형수와 그녀의 정부 아이기스토스에게 목숨을 잃었네. 그러니 천금을 모은들 무슨 재미가 있었겠나?”

메넬라오스는 잠시 이야기를 멈췄다. 그의 얼굴에 어느새 슬픔이 가득 번져있었다.

“자네, 내가 세상에서 가장 행복한 왕이라고 했나? 재산이 많다고 다 행복한 것은 아니라네. 나는 전 재산을 모두 잃어도 사랑하는 형님과 친구들만 살아 돌아온다면 더없이 행복할 것 같네. 이렇게 호화로운 궁전에 살면서도 그들을 생각하면 언제나 가슴이 먹먹하고 절로 눈물이 솟는다네.”

메넬라오스는 지난날을 회상하듯이 먼 곳을 응시하다가 눈시울을 적셨다. 그리고 술잔을 들어 포도주를 한 모금 들이켰다.

"하지만 그렇게 죽어간 형님과 친구들보다 더 비참한 운명에 처한 친구가 있네. 신들께서 내 사랑하는 친구를 너무도 가혹한 운명의 사슬로 결박하셨어. 바로 이타케의 왕인 오디세우스의 이야기일세."

텔레마코스는 아버지의 이름을 듣는 순간 코끝이 찡해지며 가슴이 저려왔다. 하지만 내색하지 않으려고 애를 썼다.

"오디세우스는 나를 위해 정말 열심히 싸워준 친구네. 그런 친구가 행방불명이라니…, 생사라도 알면 얼마나 좋겠는가? 지금도 그 친구를 생각하면 내 가슴이 슬픔으로 사무치네. 친구인 나도 그러니 그의 부친인 라에르테스 어르신과 현숙한 부인 페넬로페, 지금은 청년으로 성장했을 텔레마코스의 슬픔은 얼마나 크겠는가? 아마 모두 비탄에 잠겨 있을 걸세. 그가 출정하던 무렵에 텔레마코스는 갓 태어난 아기였네. 그때 오디세우스는 가족 사랑이 뜨거워 잠시 미친척하여 참전을 피하려고도 했지만, 결국 가족과 헤어져 출정을 했다네."

메넬라오스의 깊은 탄식에 아버지 생각으로 비탄에 잠겨있던 텔레마코스의 가슴은 격렬하게 요동쳤다. 순식간에 그의 두 뺨에는 뜨거운 눈물이 흘러내렸다. 텔레마코스는 눈물을 감추기위해 얼른 자줏빛 망토를 들어 올려 얼굴을 가렸다. 메넬라오스는 그 모습을 보고 젊은이의 사연이 궁금했지만 스스로 말할 때까지 기다리기로 했다.

이때 아름다운 왕비 헬레네가 내전에서 나왔다. 왕비의 등장으로 좌중이 술렁이자, 텔레마코스는 얼굴을 가렸던 망토를 내리고 그녀를 쳐다보았다. 헬레네는 미의 여신 아프로디테처럼 아름다운 자태를 뽐

내고 있었다. 순간 텔레마코스는 슬픔마저도 잊히는 느낌이었다. 텔레마코스는 그녀를 한 번도 본 적이 없었다. 하지만 그녀가 최고 신 제우스의 딸이며 세상에서 가장 아름다운 여인이라는 소문은 익히 들어 알고 있었다. 또한 그녀가 파리스와 함께 사랑의 도피 행각을 벌여 트로이아 전쟁의 원인을 제공한 사실 역시 그리스 땅에 널리 퍼져있었다. 텔레마코스는 헬레네의 아름다운 모습에 감탄하며, 세상에서 가장 아름다운 여인이라는 소문이 사실임을 인정했다.

시녀 아드라스테가 헬레네를 위해 잘 꾸며진 소파를 메넬라오스 옆에 놓았고, 시녀 알키페는 푹신한 양털 담요를 그 위에 깔았다. 또 다른 시녀 필로는 은실로 꼬아 만든 바구니를 들고 있었는데, 그 안에는 금제 실패와 보라색 털실 뭉치가 가득 들어 있었다. 이것들은 전부 이집트 테베에 살던 폴리보스의 아내 알칸드레가 준 것들이었다.

폴리보스는 일찍이 메넬라오스에게 은제 욕조 두 개와 한 쌍의 큰 솥, 10달란트의 황금을 선사하였고, 그의 아내 알칸드레는 금제 실패와 바퀴가 있는 은 바구니를 주었는데, 테두리는 모두 금으로 장식되어 있었다. 시녀 필로는 알칸드레가 준 바구니를 들고 헬레네 옆에 서 있었다.

헬레네는 메넬라오스 옆자리에 앉더니 텔레마코스를 보고 놀란 듯이 눈을 크게 떴다.

"메넬라오스, 이 손님은 누구신가요? 내 일찍이 남자든 여자든 이토록 닮은 사람은 보지 못하였어요. 그대는 지모가 뛰어난 이타케의 군주 오디세우스와 너무 닮았군요. 혹시 그분의 아들 텔레마코스가 아닌가요?"

오디세우스의 아들 텔레마코스를 알아보는 헬레네 장 자크 라그르네, 1795년

"나도 당신과 같은 생각을 하고 있었소. 당신의 말처럼 과연 그를 빼어 닮았구려. 체형이라든가 눈매, 그리고 이마와 그 위를 덮고 있는 머리카락까지, 게다가 방금 내가 오디세우스를 추억하자 이 청년은 자줏빛 망토로 얼굴을 가리면서 눈물을 흘렸소."

메넬라오스까지 거들자 텔레마코스는 드디어 자신의 신분을 밝혀야 할 때가 되었다고 생각했다. 하지만 너무나 뛰어난 영웅과 세상에서 가장 아름다운 여인 앞에서 부끄러운 마음이 들어 그만 말문이 막혀버렸다. 그것을 눈치챈 페이시스트라토스가 텔레마코스를 얼른 도와주었다.

"네! 맞습니다. 이 분은 바로 오디세우스님의 아들 텔레마코스입니다. 그러나 워낙 겸손하셔서, 보시는 바와 같이 뵙자마자 폐하께 자신의 사연을 늘어놓는 것은 예의에 어긋나다고 생각하십니다. 텔레마코스는 폐하께 사라진 그의 부친의 소식을 여쭤보기 위하여 이곳에 왔습니다.

저는 게레니아의 기사 네스트로님의 아들 페이시스트라토스입니다. 아버님께서는 제게 스파르타로 가는 텔레마코스의 여정에 동행하라고 명하셨습니다."

메넬라오스는 감격해하며 텔레마코스의 손을 부여잡았다. 그리고 그를 한번 안아주며 어깨를 다독거려 주었다.

"오! 내게 가장 소중한 친구의 아들을 이렇게 만나다니 정말 반갑구나! 자네 아버지와 내가 얼마나 절친한 친구인지 모를 걸세. 나는 트로이아에서 귀향하면 아르고스의 다른 누구보다도 오디세우스를 특별히 소중하게 대접하려고 마음먹었다네. 그에게 아르고스 주변의 도시를 하나 내어주고 성을 지어서 이타케의 모든 재산과 가족과 부하들을 데려와 살게 할 작정이었네. 그 친구와 더 자주 교류하면서 깊은 우정을 나누고 싶어서 말이야. 그랬다면 우리 두 사람의 우정을 아무도 갈라놓지 못했을 터인데, 마지막에 죽음이라는 검은 어둠이 우리를 덮어 누를 때까지 말이네. 그러나 시기심 많은 신께서는 그것을 허락하지 않았다네. 결국 그 친구만 불운하게도 아직 돌아오지 못했으니까."

메넬라오스의 고통스러운 목소리에 그 자리에 있던 모든 사람들은 목이 메었다. 헬레네와 텔레마코스가 슬픔의 눈물을 흘렸고, 페이시스트라토스도 함께 울었다. 그는 트로이아에서 멤논에게 살해당한 큰형님

안틸로코스가 생각났기 때문이었다. 그는 메넬라오스를 향해 말했다.

"메넬라오스님, 제 연로한 아버지 네스트로께서 늘 당신을 세상에서 가장 현명한 분이라고 말씀하셨습니다. 외람되지만 제 말을 들어주십시오. 저는 이처럼 경사스러운 날 슬퍼하는 것은 바람직하지 않다고 생각합니다. 곧 희망의 날이 찾아오리라 생각하기 때문입니다. 물론 죽은 이를 위해 슬퍼하며 우는 것이 나쁜 것은 아닙니다. 머리카락을 잘라 영전에 바치고 슬피 우는 것이 우리가 할 수 있는 유일한 위로이니까요. 저 역시 트로이아에서 자랑스러운 형님을 잃었습니다. 듣자 하니, 제 형님인 안틸로코스는 전투력이 뛰어난 용맹스러운 전사였다고 하더군요."

이에 메넬라오스는 깜짝 놀라 고개를 들어 페이시스트라토스의 얼굴을 바라보았다. 그는 눈앞의 젊은이가 대견하다는 듯 입가에 미소를 머금었다.

"오, 자네는 나이에 어울리지 않게 현명함을 지녔구먼. 역시 아버지의 현명함을 그대로 이어받았구나. 제우스 신께서 자네 아버지 네스트로에게 일생 동안 영화를 누리게 하시고, 여생을 평온하게 지내도록 행운을 주셨네. 더구나 아들들 또한 창술의 명수로 명성을 떨치고 있으니 부러울 따름이네. 자, 그러세. 우리 잠시 눈물을 거두고 비탄에서 벗어나도록 하세. 그리고 저녁 만찬을 마저 즐기세."

메넬라오스는 이번엔 텔레마코스에게 시선을 돌렸다.

"내일 아침에 일어나면 자네 아버지 오디세우스에 대해서 내가 아는 모든 것을 말해주겠네. 난 쓸데없는 희망으로 자네 마음을 흔들 생각이 전혀 없네만, 내 생각에 자네 아버지는 분명히 살아계시네."

그 말에 텔레마코스는 마음의 위안을 얻었지만 그렇다고 슬픈 마음이 모두 사라진 것은 아니었다. 그것을 눈치챈 헬레네는 시종에게 명하여 은항아리에 포도주를 담아오라고 시켰다. 그러고는 품속에서 호박으로 만든 작은 병을 꺼내어 그 속에 들어있던 맑은 액체 몇 방울을 포도주에 떨어뜨렸다. 그 액체는 고뇌와 슬픔을 사라지게 하고 기쁨과 행복을 가져다주는 묘약이었다.

일단 이 액체가 섞인 술을 마신 사람은 부모님이 돌아가시거나 눈앞에서 자식이 청동 칼에 목숨을 잃는 것을 목격해도 분노나 슬픔의 감정을 느낄 수 없었다. 그토록 놀라운 효험이 있는 이 액체는 이집트에 머물 때 톤의 아내 폴리담나에게 얻은 것이었다. 이집트의 기름진 땅에서는 여러 가지 기적을 행하는 신비로운 약초가 많이 났다. 그 약초들은 사용 목적에 따라 영약이 되기도 하고 맹독이 될 수도 있었다. 이집트인들은 그런 약초를 다루는 비밀스러운 조제법을 많이 알고 있었던 것이다.

헬레네는 액체를 포도주에 섞은 뒤에 시종에게 다시 명하여, 그것을 메넬라오스와 두 젊은이의 잔에 가득 채우도록 시켰다. 그러고는 메넬라오스와 두 젊은이를 번갈아보며 이렇게 말했다.

"메넬라오스, 그리고 훌륭한 군주들의 자제들이여! 이제 고통스러운 기억은 잠시 잊어버리고, 만찬을 즐기세요.

지금부터 이 자리에 어울리는 이야기를 하나 해드릴게요. 제가 트로이아에 머물면서 날마다 고향 라케다이몬으로 돌아갈 날을 손꼽아 기다리던 시절이었어요. 그때 트로이아의 거리에서 한 남자와 마주쳤어요. 그 남자는 누더기를 걸치고 있었고, 피부는 마치 채찍을 맞은 듯 시뻘건 상처로 뒤덮여 있었죠. 그런데 그의 얼굴을 쳐다보고 너무나 놀라 전 할말을 잊었어요. 맙소사. 그는 바로 이타케의 군주 오디세우스였어요. 거지나 도망친 노예처럼 변장했지만 전 그를 한눈에 알아보았지요.

전쟁이 한창인데 트로이아 도성 한복판에서 그리스군의 장수를 만났으니 제가 얼마나 놀랐겠어요. 그분 또한 많이 놀라셨겠지요. 하지만 그분은 현명하게도 저를 교묘하게 피하셨습니다. 그러나 저는 끈질기게 그분을 따라다니면서 변장을 하고 트로이아 도성 안까지 들어온 연유를 물었죠. 그러자 그분은 자신이 트로이아 성을 빠져나가 그리스 진영으로 무사히 돌아갈 때까지 자신의 정체를 비밀로 할 것을 요구했어요. 제가 맹세하자 오디세우스는 그제야 트로이아의 군사 동향과 내부 사정을 파악하기 위해서 잠입했다고 밝혔죠. 이후 그분은 트로이아에 대한 고급 정보를 잔뜩 수집하여 무사히 그리스 진영으로 돌아갔답니다."

그녀의 말에 금발의 메넬라오스가 대답했다.

"부인, 참으로 말씀 잘 했소. 나도 여태껏 수많은 영웅호걸의 지략에 대해서 들어보았고, 많은 곳을 다니며 경험했지만, 오디세우스 같은 전략가를 본 적이 없소. 거대한 목마를 만들어 그곳에 그리스 장수들을 숨겨 난공불락의 트로이아 성을 함락시키리라고 누가 상상이나 했겠소. 당시 그 목마 속에는 나와 오디세우스, 디오메데스 등 그리스의 대표적인 장수들이 숨어 있었지요. 그런데 그때 당신이 목마로 왔던 일을 기억하시오? 분명 트로이아를 돕던 어떤 신께서 당신을 그곳으로 인도하셨겠지. 당신이 세 번이나 목마 주위에 멈춰 서서, 목마를 쓰다듬으며 우리 편 장수들의 이름을 한 명씩 조용히 불렀소. 사실 목마 속에 숨어있던 나와 디오메데스는 당신 목소리를 듣고 벌떡 일어나서 밖으로 나가려고 했었소. 그런데 오디세우스가 우리를 말렸소. 심지어 대답하려던 안티클로스의 입을 자기 손으로 틀어막았지. 부인이 목마에서 멀어질 때까지 우리는 줄곧 그렇게 있었소. 그 덕분에 모두 목숨을 구했고, '트로이아 목마' 작전은 멋지게 성공했소."

메넬라오스의 이야기를 듣던 텔레마코스가 입을 열었다.

"스파르타의 위대한 지도자 메넬라오스시여, 이야기를 들으면 들을수록 더욱 슬퍼집니다. 아버지는 그토록 대단한 활약을 하시고도 당신 몸 하나를 재앙으로부터 지킬 수 없었던 모양입니다. 그분의 뛰어난 전략은 왜 그분 자신을 보호하는 데 사용되지 못했을까요? 밤이 깊었으니 오늘은 이만 쉬고 싶습니다."

그 사이 홀 안에 있던 결혼식 피로연 손님들은 대부분 자리를 비웠고, 음유시인과 무희들도 모두 돌아갔다.

헬레네는 시녀들에게 분부하여 주랑에 침대를 놓고서 거기에 아름다운 자주색 모포를 깐 다음, 다시 시트를 깔고서 또 두툼한 모직 담요를 덮어 놓았다. 텔레마코스와 페이시스트라토스는 그곳에서 단잠을 청했다.

다음 날 아침, 잠자리에서 일어난 메넬라오스는 옷을 차려입고, 텔레마코스의 침소로 갔다. 텔레마코스는 잠에서 깨어나 왕을 맞이하기 위해 침대에서 벌떡 일어났다. 그는 메넬라오스로부터 듣게 될 아버지의 소식이 궁금하여 마음이 조급해졌다. 메넬라오스가 침대에 걸터앉으며 텔레마코스에게 옆에 와서 앉으라고 손짓했다.

"이렇게 조용할 때, 자네와 이야기를 하고 싶었네."

"저 또한 영광입니다."

메넬라오스는 텔레마코스의 어깨를 다독이며 그에게 기운을 북돋아 주었다.

"자네가 여기까지 온 것은 자네 부친에 대한 소식을 듣고 싶어서겠지."

텔레마코스는 고개를 끄덕였다.

"그렇습니다. 지금 저희 집에는 온통 불한당들로 들끓고 있습니다. 그들은 다름 아닌 제 어머니에게 구혼하려는 자들입니다. 구혼자들은 제멋대로 저희 집에 유숙하면서 행패를 부리고, 날마다 가축을 잡아서 잔치를 벌이며 저희 집 재산을 탕진하고 있습니다. 그래서 폐하께 이렇게 간청 드립니다. 혹시 제 아버지의 소식을 모르십니까? 불행한 최후를 목격하셨거나, 여러 곳을 다니시면서 들었던 뜬소문이어도 좋습니다. 저에 대한 염려나 동정은 거두시고, 보고 듣고 겪으신 사실들만 말씀해 주십시오.

제발 부탁드립니다. 만약에 제 아버지 오디세우스가 그 역경의 트로이아 전투 속에서 말과 행동으로 당신을 위해 약속하고 또 이루신 것이 있다면, 부디 그 일을 지금 떠 올려주시고 폐하께서 알고 계신 모든 것을 말씀해 주십시오."

텔레마코스의 이야기를 듣던 메넬라오스는 구혼자들의 이야기에 매우 흥분했다.

"괘씸한 것들! 졸장부들 주제에 감히 위대한 영웅의 침상에 눕고자 하다니! 젖도 떼지 않은 새끼를 사자굴에다 재워 놓고 나간 어미사슴처럼 미련한 일을 하는구나. 돌아온 사자한데 새끼들이 잡아먹힐 것은 당연한 일 아닌가? 오디세우스 또한 돌아와서 쥐도 새도 모르게 그 불한당들을 해치워 버릴 거야."

메넬라오스는 구혼자들의 어리석음을 지적한 뒤 천장을 향해 두 팔을 벌려 기도했다.

"원컨대 제우스 신과 아테나 여신, 그리고 아폴론 신이시여! 그 옛날 오디세우스가 레스보스섬의 왕 필로멜레이데스를 레슬링으로 거꾸러뜨렸을 때처럼, 그 불한당들을 일거에 해치워 버리게 하소서. 그래서 저들이 저지른 악행의 대가를 목숨으로 치르게 하소서!"

기도를 마친 메넬라오스는 다시 이야기를 시작했다.

"잘 듣게! 지금부터 내가 알고 있는 모든 것을 이야기해 주겠네. 내가 바다 노인에게 직접들은 이야기니 정확할 걸세.

트로이아 전쟁이 끝난 후 나는 서둘러 집으로 돌아오고 싶었네. 형과 다투면서까지 출항을 강행했었지. 하지만 신들을 위해 번제물을 바치지 않은 것이 화근이었네. 신들은 나를 이집트로 보내서 무려 5년 동안이나 붙잡아두셨어. 그리고 나서야 귀향을 허락하셨지.

나는 이집트에서 모은 진귀한 보물들을 함선에 가득 싣고 마침내 고향을 향해 출항했네. 그리고 꼬박 하루가 지나 나일강 하구에 위치한 피로스 섬의 항구에 정박했지. 그런데 조짐이 좋지 않았어. 갑자기 심상치 않은 바람이 불어오더니 오래지 않아 폭풍우가 몰아치는 거야. 우리는 항구에 발이 묶여 꼬박 스무 날을 그 섬에서 보내야 했네. 마실 물은 넉넉했지만, 식량은 곧 바닥이 나고 말았어. 병사들은 투덜거리며 폭풍우 속에서 물고기를 낚고 새들을 사냥했네. 시간이 지날수록 병사들의 불평불만은 심해져 가고, 바람은 잦아들 기미가 전혀 보이지 않았네.

만약 프로테우스의 딸 에이도테아가 나를 가련하게 여겨 인정을 베풀지 않았던들, 아마 식량이 떨어져서 모두 굶어 죽고 말았을 것이네. 어느 날 아침 나는 어찌할 바를 모르고 바닷가에 서서 사납게 울부짖는 파도를 멍하니 바라보고 있었네. 이때 그 요정이 바다에서 올라와 내게 가까이 다가왔네.

'어째서 그렇게 어리석은가요? 혹시 당신은 바보인가요? 아니면 일부러 고생을 사서 하려는가 보군요. 이 섬을 빠져나갈 방법이 그렇게도 없단 말인가요?'

그래서 내가 이렇게 대답했네.

'나라고 이곳에 머물고 싶겠습니까? 저 너른 하늘을 지배하는 불사의 신들에 대한 불경죄로 할 수 없이 이렇게 되었습니다. 원컨대 가르쳐주소서. 어느 신께서 저희를 이곳에 붙들어 매셨는지요? 어떻게 하면 이 무서운 파도를 피해 귀국할 수 있는지 일러 주십시오.'

그러자 아름다운 요정은 서슴지 않고 말해주었네.

'자, 나그네여, 내 모든 것을 말해주리다. 여기서 불사의 바다 노인 프로테우스를 찾도록 하세요. 그분은 포세이돈 신의 아들이며 나의 아버지인데 거짓말을 할 줄 모르는 분이에요. 만일 그대가 그분을 뵙기만 하면, 틀림없이 그대에게 사납고 거친 바다를 건너갈 방도를 알려줄 거예요.'

나는 그녀에게 또 부탁했네.

'그분을 어떻게 하면 만날 수 있는지 가르쳐 주십시오. 자칫하면 저편에서 먼저 저를 발견하고 알아차려 피하실지도 모르니까요. 신을 즐겁게 해드린다는 것은 인간으로서는 정말 쉬운 일이 아니지요.'

이렇게 말하자 요정 중에서도 특별히 거룩한 그분은 다시 친절하게 대답해 주었네.

'그런 일이라면 자세히 설명해 드리지요. 태양이 중천에 높이 떠오를 무렵, 정확히 그 시간에 바닷속에서 제 아버지가 몸을 일으켜 해변으로 나온답니다. 이때 그분을 둘러싸고 한 떼의 바다표범들이 따라나올 거예요. 그분은 나오자마자 속이 텅 빈 동굴 밑바닥의 잠자리를 찾지요. 그 주위에서 바다표범들이 떼 지어 함께 잠을 자요. 그 바다표범들이 내쉬는 숨결은 아주 지독해서, 그 주변에는 온통 비릿한 악취가 진동한답니다.

새벽이 오면 내가 당신을 그곳으로 데려가서, 당신들 각자가 숨어 있을 곳을 찾도록 하지요. 당신은 동료들에게 가서 힘이 가장 센 사람으로 셋만 골라서 데리고 다시 이곳으로 오세요. 그건 그렇고, 제 아버지를 붙잡는 방법을 알려드리죠. 그분은 항상 해변으로 나온 뒤 바다표범의 수를 세면서 주위를 한 바퀴 돌아다닙니다.

숫자가 모두 맞으면, 이번에는 마치 양을 치는 양치기가 양 떼 사이에 누워 낮잠을 자듯이 바다표범들의 한복판에 드러눕는답니다. 바로 이때가 기회랍니다. 여럿이 재빨리 달려들어 온 힘을 다하여 제 아버지를 꽉 붙잡으세요. 아무리 도망치려고 발버둥 쳐도 놓치면 안 됩니다. 그야말로 각양각색으로 변신에 변신을 거듭하며 도망치려 할 테니까 말이에요. 대지에 사는 모든 생물, 그 밖에 물이나 타오르는 불로 변신하실지도 몰라요. 하지만 그대들은 당황하지 말고 사력을 다해 버티면서, 그분을 절대 놓쳐서는 안 됩니다.

마침내 그분이 진짜 모습으로 되돌아와서 당신께 원하는 바가 무엇인지 묻는다면, 그때부터는 그분이 무슨 말을 하든지 신뢰할 수 있어요.

그렇게 되거든 그분을 놓아주고 어느 신이 당신을 괴롭히는지, 어떻게 해야 사납고 거친 바다를 건너 귀국할 수 있는지 물어보세요.'

그녀는 이렇게 말하고는 파도치는 바닷속으로 들어가 버렸어. 그래서 나는 백사장에 정박한 배에 갔지만, 가는 도중에 뇌리에는 오만가지 생각이 뒤얽혀 있었다네. 이윽고 배가 놓인 바닷가에 이르러 동료들과 함께 식사를 했네. 그러고는 가장 힘이 세고 용감한 부하 셋을 선발하여 바다의 요정 에이도테아가 내게 말해준 것들을 그대로 전했네. 그들은 조금도 주저하지 않고 나를 돕겠다고 나섰네.

그들을 데리고 다시 바닷가로 갔을 때 요정은 이미 그 자리에 와 있었어. 그녀는 바다표범 네 마리의 가죽을 우리에게 주었네. 모두 금방 잡아서 벗겨낸 것으로, 그의 부친 프로테우스를 속이기 위해서였지. 그녀는 해변가의 모래를 파헤쳐 사람이 들어갈 수 있을만한 구덩이를 만들고, 우리를 구덩이 속에 차례대로 눕힌 뒤, 그 위에 바다표범 가죽을 덮어주었지. 마치 네 마리의 바다표범이 누워있는 것처럼 보이도록 말일세.

그때의 기다림이란 참으로 견디기 어려운 일이었네. 그도 그럴 것이, 바다표범의 가죽에서 나는 지독하고 구역질 나는 악취가 우리를 괴롭혔기 때문일세. 더구나 뜨거운 태양빛은 또 얼마나 거세게 내리쬐던지, 우리는 금방이라도 숨이 넘어갈 것만 같았다네. 다행히도 우리의 고충을 이해한 요정이 친절하게도 우리 코밑에 암브로시아를 발라주었네. 신들이 먹는 음식인 암브로시아의 향기 덕분에 우리는 바다짐승의 역겨운 냄새를 이겨낼 수 있었네.

그러는 동안에 정오가 되었고, 바다 표범들이 바닷속에서 한데 뒤엉켜가며 꾸역꾸역 올라와, 해안 근처에 즐비하게 드러누웠네.

이때 바다의 노인 프로테우스가 물살을 가르며 걸어 나왔네. 그는 바다표범들의 주변을 돌아다니며 마리 수를 세고 다녔어. 다행히 프로테우스는 우리가 위장한 것을 알아채지 못했고, 숫자가 맞는 것을 확인한 그는 만족한 표정을 지었네. 그러고는 우리와 가까운 곳에 누워 이내 잠에 곯아떨어졌다네.

'이때다!'

노인이 잠들자, 나는 부하들과 동시에 달려들어 노인의 몸을 꽉 붙잡았네. 노인은 갑작스러운 일을 당하자 놀라 분노의 괴성을 지르며 자리에서 일어나 우리를 떨쳐내려고 몸부림쳤네. 그러나 우리는 사력을 다해 노인의 몸을 꽉 잡고 절대 놓지 않았지. 그러자 바다 노인은 몸집이 엄청나게 큰 무시무시한 수사자로 변신했네. 사자는 우리에게 날카로운 이빨을 드러내며 입을 크게 벌리고 표호 했네.

우리는 이미 요정 에이도테아에게 사전에 정보를 얻었지만, 막상 큰 몸집의 사자가 날카로운 이빨을 드러내며 위협하자 순간적으로 공포에 사로잡혔네. 하마터면 잡고 있던 손을 놓을 뻔했지 뭔가. 하지만 우리는 곧 정신을 차리고 더욱 필사적으로 사자의 몸을 꽉 붙잡았다네. 그랬더니 이번엔 사자가 표범으로 모습을 바꾸어 우리를 위협하며, 그 특유의 유연성을 활용하여 우리 팔을 벗어나려고 몸을 뒤틀었네. 그래도 우리가 놓아주지 않자 이번엔 용으로 변신했네. 용은 시뻘건 두 눈으로 우리를 노려보더니 입으로 쉭쉭 날카로운 쇳소리를 내며 위협을 가했네. 우리는 섬뜩한 그 눈빛에 압도되어 등줄기에 식은땀이 흐르고, 겁에 질려 이가 딱딱거리며 부딪치는 소리가 났네. 하지만 용을 잡고 있던 팔의 힘만은 빼지 않고, 오히려 죽을힘을 다해 더욱 강하게 붙잡았지. 용은 다시 멧돼지로 변신하여 거칠게 몸부림을 쳤지만, 우리를 뿌리치지는 못했다네.

이후에도 바다 노인은 나무와 흐르는 물, 불기둥으로 변신했지만 우리는 죽기 살기로 버텨냈다네. 결국, 바다 노인은 더는 변신하는 것을 포기하고 원래 모습으로 돌아오더니 우리에게 물어보더군.

'대단한 인간들이구나! 나를 붙잡다니. 대체 누가 너희에게 이런 꾀를 일러주었지? 너희가 스스로 생각해냈을 리는 없고 말이야.'

그러자 나는 재빨리 대답했네.

'다 알고 계시면서 물어보십니까? 저희는 이렇게 오랜 시간을 이 섬

메넬라오스와 프로테우스 줄리오 보나손, 1574년

에 머물렀지만 어떤 출구도 찾아내지 못하였습니다. 그러나 해신께서는 모든 일을 다 아시니 제발 일러주십시오. 도대체 어떤 신께서 저를 이곳에 묶어두었는지, 또 제가 어떻게 하면 폭풍이 몰아치는 바다를 건너 고향에 돌아갈 수 있겠는지요.'

바다 노인은 나를 잠시 물끄러미 쳐다보고는 곧 대답했네.

'그대가 이런 곤경에 처한 것은 제우스 신과 그 외 여러 신께 제사를 지내지 않았기 때문이다. 만약 제물을 바치고 떠났다면 이미 귀국하여 집에 머무르고 있었겠지. 지금도 마찬가지야. 이집트로 돌아가 불멸의 신들에게 제물을 올리기 전에는, 그대들의 귀향은 요원할 것이다. 그러니 먼저 지성부터 드려라. 그러면 신들께서 그대가 원하는 항로를 열어줄 거야.'

그 말을 듣고 충격을 받은 나는 울상이 되었네. 맙소사! 또다시 그 험난한 이집트 땅으로 되돌아가라니! 하지만 신들이 그곳에서 제사 지내는 것을 원한다니 어쩌겠는가? 나는 그 조언을 순순히 받아들일 수밖에 없었네.

'포세이돈의 아들이신 신성한 노인이시여, 말씀대로 하겠습니다만 솔직히 일러주소서. 우리가 트로이아를 떠날 때 헤어졌던 다른 전우들은 어떻게 되었는지요?'

바다 노인은 서슴지 않고 대답하셨네.

'아트레우스의 아들이여, 무엇 때문에 그것까지 물어보는가? 그대가 내 생각을 알거나 배워야 할 필요는 없을 것 같은데, 게다가 모든 사정을 알게 된다면, 그대는 정말 오랫동안 눈물을 흘리게 될 것이다. 왜냐하면, 그들 중 많은 이가 이미 목숨을 잃었으니까. 살아남은 사람들의 이야기 또한 차라리 모르는 게 약이 될지도 모르지. 하지만 그대가 간절히 듣고 싶어 하니 트로이아 전쟁에 참전했던 그리스의 장수 중 세 사람의 운명에 대해 알려주겠네.

첫 번째 장수는 작은 아이아스일세. 그는 깊은 바다에 빠졌지만, 나의 아버지 포세이돈께서 그를 불쌍히 여겨 기라이 근처 큰 바위에다 안전하게 옮겨 주셨지. 하지만 그는 신께 감사하기는커녕 스스로 바다의 무서운 늪에서 빠져나왔다며 큰소리쳤지.

이 일로 그는 신의 노여움을 사게 되었지. 포세이돈께서는 삼지창으로 기라이 바위를 두 쪽으로 갈라버렸고, 그 위에 앉아있던 아이아스는 결국 바다에 빠져 익사하고 말았어.

두 번째 장수는 그대의 형 아가멤논일세. 그는 함선에 타고 있는 동안은 죽음의 운명을 겨우 모면할 수 있었지. 헤라 여신의 보호를 받고 있었기 때문이네. 하지만 그 또한 말레이 준령에 거의 다다랐을 때, 성난 파도가 그들을 덮쳐 아이기스토스가 사는 해변에 다다랐네. 여기서 신들이 보내준 미풍 덕분에 아가멤논은 고국 땅을 밟게 되는 기쁨을 누릴 수 있었지. 이때 교활한 아이기스토스의 파수꾼이 망루에서 아가멤논을 발견했네. 그는 1년 동안 보초를 서며, 아가멤논이 귀국하는 것을 감시하고 있었네. 파수꾼의 보고를 받은 아이기스토스는 성에서 가장 날래고 힘이 센 병사 스무 명을 골라 은밀하게 매복시키고, 대규모의 연회를 베풀어 아가멤논을 환영했어. 그리고 연회가 끝남과 동시에 만취한 아가멤논은 도살장에 끌려간 소처럼 참혹하게 죽임을 당했다네. 그의 일행들 또한 같은 운명이 되었지.'

형의 비참한 최후를 알게 된 나는 하늘이 무너지는 듯한 큰 슬픔에 빠져, 더는 살고 싶은 생각이 없었네. 내가 모래사장을 구르며 하염없이 울자 바다의 노인이 이렇게 말했네.

'아트레우스의 아들이여, 그만 눈물을 거두게. 운다고 무슨 소용이 있겠는가? 어서 빨리 고향으로 돌아가는 게 좋지 않겠나? 아직 아이기스토스가 살아있으니 말일세. 하지만 그대보다 아가멤논의 아들 오레스테스가 먼저 그를 죽여 복수할지도 모르네. 그러면 그대는 아이기스

토스의 장례식을 보게 되겠지.'

그제야 이성을 찾은 나는 다시 물었네.

'내 이제 그들의 운명은 알았소이다. 그러면 세 번째 장수는 누구이며 그는 어찌 되었습니까? 혹시 망망대해에서 아직도 헤매는지, 아니면 죽었는지요?'

그분은 곧 대답했네.

'그는 이타케에 사는 라에르테스의 아들 오디세우스라네. 현재 그는 요정 칼립소의 집에 강제로 붙잡혀서 고향을 그리워하며 쓰라린 눈물을 흘리고 있지. 그는 배는커녕 함께 이야기를 나눌 동료조차 한 명 없네.

그러나 제우스의 특별한 사랑을 받는 메넬라오스여, 그대는 말들이 자라는 목장의 나라 아르고스와 생사를 같이할 운명을 타고난 것은 아니라네. 불사의 신들은 장차 그대를 금발의 라다만티스 왕이 다스리는 대지의 끝 엘리시온(축복받은 자들의 섬)으로 보내려고 하네. 그곳은 지상의 낙원으로, 1년 내내 눈이 내리는 법이 없고 신선한 미풍이 부는 아름답고 평화로운 곳일세. 그대는 그곳에서 헬레네의 남편이요, 최고신 제우스의 사위로 지내게 될 것이네.'

이 말을 마치자 노인은 바다로 뛰어 들어갔네. 나는 무거운 마음으로 동료들이 있는 함선으로 발걸음을 옮겼어. 마침내 먼동이 터 오르자, 우리는 먼저 함선에 돛을 달고 사공들이 노를 저어 검푸른 파도를 헤치고 나아갔네. 그리고 프로테우스가 일러준 이집트 강가에 이르러 신들에게 제사를 올린 후 형 아가멤논을 위한 분묘를 쌓았네. 이후 귀국 길에 오르니, 불멸의 신들은 순풍을 보내 우리를 아주 빠른 속도로 고국까지 보내주었네. 자, 여기까지가 내가 자네에게 들려줄 이야기의 전부라네."

말을 마친 메넬라오스는 텔레마코스의 어깨를 토닥이며 힘주어 말했다.

"텔레마코스, 난 해신 프로테우스가 한 말이 모두 사실이라고 굳게 믿고 있네. 자네 아버지가 살아있다는 사실도 말일세. 그러니 자네도 힘을 내게. 그리고 며칠만이라도 좋으니 내 집에서 편안히 머무르게. 내 자네가 떠나는 날 튼튼한 말 세 필과 멋진 마차를 선물하겠네. 그 마차를 탈 때마다 우리가 함께 나눈 정을 떠올려주기 바라네."

이에 총명한 텔레마코스가 대답했다.

"아닙니다. 아트레우스의 아드님이시여, 저를 더는 붙잡지 마십시오. 폐하 옆에서라면 며칠이 아니라 몇 년이라도 머물고 싶습니다. 폐하의 말씀을 듣고 있으면 너무도 흥미롭고 재미있어서 집은커녕 부모님 생각마저 잊을 정도입니다. 하지만 일행들이 필로스에서 저를 기다리고 있습니다. 그리고 마차와 말들은 마음만 감사히 받겠습니다. 폐하는 너른 광야의 영주시니, 연꽃이 수없이 피고 갈대와 밀보리가 흔하지 않습니까? 이타케에는 너른 들은커녕 목장 하나 없습니다. 그곳은 양과 염소나 겨우 키우는 목축지일뿐, 말이 달릴 수 있는 길조차 마땅치 않습니다."

그러자 메넬라오스가 웃으며 그의 어깨를 토닥이더니 큰 목소리로 말했다.

"과연 훌륭한 혈통의 자제답구나! 어쩌면 그렇게 말을 현명하고 지혜롭게 하는가! 그런 사정이라면 선물을 다른 것으로 바꾸겠네. 마침 내게 은으로 만든 진귀한 희석용 술동이가 있는데, 잔의 가장 자리가 황금으로 정교하게 장식되어 있다네. 대장장이 신 헤파이스토스께서 손수 만드신 보물이지. 이 술동이는 귀국 길에 들렀던 시돈에서 그곳의 왕 파이디모스로부터 선물 받은 것이라네. 자네에게 그걸 주도록 하지. 자, 이제 그만 신들께 제사를 드리러 가세. 그러고 나서 식사를 하도록 하지. 그사이 시종에게 명하여 자네가 타고 온 말과 마차를 대기시켜 놓겠네!"

텔레마코스가 계획대로 모든 일정을 마치자, 네스토르의 화려한 마차는 다시 그를 태우고 메넬라오스의 왕궁을 벗어나 필로스를 향해 질주하기 시작했다.

한편, 이타케에서는 구혼자들이 오디세우스의 왕궁 뜰 안에 모여 갖가지 종류의 놀이를 즐기고 있었다. 그들 중 가장 우두머리격인 안티노오스와 에우리마코스만은 놀이에 참여하지 않고 의자에 앉아있었다. 그들의 표정엔 불만과 짜증이 가득했다. 이들은 놀이보다 누가 페넬로페의 남편이 되어 오디세우스의 재산을 독차지하느냐에 관심이 많았고, 서로 만나면 자주 그 문제로 언쟁을 벌였다. 이때 프로니오스의 아들 노에몬이 왕궁의 뜰 안으로 들어왔다. 그는 사방을 두리번거리며 누군가를 찾더니 안티노오스와 에우리마코스를 발견하고 그들을 향해 발걸음을 옮겼다. 그러고는 안티노오스에게 물었다.

"안티노오스, 텔레마코스가 모래언덕의 섬 필로스에서 돌아왔는가?

그가 내 배를 빌려 갔는데, 급히 배가 필요해서 묻는 것일세. 너른 엘리스 땅에는 열두 마리의 암말과 아직 길들여지지 않은 거센 노새들이 있다는데, 그중 한 놈을 데려다가 길들일 생각이네."

노에몬의 말에 안티노오스와 에우리마코스는 크게 놀라 얼굴이 순식간에 창백해졌다.

"뭐, 뭐라고?

그들은 누가 먼저랄 것도 없이 자리를 박차고 일어나 노에몬을 향해 거칠게 소리쳤다.

"노에몬! 바른대로 말하게. 그가 언제 떠났으며, 누구와 함께 갔는지? 혹시 장정들을 데리고 갔나? 아니면 시종을 데리고 갔는가? 자, 하나도 빠짐없이 모두 털어놓게. 그는 자네의 배를 허락도 받지 않고 가져갔는가? 아니면 자네가 흔쾌히 내어준 것인가?"

이에 당황한 노에몬이 그들의 눈치를 보며 대답했다.

"배는 내가 내어주었네. 텔레마코스가 간청하는데 어찌 거절할 수 있겠나? 그리고 이타케에서 가장 우수한 젊은이들이 그를 따라갔다네. 그런데 좀 이상한 일이 하나 있어. 필로스로 출발할 때 맨토르 님도 텔레마코스와 함께 배를 타고 가셨거든. 그런데 오늘 새벽에 그분을 내가 이곳에서 보았다네. 그래서 텔레마코스도 벌써 돌아왔나 싶어 알아보려고 온 것일세. 그런데 이제 보니 자네들도 아는 게 없구먼."

노에몬이 말을 마치고 돌아가자, 안티노오스와 에우리마코스는 분노로 얼굴이 벌겋게 달아올랐다.

"텔레마코스! 네가 기어이 일을 저질렀구나!"

그들은 놀이에 몰두하고 있는 다른 구혼자들에게 달려갔다. 안티노오스가 짜증 섞인 목소리로 구혼자들을 향해 소리를 버럭 질렀다.

"모두들 그따위 유치한 놀이는 이제 그만 때려치워! 자네들이 여기서 어린애 장난 같은 놀이에 몰두하고 배를 채우는 동안, 텔레마코스는 우리를 처치할 계획을 세우고 있단 말일세!

오디세우스의 소식을 듣기 위해 몰래 이타케를 떠나 필로스와 라케다이몬으로 갔다니 말이야. 그 녀석이 정말로 오디세우스의 소식을 알아서 돌아올지 누가 알겠는가?

이렇게 대책 없이 앉아있다가는 무슨 일을 당할지 몰라! 그러니 우리도 대비를 해야 하지 않겠어? 자, 시간이 없네. 모두 나가서 쾌속선 한 척과 선원 스무 명을 모아오게. 그러면 내가 그들과 함께 이타케와 사모스 섬 사이의 해협에 잠복해 있다가 텔레마코스가 돌아오는 길에 그곳을 지나면 바로 공격하겠네. 이 기회에 그 녀석을 하데스로 보내 후환을 없애버리자!"

구혼자들은 모두 안티노오스의 말에 찬성했고, 그들은 계획을 실행하기 위해 서둘러 그 자리를 떠났다. 그런데 구혼자들의 계획을 몰래 엿들은 자가 있었다. 그는 구혼자들의 식사를 담당하며 시중을 드는 메돈이었다. 메돈은 텔레마코스의 목숨을 빼앗으려는 구혼자들의 계획을 알고 큰 충격을 받았다. 그는 구혼자들의 비위를 맞추며 성실하게 시중을 든 덕분에 그들의 신임을 얻었지만, 실상은 구혼자들에게 반감을 가지고 있었다. 하지만 용기가 없어서 대항하지 못할 뿐이었다. 메돈은 자신이 존경하는 오디세우스의 혈육이 목숨을 잃을 위험에 처하자 더는 침묵할 수 없었다. 그는 페넬로페에게 이 사실을 알리려고 젓 먹던 힘까지 다해 궁전 안으로 달음박질쳤다.

한편, 페넬로페는 침실에서 물레로 실을 잣고 있다가 갑자기 뛰어 들어온 메돈을 보고 깜짝 놀랐다. 메돈은 숨이 턱밑에 차도록 달려온 까닭에 한동안 가쁜 숨을 몰아셨다.

페넬로페는 그런 메돈을 보며 꾸짖듯이 물었다.

"메돈, 대체 무슨 일인가? 어찌하여 이토록 급하게 내 방으로 뛰어 들어온 것이냐? 혹시 그 잘난 구혼자들이 너를 이곳에 보냈느냐? 아니면 신성한 오디세우스의 시녀들에게 식사 준비를 하라고 하더냐? 이제 나를 그만 괴롭히고, 오늘 이 식사가 그들의 마지막 연회가 되면 얼마나 좋겠느냐?"

이에 메돈이 대답했다.

"옳은 말씀입니다. 정말 그것만이 그들의 가장 큰 악덕이었다면 얼마나 좋겠습니까? 그러나 구혼자들은 훨씬 더 큰, 가증스럽고 흉측한 음모를 꾸미고 있습니다. 제발 제우스 신께서 그들의 계획이 실현되지 않도록 막아주시기를 바랄 뿐입니다. 그들은 텔레마코스 님이 고국으로 돌아오시면, 암살하려는 음모를 꾸미고 있습니다. 그분께서 아버님의 소식을 찾아서 신성한 필로스와 거룩한 라케다이몬으로 떠나셨는데 말입니다."

메돈의 말에 페넬로페는 심장이 덜컥 내려앉았다. 그녀는 온몸의 기운이 모두 빠져나가는 느낌과 동시에 그대로 바닥에 주저앉았다. 그녀는 한동안 말을 잊은 듯, 두 눈에서 눈물만 넘쳐흘렀다. 얼마간의 시간이 흐른 후, 가까스로 기운을 차린 페넬로페가 겨우 대답했다.

"메돈, 내 아들이 필로스와 라케다이몬으로 떠났다니 그게 무슨 소리냐? 그 애가 무슨 연유로 내게 말도 없이 그곳에 갔단 말이냐? 알고 있는 대로 모두 이야기해 보거라."

메돈이 침통한 목소리로 대답했다.

"그건 저도 잘 모르겠습니다. 안티노오스가 하는 말로는 도련님께서 아버님의 소식을 알아보기 위해 필로스에 가셨다고 하더군요."

메돈은 충격적인 소식을 전한 뒤 조용히 물러갔다. 페넬로페는 가슴이 찢어지는 듯한 통증이 몰려오자 흐느껴 울었다. 그녀의 울음소리를 듣고 에우리클레이아와 다른 시녀들이 깜짝 놀라 달려왔다. 페넬로페는 시녀들을 보자 슬픔에 겨워 하소연을 했다.

"아아, 올림포스의 신들께서는 세상의 많은 여자 중 유독 나만 미워하는구나. 그리스인 중에서도 가장 지혜롭고 사자처럼 용맹스럽던 내 남편을 일찍 빼앗아 가시더니, 이제는 사랑하는 아들마저 빼앗아 가시려고 하는구나. 오, 무정한 여인들이여! 그대들은 검은 배가 떠나는 것을 알았을 텐데, 어찌 한 사람도 나에게 알려주지 않았단 말인가?

만일 내가 그 사실을 미리 알았다면 무슨 수를 쓰든지 말렸거나, 그래도 포기하지 않으면 이 어미를 죽이고 떠나라고 했을 텐데, 누구든 가서 친정아버님께서 보내주신 늙은 시종 돌리오스를 불러오너라. 시아버지 라에르테스 님께 자초지종을 고해야겠다. 혹시 그분께서 방법을 찾아 손자를 살해하려는 음모를 저지하실지도 모르니까."

그러자 착한 유모 에우리클레이아가 울먹이며 말했다.

"왕비님이여, 제 목숨을 거두소서. 저는 모든 것을 알고 있었습니다. 도련님께서 보릿가루와 포도주를 부탁하셔서 제가 챙겨 드렸습니다. 그런데 도련님은 왕비님께서 스스로 아실 때까지 비밀을 지켜달라며 제게 신신당부를 하셨습니다. 또한 도련님은 신들의 도움을 받아 필로스로 떠나는 것이니 걱정하지 말라고 하셨어요. 그러니 왕비님께서도 어서 목욕을 하시고 옷을 갈아입으신 뒤, 신들 중에 가장 위대한 제우스 신의 따님이신 아테나 여신께 간구하세요. 그러면 여신께서 도련님의 생명을 반드시 지켜 주실 거에요. 그리고 라에르테스 님께는 알리지 마세요. 그분은 지금도 큰 고통을 받고 계시니까요."

에우리클레이아는 페넬로페를 위로하여 울음을 그치게 했다. 페넬로페는 유모의 말대로 목욕을 하고 새 옷을 갈아입은 뒤, 제사용 곡식을 바구니에 넣고 아테나 여신에게 간절하게 기도했다.

"방패를 주관하시는 제우스의 따님이시여, 아뢰옵니다. 오디세우스가 일찍이 소와 양의 살찐 다리를 여신께 올린 것을 기억하신다면, 원컨대 제 아들 텔레마코스를 도와주시옵소서. 사악한 구혼자들의 칼날로부터 그 아이를 지켜주소서."

페넬로페가 눈물로 간구하자 여신이 그녀의 기도를 들었다.

한편, 안티노오스는 선발된 장정 스무 명을 데리고 바닷가로 갔다. 그들은 배를 바다에 띄운 다음, 돛과 노를 배에 싣고 돛대를 높이 세웠다. 그리고 시종들이 운반해온 무기를 실은 뒤 밤이 되기를 기다렸다.

그 시간 페넬로페는 아들의 안위가 염려되어 식음조차 거르고 있었다. 마치 사냥꾼들에게 포위된 암사자가 공포심에 사로잡혀 빠져나갈 길을 궁리하듯이, 그녀는 깊은 번민에 휩싸여 울다가 어느새 깊은 잠에 빠져들었다. 그러자 아테나 여신은 묘책을 생각해냈다. 여신은 페넬로페를 위로하기 위해 그녀의 친언니 이프티메(페라이에 사는 에우멜로스의 아내)와 비슷한 형상을 만들어서 오디세우스의 집으로 보냈다.

그녀는 빗장의 가죽끈을 타고 침실로 들어가 페넬로페에게 속삭였다.

"페넬로페야, 안심하렴. 텔레마코스는 안전하게 귀국하기로 정해져 있어. 제우스 신의 따님이신 아테나 여신께서 텔레마코스와 동행하고 계시거든. 게다가 여신께서는 네가 슬퍼하시는 것을 불쌍히 여기셔서 나를 이곳에 보내셨단다. 자초지종을 설명해 주라고 말이야."

그러자 페넬로페가 잠결에 대답했다.

"그래요? 만약 언니가 여신의 명으로 이곳에 온 것이 사실이라면, 혹시 내 남편 오디세우스의 소식도 알려줄 수 있나요? 아직 이 세상 어딘가에서 살아있는지, 아니면 하데스로 떠났는지 말이에요."

그러자 아테나가 보낸 이프티메의 환영이 대답했다.

"오디세우스의 생사에 대해서는 자세하게 말할 수 없단다. 바람처럼 허황된 소문을 전하는 것은 좋지 못한 일이니까."

이렇게 말하고 그녀는 빗장 사이로 빠져나가 사라져 버렸다. 그 순간 페넬로페도 잠에서 깨어났는데, 그녀는 너무도 선명한 꿈의 기억 덕분에 큰 위안을 얻게 되었다.

어느덧 사방에 어둠이 내리고, 구혼자들은 어둠을 틈타 아무도 모르게 배에 오른 뒤 넓은 바다를 향해 노를 저어나갔다. 배가 해협을 벗

아테나에게 아들 텔레마코스의 무사귀환을 비는 페넬로페 안젤리카 카우프만, 1774년

어나자 이타케와 사모스 섬 사이의 중간 지점에 위치한 아스테리스라는 작은 바위섬이 나타났다. 그 섬에는 배를 간신히 숨길 정도로 작은 포구가 있었는데, 그들은 그곳에 닻을 내리고 텔레마코스가 지나가기를 기다렸다.

제5장

오디세우스의 뗏목

아테나가 텔레마코스의 곁에서 그를 돕고 있을 무렵, 제우스의 명령을 받은 헤르메스는 오디세우스를 풀어주기 위해 칼립소에게로 향했다. 헤르메스는 금빛 샌들을 신고 바다를 가로질러 날아갔다. 그는 순식간에 칼립소의 오기기아 섬(바다의 배꼽)에 도착했다.

'참으로 아름다운 섬이군.'

헤르메스는 섬의 풍경에 감탄하며 칼립소의 동굴로 향했다. 동굴 주위에는 오리나무, 백양나무, 향기가 좋은 삼나무가 무성하게 우거졌고, 나뭇가지 사이에는 여러 종류의 새들이 둥지를 틀고 있었다. 동굴 입구에는 포도나무 덩굴이 무성하게 뻗어있고, 거기에는 달콤한 향기를 내는 포도송이들이 보기만 해도 먹음직스럽게 주렁주렁 달려있었다. 그리고 동굴 주변에는 맑은 물의 샘 네 개가 나란히 흐르고 있었는데, 이것들은 서로 가까운 곳에서 솟아나서, 제각기 다른 방향으로 흘러가고 있었다. 그리고 제비꽃과 파슬리가 만발한 부드러운 풀밭이 동굴 전체를 빙 둘러싸고 있어, 불멸의 신조차 이곳에 와서 보게 되면, 감탄하고 마음속으로 기뻐하지 않을 수 없었다. 신들의 사자인 헤르메스도 그 아름다움에 취하여 잠시 걸음을 멈추었다가 동굴 속으로 들어갔다.

동굴 안 칼립소의 처소에서 그녀는 노래를 부르며 황금 북으로 베를 짜고 있었다. 헤르메스는 동굴 안을 둘러보았으나 오디세우스의 모습은 보이지 않았다. 이때 칼립소는 이상한 예감이 들어 동굴 문 앞을 쳐다보았다. 그곳에 우두 서 있는 헤르메스의 모습을 발견한 그녀는 깜짝 놀랐다. 칼립소는 헤르메스를 한 번도 만난 적이 없었지만 그가 전령의 신이라는 것을 단숨에 알아보았다. 그녀는 재빨리 헤르메스에게로 다가갔다.

"황금 지팡이의 헤르메스여, 어떻게 오셨습니까? 그동안 한 번도 절 찾아오신 적이 없던 분이 기별도 없이 갑자기 찾아오시다니, 분명 중요한 목적이 있으시겠지요? 그것이 무엇이든 헤르메스 님의 말씀이라면 기꺼이 따르겠습니다. 불가능한 일만 아니라면 말이죠. 다만 그전에 헤르메스 님께 환영의 만찬을 대접할 수 있게 해주세요."

칼립소는 눈부시게 화려한 의자에 헤르메스를 앉게 했다. 그러고는 상아로 만든 식탁을 가져다가 신들의 음식인 암브로시아와 넥타르를 차려 놓았다. 헤르메스는 요정 칼립소의 성찬을 마다하지 않고 흔쾌히 먹고 마신 다음 천천히 입을 열었다.

오디세우스와 칼립소가 있는 환상적인 동굴 장로 얀 브뤼겔, 1616년경

"내가 이곳에 온 것은 제우스 님의 뜻을 전하기 위해서입니다. 제우스 님께서 그대가 붙잡고 있는 오디세우스를 고향에 보내라고 명하셨습니다. 그는 프리아모스 왕의 성을 9년 동안이나 공격하여 10년 만에 함락시킨 후 귀국 길에 올랐던 그리스의 장수들 중 가장 비참한 사나이요. 많은 장수들이 돌아가는 길에 아테나 여신에게 죄를 지었고, 그 때문에 강한 바람과 큰 파도에 그들의 배가 난파당했소. 이때 무훈을 세웠던 장수들은 거의 죽고 말았지만, 오디세우스만은 바람과 파도가 이 섬으로 데려다주었소.

제우스 신께서 그대에게 명하시기를 오디세우스를 빠른 시간 안에

이 섬에서 돌려보내라고 분부하셨소. 고국으로 돌아가 가족과 함께 살아가는 것이 그에게 주어진 운명이라고 합니다."

칼립소의 표정이 굳어졌다. 그녀는 분노와 고통으로 온몸을 부르르 떨었다.

"참으로 무정한 분들이군요. 그대 올림포스의 신들께서는 질투할 상대도 못 되는 나를 다 질투하시는군요. 여신이 필멸의 존재인 인간 사내를 남편으로 맞아 동침하는 것까지 시기하시다니! 새벽의 여신 에오스가 사냥꾼 오리온과 함께 할 때도 올림포스의 신들께서는 줄곧 시기만 하시다가, 끝내는 아르테미스 여신의 화살에 맞아 죽게 만드셨지요. 어디 그뿐인가요? 대지의 여신 데메테르가 이아시온과 사랑에 빠져 경작지 위에서 세 번이나 관계를 맺자, 분노한 제우스께서 벼락을 던져 아이시온을 죽여버리셨지요. 그것도 모자라 이제는 내가 인간과 함께 지내는 것도 시기하시는군요. 나는 제우스께서 천둥과 번개로 오디세우스의 배를 바다 한가운데 난파시켰을 때 그를 구해 주었어요. 그가 바람과 물결에 밀려 이곳에 왔을 때, 나는 그를 돌보았을 뿐만 아니라 그를 사랑하여 평생 늙지 않는 사람으로 만들어주려고 했어요. 그런데 제우스께서 그를 고향으로 돌려보내라고 명령하셨다고요?"

칼립소는 깊은 탄식과 함께 말을 계속했다.

"아…! 그를 보내기 싫지만 어쩔 수 없군요. 제우스 신의 명령을 거역할 수는 없으니까요. 하지만 당장 그를 보내는 것은 곤란해요. 내게는 배도 없고 그와 함께 항해할 선원도 구해줄 수 없답니다. 그러니 시

칼립소에게 오디세우스를 풀어주라고 명령하는 헤르메스
제라르 드 레레스, 1676~1682년 사이

간적 여유를 주세요. 그와 작별 인사를 나누고 무사히 귀국할 수 있도록 돕겠습니다."

칼립소는 슬픈 표정을 지었다. 그런 그녀에게 헤르메스는 다짐하듯 힘주어 말했다.

"잘 생각했어요. 그는 당신과 지낼 운명이 아닙니다. 고향으로 돌아가 가족과 지내야 해요. 제우스 신의 분노를 사지 않도록 반드시 약속을 지켜주십시오."

헤르메스가 말을 마치자 칼립소의 눈에서 눈물이 흐르기 시작했다. 그녀는 아랫입술을 지그시 깨물며 혼잣말을 되뇌었다.

'제우스 님의 명령이니 따라야지요. 그분의 분노를 사고 싶지는 않으니까요.'

헤르메스가 몸을 돌려 올림포스로 돌아가자, 칼립소는 낙담하여 오디세우스를 찾아 나섰다. 오디세우스는 바닷가에 앉아 망망대해를 바라보며 고향 생각에 잠겨있었다. 그는 시간이 날 때마다 이렇게 바닷가에 나와 가족을 생각하며 눈시울을 적시곤 하였다. 그의 등 뒤로 여신 칼립소가 조용히 다가왔다. 그러고는 오디세우스의 옆에 앉았다. 여신은 한참 동안이나 말이 없었다. 오디세우스는 그녀에게 평소와 다른 뭔가 이상한 분위기를 느꼈다. 하지만 먼저 말을 꺼내기도 어색해서 잠자코 그녀가 말을 걸기를 기다렸다. 한참이 지난 후 마침내 그녀가 슬픈 표정으로 입을 열었다.

"오디세우스, 그렇게 고향에 돌아가는 것이 소원인가요?"

오디세우스는 대답하지 않고 멍하니 수평선만 바라보았다.

"부인이 보고 싶어 견딜 수가 없나요? 불사의 신인 나의 용모나 태도가 인간인 그녀보다 못한가요?"

"여신이시여, 제 아내 페넬로페가 아무리 아름답다고 해도 어찌 여신의 아름다움과 비교할 수 있겠습니까? 필멸의 존재인 인간과 불멸의 존재인 여신을 비교하는 것조차 불경스러운 것이지요. 그렇지만 저는 날마다 고향이 미치도록 그립고 귀국의 날이 기다려집니다."

오디세우스는 고개를 떨구었고, 칼립소는 체념한 표정을 지었다.

"오디세우스, 이제 더는 슬퍼하지 않으셔도 돼요. 당신이 그리워하는 고향 이타케로 보내드릴게요."

오디세우스는 믿을 수 없다는 듯 칼립소를 쳐다보았다. 그녀는 7년 동안 오디세우스를 붙잡고 있으면서도 고향으로 보내주겠다는 말을 입 밖에 낸 적이 없었다. 항상 달콤한 말로 고향의 가족을 잊고 자신과 영원히 함께 살자고 설득했었다. 그런 칼립소가 뜬금없이 고향으로 보내주겠다니, 오디세우스는 자신의 귀를 의심했다.

"여신이여, 그 말이 진심인가요? 이 섬에는 배 한 척도 없는데 나를 고향에 보내주겠다니, 설마 날 놀리시는 것은 아니겠지요?"

칼립소가 대답했다.

"청동 도끼를 드릴 테니 뗏목을 만들도록 하세요. 그러면 내가 음식과 물, 그리고 술과 옷을 준비해 드릴게요."

칼립소의 말에 오디세우스는 너무도 화가 난 나머지 절로 헛웃음이 나왔다.

"여신이여! 도대체 무슨 의도로 그런 말씀을 하시나요? 당신은 저를 위험에 빠뜨리고 싶은 건가요. 뗏목으로 험한 바다를 건너라고요? 저 바닷길은 장비를 완벽하게 갖춘 함선조차 파도에 휩쓸려 바다 밑 심연으로 가라앉는 경우가 허다합니다. 그런데 나보고 뗏목에 의지하여 항해를 하라니요. 설령 제우스 신께서 미풍을 보내 주신다고 해도 그건 불가능합니다. 당신이 제게 스틱스 강의 이름으로 맹세하지 않는다면 저는 뗏목을 절대 만들지 않겠습니다."

칼립소는 그의 말에 씁쓸한 미소를 머금으며 오디세우스의 얼굴을 어루만졌다.

"당신은 참으로 신중한 분이군요. 좋아요. 정 그렇다면 먼저 스틱스 강의 이름으로 맹세할게요. 그리고 약속드리지요. 당신을 고향 이타케로 보내드리겠습니다. 나는 당신을 사랑하여 이곳에 붙잡아두었지만, 당신을 속일 생각은 추호도 없어요."

오디세우스는 칼립소가 스틱스 강의 이름으로 맹세하자 비로소 안심하며, 고향에 돌아갈 수 있다는 희망으로 가슴이 벅차올랐다. 한편으로는 7년 동안 자신에게 한결같은 사랑을 쏟아부어준 그녀가 애잔하게 느껴져 가슴이 시렸다.

이야기를 마친 칼립소는 자리에서 일어났다. 그녀가 앞장 서자 오디세우스는 말없이 그녀의 뒤를 따랐다. 동굴 안 처소에 이르자 칼립소는 오디세우스를 헤르메스가 앉았던 자리에 앉게 했다. 이어 시녀들이 암브로시아와 넥타르를 내왔다. 그들은 차려진 음식을 배불리 먹고 마셨다. 식사를 마치자 칼립소가 입을 열었다.

"지혜로운 오디세우스여, 당신은 정녕 나를 버리고 떠날 건가요? 좋습니다. 어차피 떠나려면 기분 좋게 떠나도록 하세요. 그러나 당신이 겪어야 할 고난이 아직 모두 다 끝난 것은 아니에요. 만약 당신이 앞으로 겪어야 할 고난을 짐작할 수만 있다면, 어쩌면 당신은 이곳에서 불사의 몸이 되어 나와 영원한 삶을 누리려고 할지도 몰라요. 그대 부인이 아무리 그립고, 보고 싶어도 말이에요."

그 말에 오디세우스가 얼른 대답했다.

"여신이여, 그런 일은 없을 겁니다. 사랑하는 가족을 만날 수 없고, 그리운 고향 땅을 밟을 수 없다면 영원한 생명이 주어진다고 해도 그것이 내게 무슨 의미가 있겠습니까? 그동안 나는 수없이 많은 고난을 헤쳐 나왔습니다. 또다시 신들께서 내게 큰 고난을 주신다고 해도 고향으로만 돌아갈 수 있다면 기꺼이 감내하겠습니다."

오디세우스의 대답에 칼립소는 슬픈 표정으로 미소를 지었다.

"내가 당신을 위해 할 수 있는 일은 행운을 빌어드리는 것밖에 없군요."

시간이 흘러 해가 저물고 어둠이 찾아왔다. 그들은 이별을 아쉬워하며 침실로 가서, 밤이 새도록 격정적인 사랑을 불태웠다.

다음날 아침, 오디세우는 외투를 차려입고 튜닉을 걸쳤다. 칼립소는 찬란히 빛나는 은빛 겉옷을 입고 황금 허리띠를 두른 뒤 머리에는 베일을 썼다. 그녀는 오디세우스에게 청동으로 만든 양날 도끼와 톱, 송곳과 끈 등 연장들을 건네고는 섬의 반대편 해안으로 데려갔다. 거기에는 오리나무와 포플러, 전나무 등이 자라고 있었다. 대부분 물에 잘 뜨는 목재여서 뗏목을 만들기에 안성맞춤이었다.

칼립소는 그 나무들 중 뗏목을 만들기에 가장 적합한 나무를 알려준 뒤 동굴로 돌아갔다. 혼자 남은 오디세우스는 나무를 베어와 열심히 뗏목을 만들었다. 그는 솜씨 좋은 목수처럼 능수능란하게 널찍한 뗏목을 훌륭하게 만들어 냈다. 그러는 동안 칼립소는 돛을 만들 커다란 천 조각을 가져다주었다. 오디세우스는 그 천 조각을 재료로 훌륭한 돛을 만들어 뗏목 위에 달았다. 마지막으로 나무를 깎아 뗏목의 방향을 조종할 수 있는 노를 하나 만들었다. 뗏목이 완성되자 오디세우스는 굴림대를 사용해서 뗏목을 바다로 끌어내렸다. 이 모든 작업은 불과 나흘 만에 끝났다. 닷새째 되던 날, 칼립소는 오디세우스를 손수 목욕시킨 다음 화려하고 향기로운 옷을 입혀주었다. 그리고 포도주와 물과 음식이 가득 들어있는 부대를 뗏목에 실어주었다.

"칼립소, 그동안 정말 고마웠습니다."

"언젠가…, 다시 만날 날을 기다리겠어요."

오디세우스는 눈물을 흘리는 칼립소를 남겨둔 채 바다로 나섰다. 그는 집으로 돌아갈 희망과 기대로 한껏 부푼 가슴을 안고, 침착하게 노를 저으며 거친 바다를 향해 나아갔다. 오디세우스는 낮에는 태양을 기준으로 삼아 방향을 잡아 나아갔고, 밤에는 별자리를 보며 방향을 잡았다. 플레이아데스(황소자리에 있는 산개성단, 여름을 알리는 별자리), 보오테스(큰곰자리 옆의 작은 별자리), 큰곰자리(북두칠성이 포함된 북쪽 하늘의 별자리, 북반구에서는 늘 하늘에 떠 있어서 선원들이 항해할 때 이 별자리를 보며 방향을 점쳤다)를 살피느라 꼬박 밤을 지새웠다. 오리온을 감시하고 있는 큰곰자리는 조수 속에 지지 않으므로, 칼립소가 항상 이 별을 왼쪽에

칼립소에게 작별을 고하는 오디세우스 프리드리히 프렐러 장로, 1864년

두고 항해하라고 당부하였기 때문이다.

오디세우스는 밤낮을 쉬지 않고 뗏목 위에서 꼬박 십칠 일을 항해했다. 그리고 십팔 일째 되던 날, 비로소 멀리 바위가 많은 해안이 나타났다. 그곳은 파이아케스족이 사는 스케리아 섬 이었다. 오디세우스는 다시 육지를 보자 너무 기뻤다. 그는 비어 가는 가죽 부대에 물이라도 채울 생각에 서둘러 해변으로 뗏목을 몰아갔다. 운이 좋으면 약간의 식량을 구할 수도 있을 것이란 기대감도 컸다.

'사람들을 만나면 이타케로 가는 항로와 거리는 또 얼마나 되는지 알아보아야겠다.'

오디세우스는 고향을 생각하자 갑자기 그리움이 사무치도록 밀려와 하마터면 눈물을 왈칵 쏟을 뻔했다. 그가 고향에 돌아갈 일을 생각하며 행복한 상상에 젖어 있을 때였다.

아이티오페스족의 연회에 참석했다가 돌아가던 포세이돈이 오디세우스를 발견했다. 포세이돈은 화가 머리끝까지 치솟았다.

'아니, 이럴 수가! 내가 자리를 비운 동안 다른 신들이 그를 도운 것이 틀림없구나. 내가 아이티오페스에 가 있는 동안에 말이야. 게다가 벌써 스케리아 섬에 가까워졌구나. 저곳은 그가 오랜 방황과 고난을 끝내도록 예정된 장소인데, 하지만 그렇게는 안되지. 벌써 고난을 벗어나게 할 순 없어. 오디세우스를 위해 준비한 고난이 아직 많이 남아있는데 말이야.'

포세이돈이 분노하여 삼지창을 높이 치켜들자 갑자기 사방에서 천둥이 울리며 파도가 거칠게 일기 시작하였다. 어둠이 하늘로부터 내리덮이고 폭우가 쏟아지며, 물결이 사납게 요동쳤다. 이내 밤이 내려와 하늘과 바다를 캄캄하게 덮어씌웠다.

갑작스럽게 벌어진 눈앞의 상황에 오디세우스는 경악했다.

"아, 이건 또 무슨 조화란 말인가?"

평소 지혜롭고 대범하기로 명성이 자자한 오디세우스였다. 하지만 눈앞에 펼쳐진 상황에서는 심장이 멈추는 것 같고 두 다리가 후들거렸다. 그는 절망하여 부르짖었다.

'칼립소의 말이 사실이었어! 고향에 가기도 전에 다시 또 고난을 당하다니. 신들께서 어찌하여 구름을 몰아 하늘을 덮고, 온갖 광풍을 쏟아내신단 말인가?

오…! 이제 그분들이 나를 버리셨구나. 트로이아에서 쓰러진 전우들이야말로 나보다 세 배나 더 행복한 사람들 아닌가? 아니, 네 배는 더 영광스러운 사람들이지. 트로이아 병사들이 아킬레우스의 시체를 빼앗으려고 내게 청동 창을 던졌을 때, 그때 죽었더라면 차라리 좋았을 것을! 그랬다면 전우들이 성대하게 장례를 치러주고, 나의 공적을 오래도록 노래했을 텐데. 그런데 이토록 허무하게 최후를 맞게 되다니, 참으로 비통하구나!"

그의 하소연 같은 넋두리에도 아랑곳하지 않고 거친 파도와 강한 바람이 뗏목을 삼키려는 듯 계속 휘몰아쳤다.

사방에서 몰아치는 사나운 바람을 견디지 못하고 돛대 한가운데가 맥없이 뚝 부러졌다. 그와 동시에 오디세우스는 손에 쥐고 있던 방향키를 놓쳐버렸다. 그의 몸은 중심을 잃은 채 뗏목에서 나가떨어져 순식간에 바다 밑으로 빨려 들어갔다. 오디세우스는 거센 물결을 거슬러 필사적으로 물 위로 떠오르려고 했지만, 칼립소가 입혀 준 옷이 무거워서 좀 채 떠오르지 못했다. 한참만에 간신히 물 위로 떠오른 오디세우스는 바닷물을 토해 내며 숨을 골랐다. 그리고 뗏목을 찾아내 부여잡고 죽음의 운명을 피하고자 했다. 하지만 집채만 한 거대한 파도는 여전히 뗏목을 사정없이 덮쳐 그를 절체절명의 위기로 몰아넣었다.

이때 바다의 여신 레우코테아가 그 광경을 목격하고 오디세우스를 가엾이 여겼다. 그녀는 원래 카드모스 왕의 딸인 이노였다. 제우스 신의 부탁을 받고 조카인 디오니소스를 헤라 여신 몰래 양육하다가 헤라의 분노를 샀다.

헤라는 이노에게 저주를 내렸고, 실성한 그녀는 자신의 막내아들 멜리케르테스를 물이 펄펄 끓는 가마솥에 넣어 튀겨버렸다. 제정신이 든 이노는 아들의 시체를 끌어안고 바닷물에 뛰어들었다. 그러자 신들은 이들 모자를 불쌍히 여겨 바다의 신으로 만들어 주었다. 그런 이유로 레우코테아는 오디세우스를 동정했다. 그녀는 빠른 속도로 오디세우스의 옆으로 다가갔다.

"가엾은 오디세우스여, 포세이돈께서 그대에게 무서운 재앙을 주었군요. 하지만 걱정하지 마세요. 포세이돈께서는 그대를 죽음에 이르게 하지는 못할 것입니다. 자 옷과 뗏목을 버리고 이 베일을 가슴에 두르세요. 그러면 절대로 바다 밑으로 가라앉지 않을 거예요. 그러니 안심하고 저 스케리아 섬으로 헤엄쳐가세요. 단, 명심할 것이 있어요. 육지에 무사히 도착하면 그 베일을 즉시 바닷속에 던지셔야 해요."

레우코테아는 말을 마치고 나서 곧 바닷속으로 돌아갔다. 하지만 오디세우스는 더 불안해졌다. 곤경에 처한 그는 마음속에 점점 신과 인간에 대한 불신이 자리 잡기 시작했다.

'오, 이제 어떻게 해야 하지?'

아무도 믿을 수 없게 된 오디세우스는 깊이 탄식했다.

"이것도 신들 중 하나가 또다시 나를 파멸로 이끌려는 음모가 아닐까? 이렇게 광란하듯 파도가 요동치는데 뗏목을 버리고 바다를 헤엄쳐 가라니, 저 여신의 말도 믿을 수 없어. 그래, 이 뗏목이 부서지지 않고 멀쩡하게 있는 한 뗏목 위에 붙어 있어야 해. 만약 뗏목이 박살 나면 그때 가서 헤엄쳐도 될 것 아닌가? 지금으로선 이게 최선의 선택이야!"

오디세우스가 이런 생각을 하고 있을 때, 갑자기 산더미 같은 파도가 몰려와 뗏목을 내리 덮쳤다. 우지끈 소리와 함께 뗏목이 산산조각 났고 굵고 튼튼한 각목들이 사방으로 흩어졌다.

오디세우스는 그중 한 개를 말을 타듯이 두 다리로 부여잡고, 급히 입고 있던 옷을 벗어던진 뒤 베일을 가슴에 둘렀다. 그러자 오디세우스는 몸이 가벼워지고 죽음의 공포가 사라지는 것을 느꼈다. 그러고는 힘을 내어 파도를 헤치며 헤엄치기 시작했다. 그 모습을 본 포세이돈은 잔인한 미소를 지었다.

"그래, 그렇게 계속 헤엄쳐보거라! 어차피 고생을 실컷 하고 나서야 고향으로 돌아가게 될 것이다. 운이 좋아 파이아케스 족의 섬에 도착한다고 해도 나는 또다시 네게 줄 고난을 계획할 것이다."

포세이돈은 일렁이는 파도 속에서 흰 물거품 같은 준마를 채찍질하며, 그의 거처인 아이가이(펠로폰네소스 반도 서북쪽)로 돌아갔다.

한편, 아테나는 오디세우스의 귀향길을 한순간도 놓치지 않고 지켜보며 돕고 있었다. 그녀는 그동안 제우스의 의지를 바꿀 수 없었고, 포세이돈의 분노 앞에서 드러내놓고 오디세우스를 보호할 수 없었다. 그러나 기회가 주어질 때는 오디세우스를 돕는 것을 주저하지 않았다. 그녀는 사방에서 몰아치는 폭풍우를 잠재우고, 북풍인 보레아스만은 불게 했다. 북풍은 오디세우스를 앞으로 나아가도록 도왔다.

이렇게 이틀 밤낮을 파도에 맞서며 헤엄을 친 오디세우스는 사흘째 되는 날이 되어서야 육지 와 가까워질 수 있었다. 오디세우스는 육지와 숲을 발견한 순간, 죽을힘을 다해 헤엄치기 시작했다. 그러나 그가 해안에 가까워졌을 때, 암벽에 부서지는 요란한 파도 소리를 들었다. 거센 파도는 암벽에 부딪쳐서 요란한 소리를 내며 부서져 하얀 물거품을 토해냈다. 그곳에는 온통 가파른 바위로 이루어진 칼날 같은 절벽이 펼쳐져 있었다. 오디세우스는 그만 기진맥진하여 스스로 한탄하였다.

"오, 이 무슨 기구한 운명이란 말인가? 죽을힘을 다해서 헤엄쳐 왔건만 사방이 칼날 같은 절벽이로구나. 이곳의 거센 파도에 자칫 휩쓸리면 내 몸은 날카로운 바위에 갈가리 찢겨 결딴나겠구나. 아, 지진의 신 포세이돈은 도대체 내가 얼마나 더 큰 고통을 겪어야 만족한단 말인가."

바로 그때 엄청나게 큰 파도가 그를 들어 올려서 가파른 암벽을 향해 내동댕이 쳤다. 만일 아테나가 그의 마음속에 집중력을 불어넣지 않았더라면 그의 살갗은 찢기고, 뼈는 부서져 버렸을지도 모른다. 그는 두 손을 뻗쳐서 암벽의 가장자리를 붙잡은 채, 안간힘을 쓰면서 바위 끝에 매달렸다. 그 사이 그를 실어 온 거센 파도는 다시 바다 쪽으로 물러갔다.

하지만 곧 다른 파도가 밀어닥쳐서 강력한 힘으로 바위를 후려쳤다. 오디세우스는 마치 문어가 빨판으로 바위를 움켜잡듯이, 사력을 다해 바위를 붙잡고 버텼지만 결국 파도에 휩쓸리고 말았다.

만일 아테나 여신이 그에게 밝은 지혜를 주지 않았더라면 그는 그때 모든 걸 포기하고 죽음에 굴복했을 것이다. 그는 해변으로 밀려가는 조류를 발견하고 그것을 타고 부지런히 헤엄쳐 갔다. 그리하여 맑게 흐르는 강물 어귀에 다다랐을 때, 비로소 그는 안도의 한숨을 내쉬었다. 그곳에는 바위도 없거니와 평탄하여 육지로 올라서기에 최적의 장소였다. 오디세우스는 얼른 마음속으로 기도를 드렸다.

'강의 신이여, 제발 저를 굽어살피소서. 저는 포세이돈의 노여움을 피하여 이곳까지 왔습니다. 불사의 신들께서도 표류하는 인간은 멀리하지 않는다 하였습니다. 이제 오랜 고난과 역경을 거쳐 이곳까지 왔사오니, 저를 불쌍히 여기시어 제 소원을 들어주소서.'

강의 신은 그 기도를 듣고 곧바로 물결을 잠재워, 그가 강어귀까지 무사히 갈 수 있도록 도왔다. 뭍에 다다른 오디세우스는 팔다리가 축 늘어진 채 정신마저 혼미한 상태였다. 물에 퉁퉁 불은 몸은 물먹은 솜처럼 무거웠고, 입과 코에서는 짠물이 쏟아져 나왔다. 그는 숨조차 제대로 쉴 수가 없었다. 가까스로 한숨을 돌린 그는 레우코테아가 당부했던 말을 떠올리고, 베일을 풀어 바다로 흘러가는 강물에 던졌다. 강물이 베일을 바다로 싣고 가자 레우코테아가 그것을 얼른 손으로 집어 들었다.

오디세우스는 알몸이 되어 근처 숲으로 향했다. 그곳에는 올리브

덤불들이 우거져있었다. 이 숲은 바다에서 불어오는 습기 찬 바람의 기세에도 끄떡없고, 태양도 역시 그 이글거리는 빛의 화살을 던질 수 없으며, 비도 바닥까지 뚫고 들어가 적시지는 못했다. 그만큼 서로가 가지를 꽉 얽어 댄 채 무성하게 자라 있었다. 게다가 바닥에는 나뭇잎들이 수북이 쌓여있었다. 짐승의 공격이나 추위를 견디기에 그곳은 훌륭한 은신처였다. 오디세우스는 그곳에 누워 주위의 낙엽을 긁어모아 몸을 덮은 뒤 그대로 쓰러져 깊은 잠에 곯아떨어졌다. 아테나 여신이 그의 두 눈에 잠을 쏟아부어 지칠 대로 지친 그의 몸과 마음을 회복시켜 주려고 했기 때문이었다.

제6장

나우시카 공주

오디세우스가 정신없이 깊은 잠에 빠져들었을 때, 아테나는 오디세우스를 돕기 위해 파이아케스인들의 왕 알키노오스의 궁전을 찾아갔다.

파이아케스인들은 원래 넓고 기름진 초원 근처의 히페레이아에 살았었다. 그러다가 주변에 살던 흉포한 키클롭스들의 잦은 침략과 약탈을 피해 이곳 스케리아 섬으로 옮겨온 것이었다. 당시 일족을 이끌고 왔던 나우시토오스는 스케리아에 정착한 다음, 도시에 성벽을 쌓고, 집과 신전을 세우고 토지를 백성들에게 나누어주었다. 그가 죽음의 운명에 제압되어 하데스로 떠난 후, 그의 아들 알키노오스가 왕이 되어 나라를 통치했다.

아테나는 알키노오스 왕의 궁전에 도착한 후 매우 아름답고 화려하게 꾸며진 방을 찾았다. 그곳에는 그 어떤 여신에게도 뒤지지 않을 만큼 뛰어난 미모를 지닌 왕의 딸 나오시카가 잠들어 있었다.

아테나는 공주에게 말을 걸기 위해 선원들의 우두머리인 디마스의 딸로 변신했다. 그녀는 나우시카와 동갑으로 둘도 없는 절친한 친구였다. 그녀는 공주의 침상 밑에 가서 조용히 속삭였다.

"아유, 나우시카! 혼인할 때가 다가오는데 어찌 몸치장은커녕 이처럼 고운 옷들을 손질도 안 하고 이렇게 함부로 방치하시나요! 아름다운 옷을 입고 몸을 단장해야 사람들에게 좋은 평판을 얻게 된답니다.

자, 내일 아침에 우리 함께 냇가로 가서 옷을 빨도록 해요. 그러면 공주님의 아버지와 어머니도 기뻐하실 거예요. 이제 처녀 시절도 얼마 남지 않았으니까요. 이미 오래전부터 온 나라 안의 훌륭한 인재들이 앞다투어 공주님에게 청혼하고 있잖아요. 그러니 내일 아침에 부모님께 빨래를 싣고 갈 노새가 끄는 수레를 준비해달라고 부탁하세요."

아테나가 귓가에 속삭이자, 나우시카는 몸을 약간 뒤척였다. 아테나는 방긋 웃으면서 나우시카의 머리를 쓰다듬었다.

"들러리를 서는 여자들에게도 좋은 옷을 입혀주면 하객들에게 좋은 평판을 들을 수 있답니다."

아테나는 말을 마치자, 공주의 이마에 축복의 키스를 해주고 사라졌다.

아침 해가 밝아오자, 나우시카는 잠자리에서 일어났다. 그리고 간밤에 꾼 꿈을 생각했다.

"이것은 결혼을 암시하는 꿈이야! 신의 계시가 틀림없어"

공주는 바로 부모님에게 달려갔다. 어머니인 아레테 왕비는 화로 옆에 앉아 시종과 함께 진홍색 무늬의 비단을 짜고 있었다. 아버지 알키노오스 왕은 파이아케스족의 회의에 참석하기 위해 왕자들과 함께 외출 준비를 서두르고 있었다. 공주는 아버지 알키노오스 왕에게 다가가 말했다.

"아버지! 어머니! 간밤에 신께서 제게 결혼을 암시하는 꿈을 주셨어요."

나우시카 공주는 들뜬 마음을 누르며, 다소 침착하게 말을 이었다.

"제게 빨랫감을 들고 강가로 가서 빨래를 하라고 하셨어요."

"호오, 그랬단 말이냐?!"

나우시카는 고개를 끄덕였다.

"아버지! 그러니 제가 빨래를 할 수 있도록 좋은 수레 하나만 내어 주세요! 집안의 옷들을 모두 깨끗이 빨아서 가지고 오겠어요. 아버지께서도 회의에 참석하실 때 깨끗한 옷을 입으셔야 하고, 또한 결혼한 두 오라버니를 제외한 아직 미혼인 세 오라버니들도 무도회에 갈 때마다 깨끗한 옷을 찾기 때문이에요."

나우시카가 이렇게 말한 까닭은 자신의 결혼을 언급하는 것이 부끄럽고 쑥스러웠기 때문이었다. 그러나 알키노오스 왕은 이미 모든 것을 짐작하고 고개를 끄덕였다.

'내 딸이 벌써 결혼을 염두에 두고 있구나! 벌써 그리되었단 말인가.'

알키노오스 왕은 한편으로 기쁘면서도 씁쓸한 마음으로 노새와 수레를 준비해 주었다. 그리고 왕비는 나우시카가 시녀들과 함께 먹을 수 있도록 먹을 것과 포도주를 준비해 주었다.

공주는 시녀들과 함께 궁전 안에서 호화찬란한 옷들을 모두 내어다가 짐 수레 위에 한가득 실었다. 그리고 시녀들을 데리고 냇가로 향하였다. 그들은 깨끗한 물이 흐르는 강가에 이르렀다. 그곳에는 사시사철 물이 마르지 않는 빨래터가 있어서 더러운 옷을 빨기에 적합했다. 그들은 노새를 풀어 풀을 뜯게 두고, 빨랫감을 강물로 가져갔다.

"옷을 모두 물에 담가서 발로 밟자꾸나."

나우시카는 시녀들과 함께 물에 담근 빨랫감을 발로 밟았다. 노래를 하듯이 리듬에 맞추어 발로 빨래를 밟았다. 그러고 나서 손으로 비벼 빨아 때를 말끔히 뺀 후, 물에서 건져내어 바위에 널었다.

"빨래가 마르는 동안에 몸을 깨끗이 씻자꾸나!"

공주는 시녀들과 함께 물에 들어가 몸을 깨끗이 씻었다. 그러고 나서 올리브유를 몸에 바른 후, 강가에 둘러앉아 즐겁게 식사를 하였다. 식사를 마친 후 그녀들은 숄을 풀어 던지는 공놀이를 하였다.

이때 아테나는 오디세우스를 잠에서 깨우기 위해 또다시 재미있는 일을 꾸몄다. 그를 나우시카와 만나게 해서 그녀로 하여금 오디세우스를 파이아케스 마을로 안내하도록 할 속셈이었다. 아테나는 나우시카가 시녀에게 던진 공이 한쪽으로 빗나가도록 조종했고, 그 바람에 공은 멀리 날아가 소용돌이치는 강물 속에 빠져버렸다. 이에 시녀들이 요란하게 소리를 질렀다. 그 소리에 오디세우스가 잠에서 깨어났다. 그는 곰곰이 생각했다.

'아아, 괴롭구나. 나는 또 어떤 인간들이 사는 곳에 왔을까? 저들은 거칠고 야만스럽거나 무례한 자들일까? 아니면 이방인에게 친절하고 신을 두려워하는 자들일까? 설마 아름다운 숲의 요정들은 아니겠지? 아무튼 앳된 소녀들 같은데 목소리가 요란도 하구나. 자, 어쨌든 저들을 한 번 만나봐야겠다.'

오디세우스는 몸을 일으키다가 자신의 벗은 몸을 보고는 멈칫했다.

'이 모습을 보면 저들이 놀라서 도망치겠지?'

그는 벌거숭이 몸으로 차마 사람들 앞에 나설 용기가 없어서 망설였지만, 벗은 몸을 가릴 수 있는 것이 아무것도 없었다. 그럼에도 불구하고 자신이 처한 엄청난 곤궁에서 벗어나려면 사람들에게 도움을 청해야 했다. 그래서 잎이 수북한 올리브 가지를 꺾어 대충 하체를 가리고 숲 밖으로 나아갔다. 시녀들은 그 모습을 보자, 비명을 지르며 사방으로 도망쳤다. 하지만 나우시카만은 그 자리를 지켜 서 있었다.

"뭐가 그리 무서워서 도망을 치는 것이더냐!"

그녀는 오히려 시녀들을 훈계하였다. 그도 그럴 것이 아테나 여신이 나우시카 공주에게 용기와 분별력을 불어넣어 주었기 때문이다.

오디세우스와 나우시카는 잠시 동안 아무 말 없이 서로를 쳐다보기만 했다.

'이대로 달려가서 매달리며 도와달라고 할까! 아니면 여기서 소리쳐 말을 붙여볼까?'

오디세우스는 침묵이 흐르는 동안에도 고민했다.

오디세우스와 나우시카 장 베베르, 1888년

'저 소녀를 놀라게 하지 않으려면 여기에 서 있는 것이 더 나을 것 같구나.'

생각이 여기에 미치자, 오디세우스는 부드럽게 나우시카에게 말을 걸었다.

"아름다운 여인이시여. 저는 당신이 누구인지 알지 못합니다. 여신들 중 한 분인지 아니면 인간인지 말입니다. 하지만 곤경에 처한 저를 도와주실 것을 간청 드립니다. 저는 오기기아 섬에서 오랫동안 갇혀 있다가 간신히 탈출했는데, 겨우 이십여 일 만에 또다시 포도주색 바다에서 난파되어 이곳까지 떠밀려 왔습니다. 아마 어떤 신께서 제게 앙심을 품고 재앙을 내리신 것 같습니다.

당신은 제가 여기서 만난 첫 번째 사람입니다. 그대의 모습을 보니 마치 제우스 신의 따님이신 아르테미스 여신 같군요.

언젠가 원정 길에 델로스 신전을 들렀는데 그때 아폴론 신전 앞에 심어진 어린 종려나무를 본 적이 있습니다. 그 나무의 모습이 어찌나 아름답던지, 저는 그만 넋을 잃고 오랫동안 바라보았었지요. 그대는 그 종려나무를 꼭 닮으셨군요. 그때처럼 지금도 나는 당신의 모습에 감동해서, 당신의 무릎에 손을 얹고 도움을 청하는 것조차 엄두가 나지 않습니다."

나우시카는 칭찬을 듣자, 기분이 좋은지 얼굴을 살짝 붉혔다. 오디세우스는 그 모습을 놓치지 않고 살핀 후 용기를 내어 말을 이었다.

"하지만 감히 당신께 간청 드립니다. 제게 이곳 사람들이 사는 마을로 가는 길을 알려주십시오. 그리고 벗은 몸을 가릴 수 있는 옷감을 조금만 나누어 주십시오. 당신이 제게 도움을 베풀어주신다면 신들께서 반드시 그대를 축복하셔서, 그대가 소원하는 모든 것을 들어주실 것입니다."

오디세우스가 허리를 숙이며 정중히 부탁하자, 잠자코 그의 말을 듣기만 하던 나우시카는 고개를 끄덕였다.

"당신은 낯선 분이지만 나쁜 사람은 아닌 것 같군요. 어느 신께서 당신에게 재앙을 내리셨건 그것이 당신에게 주어진 운명이라면 묵묵히 받아들일 수밖에 없겠지요."

나우시카는 잠시 쉬었다가 계속해서 말을 이었다.

"하지만 걱정하지 마세요. 당신이 필요한 옷가지와 식량 정도는 도와드리겠습니다. 이곳은 파이아케스인들이 살고 있는 땅이에요. 그리고 저는 이곳을 다스리는 알키노오스 왕의 딸 나우시카이고요."

말을 마친 나우시카는 멀리 숨어있는 시녀들을 불렀다. 시녀들은 사방을 흘끔흘끔 둘러본 후에야 조심스럽게 나우시카 곁으로 다가섰다.

"얘들아, 무서워할 것 없어. 저분은 나쁜 사람이 아니야. 바다에서 난파되어 파도에 휩쓸려 이곳까지 온 불쌍한 분이셔. 그러니 우리가 저 불쌍한 분을 도와주자꾸나. 그 사람에게 어울릴만한 옷을 가져다드리도록 하여라."

시녀들은 약간 겁먹은 표정을 지으며 머뭇거렸다.

"어서 움직이지 않고 무엇을 하는 거지? 그분이 목욕도 할 수 있도록 도와드려라."

시녀들은 나우시카의 독려에 서둘러 옷과 향유, 음식을 챙겼다. 시녀들이 가까이 다가오자 오디세우스가 말했다.

"정말 감사합니다. 하지만 목욕은 저 혼자 하겠습니다. 그러니 그대들은 가져온 것을 이곳에 두고 그냥 가시면 좋겠습니다."

오디세우스가 정중하게 말하자 시녀들은 서로 눈빛을 교환한 후 옷과 음식이 든 바구니와 향유가 든 항아리를 풀밭에 내려놓고 서둘러 도망치듯 그 자리를 떠났다. 오디세우스가 강물에 몸을 담그고 목욕을 하는 동안 시녀들은 빨아 널었던 빨랫감들을 정리했다. 시녀들이 집으로 돌아갈 준비를 마쳤을 때 오디세우스가 그들 앞에 모습을 나타냈다. 목욕을 마친 뒤 향유를 몸에 바르고 왕족들이 입는 옷을 걸친 후 식사까지 마친 그의 모습은 좀 전과는 완전히 다른 모습이었다. 아테나 여신이 오디세우스의 원기를 회복시켜주고 남성미와 함께 우아한 아름다움을 불어넣어 주었기 때문이다. 좀 전과 달리 확 바뀐 오디세우스의 훌륭한 모습을 보자, 공주의 마음이 두근거렸다.

'저리도 멋진 사람이 있을까?! 신이 나에게 계시한 꿈이 바로 저분과의 결혼을 말하는 걸까? 아~그렇게 되면 얼마나 좋을까?'

공주는 부끄러워 감히 오디세우스를 똑바로 쳐다보지 못하였다. 그동안 오디세우스는 주저앉아 이런저런 생각을 하고 있었다. 나우시카는 그의 곁으로 조심스레 다가갔다.

"손님! 이제 그만 일어나세요! 이곳의 왕이신 제 아버지를 만나게 해드리겠습니다."

오디세우스는 그 말에 기뻐서 얼른 자리에서 일어섰다.

"이렇게까지 신경을 써주셔서 감사합니다."

"아닙니다! 저를 따라오세요!"

노새를 탄 공주는 시녀들과 함께 궁으로 향하였다. 오디세우스도 그 뒤를 따랐다.

"아! 그렇지!"

그때 공주가 무언가를 생각했는지 갑자기 노새를 멈추었다. 그러고는 오디세우스를 뒤돌아 보며 말했다.

"여기에서 조금만 더 가면 아테나 여신님의 숲이 나옵니다. 그곳에는 버드나무가 여러 그루 서 있고 샘물이 흐르는데, 그 둘레가 전부 아버지 소유이지요. 손님께서는 그 숲에서 잠시 기다려주세요."

"네?"

오디세우스가 영문을 몰라 하자, 나우시카가 계속해서 말을 이었다.

"제가 손님과 함께 가면 무지한 백성들이 쓸데없는 소문을 낼 수 있어서 그러는 거예요. 이방인에 대해서 호의적인 사람들만 있는 것은 아니거든요.

'나우시카와 함께 가는 저 낯선 남자는 누구지? 혹시 나우시카가 저 외지인을 남편으로 맞아들이려는 것인가? 지금까지 그녀에게 구혼했던 파이아케스 청년들을 모두 경멸하고 쳐다보지도 않더니 다 이유가 있었잖아.' 저는 이 나라 백성들이 저를 두고 그런 험담을 하는 것을 피하고 싶어요. 그러니 오해는 말아주세요."

말을 마친 그녀는 다시 노새를 몰았다. 얼마 후, 공주 일행과 오디세우스는 버드나무숲에 도착하였다.

"손님! 이곳이 아까 말했던 곳이에요. 여기 계시다가 제가 성안으로 들어갈 때쯤 뒤따라 오세요. 지금부터 왕궁으로 찾아오는 길을 자세히 설명드릴게요. 제가 가는 길을 따라 계속 오시면 맨 먼저 항구가 나올 거예요. 거기서부터 나 있는 길은 딱 하나예요. 그 길을 따라가다보면 양쪽으로 배들이 정박해 있는 모습이 보일 거예요. 그곳을 지나가면 포세이돈 신전이 있는 광장에 이르게 되고요.

신전 주변에는 거대한 바위를 깎아서 만든 돌덩이들이 사방에 박혀있어요. 그 돌덩이들로 배를 만드는 도구들을 만들고, 그곳에서 배의 밧줄, 돛, 노나 무구 등을 손질하기도 해요. 우리 파이아케스인들은 활을 쏘거나, 사람을 살상하는 무기에는 관심이 없어요. 오로지 배를 모

오디세우스와 나우시카 미켈레 데수블레오, 1591~1602년

는 일에 종사하면서 최고의 항해술을 자랑하는 민족이에요. 그래서 남자들은 평생 배 곁을 떠나지 않죠.

어쨌든 손님, 제가 안내하는 길을 따라 광장에 도착하면 아버지가 계시는 궁전을 쉽게 찾으실 수 있을 거예요. 일단 궁전 안으로 들어서면 망설이지 말고 안뜰을 지나서 곧장 큰 홀로 들어오세요. 거기에 제 부모님이 계실 거예요.

제 어머니는 도움을 청하는 사람을 한 번도 외면한 적이 없는 마음씨가 고운 분이세요. 그러니 제 어머니 앞에 무릎을 꿇고 간청하면 어떤 부탁이든지 거절하지 않고 들어 주실 거예요. 당신이 가족이 있는 고향으로 돌아가게 해달라고 부탁드려도 말이에요. 당신의 고향이 얼마나 먼 곳인지 저는 모르겠어요. 하지만 어머니가 도와주시기로 마음만 먹는다면 그곳이 어디든지 당신은 고향 땅을 밟게 될 거예요."

나우시카는 오디세우스에게 간단한 목례를 하고 시녀들과 함께 궁으로 향하였다. 홀로 버드나무숲에 남겨진 오디세우스는 무릎을 꿇고 하늘을 향해 기도를 올렸다.

"제우스의 따님이자, 지혜의 여신 아테나시여! 이곳 사람들의 도움을 받아서 부디 고향으로 돌아갈 수 있도록 제게 은총을 베풀어주소서"

기도를 올리는 오디세우스의 눈에는 눈물이 고였다. 아테나 여신은 그의 기도를 들었으나 아직은 그의 앞에 모습을 드러내지는 않았다. 오디세우스에 대한 포세이돈의 분노가 신경이 쓰였기 때문이다.

제2부

오디세우스의 모험은 계속되고

제7장

알키노오스 왕

오디세우스가 아테나 여신에게 기도하고 있을 때 나우시카는 궁전에 도착했다. 그녀의 오빠들이 짐수레에서 노새를 풀고 빨래한 옷들을 안으로 날랐다. 나우시카가 자신의 침실로 들어가자 늙은 시녀 에우리메두사가 불을 피워주었다. 나우시카는 오디세우스의 얼굴을 떠올리며 그가 왕궁으로 잘 찾아올 수 있을지 염려했다.

한편, 오디세우스는 시내에 들어섰으나 알키노오스 왕의 궁전을 찾지 못하고 헤매었다. 그러자 구름 위에서 오디세우스를 내려다보던 아테나 여신은 물동이를 이고 물을 길어 오는 어린 소녀로 변신했다. 그러고는 오디세우스에게 다가갔다. 오디세우스는 그녀를 보자 도움을 요청했다.

"소녀여. 미안하지만 알키노오스 왕의 궁전으로 가는 길을 좀 알려 주시겠소. 나는 수많은 시련을 겪은 나그네요. 먼 나라에서 이곳에 왔는데 아는 사람이 한 명도 없다오."

"나그네 아저씨, 걱정하지 마세요. 제가 안내해 드리죠. 대신에 주의할 것이 있어요. 길을 가는 도중에 어느 누구에게도 말을 걸거나 아는 척하면 안됩니다. 이곳 사람들은 낯선 사람을 신뢰하거나 환대하지 않거든요. 그들은 자신들이 만든 날랜 배의 속력만 믿고 그것들을 타고 심연을 건너지요. 그들은 신으로부터 뛰어난 능력을 부여받았고, 그들의 배는 새의 날개만큼이나 매우 날쌔고 빠르지요."

오디세우스는 그러겠노라고 대답한 뒤 그녀의 뒤를 따라 궁전으로 향했다. 아테나 여신은 분주한 군중 사이로 오디세우스를 안내하며 안개를 뿌려 사람들의 눈에 띄지 않도록 했다. 오디세우스는 배와 항구, 영웅들의 집회장인 공회당, 성벽 등을 보고 감탄이 절로 나왔다. 마침내 궁전에 도착하자 여신은 먼저 말문을 열었다.

"나그네 아저씨, 이곳이 바로 알키노오스 왕의 궁전이에요. 홀에 들어서면 왕과 귀족들이 잔치를 벌이고 있는 모습을 보게 될 거예요. 그곳에서 제일 먼저 아레테 왕비님을 만나도록 하세요. 그분은 자비로우셔서 도움을 청하는 사람을 결코 외면하시지 않을 거예요. 그분이 호의를 가져주신다면 아저씨에게 큰 도움을 주실 거예요."

말을 마친 여신은 오디세우스에게 작별 인사를 건네고, 아름다운 스케리아 섬을 떠났다. 오디세우스는 궁전 뜰 안으로 들어가기 전에 주위를 살펴보았다. 궁전의 웅장한 건축물과 장식의 화려함이 그를 놀라게 했다. 청동으로 된 담장이 입구로부터 집안까지 이어져 있었고, 집의 문은 모두 황금이고, 문설주는 은으로 되어 있었는데, 군데군데 금 장식이 박혀 있었다.

문의 양편에는 금과 은으로 조각된 여러 마리의 맹견이 마치 입구를 지키듯이 늘어서 있었다. 벽을 따라 의자들이 쭉 기대어 서 있었는데, 그 위에는 파이아케스 처녀들이 손으로 짠 훌륭한 직물이 덮여 있었다. 황금으로 만든 우아한 소년상들은 손에 횃불을 들고 실내를 밝히고 있었다.

궁정 안의 오십여 명의 시녀들은 가사에 몰두하고 있었는데, 곡식을 빻는 사람도 있었고, 일부는 베틀에서 직물을 짜고 있었다. 파이아케스의 남자들은 선박을 다루는 기술이 다른 나라 사람들에 비해 탁월하게 뛰어났다. 그와 마찬가지로 여자들도 수공예 솜씨가 다른 어느 나라 여인들보다 매우 뛰어났다. 아테나 여신이 그녀들에게 특별한 능력을 주었기 때문이다.

궁정 안마당 밖에는 4에이커나 되는 큰 정원이 있었는데, 거기에는 석류, 배, 사과, 무화과, 올리브 등 많은 나무들이 꽃이 만발한 채 자라고 있었다. 겨울의 추위나 여름의 폭염에도 나무는 계속 자라났다. 한 나무가 열매를 맺으면 다른 나무는 싹이 터서 계속 번갈아가며 서로 앞을 다투듯 잎이 자라나고 열매가 익어갔다.

또 그곳에는 열매가 주렁주렁 달린 포도밭이 있었는데 매년 풍작이었다. 한편에서는 꽃이 피었거나 익은 포도송이가 달린 나무가 있는가 하면, 다른 곳에서는 포도 수확자가 발로 포도 즙을 짜는 기구를 틀고 있었다.

정원의 가장자리에는 잘 가꾸어진 채소밭이 있어 온갖 채소가 자라며 일 년 내내 그 싱싱함을 자랑했다. 정원 한가운데에 자리 잡은 두 개의 샘에서는 물이 솟아나고 정원 전체를 흐르는 실개천이 되어 흩어졌다. 그중 한 샘의 물은 궁전 안마당의 문 턱밑으로 흘러들어, 시민들은 그곳으로부터 필요한 물을 얻을 수 있었다.

'이렇게 화려하고 풍요롭다니, 이 궁전은 마치 신들이 사는 곳 같구나.'

오디세우스는 오가는 사람들 사이에서 이 광경을 바라보며 감탄을 금치 못했다. 하지만 사람들은 오디세우스의 모습을 볼 수 없었다. 그것은 아테나 여신이 그의 주위에 뿌려둔 안개가 아직 남아있었기 때문이었다. 한참 구경을 한 오디세우스는 빠른 걸음으로 문턱을 넘어 홀 안으로 들어갔다.

넓은 연회장에서는 왕과 파이아케스족의 귀족들이 모여서 헤르메스 신에게 바치는 제주를 따르고 있었다. 헤르메스 신에 대한 예배가 만찬 후에 행하여지고 있었던 것이다.

오디세우스는 왕비가 앉아 있는 곳으로 나아가 그녀의 무릎 위에 자신의 두 손을 올려놓았다. 바로 이때 아테나 여신은 안개를 흩어 오디세우스의 자태가 귀족들 눈앞에 나타나게 했다. 연회장 안에 있던 모든 사람들은 갑자기 나타난 오디세우스의 모습을 보고 모두 깜짝 놀랐다.

"아니 이게 어찌 된 일이지?"

"저자가 갑자기 어디서 나타난 거야?"

그때 오디세우스가 왕비에게 이렇게 애원했다.

"자비로우신 왕비님, 당신과 당신 백성들의 행복을 비나이다. 저는 수많은 어려움과 고통을 겪으며 이곳까지 오게 되었습니다. 고귀한 당신께 이렇게 엎드려 간청 드립니다. 부디 제가 그리운 고향으로 돌아갈 수 있도록 도와주십시오."

그러고 나서 오디세우스는 탄원자의 예절에 따라 화롯가에 가서 잿속에 앉았다. 그러고는 사람들이 어떤 결정을 내릴지 조용히 기다렸다. 잠시 동안 연회장에 침묵이 흘렀다. 잠시 후, 존경받는 파이아케스족의 원로 에케네오스가 왕을 향해 입을 열었다.

"왕이시여! 나그네가 바닥에 그것도 화롯가 잿 속에 앉는 것은 그대에게 별로 아름다운 일도 아니며, 예의에도 어긋납니다. 여기 모든 이들이 자제하며 왕의 말을 기다리고 있습니다. 어서 저 나그네를 일으켜 은못으로 장식한 안락의자에 앉히시고 시종들에게 명하여 포도주에 물을 타게 하시오. 제우스 신께 우리가 헌주를 할 수 있도록 말입니다."

알키노오스 왕은 에케네오스의 말에 동의했고, 즉시 오디세우스를 일으켜 세웠다.

"손님! 손님께서 이런데 앉으시다니요. 자아! 일어나세요."

왕은 자신의 사랑하는 아들 라오다마스를 일어나게 한 후 그 자리에 오디세우스를 앉게 했다. 그로서는 나그네에게 최상의 대우를 한 것이었다. 곧 시녀 한 명이 황금 물 항아리를 가져와서 은대야 위에 물을 부어 손을 씻게 해주었다. 그러고는 식탁 위에 빵과 고기, 포도주와 여

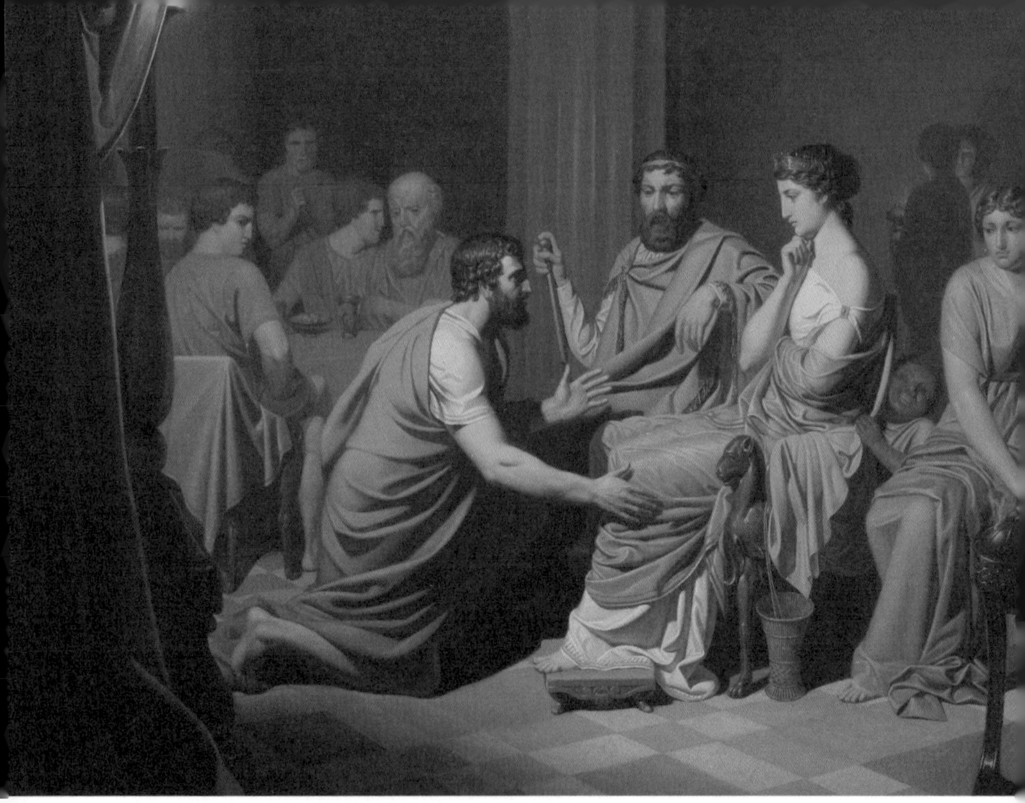

파이아케스족의 왕 알키노오스 앞의 오디세우스 아우구스트 말름스트롬, 1853년

러 음식을 푸짐하게 차려주었다.

"손님! 마음껏 드시고 편안히 쉬시기 바랍니다. 당신이 무사히 고향에 돌아갈 수 있도록 도와드리겠습니다."

"정말 감사합니다."

알키노오스 왕은 이번엔 귀족들을 둘러보며 말했다.

"오늘은 이만 연회를 마치도록 합시다. 모두 집으로 돌아가서 쉬도록 하시오. 내일 아침에 다시 회의를 열어 손님을 대접하고 신들께는 더 훌륭한 제물을 바칠 것이오. 그 후에 이 분을 고향으로 데려다줄 일을 의논합시다. 이 손님이 많은 고난을 겪으며 이곳에 왔지만 갈 때는 고생하지 않고 즐겁게 돌아가실 수 있도록, 그 이후의 미래는 운명의 여신들께 달려있소. 그런데 만약 이분이 하늘에서 내려온 불사의 신이시라면, 그것은 신들께서 우리에게 다른 일을 계획하신다는 증거요.

신들은 우리가 헤카톰베를 바칠 때면 늘 선명하게 자신의 모습을 나타내셨으니 말이오. 그분들은 우리와 함께 식탁에 마주 앉아 회식을 하시고, 여행길에서 마주쳐도 모습을 감춘 적이 없소. 야만적인 키클롭스나 기간테스들과 마찬가지로 우리도 그분들과 가까운 사이니까."

그러자 지혜로운 오디세우스가 대답했다.

"알키노오스 왕이시여! 그런 생각은 마십시오. 저는 드넓은 창공에 거주하시는 불멸의 신들보다 키도 체격도 비교가 안되는 필멸의 인간일 뿐입니다. 그대들이 세상에서 가장 무거운 고난의 짐을 진 인간을 알고 있다면 나는 그들과 처지가 조금도 다르지 않습니다.

내가 그동안 신들의 뜻에 따라 겪었던 갖가지 재앙을 모두 이야기한다면 몇 날 며칠도 부족할 것이오. 하지만 지금은 식사를 마치도록 해주십시오. 뱃속의 창자만큼 염치없는 것도 없네요. 아무리 마음이 괴롭고 슬플 때도 그저 제 생각만 해달라고 강요하지요. 지금도 어서 먹고 마시라고 자꾸만 졸라댑니다.

그럼 부디 그대들은 날이 새는 대로 이 불행한 나그네가 고향 땅을 밟을 수 있도록 도와주십시오. 그렇게만 된다면 저는 그 자리에서 죽어도 여한이 없겠습니다."

오디세우스의 예의 바른 말과 태도는 왕과 귀족들의 마음을 흡족하게 했다. 그들은 모두 오디세우스의 귀향을 도와주자고 외쳤다. 그렇게 헌주가 끝나고 모두들 마음껏 먹고 마신 후, 그들은 잠을 청하기 위해 각자 집으로 돌아갔다. 시녀들은 잔칫상의 그릇들을 챙겨서 날랐다.

연회장에는 이제 오디세우스와 알키노오스 왕 그리고 아레테 왕비만 남았다. 이때 왕비가 먼저 말문을 열었다. 그녀는 오디세우스의 옷을 보고 의문을 가졌다.

"손님께서는 누구시며 어떻게 이곳까지 오게 되었습니까? 그리고 손님이 입고 있는 그 옷은 내가 만든 옷이 분명한데 어떻게 그것을 입고 계신지요."

"왕비님, 어찌 제가 겪었던 고난에 대하여 일일이 말씀드릴 수가 있겠습니까? 신들께서는 저에게 너무도 큰 고통을 주셨습니다. 지나간 일을 모두 설명드리기는 어렵지만 질문하신 내용은 대답하겠습니다."

오디세우스는 정중하게 대답한 뒤 설명을 이어갔다.

"저는 원래 이타케 사람으로 바다를 항해하던 중 그만 신의 노여움을 사게 되어 부하들과 배를 잃고 조난을 당했습니다. 다행히 오기기아 섬에 사는 칼립소(티탄 신족 아틀라스의 딸)라는 여신의 도움을 받아 목숨을 구했습니다. 그녀는 정성을 다해 저를 보살피며 그곳에서 지내기에 어느 하나 부족함이 없도록 배려했습니다. 또한 자신의 남편이 되어주면 불멸의 존재로 만들어주겠다고 제안했습니다. 하지만 저는 거절했고, 이후 무려 7년 동안 그 섬에서 붙잡혀 지내야 했습니다."

오디세우스의 이야기는 왕과 왕비의 동정심을 불러일으켰다.

"그리고 8년째 되던 해, 제우스 신께서 분부하셨는지, 아니면 심경에 변화가 있었는지는 모르지만 여신은 제가 떠나는 것을 허락했습니다. 그러고는 뗏목을 만들도록 도와주었고, 빵과 포도주와 곡식도 넉넉하게 실어주었습니다.

저에게 화려하고 고급스러운 옷을 입혀준 뒤, 제가 뗏목에 오르자 부드러운 순풍을 보내 주었습니다. 그래서 저는 열이레 동안 바다 위를 항해했고, 열여드레째 되던 날에 이 섬을 발견했습니다. 내 마음은 뛸 듯이 기뻤소. 하지만 기쁨도 잠시, 다시 산더미 같은 고난이 닥쳐왔소. 포세이돈 신께서 바람을 일으켜 내 길을 막으셨으며, 바다를 뒤흔들어 거친 파도가 요동치게 하셨소. 거센 폭풍이 한순간에 제가 탄 뗏목을 산산조각으로 만들었습니다. 그래서 저는 바람과 파도에 맞서 싸우며 간신히 이곳까지 헤엄쳐 왔습니다. 하지만 집채만 한 파도 때문에 뭍에 오르기가 어려웠습니다.

자칫 파도에 휩쓸려 칼날처럼 날카로운 바위에 부딪치기라도 하면 온몸이 찢겨 목숨을 잃을 수 있기 때문이었죠. 하지만 천만다행으로 강 입구를 찾아서 한밤중에 간신히 육지에 올라올 수 있었습니다. 저는 벌거숭이 몸으로 숲속에 들어가, 낙엽 속에 몸을 묻고 깊은 잠에 빠져들었습니다. 그리고 이튿날까지도 잠에 곯아떨어져 있었죠. 그날 해 질 무렵이 되어서야, 공주님과 시녀들이 즐겁게 노는 소리에 비로소 잠에서 깨어난 것입니다.

시녀들과 함께 계시는 공주님은 마치 여신과도 같았습니다. 저는 그분께 간절히 매달려 도움을 요청했습니다. 공주님은 기꺼이 저를 돕겠다고 하시며 충분한 음식과 향유와 함께 이 옷을 내어주셨습니다."

왕이 물었다.

"공주라면 내 딸 나우시카를 말하는 것이오?"

"그렇습니다."

오디세우스는 고개를 끄덕였다.

"그대를 왕궁으로 바로 모셔오지 않았다니, 내 딸이 큰 결례를 범했구려."

왕이 언짢은 기색을 보이자 오디세우스가 급히 말했다.

"알키노오스 왕이시여, 따님에게는 아무 잘못이 없습니다. 그분은 낯선 사람과 성안으로 동행했다가 구설수에 오르는 것을 걱정하셨을 뿐입니다.

공주님은 어린 나이에 비해 너무도 큰 분별력을 가지셨습니다. 젊은이에게 그만한 분별력을 기대하기란 쉬운 일이 아니지요. 신들께서 그렇게 현명하고 착한 따님을 선물로 주셨으니 두 분은 정말 행복한 분들이십니다."

알키노오스 왕은 오디세우스의 모습과 태도에 크게 만족했다.

"당신은 한 나라의 군주라고 해도 전혀 손색이 없구려. 제우스 신이나 아테나 여신, 아폴론 신께서 은혜를 베푸신다면 내 딸을 그대와 결혼시켜 이곳에 붙잡아두고 싶군요. 만약 그렇게 한다면 그대를 내 후계자로 삼고 전 재산을 물려주고 싶소."

하지만 오디세우스는 손사래를 쳤다.

"너무도 과분한 말씀입니다. 하지만 제게는 이미 사랑하는 아내와 아들이 있습니다. 그 마음은 정말 감사하지만, 제 소망은 오직 하루빨

오디세우스와 나우시카 요한 하인리히 빌헬름 티슈바인, 1819년

리 고향에 돌아가고 싶을 뿐입니다."

그러자 알키노오스 왕은 매우 아쉬운 표정을 지었다.

"걱정하지 마시오. 내 억지로 그대를 붙잡지는 않을 것이니, 그보다

오늘은 편히 쉬시오. 언제든지 그대가 원한다면 고향으로 모셔다드리겠소. 그곳이 에우보이아 섬보다 훨씬 먼 곳이어도 문제없소.

예전에 금발의 라다만티스가 우리에게 대지의 여신 가이아의 아들인 티티오스를 만나게 해달라고 부탁했었소. 티티오스가 사는 곳은 이곳에서 가장 멀리 떨어져 있었지만, 우리 선원들은 하루 만에 그곳을 다녀왔소. 하지만 누구 하나 피로를 느끼지 않았소. 그대는 곧 우리 배의 성능이 얼마나 좋은지 우리 파이아케스족 청년들이 얼마나 뛰어난 선원인지 놀라게 될 것이오."

오디세우스는 왕의 말에 기쁨을 감추지 못했다. 그는 바로 감사의 기도를 드렸다.

"세상 모든 신과 영웅들의 아버지이신 위대한 제우스 신이시여! 알키노오스 왕께서 원하시는 모든 것이 이루어지게 하소서! 그리하여 왕의 명성이 세상 끝까지 퍼져나가게 하소서."

왕과 오디세우스가 이렇게 대화를 나누고 있을 때, 왕비는 가서 오디세우스의 잠자리를 봐 주었다. 오디세우스는 왕과 왕비에게 감사 인사를 한 뒤 시녀의 안내를 받아 침실로 갔다.

"오, 이게 얼마 만에 누리는 편안한 잠자리인가?"

오디세우스는 푹신한 융단 위의 침대에 누워 생각에 잠겼다. 그는 알키노오스 왕의 약속을 생각하면서 기쁜 마음을 억누를 길이 없었다.

"이제 정말 고향으로 돌아가게 되는구나."

오디세우스는 고향에 있는 사랑하는 아내 페넬로페와 아들 텔레마코스의 얼굴을 그리다 깊은 잠에 떨어졌다.

제8장

파이아케스족과의 경기

다음 날 아침, 알키노오스 왕은 오디세우스를 파이아케스족의 회의장으로 안내했다. 아테나 여신은 오디세우스의 귀향을 서두르기 위해 직접 행동에 나섰다. 여신은 알키노오스 왕의 전령으로 변신한 후 온 도시를 돌아다니며 파이아케스족의 귀족과 원로들을 회의장으로 모이게 했다.

"파이아케스인들이여, 어서 회의장으로 모이세요! 어젯밤 알키노오스 왕의 궁전으로 찾아온 손님의 간청을 들어봅시다. 그를 위하여 알키노오스 왕이 어떤 결정을 내리실지 궁금하시면 서둘러 회의장으로 모이세요."

사람들은 여신의 독려에 서둘러 회의장으로 몰려갔다. 수많은 군중

이 회의장에 모여들자 마치 폭풍우에 부서지는 파도처럼 분위기가 어수선했다. 그러다가 갑자기 사방이 조용해졌다. 왕과 오디세우스가 도착하여 회의장에 마련된 계단 위로 올라왔기 때문이다. 사람들은 모두 오디세우스의 영웅다운 풍채와 늠름한 모습에 감탄하며 탄성을 질렀다.

"저 사람은 누구일까?"

"정말 훌륭한 사내로군. 마치 신이 인간으로 변신한 것 같아."

이 모든 것은 아테나 여신이 오디세우스를 위해 안배한 덕분이었다. 그녀는 파이아케스족으로 하여금 오디세우스를 용맹스러운 영웅으로 받아들이게 했고, 그들의 사랑과 존경과 명예를 한 몸에 받도록 조치했다.

알키노오스 왕은 오디세우스를 옆에 앉히고, 사람들에게 그를 소개했다.

"여러분, 내 말을 잘 들어보시오! 여기 이 손님은 갖은 고생을 다 겪고 내 집에 찾아오게 되었습니다. 이 분은 지금 고향으로 돌아가지 못해 큰 슬픔에 잠겨 있소. 난 아직 이 손님의 이름과 출생지를 알지 못하오. 하지만 그는 우리에게 고향으로 돌아갈 수 있도록 도움을 요청했소. 우리는 예로부터 지금까지 낯선 손님이 도움을 요청하면 거절하지 않고 들어주는 전통을 지켜왔소. 그러니 이번에도 마땅히 호의를 베풀어 이분을 고향까지 안내해야 할 것이오!"

오디세우스에게 호감을 느낀 사람들은 모두 알키노오스 왕의 말에 동의했다.

"손님을 돕는 것은 당연합니다. 지금까지 그렇게 해왔던 것이 우리의 전통이니까요."

연회를 즐기던 원로 중 한 명이 점잖게 말했다.

그러자 알키노오스 왕은 고개를 끄덕였다.

"좋소! 그럼 지금부터 여러분은 건장한 청년 쉰두 명을 뽑으시오. 선발된 청년들은 즉시 바닷가로 나가서 튼튼한 배를 띄워 놓고 내 궁전으로 오시오. 그리고 원로들과 귀족들은 나와 함께 왕궁으로 갑시다. 신들에게 함께 제사를 올리고 이 손님을 위해 성대한 만찬을 베풀 것이오. 만찬이 끝나면 이 손님에게 그의 이름과 출생지를 물어보도록 합시다. 그러면 이 분은 자신이 지금까지 겪어온 모험과 방랑에 대해서, 그리고 이곳까지 오게 된 경위를 자세히 말씀해 주실 것이오. 나는 음유시인 데모도코스를 만찬 장소로 부르겠소. 그는 우리를 위해 신들과 영웅에 대한 멋진 노래를 불러줄 것이오. 오늘은 우리 모두 함께 즐깁시다."

알키노오스 왕이 자신의 뜻을 밝힌 후 회의장을 떠나자, 원로들과 귀족들이 그의 뒤를 따랐다. 시종들은 음유시인을 부르러 달려갔다.

알키노오스 왕의 명령에 따라 선발된 쉰두 명의 청년들은 즉시 바닷가로 나갔다. 청년들은 검은 배를 깊은 바닷물 위로 끌어내리고, 검은 배 안에 돛대와 돛을 싣고 노를 모두 가죽끈으로 고정했다. 그리고 흰 돛을 달아 올려 배를 바닷물 위에 띄운 후 닻을 내렸다. 출항 준비를 마친 그들은 모두 알키노오스 궁전의 연회장으로 향했다.

알키노오스 왕의 궁전에서는 성대한 향연이 시작되었다. 왕은 열두 마리의 양과 흰 송곳니가 난 여덟 마리의 돼지, 그리고 두 마리의 황소를 잡아서 제물로 바쳤다. 제사가 끝나자 시종 여럿이 달려들어서 가죽을 벗기고 구워서 맛있는 요리를 만들었다. 궁전 안에 있는 홀에 자리를 잡지 못한 사람들을 위해 뜰에 천막을 친 야외 연회장이 마련되었다. 잔칫상에는 돼지고기와 소고기에 포도주 등 음식이 푸짐하게 차려졌다. 사람들이 먹고 마시는 동안 요리사들은 정성껏 준비한 맛있는 음식들을 쉴 새 없이 내놓았다.

시종 하나가 음유시인 데모도코스를 조심스럽게 홀 안으로 데려왔다. 음악의 여신 에우테르페는 이 시인을 특별히 귀하게 여겨서 천상의 노래 실력을 주었고, 그 대가로 두 눈을 멀게 했다. 그는 연회장 중앙의 큰 기둥 옆에 준비된 의자에 앉았다. 시종이 악기를 가져다가 그의 어깨에 걸쳐주고, 그 앞에 놓인 탁자에 마실 것과 먹을 것이 담긴 잔과 그릇을 올려놓았다. 그것은 눈먼 시인을 예우하기 위한 알키노오스 왕의 특별한 지시에 따른 것이었다.

데모도코스는 탁자에 놓인 빵과 포도주를 조금 먹고 마신 다음, 자리에서 일어나 트로이아 전쟁에 참전한 영웅들의 무용담을 노래하기 시작했다.

“그것은 길고도 슬픈 전쟁이었죠. 단 하나의 황금사과가 그 전쟁의 원인이 되었답니다.”

오디세우스는 그 노래를 듣자, 까마득히 잊었던 기억들이 되살아나 밀려드는 슬픔을 억제할 수 없었다.

‘아! 저 노래를 들으니, 내 가슴이 찢어지는 듯 아프구나!’

오디세우스는 눈물이 났지만, 사람들에게 그 모습을 보이기 싫어 망토로 얼굴을 살짝 가렸다. 하지만, 옆자리에 앉은 알키노오스 왕은 이를 보게 되었다. 그는 오디세우스에게 말 못 할 사정이 있다는 것을 눈치챘다.

시인의 노래가 끝나자 연회장이 떠나갈 듯 우레와 같은 박수갈채가 터져 나왔다. 오직 오디세우스만이 자리에 가만히 앉아 여전히 보라색 망토로 얼굴을 가리고 있었다. 흐르는 눈물을 사람들에게 감추기 위해서였다.

데모도코스는 새로운 노래를 부르기 시작했다. 이번에는 그리스인들이 트로이아에서 겪어야 했던 고난과 불행, 그들이 트로이아를 떠나 귀향길에 오르면서 마주친 비극적인 내용이었다.

모두들 흥겨워서 흥얼거렸지만 오디세우스만은 조용히 망토를 머리에 올려 썼다. 하지만 사람들은 잔치에 취하여 그의 모습을 눈여겨보지 않았다. 오직 알키노오스 왕만이 그의 모습을 주시했다. 왕은 오디세우스의 기이하고도 부자연스러운 행동이 크게 신경이 쓰였다.

'알 수 없는 일이군. 데모도코스의 노래가 마음에 들지 않는 것인가? 그게 아니면 도대체 무엇 때문에 눈물을 흘릴 만큼 슬퍼하는 것일까? 혹시 트로이아에서 그의 가족이나 절친한 친구가 목숨을 잃기라도 한 것인가?'

알키노오스 왕은 음유시인의 노래로 오디세우스를 즐겁게 해주고 싶었다. 하지만 그는 갈수록 슬픈 표정을 보이기만 하자 못내 안타까웠다. 더구나 땅이 꺼질 듯한 한숨소리를 듣게 되자 더는 안되겠다 싶어 노래를 중지시켰다.

"모두 내 말을 들어주시오! 그동안 충분히 먹고 마시고 노래도 들었으니 이제 밖으로 나가 경기를 즐겨보는 것이 어떻겠소!"

"좋은 생각입니다. 손님에게 우리 파이아케스족이 권투나 레슬링, 달리기를 얼마나 잘하는 민족인지 보여주도록 합시다."

파이아케스족의 귀족과 원로들은 운동 경기를 즐기는 민족답게 왕의 의견에 모두 찬성했다.

알키노오스 왕은 자리에서 일어나며 호탕하게 외쳤다.

"자, 그럼 모두 일어나서 경기장으로 갑시다!"

"손님. 손님도 나가서 함께 어울립시다."

왕은 오디세우스를 데리고 경기장으로 향했다. 이에 사람들은 왕의 뒤를 따라 모두 밖으로 나갔다. 경기장에 도착하자 파이아케스족의 젊은이들은 실력을 겨루기 위해 몸을 풀며, 경기에 나설 준비를 했다. 그 중에 암피알로스와 에우리알로스는 파이아케스족 중에서도 특별한 기량을 자랑하는 청년들이었다. 알키노오스 왕의 세 아들, 라오다마스와 할리오스, 클리토네오스도 경기에 나섰다.

경주는 먼저 달리기부터 시작했다. 청년들은 출발 신호가 떨어지자마자 전속력으로 들판을 가로지르며 달려나갔다. 알키노오스 왕의 아들인 클리토네오스의 기량이 가장 뛰어났고, 그는 다른 참가자들을 멀찍이 앞지르며 결승선을 통과했다.

다음 경기는 레슬링 종목이었다. 이 경기에서는 건장한 청년 에우리알로스가 뛰어난 실력을 보여주며 승리를 거머쥐었다. 멀리뛰기 시합에서는 암피알로스의 기량이 모두를 압도했고, 권투 경기에서는 알키노오스 왕의 또 다른 아들인 라오다마스가 월등히 뛰어난 실력으로 승리를 거머쥐었다. 모두들 흥미롭게 경기를 즐기고 있을 때, 알키노오스 왕의 아들인 라오다마스가 말했다.

"친구들이여, 모두 이리로 모여보시오. 우리 저 나그네에게도 관심 있는 경기가 있는지 여쭤봅시다. 저분의 넓적다리나 장딴지, 두 팔의 근육과 튼튼한 목덜미, 떡 벌어진 어깨며 건장한 체격을 보면 힘도 무척 강할 것 같소. 그가 수많은 고난을 겪으며 기력이 쇠하였다고는 하나 그에게는 아직도 젊은이 못지않은 투지가 남아있소. 아무리 강한 사내라도 그 기력을 꺾어놓는 데 바다보다 더 고약한 것은 아무것도 없을 것이오."

에우리알로스가 그의 말에 호응했다.

"라오다마스여! 정말 멋진 생각이오. 그대가 가서 직접 시합을 제안해 보시오."

에우리알로스의 말에 라오다마스는 고개를 끄덕이더니 오디세우스에게 가서 외쳤다.

"손님이시여, 그대도 경기에 참여하여 자신의 실력을 시험해 볼 생각은 없으십니까? 그대가 자신 있는 종목이 있다면 말입니다. 남자라면 자신의 능력을 발휘하는 것보다 더 큰 영광은 없을 것이오. 그러니 근심 걱정은 벗어던지고 자신을 시험해 볼 기회를 놓치지 마십시오. 이제 더는 그대의 여행이 지연되는 일이 없을 것입니다. 우리 전우들이 이미 배를 바다에 정박시켜놓고 떠날 준비까지 마쳤으니 말입니다."

오디세우스가 그의 말에 대꾸했다.

"라오다마스여! 호의는 고맙지만 사양하겠습니다. 나는 지금 경기를 즐길 만큼 마음의 여유가 없소. 지금까지 많은 고난을 겪고 모진 고통을 받아오다 보니 그저 고향에 돌아가고 싶은 마음만 간절하답니다. 그래서 지금도 여러분의 도움만을 간절히 바라고 있는 것입니다."

그러자 에우리알로스는 미간을 찌푸리더니 비아냥거리며 말했다.

"하긴 손님께서는 운동에 그다지 재능이 있어 보이지는 않는군요. 보아하니 장사꾼이신 것 같은데 무슨 경기를 해보셨겠습니까?"

에우리알로스의 도발적인 언사에 오디세우스는 격분했다.

"그대의 말은 지나치군요. 그대의 외모는 다른 사람에 비해 출중하지만, 그에 비해 지혜는 부족해 보이는 구려. 나도 한때는 힘에 있어서 어느 누구에게도 진 적이 없었소. 그러나 지금의 나는 불행과 고통에 사로잡혀 있소.

참혹한 전쟁과 바다에서의 사투를 견뎌내며 몸과 마음이 많이 지쳤지만 내 기꺼이 경기에 참여하겠소. 그대가 나를 도발하여 흥분시켰기 때문이오."

말을 마친 오디세우스는 관중석에서 경기장으로 내려갔다. 마침 경기장에서 원반던지기 종목이 진행되고 있었다.

오디세우스는 걸치고 있던 망토도 벗지 않고 원반 중에서 가장 크고 무거운 것을 골라 집었다. 관중들은 물론 경기에 나섰던 이들의 시선은 일제히 오디세우스에게 향하였다. 오디세우스는 기합소리와 함께 원반을 힘껏 던졌다. 관중들은 함성을 지르며 오디세우스를 응원했다.

파이아케스인들 사이의 오디세우스 장 브록, 19세기

오디세우스가 던진 원반은 윙윙거리며 하늘 높이 날아가 가장 먼 곳에 떨어졌다. 파이아케스족 청년들이 던진 거리와는 비교도 할 수 없는 먼 위치였다.

"와아! 대단하다. 지금까지 치렀던 모든 경기에서 최고의 기록이 나왔다."

관중들은 감탄의 눈길을 보내었고, 오디세우스를 도발했던 에우리알로스는 크게 놀라서 벌어진 입을 다물지 못하였다. 오디세우스가 경기에 나선 청년들을 둘러보며 말했다.

"누구든지 좋습니다. 원하신다면 나와 실력을 겨뤄봅시다. 권투든 레슬링이든 종목은 무엇이든지 상관없습니다. 나는 어떤 경기든지 자신 있소. 특히 활쏘기와 창던지기 종목만큼은 세상 어느 누구보다 훨씬 뛰어나다고 장담할 수 있소."

그러고는 알키노오스 왕의 아들들을 향해 덧붙였다.

"하지만, 왕자님들과는 겨루고 싶지 않습니다. 왜냐하면 내가 신세지고 있는 곳의 주인이기 때문이죠. 어느 누가 자기를 환대하는 주인과 다투려고 하겠소. 그런 자가 있다면 참으로 어리석고 쓸모없는 자겠지요."

순간 경기장에 침묵이 흘렀다. 오디세우스와 겨루어보려는 사람은 한 명도 없었다. 원반던지기에서 보여준 가공할 힘은 그의 실력을 입증하고도 남는 것이었다. 그러자 알키노오스 왕이 자리에서 일어나 오디세우스에게 말했다.

"이제 어느 누구도 그대의 뛰어난 기량을 의심하지 않을 것이오. 그대는 파이아케스인들 중 아무도 선택하지 않았던 가장 크고 무거운 원반을 가장 먼 거리까지 던졌소. 권투나 레슬링 등 다른 종목으로 겨루어도 당신을 이길 자는 우리 중 아무도 없을 것이오. 그러니 자리에 돌아와 앉도록 하시오."

오디세우스는 왕의 권유를 받아들여 다시 자리로 돌아갔다. 왕은 오디세우스의 기량을 보고 속으로 다시 한번 감탄을 금치 못했다.

알키노오스 왕은 좌중을 빙 둘러보고 나서 손뼉을 두 번 쳤다.

"자자! 이제 모두 춤과 노래로 유희를 즐기며 좀 전의 소란은 잊도록 합시다. 파이아케스족의 자랑스러운 무용수들이여! 너희들의 유희를 시작하라. 우리의 고귀한 손님이 고향으로 돌아가서 파이아케스족이 항해와 경주, 춤과 노래에 얼마나 뛰어난 민족인지 친구들에게 전할 수 있도록 말이다."

곧 음유시인 데모도코스와 춤을 출 젊은이들이 경기장으로 나왔다. 데모도코스는 포르밍크스(리라류의 악기를 통칭하는 고어)를 연주하면서 전쟁의 신 아레스와 미의 여신 아프로디테의 사랑을 주제로 노래했다. 아름다운 무용수들이 데모도코스를 에워싸고 그의 노래와 연주에 맞춰 춤을 추었다. 오디세우스는 그들의 현란한 춤 솜씨에 연신 찬사를 보냈다.

"정말 대단하군요! 아름다운 멜로디와 노래에 정말 잘 어울리는 훌륭한 춤입니다. 지금까지 수많은 도시와 나라들을 다녀봤지만 이처럼 아름다운 공연을 본 적이 없었습니다."

오디세우스의 칭찬은 빈말이 아니었다. 그는 흥겨운 노래와 아름다운 춤에 취해서 마음의 고통과 고향에 대한 그리움을 어느 정도 잊을 만큼 공연에 빠져들었다.

오디세우스의 칭찬에 고무된 알키노오스 왕은 옆에 앉아있던 파이아케스족 귀족들을 향하여 말했다.

"여러분, 내 말을 들으시오. 이 손님은 매우 겸손하고 슬기로운 사람입니다. 자, 우리 그를 위해 다시 한번 풍성한 향연을 베풀도록 합시다. 그리고 이 손님에게 격식에 맞는 작별 선물을 주도록 합시다. 그대들은 모두 열두 명이고, 나까지 포함하면 열세 명이오. 우리 모두 각자 이 손님에게 1달란트씩의 금과 의복 한 벌, 그리고 망토 하나씩을 드립시다. 저녁 향연을 베풀기 전에 선물이 모두 궁전에 도착할 수 있도록 지금 당장 하인을 집으로 보내시오. 그것들을 한데 모아서 손님의 손에 쥐여 주도록 합시다."

이때 오디세우스를 비웃으며 도발했던 에우리알로스가 오디세우스에게 다가왔다. 그의 손에는 보석으로 장식한 아름다운 검이 들려있었다. 에우리알로스는 공손한 태도로 말했다.

"손님이시여, 조금 전의 일을 사과드리겠습니다. 부디 이 선물을 받으시고 제 무례함을 용서하십시오. 이 검은 매우 귀한 것입니다. 칼날은 청동으로 만들어졌으며, 손잡이는 정교하게 조각된 은으로 장식했으며 칼집은 상아로 만든 것입니다. 또한 오랫동안 가족과 떨어져 고통받으셨다니, 신들께서 그대가 고향으로 무사히 돌아가도록 은총을 내려주시기를 빕니다."

오디세우스는 웃으며 공손하게 검을 받았다.

"이렇게 사과하시니 오히려 내가 몸 둘 바를 모르겠습니다. 신들께서 그대를 축복하시기를! 그대가 화해의 징표로 준 이 검은 소중하게 간직하겠소."

오디세우스와 에우리알로스는 두 손을 마주 잡고 말없이 서로의 얼굴을 마주 보며 미소를 지었다. 순간 두 사람의 가슴속에는 뜨거운 우정이 샘솟았다. 왕은 그 모습을 바라보며 흡족한 듯 빙그레 미소를 지었다. 오디세우스는 선물로 받은 검을 어깨에 둘러메었다.

한편 궁전에서는 알키노오스 왕의 명령을 전달받은 시종들이 성대한 만찬 준비에 여념이 없었다. 귀족들은 모두 왕이 준비한 저녁 만찬에 초대되었다. 그들이 집으로 보낸 하인들은 준비한 선물들을 알키노오스 왕의 궁전으로 가져와 차곡차곡 쌓았다. 알키노오스의 아들들은 그 선물들을 자신들의 어머니 아레테 왕비 앞에 옮겨다 놓았다.

경기가 끝나자 알키노오스 왕은 오디세우스를 데리고 궁전으로 향했다. 경기장에 있던 귀족들이 모두 그의 뒤를 따랐다. 궁전에 도착한 왕은 왕비에게 말했다.

"여보, 궁전에 있는 상자 중에서 가장 좋은 것을 골라서 가져 오시오. 그 상자에 잘 손질한 옷과 귀족들이 준비한 선물들을 챙겨 넣도록 하시오. 그리고 청동 솥에 손님이 목욕할 물을 데우시오. 손님이 목욕을 마치고 우리가 정성껏 준비한 선물을 보며 흐뭇한 미소를 짓도록 말이오. 나도 가장 아끼는 황금 잔을 손님에게 선물할 것이오. 그가 고향으로 돌아가서 신들께 헌주할 때마다 나를 기억하도록 말이오."

아레테 왕비는 시녀들에게 서둘러 무쇠솥을 불에 걸게 했다. 시녀들은 활활 타오르는 불에다가 무쇠로 된 세발 솥을 걸고 그 안에 물을 채운 뒤 장작을 지폈다. 그러자 불길이 배가 불룩한 무쇠솥을 휘감으며 물을 끓였다.

그동안 아레테 왕비는 아름답고 정교하게 만든 큰 상자에 귀족들이 준비한 선물을 하나씩 차곡차곡 채워 넣었다. 그녀는 오디세우스를 향해 말했다.

"이제 손님께서 직접 뚜껑을 살펴보시고 단단하게 매듭을 묶으세요. 귀국하는 항해 도중에 달콤한 잠에 취하더라도 아무도 그 상자 안의 재물을 훔쳐 가지 못하도록 말이에요."

오디세우스는 왕비의 말에 따라 뚜껑을 단단히 덮고 매듭을 지어 비끄러매었다. 까다롭고 교묘하게 매듭을 묶는 그 방법은 예전에 여신 키르케로부터 배운 것이었다.

오디세우스가 매듭을 다 묶자 시녀가 기다렸다는 듯이 그를 목욕탕으로 안내했다. 그는 참으로 오랜만에 목욕을 했다. 칼립소의 집을 떠난 후 이렇게 사치스럽고 정성 어린 대접을 받아본 것은 처음이었었다.

한참 후 피로가 풀려 상쾌해진 몸으로 오디세우스가 욕조에서 나오자, 시녀들이 그의 몸에 향유를 발라주었다. 그리고 깨끗한 의복을 입혀준 뒤 아름다운 외투와 망토를 걸쳐주었다. 몸치장을 마친 오디세우스는 만찬이 준비된 연회장으로 가다가 나우시카 공주를 만났다. 그녀는 오디세우스를 보자 인사를 건넸다.

"당신을 고향으로 데려다줄 배가 항구에 정박해있는 것을 보았어요. 그래서 당신에게 작별 인사를 하려고 이곳에서 기다렸어요. 고향에 돌아가셔서도 저를 잊지 말고 기억해 주세요."

"내가 살아있는 한, 언제나 당신을 여신처럼 존경하며 살겠소. 내 생명의 은인을 어찌 잊겠소. 신들께서 그 은혜를 대신 갚아주시도록 기원하겠소."

오디세우스의 대답을 듣고 난 나우시카는 못내 아쉬운 마음에 발길을 돌리지 못하고 머뭇거렸다. 그녀는 내심 오디세우스가 평생 파이아케스족과 함께 지내기를 간절히 바랐던 것이다. 그러나 알키노오스 왕의 자존심 강한 딸 나우시카는 어느 누구에게도 자신의 속마음을 털어 놓지 않았다.

알키노오스의 궁전에서 다시 연회가 시작되었다. 모두 포도주 잔을 들어 서로 건배하였다. 연회장의 분위기는 더욱 고조되었다. 오디세우스는 연회에 참석한 데모도코스를 발견하고는, 갑자기 트로이아 전쟁의 기억이 떠올랐다. 그는 그리스군이 트로이아 성을 함락하기 위해 전쟁을 벌였던 그 시절의 노래가 듣고 싶어졌다. 오디세우스는 마침 고기를 가득 담은 그릇을 들고 앞을 지나가는 시녀를 불러 세웠다. 그는 그릇에 담긴 고기 중에서 가장 맛있어 보이고 큰 덩어리를 골라 접시에 담았다. 그리고 시종을 시켜 음유시인에게 가져다주게 했다.

"데모도코스! 나는 당신의 노래 솜씨를 칭찬하고 싶소. 괜찮으시다면 난공불락의 트로이아 성을 멸망하게 만들었던 목마에 대한 전설을 노래해 주시기 바랍니다. 당신이 뮤즈들께 영감을 받은 시인이라면 분명히 가장 아름다운 노래를 부를 수 있을 겁니다."

음유시인은 고개를 숙이고는 그 자리에 앉아 포르밍크스를 켰다. 그리고 오디세우스가 목마를 만들고 그 안에 그리스 장수들과 함께 몸을 숨겼던 일, 트로이아 군사들이 목마를 트로이아 성 안으로 옮겨놓고 승리에 도취해 잔치를 벌인 일, 목마에 숨어있던 그리스 군사들이 견고하고 육중한 트로이아 성의 성문을 열자 밖에서 대기하던 그리스 군사들이 성안으로 쏟아져 들어와 마침내 트로이아 성을 함락시켰던 모든 과정을 어느 한 대목도 빼먹지 않고 모두 노래했다.

파이아케스인들은 숨을 죽이고 데모도코스의 노래를 들었다. 오디세우스는 다시 한번 사람들에게 흐르는 눈물을 보이지 않기 위해 망토를 눈가로 가져갔다. 트로이아 전쟁에 대한 기억이 새록새록 솟아나 그의 마음을 뒤흔들었다. 시인이 노래를 마치자, 홀 안에 있던 사람들은 열광적인 박수로 답례했다. 오디세우스도 칭찬을 아끼지 않았다.

"정말 당신은 대단하십니다. 당신 같은 음유시인은 세상에 둘도 없을 것입니다. 이렇게 듣는 이의 심금을 울릴 수 있다니……."

오디세우스는 망토로 얼굴을 가리고 어깨를 들썩였다. 그곳에 있던 사람들도 모두 숙연해졌다. 왕은 가만히 오디세우스의 어깨를 토닥거려주었다.

"트로이아 전쟁에 대한 이야기가 나올 때마다 눈물을 흘리는군요!"

알키노오스 왕은 조심스레 말문을 열었다.

"아마도 그 끔찍했던 전쟁 중에 당신의 가족이나 친구 또는 형제에게 어떤 불행이 닥친 것은 아닌가 싶소. 당신이 괜찮다면 우리에게 무슨 일을 겪었는지 말해줄 수는 없겠소? 그리고 당신의 이름과 당신이 태어난 나라에 대해서도 말씀해 주시오. 그래야 우리의 배가 당신을 데려다줄 정확한 장소를 알게 될 것이 아니겠소?

우리 파이아케스족의 남자들은 세상의 모든 바닷길과 해안을 속속들이 알고 있소. 그곳이 가깝든지 멀든지 관계없소. 뱃머리가 파도를 가르며 앞으로 나아가는 동안 그대는 그저 편안하게 잠을 청하면 됩니다. 그대가 잠에서 깨어날 때쯤 배는 이미 그대의 고향 바닷가 해안에 도착해 있을 것이오. 파이아케스족의 배는 지금까지 한 번도 난파를 당

알키노오스 궁정의 오디세우스 프란체스코 하이에즈, 1814~1815년

하거나 항로를 잃고 바닷가를 표류한 적이 없소. 다만……."

알키노오스는 잠시 말끝을 흐렸다. 그러고는 깊은 생각에 잠기더니 이내 말을 계속했다.

"다만 내 아버지이신 나우시토스께서 하셨던 예언이 마음에 걸리기는 하오. 그 예언은 우리 파이아케스족의 조상으로부터 전해져내려오는 예언이라오. 즉, 바다의 주인이신 포세이돈 신께서 언젠가 우리에게 크게 화를 내실 거라고 말입니다.

왜냐하면 우리가 바다에서 표류하는 사람들을 포세이돈 신의 방해를 받지 않고 안전하게 바다를 건너 고향으로 데려다주는 능력을 가졌기 때문입니다. 그래서 언젠가는 우리가 또다시 한 방랑자를 무사히 고향으로 데려다주게 되는데, 그 일로 화가 난 포세이돈 신께서 안개빛 바다 한가운데서 우리 배를 부숴버리고, 우리 섬은 가파른 절벽이 에워싸도록 만드실 것이라고 했소.

내 부친께서는 또 이렇게 말씀하셨소. 대지를 흔드시는 지진의 신께서 정 그렇게 하기를 원하신다면 우리로서는 그저 모든 것을 운명으로 받아들일 수밖에 없다고 말이오.

자, 그러니 그대는 모든 것을 내게 솔직하게 말씀해 주시오. 그대는 누구이며 어떤 사연으로 우리 섬까지 오게 되었는지를 말이오."

오디세우스는 다시 망토로 흐르는 눈물을 닦고 고개를 끄덕였다.

"말하겠습니다. 지금까지 어떠한 일을 겪었고, 또한 어떤 위험이 있었는지를 말입니다."

오디세우스는 숨을 크게 들이쉬고는 잠시 허공을 응시하였다. 그리고 회상하듯이 눈을 감았다.

제9장

외눈박이 거인 키클롭스

오디세우스는 잠시 생각에 잠겨있다가 눈을 떴다. 그러고는 포도주를 한 모금 마신 후 어깨를 쫙 폈다.

"제 이야기를 모두 하자면 밤을 꼬박 세워야 할 것 같은데, 어디서부터 말씀을 드리면 좋을까요?"

오디세우스는 혼잣말처럼 물었다. 그리고 다시 말을 이었다.

"먼저 제 이름부터 말씀드리겠습니다. 폐하께서 저를 오랫동안 친구로 기억하도록 말입니다. 나는 지략이 뛰어나다고 이름난 라에르테스의 아들 오디세우스입니다. 나는 그리스에서도 가장 멀리 떨어진 북쪽 바다에 위치한 섬 이타케를 다스렸지요. 이타케는 바위가 많고 험준하지만 젊은이들이 높은 기상을 키우기에는 적합한 땅입니다.

나는 그리스의 아가멤논 대왕이 지휘하는 트로이아 원정대에 참여하여 무려 10년을 전장(戰場)에서 보냈습니다. 머나먼 타국 트로이아에서 오랫동안 고향을 그리워하다 보니 이타케는 가장 즐겁고 달콤한 땅으로 제 기억을 가득 채우고 있지요."

오디세우스가 자신의 이름을 밝히자, 사람들은 몹시 놀라워하며 잠시 웅성거렸다. 오디세우스의 뛰어난 무용담과 명성을 들어보지 못한 사람은 그 자리에 아무도 없었다. 그들은 낯선 이방인이 그 유명한 트로이아 전쟁의 영웅 오디세우스라고는 짐작조차 못 했던 것이다. 다만 알키노오스 왕만은 이 손님이 범상치 않은 인물이며 트로이아 전쟁과 연관이 있을 것이라고 짐작하고 있었다.

"처음 만난 순간부터 예사로운 분이 아니라고 생각했는데 역시 짐작 대로군요. 트로이아 전쟁을 승리로 이끈 그리스의 위대한 영웅을 이렇게 직접 뵙게 되다니, 참으로 영광입니다."

이에 오디세우스는 알키노오스 왕을 향해 한번 웃어 보이고는 자신의 이야기를 이어갔다.

"트로이아 전쟁을 마치고, 고향으로 돌아가던 중이었습니다. 그런데 귀향 길은 매우 험난했습니다.

제우스 신께서 일으킨 풍랑 때문에 저와 동료들은 키코네스인의 나라에 흘러들어갔습니다. 그곳에 사는 한 부족과 시비가 붙어 싸우게 되었고, 승리한 우리는 전리품을 나누어 챙겼지요. 그런데 왠지 불길한 예감이 들었습니다. 그래서 동료들을 재촉하여 서둘러 섬을 떠나려고 했지요. 하지만 동료들은 제 말을 듣지 않았습니다. 그들은 승리와 재물에 취해서 바닷가에 모여 양과 염소를 잡아 요리한 후 진탕 술을 퍼마셨지요.

불길한 예감은 빗나가지 않았습니다. 현지인 패잔병이 자신들보다 더 큰 부족에게 달려가서 도움을 요청했고, 그들은 엄청난 병력을 동원하여 우리를 공격했습니다. 술에 취해있던 우리는 사력을 다하여 적의 공격에 맞섰으나 역부족이었죠. 결국 많은 전우들이 죽고 날이 저물 무렵에 일부만 간신히 배에 올라서 도망쳤습니다.

나중에 확인해 보니 각 배에서 동료들이 여섯 명씩이나 전사했더군요. 나는 그들의 이름을 일일이 세 번씩 불러서 넋을 위로한 후에 다시 선단을 출항시켰습니다.

하지만 제우스 신께서 여전히 노여움을 풀지 않으시고 다시 북풍을 보내셨습니다. 무시무시한 폭풍우가 몰아쳤습니다. 먹구름이 대지와 태양을 덮어버리자 순식간에 어둠이 시야를 가렸습니다.

함선들은 뱃머리를 파도에 묻고 끌려갔고, 돛은 바람의 공격을 버티지 못하고 여러 갈래로 찢겨나갔지요. 배가 난파되기 일보 직전이었습니다. 우리는 서들러 남은 돛을 내리고 필사적으로 노를 저어 배를 가까운 육지 쪽으로 몰고 갔습니다.

마침내 육지에 도착한 우리는 꼬박 이틀 밤낮을 해변에 누워서 잠만 잤습니다. 그렇게 사흘째 되던 날 아침이 되자 마침내 북풍이 잦아들었습니다. 우리는 서들러 부러진 돛대를 다시 세우고 흰 돛을 올린 후 바다로 나갔습니다. 모든 것이 순조로웠다면 우리는 오래지 않아 그리운 고향 땅을 밟을 수 있었겠지요. 하지만 말레아 협곡을 지나갈 무렵 또다시 북풍이 파도와 조류를 몰고 와서 우리의 함선들을 고향과는 정반대인 남쪽으로 몰아갔습니다. 그렇게 표류하기 시작해서 아흐레가 지나 열흘째가 되던 날, 우리는 로토파고이인의 땅에 상륙했습니다. 그 섬의 사람들은 고기 대신 연밥을 먹었는데, 나중에 알고 보니 그것을 먹으면 환각 상태에 빠지더군요. 환각상태에 빠진 사람은 무기력해져서 멍청하게 시간을 보내게 되는 것입니다.

나는 상륙하자마자 그곳에 사는 사람들의 정보를 얻기 위해 정찰병 두 명과 전령 한 명을 보냈습니다. 그런데 그들은 로토파고이인들 마을에 들어가서 저들이 권하는 연밥을 먹고 환각상태에 빠졌습니다.

정찰병이 한참이 되어도 돌아오지 않자 걱정이 된 나는 그들을 찾아 나섰습니다. 마을에 도착했을 때, 그들은 환각에 취해 귀환이나 보고 따위는 잊고 멍청하게 앉아 있더군요. 나는 그들을 강제로 끌고 와서 배 갑판 위에 묶고, 다른 동료들까지 현혹될지 몰라 서둘러 배를 바다로 출항시켰습니다."

오디세우스가 이야기하는 동안 시간이 어떻게 흘러갔는지, 시간의 흐름을 의식하는 사람은 아무도 없었다. 그들은 숨을 죽인 채 기대에 찬 표정으로 오디세우스의 입술만 쳐다보았다. 그러자 오디세우스는 다시 이야기를 이어갔다.

"우리는 되도록 빨리 로토파고이인의 땅에서 멀어지고자 부지런히 노를 저었고, 다시 한 섬을 발견하였습니다. 나중에 알게 된 사실이지만 그 섬에는 무법자 거인 키클롭스들이 살고 있었지요. 그들은 신들의 보살핌으로 모든 것이 풍족해서 굳이 땅을 갈 거나 씨앗을 심을 필요가 없었소. 그들은 함께 모여 의논하는 회의장이나 법규도 없이 각자 높은 산꼭대기 동굴에 보금자리를 마련하고 살았습니다. 키클롭스들은 서로 왕래하거나 간섭할 일없이 서로에게 무관심했어요.

거기서 멀지도 가깝지도 않은 곳에 포구를 끼고 숲이 우거진 야트막한 섬이 하나 있었지요. 그곳에는 수많은 야생 염소가 살았어요. 인간의 발길이 닿지 않은 그 섬은 목초지나 농경지도 없고, 야생 염소들만 사는 무인도였습니다. 키클롭스들이 배가 없었기에 망정이지 그렇지 않았다면 수시로 건너가 염소들의 씨를 말렸을 겁니다.

그곳에는 각양각색의 꽃이 흐드러지게 피었고, 포도나무에는 탐스럽게 잘 익은 열매가 주렁주렁 열려있었으며, 땅은 쟁기질하기 좋게 평평하더군요. 그러니 그 땅에서는 어떤 곡식을 심든지 매년 풍작을 거둘 수 있겠더군요. 그만큼 탐나는 기름진 땅이었습니다.

그 섬의 포구도 배를 정박하기 안성맞춤이어서 배를 밧줄로 묶어두거나 닻을 던져둘 필요가 없어 보였습니다. 포구의 맨 앞쪽 가장자리에는 동굴에서 흘러나온 수정처럼 맑은 물이 흐르고, 그 주위에는 백양나무들이 빽빽하게 자라고 있었습니다. 우리는 앞을 분간하기 힘든 어둠을 헤치고 배를 몰아 그리로 갔는데, 신의 가호로 무사히 섬의 포구에 닿을 수 있었습니다. 우리는 무작정 배를 해안에 정박한 후 해변에 누워서 새벽의 여신을 기다렸습니다.

다음 날 아침, 마침내 새벽의 여신이 대지를 밝히자 우리는 감탄을 금치 못하고 섬을 이리저리 둘러보았습니다. 그때 제우스 신의 딸 들인

산과 들의 요정들이 우리가 식사를 할 수 있도록 산에서 염소들을 몰아다 주었지요.

우리는 지체하지 않고 배에서 활과 창을 가져와 세 무리로 나누어 사냥을 했습니다. 순식간에 많은 수확물을 얻었지요. 열두 척의 배에 염소가 각각 여덟 마리씩 배당되었고, 내 배에는 특별히 열 마리가 실렸습니다. 그날은 해가 저물 때까지 우리 모두 고기를 안주 삼아 마음껏 술을 마셨습니다. 술은 키코네스인 마을을 점령했을 때 잔뜩 퍼왔던 것이었습니다.

그때 만족하고 출항을 서둘러야 했는데, 우리는 배가 부르고 술기운이 오르자 만용을 부리며 키클롭스들의 섬까지 욕심을 냈습니다. 왜냐하면 그곳에서 양과 염소의 울음소리가 들리고 연기를 피워 올리는 모습을 보았기 때문입니다.

이튿날 새벽의 여신이 나타나자 나는 회의를 소집하고 동료들에게 해서는 안 되는 위험한 제안을 했습니다.

'사랑하는 전우들이여, 저 섬에는 어떤 자들이 사는지 가 보세. 야만인들이 사는지 아니면 나그네를 대접할 줄 아는 친절한 사람들이 사는지 말일세. 단, 모두 갈 필요는 없네. 나와 내 배에 탔던 동료들만 함께 가고 나머지는 이곳에 머물게.'

이렇게 말하고 우리는 배에 올라서 닻줄을 풀고 키클롭스의 섬을 향해 노를 저어갔지요. 그 섬 바닷가에 도착했을 때 해안가에 위치한 큰 동굴 하나가 보였습니다. 그 안에는 양과 염소들이 가득했고, 땅속 깊이 박힌 돌들과 떡갈나무 가지들로 높은 담장이 처져있었습니다. 그리고 몸집이 엄청나게 큰 거인이 그곳을 지켰는데, 바로 외눈박이 거인 키클롭스였습니다. 그의 모습은 마치 거대한 산봉우리와 같았습니다.

나는 일단 동료들 중 가장 뛰어난 전우 열두 명을 뽑아 정찰조를 짜고 나머지는 배를 지키도록 명령했습니다. 그리고 염소 가죽 자루에 검고 감미로운 포도주와 곡식을 가득 담아가지고 그 섬에 상륙했습니다. 그것은 이스마로스를 정복했을 때, 아폴론 신전의 사제였던 마론과 그의 가족의 목숨을 구해준 대가로 선물로 받은 것이었지요. 그 외에도 마론은 제게 개인적인 선물도 잔뜩 주었는데 황금 7달란트, 순은 혼주병, 두 귀 달린 단지 열두 개에 가득 채워진 포도주 원액이었죠. 특히나 향이 좋은 포도주의 맛은 모르긴 해도 가히 신들의 넥타르에 결코 뒤지지 않을 것입니다.

그의 집안 대대로 내려오는 비법으로 빚어낸 그 포도주는 한 번 맛을 본 사람은 꿈에서도 그 맛을 잊지 못한다고 합니다. 이 검고 감미로운 포도주 원액 한 잔에 물 스무 잔을 섞어서 마시면, 그 어디서도 맛본 적 없는 황홀하고 감미로운 술맛에 취하게 되지요. 나는 그 포도주를 큰 가죽 부대에 가득 챙겨갔던 것입니다.

우리는 곧바로 동굴로 다가갔습니다. 그러나 거인은 양과 염소를 몰고 풀을 먹이러 나가고 없었습니다. 우리는 거인이 없는 틈을 타서 동굴 안을 구석구석 살폈습니다. 치즈가 여러 개의 바구니에 가득 담겨 있었고, 우리마다 새끼 양과 염소들이 같은 종끼리 나뉘어서 꽉 들어차 있었어요. 즉 이른 봄에 난 새끼들, 여름에 난 새끼들, 그리고 갓난 생명들이 제각기 다른 우리에 갇혀 있었죠. 그리고 그릇이란 그릇에는 모두 생젖이 가득 들어 있었습니다.

동료들은 우선 치즈를 가지고 돌아가고, 그런 다음 서둘러 새끼 염소와 양들을 배에 가득 싣고 섬을 떠나자고 졸랐습니다. 그러나 나는 그들의 요청을 거절했습니다.

'함부로 행동하지 말게. 이곳 주인에게 먼저 양해를 구해야 하네. 혹시 아는가? 주인이 직접 선물로 줄지? 그러니 그가 올 때까지 이곳에서 기다려보세.'

동료들도 내 제안을 따르기로 했습니다. 우리는 불을 피워서 간단히 신들께 제물을 바친 후, 치즈로 가볍게 요기를 하며 동굴 주인을 기다렸지요.

해가 저물자 저 멀리서 거인이 엄청난 양의 마른 장작을 가지고 오는 모습이 보였소. 아마도 저녁을 짓는 땔감으로 사용하려는 것 같았습니다. 거인이 장작더미를 동굴 안으로 내던지자 엄청난 진동과 함께 큰 소리가 났소. 그 소리가 어찌나 크고 요란하던지 우리는 갑자기 공포에 사로잡혀 급히 동굴 깊숙이 몸을 숨겼지요.

키클롭스는 동굴에 도착해서 먼저 양들을 간수하더군요. 암컷은 동굴 안 우리에 넣고, 수컷은 밖에 남겨두었어요. 그러고 나서 엄청나게 크고 무거운 바위를 들어 동굴 입구를 막더군요. 바퀴가 넷 달린 튼튼한 짐수레 스물두 대를 동원해도 들어 올릴 수 없을 만큼 크고 울퉁불퉁한 바위였지요. 그러더니 바닥에 주저앉아 양과 염소의 젖을 짰습니다. 짜낸 흰 젖의 절반은 치즈로 만들려는지 신속하게 응고시켜 한 덩어리로 뭉쳐서 바구니 안에 넣고, 나머지 절반은 그릇 안에 그냥 둔 것으로 보아 저녁때 먹으려는 것 같았소.

키클롭스는 그 외에도 여러 가지 일을 마치고 나서 새로 불을 지폈는데 그제야 우리의 존재를 눈치채더군요.

'어? 네놈들, 처음 보는 놈들인데 어디서 온 것이냐? 바다를 건너 온 것이냐? 볼일이 있어서 왔느냐, 아니면 그저 이 바다 저 바다를 떠돌며 노략질하는 해적들이냐?'

거인의 목소리가 어찌나 큰지 동굴 안에 천둥 벼락이 치는 것 같았소. 우리는 그의 거칠고 탁한 목소리와 거대한 몸집에 그만 오금이 저려 숨까지 멎을 지경이었소.

나는 가까스로 놀란 마음을 진정시킨 후 용기를 내서 대답했지요.

'우리는 트로이아 전쟁을 끝내고 고향으로 돌아가던 그리스의 전사들이오. 항해 중 폭풍우를 만나 표류하다가 이곳까지 오게 되었소. 우리는 위대한 영웅 아가멤논 대왕과 함께 신성한 도시 일리오스를 함락시켰소. 그 사실은 우리 그리스인들의 큰 자랑거리이기도 하지요. 하지만, 아가멤논 대왕의 신하인 우리가 지금은 당신께 간청을 드립니다. 타국에서 온 손님을 맞는 관습대로 부디 우리를 손님으로 맞아 친절을 베풀어 주십시오. 탄원자와 나그네에게 친절을 베푸는 것은 제우스 신께서 명하신 일이며, 만일 도움을 청하는 자에게 해를 끼치면 신께서 큰 벌을 내리실 것이오. 그런즉 부디 당신도 그분을 경외하는 마음으로 우리를 환대해서 선물을 주시기를 부탁드립니다.'

그러자 키클롭스는 화를 벌컥 냈습니다.

'황당한 놈이로구나. 나보고 지금 네가 믿는 신의 징벌이 두려워 너희를 환대하라는 말이냐? 헛소리를 지껄이는 것을 보니 먼 곳에서 온 놈들이 틀림없구나. 야, 이놈들아! 내 말을 똑똑히 들어라. 우리 키클롭스들은 제우스 무리들에게 아무 관심도 없어. 왜냐하면 우리가 그들보다 훨씬 더 강하기 때문이지. 헛소리 말고 너희들이 타고 온 배를 어디다 정박했는지 말해라.'

나는 그자가 우리 배의 위치를 알아내서 부숴버릴 속셈이라는 것을 눈치챘소. 그러니 사실대로 말해줄 수 없어서 그를 속이기로 했지요.

'우리의 배는 포세이돈께서 산산조각을 내셨습니다. 갑자기 사납고 거친 파도가 몰려와 우리 배를 암벽에 들이받게 만들었거든요. 우리는 그 무시무시한 재앙에서 겨우 벗어나 이 섬에 도착할 수 있었습니다.'

그러자 키클롭스는 벌떡 일어나 갑자기 제 동료 두 명을 낚아채서 공중으로 번쩍 들어 올렸다가 땅바닥에 내동댕이쳤습니다. 순식간에 동료들의 뇌수가 터져 흙을 적셨고, 우리는 공포에 사로잡혀 온몸이 얼어붙었습니다. 그는 아무렇지도 않은 듯 무심하게 동료들의 몸을 토막 내더니, 굶주린 사자처럼 내장과 살과 뼈를 모조리 우적우적 씹어먹더군요. 그 모습을 보면서 우리는 모두 패닉 상태에 빠졌습니다. 그 광경이 너무나 끔찍하고 두려워서 동료들은 모두 두 손으로 얼굴을 가렸습니다. 절망에 빠져 신들의 이름을 외쳐 부르는 것이 우리가 할 수 있는 일의 전부였습니다.

키클롭스는 배가 부르자 방금 짠 염소젖으로 입가심을 하고는 동굴 속 양들 사이에 몸을 길게 뻗고 드러누워 곧장 잠이 들었습니다. 나는 치가 떨려서 허벅지에 숨겨두었던 날카로운 칼을 뽑아 당장 그놈의 가슴을 찔러 죽이고 싶었소. 하지만 동굴 입구를 막아놓은 커다란 바위가 생각이 나서 참았습니다. 거인이 죽어버리면 우리도 동굴에 갇혀서 죽게 될 것이기 때문이었죠. 우리는 그날 밤, 동굴에서 탈출할 궁리를 하느라 뜬눈으로 밤을 지새워야 했습니다.

아침이 되자 그놈은 잠에서 깼습니다. 그리고 불을 피운 뒤 양젖을 짜고, 새끼 양을 어미들의 젖에 물린 후 또다시 동료 두 명을 아침 식사로 잡아먹었습니다. 그러고 나서 입구를 막아놓았던 바위를 옆으로 치우더니 가축들을 밖으로 내보냈습니다. 가축이 모두 나간 것을 확인한 키클롭스는 자신도 밖으로 나가더니 이번에는 바깥쪽에서 다시 바위로 동굴 입구를 막았습니다.

그때 우리는 절망할 수밖에 없었습니다. 도무지 그곳을 빠져나갈 방법을 찾을 수 없었기 때문이었죠. 공포에 사로잡혀 있던 제 눈에 양들의 우리 옆에 놓여있는 커다란 몽둥이가 보였습니다. 아직도 푸른빛이 감도는 그 올리브 나무는 우리 배의 돛대만큼이나 길고 굵었습니다.

그것을 보자 한 가지 묘안이 떠올랐습니다. 나는 그 나무를 2미터 정도의 길이로 잘라서 동료들에게 주고 한쪽 끝을 송곳처럼 뾰족하게 깎으라고 시켰습니다. 나무 창이 완성되자 지체 없이 활활 타오르는 불로 가져가 달군 후, 그것을 동굴 안에 무더기로 쌓여있는 퇴비용 짚더미 밑에 감췄습니다.

키클롭스가 잠들면 그 나무창으로 그의 외눈을 찌를 작정이었죠. 나는 동료들에게 내 계획을 설명하고, 그 일을 수행할 적임자를 제비로 뽑았습니다. 다행히 가장 힘세고 용감한 네 명이 뽑혔습니다.

저녁이 되자 키클롭스는 어김없이 가축들을 몰고 돌아왔습니다. 그런데 어제와 달리 그날은 수놈도 바깥에 남겨두지 않고 모두 동굴 안으로 몰아넣더군요. 누군가 또 낯선 자들이 침입해서 자신의 가축들을 훔쳐 가지 않을까 염려했기 때문이겠죠. 마지막 숫양까지 모두 동굴 안으로 몰아넣은 그는 다시 동굴 입구를 바위로 막고 양과 염소의 젖을 짰습니다.

모든 일을 어제와 똑같은 순서대로 마무리한 키클롭스는 또다시 동료 두 명을 잡아먹으려 했습니다. 그 순간 나는 미리 준비해둔 포도주를 가득 담은 나무 대접을 손에 들고 키클롭스에게 바짝 다가갔습니다.

'키클롭스여, 사람 고기를 드시려면 이 포도주를 함께 마셔보세요. 이것은 내가 당신께 드릴려고 가져왔던 것입니다. 혹시 당신이 나를 불쌍히 여겨 고향으로 보내줄까 해서 말이오. 이 술은 신들이 마시는 넥타르에 비해 결코 맛이 떨어지지 않는답니다.'

다행히 키클롭스는 포도주를 넙죽 받아 마시더니 예상대로 포도주 맛에 반했습니다.

'호오, 네 말대로 이 포도주 맛이 그야말로 넥타르의 맛이구나. 우리 섬에도 좋은 포도가 많이 나고 그 포도로 담근 맛과 향이 뛰어난 포도주가 내게 있지만 그 맛은 네가 준 것만 못하구나. 한 잔 더 주고 네 이름을 말해라. 이 포도주를 더 가져다준다면 네게 선물을 주마.'

나는 얼른 포도주를 다시 따라 주었고, 잔을 비운 키클롭스는 또다시 포도주를 요구했습니다. 이렇게 아주 진한 포도주 원액을 세 번이나 연거푸 마시더니 몸집이 거대한 키클롭스도 결국은 취하고 말더군요.

폴리페모스 동굴에 있는 오디세우스 콘스탄틴 한센, 1835년

그때 내가 달콤한 목소리로 말을 걸었소.

'키클롭스여, 내 이름을 밝힐 테니 약속대로 내게 선물을 주셔야 합니다. 내 이름은 '아무도 아니'요. 다들 나를 '아무도 아니'라고 부르지요. 나의 부모님은 물론 동료들도 모두 그렇게 부릅니다.'

그러자 키클롭스는 술에 취해 혀가 잔뜩 꼬부라진 목소리로 말했소.

'좋다. 약속대로 선물을 주지. 내 선물은 '아무도 아니'를 맨 나중에 먹는 것이다!

그는 말을 마치자마자 벌러덩 누워 두툼한 목을 옆으로 돌리고 눕더니 이내 잠이 들었소. 나는 동료들과 숨겨둔 올리브 나무창을 가져다가 불에 다시 달구기 시작했습니다. 우리는 서로 격려하며 용기를 냈죠. 나무창의 뾰족한 끝은 금세 무시무시하리만큼 시뻘겋게 달궈졌습니다. 우리는 다 함께 그것을 불에서 꺼내 들고 거인의 외눈에 힘껏 찔러 넣었습니다. 나는 아예 나무창에 매달려 그것을 빙글빙글 돌렸어요. 송곳으로 나무 판에 구멍을 뚫듯이 키클롭스의 눈 안에 박힌 뾰족한 나무창을 마구 돌려댔소. 그러자 거인의 눈알과 눈썹이 지글지글 타면서 빠지직 소리를 내더니 나무창을 타고 붉은 피가 흘러내렸소.

키클롭스는 소름이 돋는 끔찍한 목소리로 비명을 질렀습니다. 그러더니 나무창을 외눈에서 뽑아 멀리 던져 버리고는 괴성을 지르며 동굴 안을 헤집고 다녔습니다. 우리를 잡으려고 했던 것이죠. 그러나 키클롭스는 눈이 멀어 우리를 볼 수 없었고, 나와 동료들은 그의 손아귀에 잡히지 않고 요리조리 잘 피해 다닐 수 있었죠. 한참을 그렇게 숨바꼭질을 한 뒤 그는 더 이상 우리를 잡을 수 없다고 판단했는지 다른 키클롭스들을 큰 소리로 불렀소. 그러자 놀란 키클롭스들이 동굴 입구로 몰려왔습니다.

'폴리페모스, 이 야밤에 대체 무슨 일로 괴성을 지르며 우리를 불렀는가? 설마 강도가 침입해서 네 양이나 염소를 훔쳐 간 거야? 아니면 누가 너를 죽이려고 하기라도 했는가?'

'오오, 친구들이여. '아무도 아니'야! 날 죽이려 하는 것은 '아무도 아니'야!'

'뭐? 아무도 아니라고? 누가 침입한 것도 아니고, 누가 폭행한 것도 아니라면 큰 병에 걸린 모양이로군. 그런 거라면 제우스가 내린 벌이니까 아파도 참아야지 별 수 없어. 아버지 포세이돈께 고통이나 덜어 달라고 기도해 봐.'

이렇게 말하고 그들이 떠나자 나는 마음속으로 쾌재를 불렀소. 폴리페모스는 두 손으로 동굴 벽을 더듬으며 입구로 가서 막아놓았던 바위를 옆으로 치웠소. 그러자 양들이 한 마리씩 밖으로 나가기 시작했습니다. 폴리페모스는 문 어귀에 서서 두 손을 휘저으며 밖으로 나가는 가축들을 한 마리씩 손으로 붙잡아서 확인했어요. 혹시 우리가 양 무리에 섞여 밖으로 나가면 잡기 위해서였죠. 하지만 나도 그 정도는 예측했기 때문에 따로 방법을 궁리해 두었지요.

나는 폴리페무스의 침대를 감고 있던 덩굴 끈을 풀어서 양들 중에서 특별히 몸집이 큰 숫양들을 세 마리씩 하나로 묶었소. 그러고는 가운데 양의 배에 동료들을 한 명씩 매달리게 해서 밖으로 내보냈어요. 다행히 폴리페모스는 동료들이 양의 배밑에 매달려있는 것을 전혀 눈치채지 못했소. 동료들이 모두 밖으로 무사히 나가고, 마침내 내 차례가 되었지요. 그런데 폴리페모스가 내가 매달린 숫양의 등을 쓰다듬으며 이상하다는 듯 말했어요.

'사랑하는 숫양아, 어째서 네가 맨 뒤에 나가지? 너는 항상 앞장서서 밖으로 나가 제일 먼저 부드럽고 탐스러운 풀을 뜯지 않았느냐?'

그 순간 내 가슴은 덜컥 내려앉았고, 등줄기에서 식은땀이 줄줄 흘러내렸죠. 심장이 쿵쾅거리는 것을 억누르며, 위기를 모면할 방법을 궁

폴리페모스 동굴을 탈출하는 오디세우스 크리스토퍼 빌헬름 에케르스베르크, 1812년

리할 때 폴리페모스가 말했어요.

'너도 네 주인이 눈을 다쳐서 슬픈가 보구나. '아무도 아니라'는 그 흉악한 놈이 나를 술에 취하게 만든 후 장님으로 만들다니, 네가 말을

할 수만 있었다면 그놈이 어디 있는지 내게 알려줄 텐데, 그러면 그놈을 죽여 복수할 텐데 아쉽구나.'

폴리페모스는 긴 한숨을 내쉬더니 숫양을 밖으로 내보냈습니다. 위기일발의 상황을 모면한 나는 동굴에서 조금 떨어진 곳에 이르러서야 양에서 떨어져 나와 동료들을 양의 몸에서 풀어주었습니다. 우리는 폴리페모스가 눈치채지 못하도록 서둘러 가축들을 배가 있는 곳까지 몰고 갔지요.

그러자 배에 남아있던 동료들이 우리를 반겼으나, 목숨을 잃은 동료들의 소식에 슬픔의 눈물을 흘렸소. 하지만 우리는 슬픔을 억누르고 서둘러 이 위험한 섬에서 떠나야만 했습니다. 양과 염소들을 배에 몰아넣고, 부리나케 노를 저어 바다로 나아갔습니다. 사람이 고함을 쳐야 그 소리가 전달될 만큼 키클롭스의 섬에서 멀어졌을 때 나는 폴리페모스를 향해 조롱을 퍼부었소.

'폴리페모스! 이 포악하고 잔인한 괴물 놈아! 나는 네놈에게 잡아먹힐 만큼 호락호락한 상대가 아니다! 네 집을 찾아온 손님을 잔인하게 잡아먹다니, 흉악무도한 죄를 저지른 네놈에게 제우스 신께서 반드시 천벌을 내리실거다!'

그러자 폴리페모스는 약이 바짝 올라서 큰 산의 봉우리 하나를 뜯어내 우리에게 던졌소. 그것이 뱃머리의 바로 앞에 떨어지자, 큰 파도가 출렁이며 배가 조류에 휘말려 다시 키클롭스의 섬으로 떠밀려갔습니다. 우리는 크게 놀라서 사력을 다하여 노를 젓기 시작했소. 다행히 우리 배는 키클롭스의 섬에서 처음보다 더 멀리 나아갈 수 있었소. 거

오디세우스와 폴리페모스 아놀드 뵈클린, 1896년

기서 내가 다시 폴리페모스를 약 올리려고 하니까 동료들은 기겁을 하며 나를 만류하였소. 하지만 나는 분한 마음을 삭이지 못해 다시 그를 도발하였소.

'이봐, 폴리페모스! 혹시 인간을 만날 기회가 생겨 그가 너에게 왜 눈이 멀게 되었는지 묻거든, 라에르테스의 아들이자 이타케 섬의 영주인 오디세우스가 그랬다고 말해라!'

그 말을 듣자 폴리페모스는 긴 탄식을 하며 말하더군요.

'오, 맙소사! 옛 신탁이 진짜로 실현되다니, 옛날 이곳에 외모가 뛰어나고 키가 훤출한 예언자가 살았다. 그는 모든 예언자 중에서도 예언의 능력이 특출한 에우리모스의 아들 텔레노스이다. 그는 늙어 세상을 떠날 때까지 우리 키클롭스들에게 예언을 해줬었다. 그가 내게 예언하기를 오디세우스란 자의 손에 시력을 잃게 된다고 했다. 그래서 난 언제나 나와 힘이나 몸집을 견줄 수 있을 만큼 덩치 큰 거인이 찾아오는 것을 경계했다. 그런데 너같이 작달막하고 볼품없는 인간이 오디세우스라고는 꿈에도 생각지 못했다. 아아! 원통하구나! 너 같은 나약한 인간이 준 포도주에 취해 이렇게 맥없이 당하다니! 하지만 나는 바다의 신 포세이돈의 아들이다. 그러니 아버지께서 내 눈을 깨끗이 치료해 주실 것이다. 세상에 어느 누구도 치료할 수 없지만 그분만은 하실 수 있지.'

나는 그의 말에 잔인하게 죽음을 당한 동료들의 모습이 떠올라 폴리페모스에 대한 분노가 다시 폭발했습니다. 그래서 약을 올렸죠.

'포세이돈이 너를 치료할 수 없도록 아예 네놈의 숨통을 끊어 놓아야 했는데, 네놈을 살려둔 것이 몹시 후회되는구나.'

그러자 폴리페모스는 하늘에 두 손을 높이 들고 포세이돈에게 기도를 했습니다.

'대지를 떠받치는 검은 머리의 포세이돈이시여! 제가 진실로 당신의 아들이라면 제 소원을 들어주십시오. 부디 제 기도를 들어주셔서 라에르테스의 아들 오디세우스가 고향인 이타케로 돌아가지 못하도록 막아주십시오. 만약 신들께서 이미 오디세우스를 돌려보내기로 결정하셨다면, 하다못해 지독한 고생이라도 하도록 해주십시오. 오디세우스로 하여금 동료들을 모두 잃고 비참한 신세가 되어 남의 배를 타고 가게 하시고, 집에 돌아가서도 수많은 재앙을 겪으며 고통을 받게 하소서!'

폴리페모스가 이렇게 기도하자 포세이돈 신께서 그 기도를 들으셨소. 그는 처음보다 더 큰 바위를 집어 들고 빙빙 돌리다가 사력을 다해 우리 배를 향해 냅다 던졌소. 바위는 다행히 이번에도 배 뒤편에 떨어졌소. 또다시 거대한 파도가 밀려와서 배를 처음 상륙했던 무인도 쪽으로 몰고 갔습니다. 그곳은 동료들이 우리를 기다리고 있던 섬이었죠.

우리는 그 섬의 해변에 도착하자 얼른 배를 모래사장으로 끌어올린 후 키클롭스 섬에서 싣고 온 양과 염소를 공평하게 나누어 가졌습니다. 그리고 폴리페모스 동굴을 빠져나오기 위해 내가 매달렸던 숫양은 신들의 왕 제우스께 재물로 바쳤습니다. 하지만 신께서는 내 제물을 받지 않으시고, 내 동료들의 목숨을 앗아갈 궁리를 하셨나 봅니다.

그때는 그런 사실을 전혀 모른 채 우리는 밤늦게까지 고기와 술을 먹고 마시며 놀다가 바닷가에서 잠이 들었소.

다음날 새벽, 나는 전우들을 격려하며 서둘러 항해를 시작했습니다. 멀어져 가는 키클롭스 섬을 바라보며 한편으로는 즐겁고, 또 한편으로 마음이 아팠습니다. 죽음에서 벗어난 안도감과 잃어버린 동료들에 대한 슬픔을 동시에 느꼈기 때문이었죠.'

제10장

마녀 키르케

오디세우스의 모험 이야기는 계속 이어졌다.

"키클로스 섬에서 겨우 도망쳐 나온 우리는 황량한 바다 위를 며칠간 떠돌았습니다. 그러다가 수평선 위에서 작은 섬 하나를 발견했죠. 그 섬은 힙포테스의 아들 아이올로스가 사는 외딴섬 아이올리에 였어요. 우리는 그곳에 들러서 마실 물을 구하기로 했습니다. 그 섬은 매끈하고 가파른 바위가 섬 전체를 마치 성벽처럼 둘러싸고 있었어요.

우리는 정박할 만한 곳을 찾기 위해 해안선을 따라 배를 몰았습니다. 한참을 가다 보니 성벽처럼 둘러선 바위가 뚝 끊어지고 그 사이로 아이올로스의 호화로운 궁전이 자리 잡고 있었습니다. 그는 아들 여섯과 딸 여섯을 데리고 살면서 가족끼리 항상 잔치를 벌였습니다. 그의 궁전은 항상 고기 굽는 냄새가 진동했고, 뜰에는 산해진미로 잔칫상이 차려졌으며, 정원에는 즐거운 웃음소리가 그치지 않았지요.

아이올로스는 제우스로부터 바람을 다스리는 능력을 선물로 받았다고 합니다. 그래서 바람을 거친 폭풍우로 만들 수도 있고, 부드럽고 잔잔한 미풍으로 만들 수도 있었지요. 한마디로 말하자면 그는 바람을 자유자재로 바꿀 수 있는 능력을 가졌던 것이죠.

우리는 키클롭스에게 당한 끔찍한 기억 때문에 아이올로스를 경계했지만, 다행히 그는 우리에게 호의를 베풀어주었습니다. 푸짐하게 차려진 음식을 마음껏 먹은 후 실로 오랜만에 따뜻한 목욕물로 그동안 쌓였던 피로까지 씻어낼 수 있었죠.

우리는 그곳에서 꼬박 한 달을 머물면서 극진한 대접을 받았습니다. 아이올로스는 우리가 그동안 겪었던 일들을 모두 자세히 듣고 싶어 했어요. 특히 일리오스와 아르고스인들의 함선들과 아카이아인들의 귀국 이야기를 매우 흥미로워 했습니다. 그렇게 한 달이라는 시간이 훌쩍 지나갔죠. 우리는 아이올로스에게 고향으로 무사히 돌아갈 수 있도록 도움을 요청했습니다. 그는 흔쾌히 승낙하면서 우리가 출항하는 날 황소 가죽으로 만든 부대 하나를 주었습니다. 그 부대의 주둥이는 은으로 만든 끈으로 단단히 묶여 있었습니다.

'이 안에 사나운 바람들을 모두 잡아두었네. 이 바람이 가죽 부대 바깥으로 빠져나와 도망가지 않도록 조심하게. 바람이란 놈은 내 손을 벗어나면 난폭해져서 제멋대로 날뛰는 경향이 있거든. 자네들이 가는 방향으로 남서풍을 보내주겠네. 그 바람이 자네들을 안전하게 고향으

오디세우스에게 바람을 주는 아이올로스 이삭 모이용, 17세기경

로 데려다줄 걸세.'

우리는 아이올로스와 작별을 하고 이타케를 향해 출항했습니다. 남서풍을 타고 아흐레 밤낮을 순조롭게 항해한 후 열흘째 되던 날, 마침내 저 멀리 안갯속에서 고향의 해안이 보이기 시작했습니다. 조금 더 나아가자 해변의 모래사장에 피워놓은 모닥불도 보였습니다. 이제 곧 그리운 고향 땅을 밟고, 보고 싶었던 가족들과도 재회할 수 있었죠.

그런데 갑자기 견딜 수 없을 만큼 졸음이 쏟아졌습니다. 아흐레 밤낮을 쉬지 않고 배의 조종키를 잡아온데다, 고향에 돌아왔다는 안도감에 긴장이 풀어지면서 피곤이 한꺼번에 밀려왔던 것이죠.

쏟아지는 잠을 이기지 못한 저는 병사에게 키를 넘겼습니다. 배가 이타케의 해변에 도착하기 전 꼭 깨우라고 당부하고 저는 갑판 위에 누워 그대로 잠이 들어버렸죠. 그런데 제가 잠이 든 사이에 문제가 생겼습니다. 병사들이 배 아래 깊숙한 곳에 보관했던 가죽 부대에 호기심을 가지게 된 것이죠.

'오디세우스 님은 트로이에서 많은 전리품을 챙겼는데, 함께 고생한 우리는 거의 빈손이잖아. 이번에도 아이올로스에게 혼자만 선물을 받았어. 저 가죽 부대에는 도대체 얼마나 값진 보물이 들어있길래 우리에게 보여주지도 않는 것일까? 우리 잠깐만 자루를 열고 구경이나 한번 해보세.'

'그래, 금은보화가 가득 들어있으면 우리도 몇 개씩 나눠 갖자고.'

'좋아, 우리끼리 비밀만 지키면 오디세우스 님도 눈치채지 못할 거야.'

그들은 서로 모의를 하더니 기어이 가죽 주머니의 끈을 풀고 말았습니다. 그러자, 가죽 부대 안에서 여러 종류의 바람 소리와 동시에 온갖 방향의 바람이 한꺼번에 쏟아져 나왔습니다. 그 바람들은 한데 뒤엉켜 거대한 회오리를 일으켰습니다.

우리 함선들을 순식간에 강력한 회오리바람을 타고 먼 바다로 날려가고 말았습니다. 소란함에 잠에서 깬 나는 두 눈을 의심했습니다. 눈앞에 보이던 이타케의 해변은 감쪽같이 사라지고 열흘 전에 출발했던 아이올리에 섬이 보였기 때문이었죠. 자초지종을 알게 된 나는 망연자실했습니다. 너무나 허망한 나머지 바다에 뛰어들어 죽고 싶은 충동까지 느꼈죠.

'정말 죄송합니다, 저희들의 욕심 때문에…….'

병사들은 고개를 숙이며 나에게 눈물로 용서를 빌었습니다. 하지만 쉽게 용서가 되지 않았습니다. 저는 머리를 싸매고 배밑으로 내려가 그대로 누워버렸습니다.

우리는 다시 아이올로스의 궁전을 찾아갔습니다. 그는 가족들과 함께 식사를 하다가 우리를 발견하고 깜짝 놀라서 소리쳤어요.

'오디세우스, 이게 대체 어찌 된 일인가? 자네는 지금쯤 고향에 돌아가 있어야 하는 것 아닌가?'

아이올로스의 얼굴에서는 지난번과 같은 부드럽고 따뜻한 표정을 찾아볼 수 없었습니다.

'도대체 어떤 못된 신이 자네의 귀향을 방해한 것인가? 자네가 안전하게 고향에 돌아갈 수 있도록 내가 만반의 조치를 취해주지 않았던가?'

나는 비통한 마음을 누르고 그에게 자초지종을 설명했습니다.

'나를 불행에 빠뜨린 것은 나의 동료들과 심술궂은 잠입니다. 제가 잠이 든 사이 부하들이 해서는 안 될 일을 저지르고 말았습니다. 부디 저희를 불쌍히 여기셔서 한 번만 더 도움을 주시기를 부탁드립니다.'

나는 최대한 예의를 다하여 간청했지만 돌아온 것은 아이올로스의 호통이었습니다.

'여기서 썩 꺼지게! 이 못된 사내여! 나는 불멸의 신들에게 미움을 받는 사내까지 돌봐 줄 의무가 없네. 그러니 당장 여기서 떠나게!'

우리는 아이올로스의 궁전에서 문전 박대를 당한 채 발걸음을 돌려야 했습니다. 배로 돌아온 우리는 더없이 무겁고 슬픈 마음을 안고 아이올리에 섬에서 출항할 수밖에 없었지요.

그런데 이번에는 바다에 바람 한 점 불지 않았고, 쉴 새 없이 노를 젓던 병사들은 시간이 지날수록 점점 지쳐갔습니다. 엎친 데 덮친 격으로 식량까지 바닥을 보이기 시작했습니다.

그렇게 엿새를 항해한 후 이레째 되던 날, 우리는 라모스 왕이 건설한 라이스트리고네스 족의 마을인 텔레필로스에 도착했습니다.

그곳에서는 목자가 가축 떼를 몰고 들어가며 인사하면, 다른 목자는 몰고 나가며 화답하곤 하지요. 그곳에서 잠이 없는 사람은 한 번은 양을, 한 번은 소를 쳐서 품삯을 이중으로 벌 수 있었지요. 그만큼 밤이 가는 길과 낮이 가는 길이 서로 가깝기 때문이었지요.

우리는 텔레필로스에서 이름난 항구로 들어갔는데, 그곳은 좌우가 가파른 바위 절벽으로 둘러싸여 있어서 포구의 통로는 매우 좁았습니다. 그곳에 동료들이 탄 열한 척의 배가 선체에 선체를 맞대고 정박했는데, 나만은 그곳에 들어가지 않고 포구 밖에다 배를 정박했습니다. 그러고는 육지로 세 명의 정찰병을 보내 도대체 어떤 종족이 그곳에 살고 있는지 알아오도록 시켰죠.

그들은 길을 나서서 도시의 성벽에 도달했는데 성문 앞에서 물을 길러 나온 한 처녀를 만났다고 해요. 그런데 그 처녀의 덩치가 어찌나 크고 우람한지 키클롭스 족을 생각나게 할 정도였다고 하더군요. 알고 보니 그 처녀는 레스트리고니아 종족의 왕 안티파테스의 딸이었습니다. 정찰병들은 그녀의 안내를 받아 궁전으로 향했지요. 궁전에서 왕비가 그들을 맞아주었는데 그녀의 덩치는 딸보다 훨씬 더 거대했습니다. 겁이 잔뜩 난 정찰병들은 기회를 봐서 서둘러 그곳을 떠나야겠다고 생각했습니다. 그때 덩치가 산봉우리만큼이나 거대한 안티파테스 왕이 나타나 정찰병들 중 한 명을 다짜고짜 붙잡아서 식탁에 올렸습니다. 다른 두 명은 혼비백산해서 배로 도망쳐 왔습니다.

그러자 안티파테스 왕은 동족들을 불러 모아 그들을 추격해왔습니다. 그들은 포구로 몰려와서 정박한 함선들을 향해 집채만 한 바위들을 마구 집어던졌습니다. 배들이 부서지는 소리와 병사들의 비명소리가 뒤섞여 포구를 가득 채웠습니다. 병사들은 필사적으로 위험에서 벗어나려고 발버둥쳤지만 소용이 없었죠. 바위에 맞지 않은 병사들은 거친 파도에 휩쓸려 바다 속에 빠져죽었습니다. 항구에 정박해있던 열한 척의 배는 순식간에 모두 부서져서 바다 밑으로 모습을 감췄습니다.

나는 멀리서 그 모습을 목격하고 혼비백산했습니다. 내 배는 항구 밖에 정박해있어서 가까스로 재앙을 피할 수 있었지만 그렇다고 안심할 수 없었죠. 나는 다급하게 외쳤습니다.

'살고 싶으면 있는 힘을 다해 노를 저어라!'

나는 병사들을 독려하여 서둘러 그곳을 떠났습니다. 라이스트리고네스 족은 다행히 배를 가지고 있지 않아서 우리를 쫓아올 수 없었죠.

우리는 밤낮없이 노를 저어 거친 바다 위를 달려서 어느 이름 모를 섬에 도착했습니다. 병사들은 그 섬을 그냥 지나쳐 가자고 했습니다. 그곳에 또 어떤 위험이 도사리고 있을지 몰라 겁이 났던 것이죠. 하지만 오랜 항해에 모두 지쳐 있는 데다가 배에는 물과 식량까지 떨어져서 이대로 계속 항해하는 것도 무리였습니다. 결국 섬에 정박해서 물과 식량을 구하기로 의견을 모았지요. 우리는 배를 정박한 뒤 해변에 누워 슬픔과 피곤함을 베개 삼아 꼬박 이틀 밤낮을 계속 잠만 잤습니다.

사흘째 아침이 밝아오자 나는 인간의 흔적을 찾아보기로 했습니다. 높은 언덕에 올라가 사방을 살펴보니 숲 건너편 섬 한가운데에서 연기가 피어오르는 모습이 보였습니다. 나는 동료들을 연이어 잃고 난 뒤여서 모든 것이 조심스러웠습니다. 그래서 일단 그곳을 정찰하기로 마음먹고 언덕을 내려가는데 갑자기 사슴 한 마리가 뛰어오는 것이 보였습니다. 나는 재빨리 들고 있던 창을 던져 사슴의 목을 명중시켰습니다. 사슴은 곧 그 자리에 쓰러져 숨을 거두었지요.

나는 정찰을 나가려던 계획을 바꿔 일단 병사들의 허기진 배부터 채워주기로 했습니다. 버들가지를 꺾어 밧줄을 엮은 다음 그 밧줄로 사슴의 네 다리를 묶었습니다. 그러고는 사슴을 어깨에 둘러메고 병사들이 있는 해변으로 갔습니다.

'친구들이여, 우리는 아직 굶어 죽을 운명은 아니라네. 아직도 우리에게는 빠른 배 한 척과 마실 것과, 이렇게 먹을 것이 있지 않은가? 자 다 같이 이리로 모여 흥겨운 식사를 준비하세.'

몸과 마음이 지쳐있던 병사들은 내 말에 새로운 힘을 얻어 즐거운 마음으로 불을 지피고 요리 준비를 했습니다. 사슴의 살을 발라 연한 살코기 부분을 불에 굽고, 배에서 포도주 부대를 가져다가 마음껏 먹고 마시고 나니 원기가 회복되더군요. 우리는 그대로 바닷가에 쓰러져 잠이 들었습니다.

다음 날 아침, 나는 병사들을 불러 모았습니다.

'모두들 잘 듣게. 지금부터 앞으로 해야 할 일을 의논해야 하네. 이곳이 어디인지, 어느 방향으로 항해 해야 고향으로 갈 수 있는지 우리로서는 전혀 알 수가 없어. 하지만 절망할 필요는 없네. 아까 언덕을 올라가서 사방을 둘러보다가 섬의 중앙 부분에서 연기가 솟아오르는 것을 보았네. 어쩌면 그곳에 우리에게 도움을 줄 수 있는 사람이 살고 있을 수도 있네.'

내 말을 들은 병사들은 깜짝 놀랐습니다. 그들은 흥분하여 웅성거리기 시작했습니다. 여기저기서 불평불만의 소리가 나왔습니다.

'생각해 보세요. 키클롭스의 섬에서도 연기가 피어올랐고, 레스트리고니아 종족의 섬에서도 연기가 솟아 올랐습니다. 그 두 곳에서 우리는 엄청난 재앙을 만나 생각만 해도 끔찍한 일을 당했습니다. 또다시 위험을 무릅쓰고 목숨을 내놓는 일은 하고 싶지 않습니다.'

부하들은 더 이상 모험을 하지 말고 마실 물과 식량을 구해서 섬을 떠나자고 했습니다. 하지만 나는 단호하게 말했습니다.

'지금 우리 상황은 찬밥 더운밥 가릴 입장이 아니야. 아주 작은 가능성이라도 있다면 위험을 무릅쓰고 시도해봐야지! 언제까지 이렇게

끝없는 바다 위를 계속 헤매고 다닐거야! 바다 위도 안전지대가 아니라는 것 몰라?'

병사들은 어쩔 수 없이 내 의견을 따르기로 했습니다. 나는 병사들을 각각 스물두 명씩 두 무리로 나눴습니다. 한쪽은 내가 지휘하고, 다른 한쪽은 동료이자 친척인 에우릴로코스가 인솔하도록 했지요. 그러고는 두 무리 중 어느 쪽이 정찰대로 나갈지 제비를 뽑았습니다.

그 결과 에우릴로코스 일행이 정찰을 나가는 것으로 결정되었습니다. 그는 착잡한 심정으로 무리를 이끌고 길을 나섰습니다.

그들은 한참을 걷다가 계곡 사이에 자리 잡은 전망 좋은 숲속에서 대리석으로 건축한 크고 화려한 대저택을 발견했습니다. 그 집 안에서 달콤한 목소리로 노래하는 여자의 목소리가 들려왔습니다. 호기심이 발동한 병사들은 저택 안을 살펴보기 위해서 가까이 다가갔다가 깜짝 놀라서 발걸음을 멈췄습니다.

사방의 풀숲에서 갑자기 많은 맹수들이 모습을 드러냈기 때문입니다. 그들은 맹수들과 싸워야 할지, 아니면 그곳을 도망쳐야 할지 고민했습니다. 그때 이상한 일이 벌어졌습니다. 사나운 맹수들이 꼬리를 살랑살랑 흔들며 다가오더니 마치 강아지처럼 재롱을 부렸습니다.

하지만 병사들은 경계를 풀지 않았습니다. 어느 순간 맹수들이 돌변할지 알 수 없었기 때문이죠. 이때 그들 중 가장 용맹스러운 폴리테스가 대문 앞으로 가서 문틈으로 저택 안을 들여다 보았습니다.

한 여인이 베틀 주변을 걸어 다니며 노래를 부르고 있었는데 그 모습이 어찌나 아름다운지 마치 여신과 같았습니다. 폴리테스가 손짓으로 일행들을 부르자 모두 그의 신호에 따라 저택의 대문으로 이동을 했죠.

'집 안에 아름다운 여인이 혼자 노래를 부르고 있네. 끔찍한 거인이나 흉측한 괴물이 아니니 우리 함께 저 여인을 만나보세. 혹시 아는가? 우리가 고향으로 돌아갈 수 있도록 도움을 줄지 말이야.'

폴리테스가 일행을 향해 속삭이듯 말했습니다. 그 말에 모두 동의를 했고, 그들은 여인을 만나기 위해 대문을 두드렸습니다. 그러자 여인이 문을 열고 나와서 상냥하게 그들을 맞아주었습니다. 병사들은 그녀의 신비로운 아름다움과 상냥한 태도에 긴장했던 마음이 눈 녹듯이 풀어지고 말았습니다. 그들은 여인의 안내를 받으며 모두 집안으로 들어섰습니다. 하지만 에우릴로코스만은 수상한 낌새를 채고 몰래 집 밖에 숨었습니다.

에우릴로코스의 예감은 적중했습니다. 그녀는 평범한 여인이 아니었고, 태양의 신 헬리오스의 딸 키르케였습니다. 마법을 자유자재로 부리는 그녀는 마녀로 불리기도 했는데, 병을 낫게 하거나 목숨을 잃게 만드는 땅 위의 약초와 독초를 모두 다룰 줄 알았어요.

키르케는 병사들을 식탁으로 안내한 뒤 치즈와 보릿가루, 벌꿀과 포도주를 섞어 음료를 만들었습니다. 거기에다 이 세상에서 오로지 그녀만이 효능을 아는 여러 가지 약초 즙을 첨가했습니다. 병사들은 키르케가 내온 그 음료를 아주 맛있게 마셨습니다.

키르케는 기묘한 미소를 지으며 그 모습을 지켜보았지요. 그녀의 손에는 어느새 마술 봉 같은 지팡이가 들려있었는데, 병사들 사이를 지나가며 그 지팡이로 그들의 몸을 한 번씩 가볍게 건드렸습니다. 그러자 병사들의 모습이 기괴하게 변하기 시작했습니다. 입이 있던 자리에 긴 주둥이가 생겨나고 귀는 점점 커져서 옆으로 길게 늘어졌고, 입고 있던 옷은 온데간데없이 사라지고 온몸에 뻣뻣한 털이 솟아났습니다. 병사들은 순식간에 돼지로 변해 목소리까지 꿀꿀거리는 소리를 냈습니다. 하지만 정신만은 여전히 인간이어서 돼지로 변한 서로의 모습을 보며 한없는 슬픔에 빠졌습니다. 키르케는 그들을 돼지우리에 가두고 도토리와 너도밤나무 열매 등 먹이를 던져주었습니다.

한편, 에우릴로코스는 문틈 사이로 그 모든 것을 목격하고 큰 충격에 빠졌습니다. 그는 키르케의 저택을 뒤로 한 채 죽을힘을 다하여 배가 정박한 곳으로 달려왔습니다. 동료들의 어처구니없는 변고에 놀라서 말문이 막힌 그는 나를 보자마자 하염없이 눈물을 흘렸습니다.

에우릴로코스로부터 자초지종을 듣고 난 나는 즉각 무기를 챙겨 키르케를 찾아가기로 했습니다.

'지금 당장 나를 그 마녀의 집으로 안내하게!'

에우릴로코스는 그 말에 사색이 되어 소리쳤습니다.

'싫소! 제발 부탁이니 나에게 그곳으로 다시 가자고 하지 마시오. 당신도 그 집에 가면 병사들을 구하기는커녕 두 번 다시 그곳을 빠져나오지 못할 것이오. 그러니 차라리 우리끼리라도 어서 이곳을 벗어납시다!'

나는 겁을 잔뜩 집어먹은 그의 모습을 보고 그와 동행하려던 생각을 버렸습니다.

'정 그렇다면 병사들과 함께 이곳에 머물러 있게. 그곳엔 나 혼자 다녀오겠네.'

결국 나는 혼자서 키르케의 저택을 찾아 길을 나섰습니다. 그런데 내가 막 숲을 벗어나려고 했을 때 황금 지팡이를 든 전령의 신 헤르메스께서 내 앞에 나타났습니다. 그분은 내 손을 꽉 잡고 내 이름을 불렀습니다.

'오디세우스! 이 불운한 자여! 어찌하여 혼자서 겁도 없이 낯선 땅을 헤매고 있는 것이냐? 그대는 지금 얼마나 무모한 행동을 하는지 상상도 못하는 것 같구나. 그대의 부하들은 모두 돼지로 변한 채 키르케에게 붙잡혀있다. 그대도 이대로 갔다가 부하들과 똑같은 운명이 될 것이다. 그러니 이것을 가져가게.'

헤르메스 신은 허리를 굽혀 발밑에 자라고 있던 키 작은 약초를 하나 뽑아서 건네주었습니다.

'키르케를 찾아가면 그녀가 마법의 가루를 탄 음식을 대접할걸세. 그 음식에 몰래 이 약초를 섞어서 마시게. 그러면 그녀의 마법에 걸리지 않을 거야. 또 그녀가 긴 지팡이로 툭툭 치거든 재빨리 허리춤에 차고 있던 칼을 빼들고 그녀를 죽이겠다고 협박하게. 그러면 그녀는 살려달라고 애원하며 앞으로는 자신을 찾아온 사람들에게 친절을 베풀 것이라고 맹세할 것이네. 바로 그 순간 동료들에게 걸어 놓은 마법을 풀어달라고 요구하게. 마지막으로 그대에게 더 이상 어떤 해도 끼치지 않겠다고 스틱스 강의 이름으로 맹세할 것을 요구하게. 내 말을 명심하게.' 전령의 신 헤르메스께서는 말을 마치자 올림포스로 돌아갔습니다.

나는 헤르메스 신이 준 약초를 몸에 잘 숨기고는 서둘러 키르케의 저택으로 달려갔습니다.

마침내 키르케의 웅장한 저택에 도착했을 때, 그녀는 상냥한 미소를 지으며 나를 넓은 홀로 안내했습니다. 그러고는 음료가 든 잔을 가져와서 나에게 마시라고 주었습니다. 나는 그 음료가 어떤 음료인지 잘 알고 있었습니다. 헤르메스 신께서 알려주셨기 때문이었죠. 그렇지 않았다면 분명 그 음료를 마시고 동료들처럼 돼지가 되었을 겁니다.

나는 전령의 신이 준 약초를 키르케 몰래 음료에 섞은 뒤 태연하게 그 음료를 모두 마셨습니다. 그러자 키르케는 기다렸다는 듯 자리에서 일어나 마법의 지팡이를 들고 나에게 다가왔습니다. 그녀는 소름이 돋는 기묘한 웃음을 지으며 말했습니다.

'자, 너도 이제 그만 네 동료들처럼 돼지우리로 가거라!'

바로 그 순간 나는 허리춤에 찬 칼을 빼어들고 재빨리 그녀의 목을 겨누며 위협했습니다. 그녀는 생각지도 못했던 상황에 충격을 받았습니다. 너무 놀란 나머지 그녀의 흰 얼굴이 더욱 창백해졌습니다.

'너……, 너는 누구냐? 마법의 약을 탄 음료수를 마시고도 무사하다니, 도대체 어떻게 된 것이지?'

그녀는 믿을 수 없다는 듯이 떨리는 목소리로 말했습니다. 그러더니 갑자기 어떤 생각이 떠올랐는지 정색을 하며 말했습니다.

'그러고 보니 당신이 바로 오디세우스군요. 오래전에 전령의 신 헤

키르케를 위협하는 오디세우스 제이콥 요르단스, 1630~1635년 사이

르메스님이 말씀하시기를 당신이 나를 찾아올 것이라고 했어요. 트로이아를 떠나 고향으로 돌아가는 길에 들를 거라고요. 자, 이제 그만 칼을 거두세요. 나와 함께 사랑을 나누며 서로에 대한 믿음을 가지도록 해요.'

그녀는 나를 침대로 이끌었습니다. 나는 헤르메스 신의 말씀이 떠올라 이렇게 대답했어요.

'당신은 내 동료들을 돼지로 만들었소. 그들을 마법에서 풀어주고

앞으로 나에게 해를 끼치지 않겠다고 먼저 맹세하시오. 그렇지 않으면 나는 결코 당신의 침대에 오르지 않을 것이오.'

그러자 키르케는 내 요구를 들어주겠다고 약속한 후 스틱스 강의 이름을 걸고 맹세했습니다. 나는 비로소 그녀의 침상에 들었습니다.

그동안 궁전 안에서는 키르케의 명령을 받은 요정들이 바쁘게 움직이며 일을 하고 있었습니다. 한 명은 자줏빛 천을 의자 위에 씌우고 은으로 된 접시를 식탁 위에 가져다 놓았습니다. 그 위에 황금 바구니, 그릇, 술잔들이 가지런히 놓였고, 포도주가 가득 든 은 항아리도 올려졌지요. 한 요정은 커다란 세발솥 밑에 불을 활활 피우고 목욕 물을 끓였습니다. 그녀는 나를 욕실로 데려가서 목욕을 시켜준 뒤 몸에 향유를 바르고 새 옷을 입혀주었습니다.

내가 목욕을 마치고 식탁으로 돌아왔을 때 거기에는 산해진미가 가득 차려져 있었습니다. 키르케는 내게 먹고 마실 것을 권했지만 나는 돼지로 변한 동료들 생각에 음식을 손에 대지 않았습니다.

'어째서 이 맛있는 요리들을 먹지 않는 것이죠? 무슨 걱정거리라도 있는 건가요? 아니면 아직도 나를 믿지 못하는 건가요?'

나는 그녀에게 속마음을 털어 놓았지요.

'사실대로 말하겠소. 돼지로 변한 동료들을 두고 어찌 음식이 목에 넘어가겠소. 그대가 내 마음을 헤아린다면 부디 그들을 자유롭게 해주시오. 지금 당장 말이오.'

키르케는 내 말을 듣고 잠시 생각에 잠기더니 곧 자리에서 일어나 아무 말 없이 홀을 나갔습니다. 나는 창문을 통해 그녀가 돼지우리를

오디세우스의 동료들을 인간의 모습으로 회복시키는 키르케
조반니 바티스타 트로티, 1610년경

향해 걸어가는 것을 보았습니다.

잠시 후 키르케는 한 무리의 돼지떼를 몰고 다시 홀 안으로 돌아왔습니다. 그러고는 재빠른 동작으로 돼지들을 한 마리씩 번갈아가며 마법의 약을 발라주었습니다. 그러자 놀랍게도 돼지들은 인간의 모습으로 변하기 시작했습니다. 사람의 모습을 되찾은 병사들은 환호성을 지르며 나에게 달려와 얼싸안고 기뻐했습니다. 이때 키르케가 나에게 다가와 말했습니다.

'라에르테스의 아들 오디세우스여, 함선으로 가서 그곳에 남아있는 동료들도 데리고 오세요. 배에 보관하고 있는 소중한 전리품들은 동굴 속에 안전하게 숨겨두시고 말이에요. 배에 보관하는 것보다는 동굴 속이 더 안전할 거예요.'

나는 키르케의 권유대로 동료들을 모두 데려오기로 했습니다. 배에 남아있던 병사들은 슬픔에 잠겨있다가 나를 보자 너무나 기쁜 나머지 눈물을 흘렸습니다. 나는 그동안 있었던 일을 병사들에게 모두 설명했습니다. 돼지로 변했던 동료들이 다시 사람으로 돌아왔다는 소식에 그들은 놀라워하며 뛸 듯이 기뻐했습니다.

병사들은 배를 뭍으로 끌어올린 후 배 안에 보관하고 있던 전리품들을 해안가 동굴로 옮겼습니다. 병사들이 나를 따라나서자 에우릴로코스가 화가 나서 소리쳤습니다.

'너희들 지금 제정신이냐? 어찌하여 불나방처럼 또다시 위험에 뛰어들려고 하는 거야. 키클롭스 섬에서 당한 일을 이미 잊은 것이냐? 오디세우스 님의 만용 때문에 죽었던 동료들을 말이야! 내가 장담하지. 지금 키르케에게 가면 그녀는 너희를 모두 돼지나 늑대 혹은 사자로 만들어 버릴 거야!'

에우릴로코스의 말에 나는 분노가 솟구쳤습니다. 당장 칼을 뽑아 그의 머리를 내려치고 싶은 충동이 들 만큼 말이죠. 그가 비록 나의 친척이기는 했지만 병사들을 부추겨 지휘관에게 반항하도록 선동하는 것을 그냥 넘길 수 없었죠. 이때 다른 병사들이 재빨리 나서서 중재를 했습니다.

'오디세우스 님, 에우릴로코스에게 배를 지키도록 하면 어떨까요? 우리는 당신을 따라 키르케의 집으로 가겠습니다. 어서 거기 있는 동료들을 만나보고 싶습니다.'

나는 그들의 제안을 따랐습니다. 병사들이 모두 나를 따라 길을 나서자 결국 에우릴로코스도 합류했습니다.

우리는 곧 키르케의 저택에 도착했습니다. 그녀는 병사들을 너무도 따뜻하게 맞아주었고, 정성을 다하여 대접했습니다. 경계했던 병사들은 비로소 그녀의 진심을 느끼게 되었고, 그녀를 좋아하게 되었습니다.

우리는 그곳에서 매일 고기와 술과 향연을 즐기며 세월을 잊고 지냈습니다. 병사들은 고향에 대한 그리움과 그동안 겪었던 불행과 고통마저 잊은 듯 보였습니다. 나 역시 세월의 흐름을 전혀 의식하지 못했습니다. 그렇게 시간은 흘러 어느덧 한 해가 지났습니다. 어느 날 몇몇 병사들이 나를 조용히 불러냈습니다.

'오디세우스 님, 우리는 언제쯤 고향으로 돌아가는 것입니까? 설마 고향을 잊으신 것은 아니죠?'

그 말에 나는 화들짝 놀라서 정신이 번쩍 들었습니다. 그와 동시에 고향과 가족들을 까맣게 잊고 살아온 것에 대한 커다란 자책감이 들었습니다. 나는 드디어 떠날 때가 되었음을 깨닫고 귀향을 결심했습니다.

그날도 나는 평소처럼 키르케와 함께 향긋한 술과 맛있는 음식을 나누며 달콤한 시간을 보냈습니다. 그러고 나서 키르케에게 어렵게 말을 꺼냈습니다.

'키르케여, 전에 나에게 맹세했던 약속을 지켜주시오. 고향으로 보내준다던 약속 말이요. 이제 고향으로 돌아가야 할 것 같소.'

키르케는 깜짝 놀라더니 이내 표정이 어두워지더군요. 그녀는 말없이 그 자리에 앉아 한동안 꼼짝도 하지 않았습니다. 나 역시 그녀의 침묵을 깨뜨릴 용기가 나지 않아서 잠자코 있었습니다. 이윽고 그녀가 자리에서 일어나 나에게 다가와 슬픈 표정으로 말했습니다.

'당신이 정 원하신다면 보내드릴게요. 하지만 당신은 고향이 위치한 방향과 그곳으로 가는 바닷길도 모르잖아요. 이 섬은 당신의 고향과 너무 멀리 떨어져 있어요. 이대로 떠났다가는 또다시 길을 잃고 바다 위를 정처 없이 헤매게 될 거예요.'

나는 그녀의 말에 맥이 풀렸습니다. 하지만 나지막하면서도 단호한 태도로 말했습니다.

'당신의 말은 모두 사실이오. 하지만 어떤 장애물과 위험이 도사리고 있더라도 나는 떠나야만 합니다.'

키르케는 길게 한숨을 내쉬더니 슬픈 눈으로 나를 바라보았습니다.

'오디세우스, 당신이 고향으로 무사히 돌아갈 수 있는 방법은 하나밖에 없어요. 그것은 하데스와 페르세포네의 궁전으로 내려가서, 예언자 테이레시아스의 혼령에게 신탁을 받아 오는 일입니다. 그는 하데스에 있는 수많은 영혼들 중 유일하게 인간의 이성을 간직하고 있어요. 페르세포네가 그에게 은총을 베풀어 죽어서도 여전히 예언을 할 수 있

게 된 것이죠.'

나는 저승세계에 가서 신탁을 받아오라는 말에 두려움이 몰려왔습니다. 그동안 수많은 고난을 헤쳐왔지만 이번 일에는 용기가 나지 않았습니다. 그저 목놓아 울고 싶은 심정뿐이었죠. 나는 넋두리하듯 그녀에게 말했습니다.

'살아있는 내가 어떻게 저승세계로 갈 수 있단 말이오? 그 어떤 인간도 산 채로 배를 타고 저승으로 들어갔다는 소리를 들어본 적이 없소. 게다가 어느 누가 나를 그곳으로 안내할 수 있단 말이오?'

'그건 걱정하지 말아요. 저승에 가시려면 먼저 바다에 배를 띄우고 돛대를 세워 흰 돛을 단 후, 방향 키를 버려두고 북풍이 이끄는 대로 그냥 가세요. 그러면 배가 오케아노스의 경계선에 도착할 거예요. 거기에 이르면 황량한 해변이 나오고, 바로 그곳에 페르세포네의 숲이 펼쳐져 있어요. 그곳에 배를 세우고 숲으로 들어가면 저승세계의 입구가 나와요. 계속 들어가면 사방이 낭떠러지인 바위와 마주치는데 그곳은 스틱스(증오) 강의 지류인 플레게톤(불) 강과 코키토스(탄식) 강이 아케론 강(슬픔)으로 흘러들어가는 지점이에요. 그 바위 끝자락에 사방 1미터 정도의 정사각형 구덩이를 파고 죽은 자들의 영혼을 위해 헌주하세요. 그리고 꿀과 포도주, 물, 흰 보릿가루를 순서대로 뿌려주면 돼요. 그러고 나서 죽은 자들의 영혼 앞에 맹세하세요. 이타케로 돌아가면 그들을 위해 암송아지 중 가장 훌륭한 것을 제물로 바칠 것이며, 테이레시아스를 위해서는 특별히 가장 좋은 숫양을 바치겠다고 맹세하세요.

영혼들을 위한 기도와 맹세가 끝나면 얼룩이 하나도 없는 숫양 한 마리와 암양 한 마리를 죽여 그 피를 구덩이 안으로 흘러들어가게 하세요.

그러면 곧 죽은 자의 영혼들이 그 피를 마시려고 사방에서 구덩이를 향해 몰려들 거예요. 하지만 그대는 당황하지 말고 양들의 가죽을 벗겨 완전히 태우세요. 동료들에게는 하데스 왕과 페르세포네 왕비에게 기도하라고 시키고, 당신은 테이레시아스가 나타날 때까지 영혼들이 피를 먹지 못하도록 막아야 해요. 그가 곧 당신 앞에 나타나서 당신의 남은 여정과 귀향에 대해서 자세하게 설명해 줄 거예요.'

나는 키르케의 설명을 모두 듣고 나서 그녀의 말대로 모든 일을 해낼 수 있을지 근심하게 되었습니다. 하지만 선택의 여지가 없었죠. 나는 흔들리는 마음을 다잡았습니다.

새벽이 오자 키르케와 작별 인사를 나눴습니다. 그녀는 반짝이는 옷을 입고 그 위에 금으로 제작한 화려한 허리띠를 두르고 있었습니다. 머리에는 은빛 베일을 쓰고 있었는데 그 어느 때보다도 아름다웠습니다. 하지만 그녀의 표정만은 너무나 슬퍼 보였습니다.

나는 병사들을 불러 모은 뒤 그들에게 떠날 채비를 서두르라고 일렀습니다. 그들은 모두 내 말을 따랐지만 나이가 가장 어린 엘페노르는 안타깝게도 함께 갈 수 없었습니다. 우리가 출발하는 날 그는 포도주를 잔뜩 마시고 시원한 곳을 찾다가 키르케의 지붕 위에 올라가 잠이 들었습니다. 하지만 아무도 그 사실을 몰랐습니다. 병사들이 출항 준비를 하면서 소란스럽자, 그 소리에 잠이 깬 엘페노르는 깜짝 놀라 자신이

지붕 위에 있다는 사실도 잊고 그대로 뛰어내렸습니다. 그는 목뼈가 부러져서 즉사했습니다.

나는 키르케의 저택을 나와서 바닷가로 향하는 길에 부하들에게 모든 사실을 알렸습니다.

'전우들이여, 그대들은 지금 우리가 고향으로 가는 것이라고 알고 있을 것이다. 하지만 그렇지 않다. 우리는 지금 하데스로 내려가서 예언자 테이레시아스를 만나야 한다. 그에게 우리가 가야 할 방향과 항로를 물어보고, 앞으로의 여정과 운명에 대해서 물어보아야 하네.'

그러자 병사들은 그 자리에 주저앉아 머리를 쥐어뜯으며 큰 소리로 통곡하더군요. 저는 그들의 심정을 충분히 이해할 수 있었습니다. 그러나 울고불고 한다고 무슨 소용이 있겠습니까?

나는 도살장에 끌려가는 가축들처럼 반쯤 넋이 나간 병사들을 이끌고 바닷가로 내려갔습니다. 해변에 도착하니 검은 숫양과 암양이 배에 묶여있었습니다. 어느새 키르케가 양들을 구해다 준 것이었죠."

제11장

저승

오디세우스의 이야기는 새로운 고난의 여정으로 이어지고 있었다. 신들이 그에게 내린 재앙은 상상을 초월했다. 그는 꿈에도 그리던 고향 이타케로 가는 방법을 찾기 위해 자신과 부하들의 목숨을 걸고 저승까지 가야만 했던 것이다.

“우리는 바다에 배를 띄우고 돛대를 높이 세운 다음 돛을 활짝 펼쳤습니다. 병사들은 모두 입을 굳게 다문 채 침통한 표정으로 갑판 위에 각자 자리를 잡았습니다. 곧 북풍이 불어와 빠른 속도로 배를 앞으로 나아가게 했습니다. 배는 온종일 파도를 가르며 바다 위를 달렸습니다. 해가 서쪽으로 질 무렵 우리는 세상의 끝인 오케아노스에 도착했습니다. 눈앞에 펼쳐진 해변에는 어둠과 안개에 싸여 있는 킴메리오이 족의 나라와 도시가 있었습니다. 그곳은 빛나는 태양의 신 헬리오스가 단 한 번도 찾아준 적이 없는 땅이었죠.

우리는 그곳에 배를 정박하고 제물로 준비한 두 마리의 양을 끌고 페르세포네의 숲으로 들어갔습니다. 한참을 가자 바위 절벽이 나왔습니다. 그곳을 보자마자 키르케가 말한 곳이라는 것을 알았죠.

에우릴로코스와 페리메데스가 제물들을 붙잡고, 나는 검을 꺼내들고 구덩이를 팠습니다. 병사들이 죽음의 나라를 다스리는 하데스 왕과 페르세포네 왕비의 이름을 부르며 구덩이 주변에 헌주했습니다. 그러고 나서 꿀, 우유, 포도주, 물, 흰 보릿가루를 순서대로 뿌리며 영혼들을 위해 간절히 기도했지요.

'제가 만약 고향인 이타케로 돌아가면 제가 소유한 암송아지 중 가장 훌륭한 것을 제물로 바칠 것이며, 테이레시아스의 영혼을 위해서는 특별히 가장 좋은 숫 양 한 마리를 따로 바치겠습니다.'

기도를 마친 후에 구덩이 위에서 양들의 목을 쳐 솟아나는 피를 구덩이에 흘려보냈습니다. 곧 사방에서 죽은 이의 영혼들이 몰려왔습니다. 전쟁에서 전사한 병사들부터 여인들, 노인들, 청년들, 아이들의 영혼까지, 한꺼번에 몰려와서 피를 먹기 위해 아우성치는 모습이 어찌나 공포스럽던지 심장이 멈추는 것만 같았습니다.

나는 키르케의 조언대로 검을 휘두르며 영혼들이 구덩이에 접근하지 못하도록 막았습니다. 그러자 영혼들은 울부짖으며 물러났습니다. 하지만 한 영혼만이 구덩이 건너편에 서서 슬픈 표정으로 나를 바라보고 있었습니다. 저는 깜짝 놀랐습니다. 그는 바로 얼마 전에 키르케의

에우릴로코스와 페리메데스 사이에 앉은 오디세우스 그리스 도자기, 기원전 4세기

저택 지붕에서 떨어져 죽었던 엘페노르였습니다. 우리는 급히 출발하느라고 미처 그의 시신을 수습하지 못했었는데, 그의 모습을 보자 측은한 마음에 저절로 눈물이 나왔습니다.

'엘페노르! 네가 어찌하여 이곳에 있는 것이냐? 우리는 배를 타고 왔는데 너는 어두운 저승까지 맨발로 걸어서 먼저 왔구나.'

'신이 내게 주신 사나운 운명과 많은 양의 포도주가 나를 파멸에 빠뜨렸습니다. 오디세우스 님, 제게 맹세하여 주십시오. 날 그냥 버려두지 마시고 키르케의 집으로 돌아가시거든 내 시체를 화장해서 바닷가에 무덤을 만들어 주세요. 무덤 위에는 내가 생전에 사용했던 노를 꽂아 주십시오. 후세인들이 그곳을 지나갈 때면 불행한 나의 죽음을 기억하도록 말입니다.'

나는 그가 원하는 것을 모두 해주겠다고 약속했습니다. 그러자 엘페노르는 안심이 되었는지 다른 영혼들이 있는 곳으로 물러났습니다. 그런데 이때 한 여자의 영혼이 소리 없이 구덩이를 향하여 다가왔습니다. 그녀가 구덩이 안에 고여있는 양의 피를 마시려고 하자 나는 급히 검을 휘둘러 그녀를 막았습니다. 그러자 그 영혼은 슬픈 표정을 지으며 구덩이에서 물러났습니다. 그런데 그녀의 모습이 어딘지 낯이 익었습니다. 오, 맙소사! 그 영혼은 다름 아닌 나의 어머니였습니다. 저는 가슴이 찢어질 듯 아팠습니다.

제가 막 어머니를 부르려고 했을 때, 마침내 예언자 테이레시아스의 영혼이 황금 지팡이를 짚고 나타났습니다. 그는 나에게 말을 걸어왔습니다.

'라에르테스의 아들 오디세우스여, 불행한 사나이여! 어찌하여 살아있는 자가 태양빛을 등지고 이곳 저승까지 찾아왔는가? 무슨 까닭인지 모르겠지만 이제 검을 거두고 물러서게. 내가 피를 마시고 자네와 부하들의 운명을 예언해 주겠네.'

나는 그의 요구대로 검을 칼집에 넣고 구덩이에서 비켜섰습니다. 예언자는 양의 피를 마시고 난 뒤 진지한 표정으로 오랫동안 나를 쳐다보았습니다.

'오디세우스, 자네는 무사히 고향으로 돌아가고 싶어 하는군. 그러나 신들 중 한 분이 자네의 귀향을 막고 계시네. 그분은 바로 포세이돈 신이 시네. 자네가 그의 아들인 폴리페무스의 눈을 멀게 했기 때문이지. 그러나 자네와 부하들이 스스로 욕망을 다스릴 수만 있다면 어쩌면 수많은 역경을 겪은 뒤 고향으로 돌아갈 수 있네. 자네가 가장 경계할 것을 알려주겠네.

자네 일행은 여러 가지 위험이 도사리고 있는 바다를 무사히 빠져나가 트리나키아 섬에 당도하게 될 것이네. 그 섬은 태양신 헬리오스의 성스러운 소와 양 떼가 있는 곳이네.

그러니 그 가축들은 절대 해쳐서는 안되네. 그것만 지키면 자네는 고향인 이타케로 돌아갈 수 있네. 하지만 명심하게. 그 가축들을 해치게 되면 그 결과는 파멸뿐이네. 자네는 운 좋게 살아남을지 몰라도 부하들은 모두 죽게 될 거야. 만약 그렇게 된다면 자네가 고향에 돌아가는 시간은 훨씬 더 늦어질 것이네. 게다가 그 기간 동안 자네의 집에서는 온갖 불행한 일들이 벌어질 거야. 불한당들이 자네의 아내에게 청혼을 하고, 자네의 가산을 탕진하고 있을 것이네. 그러니 고향에 돌아간다고 해도 그들과 또 한 번 힘겨운 싸움을 하게 될 거야. 내가 자네에게 해줄 수 있는 예언은 여기까지일세.'

'고맙소, 테이레시아스! 그것이 신들께서 정하신 운명이라면 따라야지요. 그런데 한 가지 청이 있습니다. 저기에 내 어머니의 영혼이 계시는데 나를 알아보지 못하시는 것 같습니다. 대체 어떻게 해야 어머니

제물을 바치는 동안 오디세우스에게 나타난 테이레시아스 헨리 푸젤리, 1780~1785년 사이

께서 날 알아보실 수 있겠습니까?'

'아주 간단하네. 영혼이 피를 마시도록 내버려 두게. 그러면 그 영혼은 자네를 알아보고 자네와 대화를 나눌 수 있다네. 하지만 자네가 피를 마시지 못하도록 막으면 그 영혼은 아무 말 없이 어둠 속으로 숨어버릴 것이네.'

테이레시아스는 대답을 마치고 다시 하데스의 궁전이 있는 심연 속으로 내려갔습니다.

나는 그의 말대로 어머니의 영혼이 피를 마시기를 기다렸습니다. 잠시 후 어머니의 영혼이 구덩이로 다가와 피를 마시더니, 곧 나를 알아보셨습니다. 어머니는 슬픈 목소리로 말씀하셨습니다.

'오, 내 아들아! 살아서는 올 수 없는 이 저승세계에 어떻게 내려왔느냐? 오케아노스의 사나운 물길을 헤치고 달릴 수 있는 튼튼한 배가 아니면 이곳에 올 수 없는데, 말해보거라. 너는 트로이아에서 이리로 오는 길이냐? 아직도 바다 위를 떠돌며 이타케로 돌아가지 못하고 네 아내와 아들도 만나지 못한 것이냐?'

'그렇습니다, 어머니. 트로이아 전쟁이 끝난 후 아직까지 이타케 땅을 밟지 못하고 있습니다. 제 아내 페넬로페와 아들, 그리고 아버지 라에르테스의 안부조차 듣지 못했습니다. 그래서 예언자 테이레시아스의 신탁을 받으러 왔습니다. 그런데 어머니는 어떻게 이곳에 오신 건가요? 제가 집을 떠날 때만 해도 무척 건강하셨잖아요. 병으로 돌아가신 겁니까? 아니면 아르테미스 여신의 화살에 맞으신 건가요? 아버지는 아직 건강하신가요? 페넬로페와 텔레마코스는 잘 지내고 있나요? 이타케의 백성들은 아직도 저를 기억하고 있나요? 제가 돌아오는 것을 포기하고 다른 이를 왕으로 추대했나요? 제 아내는 아직도 저를 기다리고 있나요? 아니면 저를 기다리는 것을 포기하고 다른 사내에게 시집을 갔나요? 어머니, 제게 모든 진실을 말씀해 주세요.'

'아들아, 걱정하지 않아도 된다. 네 아내는 여전히 널 기다리며 정절을 지키고 있단다. 너의 왕권은 다행히 다른 이에게 넘어가지 않고 네 아들에게 이어질 예정이다. 네 아버지는 시골로 내려가 더 이상 공적인 장소에 모습을 드러내지 않으신단다.

시골 농가에서 하인들과 함께 지내면서 겨울엔 모닥불 가에서, 여름이면 포도밭의 바짝 마른 짚단과 나뭇잎 더미에서 잠을 주무신단다. 또한 한 겨울에도 털외투를 마다하고 얇고 헤진 누추한 옷을 입고 지내셔. 그 모든 것이 너의 귀국을 기다리다가 너무 지쳐서 큰 비탄에 빠지셨기 때문이야. 네 아버지도 이제 나이가 들어 많이 쇠약해지셨는데 걱정이구나.

그리고 나를 죽게 만든 것은 여신의 화살도, 오랜 병마도 아니란다. 전쟁에 나가 소식도 없는 아들에 대한 근심 걱정이 내 기력을 모두 쇠진시켰고, 끝내는 목숨까지 앗아갔단다.'

어머니의 말을 듣자 내 가슴은 찢어지도록 아팠습니다. 나는 가여운 어머니를 안아드리려고 다가갔습니다. 그러나 어머니는 마치 그림자나 꿈속의 환영처럼 내 손을 스르르 빠져나가셨고, 내 손은 그저 허공을 휘저을 뿐이었죠. 나는 세 번이나 연거푸 어머니를 안으려고 시도했지만 그때마다 어머니의 영혼은 제 손을 벗어나셨습니다. 나는 상심이 너무 커서 절규했습니다.

'어머니, 어찌하여 저를 외면하십니까? 혹시 지금 어머니의 그 모습은 페르세포네가 제게 괴로움을 주기 위해 만든 환영인가요?'

내가 이렇게 말하자 어머니께서는 바로 대답을 하셨습니다.

'아아! 내 아들아, 살아있는 자 가운데 가장 불행한 내 아들아. 제우스의 따님께서 너를 속이시는 것이 아니란다. 이것은 인간이 죽고 나서 겪게 되는 운명이란다. 사람이 한번 죽어 그 영혼이 육체를 떠나게 되면 육체의 살과 뼈, 피는 모두 활활 타오르는 불길의 강력한 힘에 의하여 소멸된단다. 육체를 잃은 영혼이 저승세계로 가게 되면, 그 순간부터 살아있는 인간의 손으로는 더 이상 만질 수 없게 된단다. 그러니 너는 한시바삐 빛이 있는 인간 세계로 돌아가거라. 그리고 훗날 네 아내를 만나면 이 모든 것을 말해 주도록 해라.'

내가 어머니와 대화를 나누고 있을 때, 한 무리의 여인들이 다가왔소. 그들은 모두 존엄한 신분을 가진 자들의 부인이거나 따님이었습니다. 나는 그녀들의 사연도 궁금했습니다. 그래서 칼을 빼들고 한 번에 한 영혼만 구덩이에서 피를 마시게 했습니다.

맨 처음 피를 마신 영혼은 포세이돈의 연인이었던 티로였습니다. 그녀는 포세이돈과의 사이에서 낳은 아들 펠레우스와 넬레우스를 자랑했지요. 그들은 둘 다 제우스 신의 시종이 되었다고 하더군요.

두 번째로 만난 영혼은 아소포스의 딸 안티오페였습니다. 그녀는 제우스 신과 사랑을 나누고 쌍둥이 아들인 암피온과 제토스를 얻었다고 했습니다. 그들은 일곱 개의 성문이 있는 도시 테베를 건설한 사람들이었죠. 암피트리온의 아내 알크메네도 찾아왔어요. 그녀는 제우스 신의 아들인 저 유명한 영웅 헤라클레스의 어머니이죠. 그러자 크레온의 딸 메가라도 찾아왔소. 그녀는 헤라클레스의 첫 번째 아내였었죠.

나는 또 오이디푸스의 어머니인 아름다운 에피카스테도 만났습니다. 그녀는 한참을 머뭇거리다가 피를 마셨습니다. 그러나 피를 마시고 나서도 그녀는 말 한마디 하지 못했습니다. 아들이 저지른 만행이 너무도 끔찍하여, 가슴에 맺힌 한이 많았기 때문이었죠.

그리고 뛰어나게 아름다운 클로리스도 만났지요. 암피온의 막내딸인 그녀는 필로스의 왕 넬레우스와 결혼하여 네스토르, 크로미오스, 페리크리메노스라는 훌륭한 아들을 낳았죠.

틴타레오스의 부인 레다도 만났습니다. 그녀는 쌍둥이 아들을 낳았는데 말을 길들이는 카스토르와 권투를 잘하는 폴리데우케스가 그들이지요. 그들은 둘 다 살아있지만 대지 속에 갇혀서 지냈지요. 그래서 둘이 교대로 하루씩 번갈아가며 지상에 올라와서 살았고, 제우스 신이 주신 명예를 누렸지요.

그다음에 만난 영혼은 알로에우스의 아내 이피메디아였소. 그녀는 생전에 불멸의 신들을 무시했었지요. 그녀의 두 아들인 오토스와 에피알테스는 인간들 중에서 가장 키가 크고, 오리온 다음으로 가장 아름다운 청년들이었습니다. 그들은 소년 시절부터 올림포스 신들에게 위협적인 존재였죠. 그들은 아홉 살 때부터 올림포스 신전에 쳐들어 가겠다면서 신들을 위협했고, 하늘에 오를 수 있도록 올림포스 산 위에 옷사산을 쌓고 그 위에 펠리온 산을 포개려고 했답니다. 만약 레토의 아들

아폴론이 화살을 쏘아 두 소년을 죽이지 않았다면, 그들이 청년이 되어 그 일을 성취했을지도 모르죠.

나는 또 파이드라와 프로크리스와 아름다운 아리아드네도 보았습니다. 그녀는 크레타의 왕 미노스의 딸이었죠. 우아한 자태로 피를 마신 그녀는 테세우스를 따라 아테나로 가다가 낙소스 섬에서 디오니소스의 증언 때문에 아르테미스 여신에게 살해당했지요. 그 외에도 유명한 장수들의 아내들, 어머니들, 딸들이 구덩이로 와서 피를 마셨습니다. 하지만 그녀들에 대한 이야기는 하지 않겠습니다. 그랬다가는 소중한 밤을 다 지새우게 될 테니까요. 자, 이제 나는 전우들이 있는 배로 가든지 여기 그냥 있든지, 어쨌든 잠자리에 들어야겠습니다."

오디세우스가 말을 마치자 홀 전체는 마치 마술에 걸려서 정지된 듯 침묵이 흘렀다. 한참만에야 아레테 여왕이 먼저 말문을 열었다.

"파이아케스족이여, 그대들은 이분의 생김새와 키와 지혜가 어떻다고 생각하세요? 이분은 내 손님이지만 이곳의 통치에 참여하고 있는 여러분의 손님이기도 해요. 그러니 이분을 서둘러서 보내지 마시고 이분이 궁핍한 만큼 선물을 주도록 하세요. 신의 축복으로 그대들은 많은 재물을 모았잖아요."

그러자 최연장자인 장로 에케네오스가 말했다.

"친구들이여! 사려 깊은 왕비께서는 결코 우리의 목적이나 예측에서 벗어난 적이 없으시오. 알키노오스 왕께서도 그렇게 말씀하신다면 그 분부에 따르도록 합시다."

알키노오스 왕이 그에게 대답했다.

"에케네오스여, 그대의 말이 참으로 옳다. 자, 노를 사랑하는 파이아케스족의 통치자로서 명령한다. 그대들은 내일 아침까지 더 많은 선물을 준비하여 이곳으로 가져오게."

왕은 이번엔 오디세우스를 바라보며 말했다.

"손님께서는 한시바삐 고향으로 돌아가고 싶을 것이오. 그렇지만, 하루만 더 머물러 주시기를 바라오."

오디세우스가 대답했다.

"알키노오스 왕이시여, 모든 사람들 중에 탁월한 이여! 왕께서 1년을 더 머무르라고 하셔도, 그동안 송환을 서두르며 귀한 선물을 주신다 해도 나는 그 분부에 따르겠습니다. 선물을 가득 들고 돌아간다면 고향 사람들도 나를 더 존경하고 사랑할 테니까요."

"오디세우스여, 우리가 보아하니 그대는 허풍쟁이나 사기꾼은 아니오. 사실 이 세상에는 나그네로 떠돌며 출처를 알 수 없는 거짓말을 해대는 자들도 많소. 하지만 그대의 이야기는 논리적이고 그 속에 지혜가 들어 있구려. 마치 시인이 노래하듯 한 유려함으로 그리스 군사들과 그대 자신이 겪은 고난과 불행을 능숙하게 이야기했소.

자, 그러니 나의 질문에도 솔직히 답해주시오. 그대는 저승에 갔을 때 트로이아에서 목숨을 잃은 전우들도 만났소? 요즘은 밤이 긴 데다가 아직은 궁전에서 잠을 잘 시간은 아니오. 그러니 그 신기한 사건들에 대해서 조금 더 이야기해 주시오. 나는 그대가 새벽까지 이야기를 계속한다고 해도 그때까지 버티며 이야기를 들을 것이오."

"모든 이들 중에서도 탁월하신 알키노오스 왕이시여, 당신께서 원하신다면 기꺼이 이야기를 계속하겠습니다. 내 전우들의 눈물겨운 수난의 이야기와 트로이아 전쟁에서 살아남고도 귀국하다가 목숨을 잃은 이들의 이야기를 말입니다.

저승 세계의 왕비 페르세포네가 피 구덩이로 몰려왔던 여인들의 영혼을 제각기 흩어버리자, 이번에는 전쟁에서 죽은 병사들의 영혼이 몰려왔습니다. 그들 가운데서 아트레우스의 아들 아가멤논의 영혼이 불쑥 앞으로 나왔습니다. 그의 주위에는 그와 함께 아이기스토스의 손에 목숨을 잃은 동료들의 영혼도 모여 있었소. 그는 구덩이에서 피를 마신 후 곧바로 나를 알아보고는 대성통곡을 하더군요. 나는 어찌나 놀랐는지 말까지 더듬을 정도였죠.

'아가멤논! 당신은 정녕 아트레우스의 아들 아가멤논이 맞습니까?'

그는 말없이 눈물을 흘리며 두 팔을 벌려 나를 안으려고 했습니다. 나 역시 그를 마주 안으려고 했지요. 하지만 우리는 서로를 끌어안을 수 없었습니다. 그것이 살아있는 자와 죽은 자의 영혼에게 주어진 숙명이었죠.

'말씀해 주십시오. 우리가 트로이아 앞바다에서 광풍을 만나 서로 뿔뿔이 흩어진 후로 어떻게 죽음을 맞게 되신 겁니까? 포세이돈 신이 끔찍한 폭풍을 일으켜 당신의 목숨을 앗아간 것이오? 아니면 육지에서 소 떼나 양 떼를 약탈하거나 그 도시나 여인들을 차지하기 위해 전투를 벌이다가 적에게 목숨을 잃은 것입니까?'

아가멤논의 영혼은 비참한 표정으로 고개를 저었소.

'아니오. 그대가 말한 그런 이유라면 차라리 행복했을 것이오. 실은 고향으로 돌아갔을 때, 아이기스토스가 이미 내 아내를 유혹하여 자기 여자로 만들었고 그것도 모자라 내 왕권까지 탈취했다오. 내가 승전의 기쁨에 도취되어 귀국했을 때, 배신자 아이기스토스와 못된 요부 클리타임네스트라는 이미 나를 죽이기 위해 만반의 준비를 하고 있었던 것이오. 그들이 나와 내 동료들까지 모두 죽인 것이오. 그러나 무엇보다도 프리아모스의 딸 카산드라의 비명소리가 귓가에 생생하다오. 너무 애처로워서 차마 들을 수 없을 정도였지. 교활한 클리타임네스트라가 그녀를 바로 내 옆에서 칼로 찔렀거든. 내가 두 손으로 막으려고 했지만 나 역시 팔에 부상을 입은 터여서 지켜주지를 못했소. 그 짐승의 탈을 쓴 여자는 저승 길로 떠나는 내 눈을 감겨주지도 않더군. 세상에 남편을 살해할 음모를 꾸미는 여자보다 더 무섭고 파렴치한 여자는 없을 것이오. 오. 정말이지 나는 집에만 돌아가면 온 가족이 기뻐하며 나를 반겨주리라고 믿었소. 그러나 금수만도 못한 그 여자는 그녀 자신과 후세에 태어날 모든 여성들에게 치욕을 퍼부었소.'

나는 그의 말에 충격을 받고 나도 모르게 절로 탄식이 나왔습니다.

'세상에! 정말이지 제우스 신께서는 아트레우스의 아들들에게 못된 여자들만 골라서 보내셨나 봅니다. 헬레네 때문에 수많은 병사들이 트로이아에서 목숨을 잃었고, 그녀의 자매인 클리타임네스트라는 눈 하나 깜짝하지 않고 자기 남편을 살해했으니 말입니다.'

'어느 누구나 자기 부인을 믿어서는 안 되오. 그러나 당신만은 안심해도 좋을 것이오. 당신의 아내인 페넬로페는 세상에 둘도 없는 현모양처이니 말이오. 언젠가 그대가 고향으로 돌아가게 되면 아들과 서로 얼싸안으며 함께 기쁨을 나눌 수 있을 것이오. 하지만 내 아내 클리타임네스트라는 내가 아들인 오레스테스의 얼굴을 볼 수도 없게 만들었소. 지금쯤 제법 커서 소년이 되어 있을 텐데…….'

아가멤논은 슬픔과 괴로움이 동시에 밀려오는 듯 잠시 말을 잇지 못하다가 다시 입을 열었소.

'그건 그렇고 혹시 내 아들 오레스테스에 대한 소식을 들은 게 있소? 그 애는 아직 살아있는 게 틀림없소. 내 아직 저승에서는 그 아이의 모습을 보지 못했으니 말이오. 어쩌면 오르코메노스나 모래가 많은 필로스에 가서 살든지, 그렇지 않으면 내 동생 메넬라오스가 그 애를 스파르타에 있는 자기 궁전으로 데려갔는지도 모르겠소.'

'안타깝지만 오레스테스의 소식은 들은 게 없습니다. 트로이아를 떠나온 후 저도 아직 그리스 땅을 밟아본 적이 없기 때문입니다.'

나는 무거운 마음으로 그의 질문에 대답했습니다. 그러자 실망한 아가멤논의 영혼은 슬픈 표정을 지으며 그 자리를 떠났습니다.

그다음에 나타난 영혼은 펠레우스의 아들 아킬레우스였습니다. 그는 구덩이에서 피를 마신 다음 나에게 말했습니다.

'오디세우스! 그대는 참으로 대담하구려. 살아있는 몸으로 어떻게 저승에 올 생각을 다 하셨소? 이곳은 사리분별이 없는 망령들이 사는 곳, 죽은 자들의 영혼이 사는 곳이오.'

'그리스의 영웅 아킬레우스여, 내가 원해서 이곳에 온 것은 예언자 테이레시아스를 만나기 위해서요. 내가 고향 이타케로 무사히 돌아가는 방법을 아는 것은 그가 유일하기 때문이오. 나는 아직 그리스 땅 근처에도 가보지 못하고 바다 위를 떠도는 처지라오. 그러나 아킬레우스여, 그대만큼 행복한 자는 과거에도 없었고, 지금도 없으며, 앞으로도 없을 거요. 그대는 살아있을 때 그리스의 군사들로부터 마치 신처럼 숭배받았소. 그리고 지금 저승에서까지 병사들의 영혼들로부터 권위를 인정받고 있구려. 그대를 보면 죽었다고 다 한탄할 일만은 아닌 것 같소.'

'그대는 내가 저승에서까지 존경을 받는다고 해서 날 위로할 생각은 하지 마시오. 만약 나에게 선택의 기회가 주어진다면 저승에서 죽은 자들의 왕 노릇을 하느니 차라리 이승에서 비천한 노예가 되어 태양을 보며 살고 싶소. 그건 그렇고 이제 이승의 소식을 좀 전해주시오. 내 아들 네오프톨레모스에 대해서 뭔가 들은 바가 있으시오? 그리고 내 아버님이신 펠레우스 왕에 대한 소식도 전해주시오. 그분께서는 아직도 미르미돈의 왕으로 존경받고 계십니까?'

그러나 나는 그에게 전해줄 소식이 아무것도 없었습니다.

'아킬레우스, 그대 아버님이신 펠레우스 왕의 소식은 들은 바가 없소. 하지만 네오프톨레모스에 대한 소식은 많이 알고 있소. 그대가 세상을 떠나고 난 뒤, 당시 스키로스에 머물고 있던 네오프톨레모스를 내가 직접 배에 태워 트로이아로 데려갔소. 그 아이는 작전회의 때마다 가장 먼저 현명한 의견을 냈는데, 네스토르나 나와 비슷한 수준의 훌륭한 계책들이었소. 또한 전투에 나가서는 항상 선두에 서서 싸우는 용맹스러운 장수였소. 그는 누구보다 많은 적을 쓰러뜨렸지요. 목마가 트로이아의 성안으로 들어갔을 때도 네오프톨레모스 역시 최고의 장수들과 함께 목마 안에 매복했었소. 그때 그대의 아들은 용기백배하여 서둘러 목마 밖으로 뛰쳐나가 트로이아 군을 무찌르자고 졸랐소. 나는 때를 기다리자며 그를 설득하느라 진땀을 빼야 했다오. 결국 우리는 트로이아 성을 함락시켰고, 네오프톨레모스는 자신에게 할당된 수많은 값진 전리품을 챙겨서 고향으로 돌아갔소. 그대의 아들처럼 명예롭게 모든 이의 존경을 한 몸에 받으며 고향으로 돌아간 장수는 우리 중에 몇이 되지 않을 거요.'

내 말을 듣고 난 아킬레우스는 흐뭇한 표정을 지으며 그 자리를 떠나 저승의 꽃들이 만발한 아스포델로스 들판으로 내려갔습니다. 다른 영혼들도 여럿 몰려와서 구덩이의 피를 마신 뒤 가족들의 소식을 물었습니다. 그러나 나는 그들에게 전해줄 이야기가 별로 없었습니다. 그들은 슬픈 표정으로 그 자리를 떠났습니다.

그런데 덩치가 크고 위엄이 넘치는 장수 하나가 멀찍이 떨어져서 나를 쳐다보고 있었습니다. 그는 바로 그리스의 장수들 중에서 아킬레우스 다음으로 용맹스럽고 전투력이 뛰어난 전사 아이아스였죠. 나는 그와 트로이아 전쟁이 한창일 때 전사한 아킬레우스의 갑주를 두고 싸움을 벌인 적이 있었습니다. 그때 나에게 패한 그는 참을 수 없는 모욕과 분노로 스스로 목숨을 끊었었지요. 그 생각이 나자 나는 미안한 마음이 들어서 그에게 다정하게 말을 걸었습니다.

'텔레몬의 아들이여, 설마 아킬레우스의 갑주 때문에 아직도 화가 나시오? 그 갑주는 제우스 신께서 우리에게 내린 재앙이라는 것을 모르시오? 아킬레우스도 그 갑주를 입고 목숨을 잃었고, 그대 역시 그 갑주 때문에 스스로 목숨을 끊지 않았소? 우리는 아킬레우스가 목숨을 잃은 것만큼이나 그대의 죽음을 슬퍼했었소. 그러니 이제 그만 화를 풀고, 이리 와서 나와 함께 이야기를 나누어 봅시다.'

하지만 아이아스는 아무런 대꾸도 하지 않고 다른 영혼들과 함께 어둠 속으로 사라졌습니다. 나는 그와 화해하지 못한 것이 못내 아쉬웠습니다. 그때 제우스의 탁월한 아들 미노스가 눈에 들어왔소. 그는 황금 홀을 쥐고 앉아서 죽은 자들에게 판결을 내리고 있었습니다. 그 주위에는 죽은 자의 영혼들이 판결을 기다리며 서성대고 있었어요.

거인 오리온도 보았습니다. 그는 수선화가 피는 풀밭에서 야수들을 한곳으로 몰고 있었는데 모두 그가 생전에 죽였던 들짐승이었죠.

대지의 여신 가이아의 아들인 티티오스도 만났습니다. 그는 땅바닥에 누워 있었는데 그 키가 무려 1킬로미터나 되었습니다. 그의 양옆에는 독수리들이 앉아서 그의 간을 쪼아 먹었소. 그것은 그에게 주어진 형벌이었어요. 제우스의 연인인 레토 여신이 아름다운 무도장이 있는 파노페우스를 지나 피토로 갈 때 그가 그녀를 납치하려 했기 때문이지요.

나는 탄탈로스가 참혹한 고통을 당하는 것도 보았소. 그는 연못 안에 서 있었는데 물이 그의 턱밑까지 차 있었어요. 그는 갈증에 시달리며 계속 입맛을 다셨지만 정작 물은 한 방울도 마실 수가 없었습니다. 탄탈로스가 물을 마시려고 고개를 숙이기만 하면 연못물은 곧 순식간에 말라버리고, 그의 두 발 주위에는 바짝 마른 검은 땅만이 펼쳐졌기 때문이지요.

또한 그의 머리 위에는 탐스러운 과일들이 주렁주렁 달린 나뭇가지들이 늘어져 있었어요. 사과나무와 배나무, 석류나무, 달콤한 무화과나무, 그리고 과즙이 풍성한 초록색 올리브 나무 같은 키가 큰 나무들이었죠. 탄탈로스가 손을 뻗어 과일을 따려고 하면 그와 동시에 어디선가 바람이 불어와 과일이 매달린 나뭇가지를 쳐서 그의 손이 닿을 수 없는 높이로 올려버렸어요. 그는 끝없이 허기와 갈증에 시달리며 고통을 당하고 있었습니다.

나는 또 시시포스도 보았습니다. 그는 커다란 바위를 힘들여 굴려가며 산등성이를 올라가고 있었습니다. 그의 몸은 땀으로 흥건했고, 두 팔과 두 다리는 무거운 바윗 덩이를 받쳐 올리느라 후들거렸습니다. 입에서는 연신 거친 숨을 토해내고 있었지요. 하지만 그가 산등성이의 정상에 바위를 올려놓는 순간, 바위는 야속하게도 그의 손에서 미끄러져 나와 다시 산등성이를 타고 굴러 산 아래 풀밭 위로 떨어졌습니다. 그러면 시시포스는 절망감에 한숨을 크게 내쉬고는 또다시 바위를 밀며 산등성이를 올라갔고, 정상에 올려진 바위는 다시 산 아래로 굴러내려갔습니다. 시시포스는 그런 헛수고를 끝없이 반복하고 있었습니다.

그다음에 본것은 불사신 헤라클레스였소. 하지만 그는 올림포스 신전에서 제우스 신과 헤라 여신의 딸 헤베와 결혼하여 지내고 있었기 때문에 내가 본 것은 그의 환영에 불과했죠. 그의 환영이 있는 주위에는 영혼들이 놀라서 사방으로 날아가는 새 떼처럼 요란한 소리를 냈습니다. 헤라클레스의 환영은 밤처럼 음침하고 비통한 표정으로 무리들 가운데 서서 사방을 거칠게 둘러보았습니다. 그는 손에 든 활의 시위에

시시포스를 감독하는 페르세포네 그리스 도자기, 기원전 530년

화살을 메긴 채 마치 맹수라도 겨냥한 듯한 자세였죠. 그는 황금으로 만든 어깨 띠를 둘러메고 있었는데 거기에는 곰, 멧돼지, 눈빛을 번쩍이는 사자, 전투와 살육 장면 등이 신묘한 솜씨로 새겨져 있었습니다.

헤라클레스는 나를 알아보고 비통해했습니다.

'불쌍한 오디세우스여, 그대도 나처럼 태양빛 아래에서 참고 견디었던 고난과 불행의 날들을 보내고 있구려. 나는 신들의 왕 제우스 님의 아들이었소. 그런데도 형편없는 인간의 종노릇을 하며 굴욕을 견디어야 했소. 그의 명령을 수행하기 위해 끔찍한 모험을 수없이 감행해야 했지. 한 번은 저승의 문지기인 케르베로스까지도 이승으로 끌고 가야만 했소. 물론 아테나 여신과 헤르메스의 도움을 받기는 했지만 말이오.'

헤라클레스는 말을 마치더니 다시 저승의 어둠 속으로 사라져갔소. 나는 그에게 좀 더 많은 이야기를 듣고 싶었기 때문에 그가 떠나자 매우 아쉬웠소. 그래서 혹시 또 다른 영웅들도 만날 수 있지 않을까 하는 기대감으로 그 자리에 머물렀습니다. 테세우스나 페이리토오스 같은 영웅들 말입니다. 하지만 그전에 헤아릴 수 없는 많은 영혼들이 몰려와서 무시무시한 괴성을 질러대는 바람에 나는 극심한 공포에 사로잡혔습니다. 페르세포네가 쳐다보기만 해도 온몸이 돌로 변해버리는 무시무시한 괴물 고르곤을 보내올지도 모르기 때문이었죠. 그래서 나는 병사들에게 가능한 한 빨리 배가 있는 곳으로 가라고 명령했습니다.

마침내 배에 도착한 우리는 즉시 노를 저어 오케아노스를 건넜습니다. 그러자 순풍이 불어와 노를 젓지 않아도 배는 빠른 속도로 파도를 가르며 앞으로 나아갔습니다."

제12장

괴물 스킬라와 카립디스

밤이 깊어지면서 오디세우스의 저승 이야기도 끝나가고 있었다.

"키르케가 기다리는 아이아이아 섬의 해안에 도착했을 때 태양은 이미 서쪽으로 기울고 있었습니다. 피곤에 지친 우리는 배에서 내리자마자 모두 모래사장에 사지를 쭉 뻗고는 단잠에 빠져들었지요.

날이 밝자 나는 즉시 몇 명의 병사들을 키로케의 집으로 보냈습니다. 알페노르의 시신을 수습하기 위해서였죠. 병사들은 그의 시신을 바닷가로 옮긴 뒤 장작더미를 쌓고, 그 위에 시신과 그의 무기를 함께 태웠소. 그리고 타고 남은 유골 위에 무덤을 쌓고, 무덤의 맨 꼭대기에 엘페노르가 평소 사용했던 노를 꽂아 주었소. 이렇게 해서 나는 엘페노르와 했던 약속을 지켰답니다.

그때 키르케가 시녀들을 데리고 바닷가로 왔어요. 시녀들의 손에는 빵과 고기를 가득 담은 바구니와 포도주가 든 항아리를 들려 있었죠.

키르케는 동정심에 가득 찬 표정으로 우리를 바라보며 말했습니다.

'당신들은 참 지독한 사람들이에요. 살아있는 몸으로 죽은 자들의 세계를 다녀오다니, 덕분에 평생에 단 한 번 가야 할 저승길을 두 번씩이나 가게 되었군요. 힘든 여정을 마쳤으니 오늘은 하루 종일 편히 쉬면서 흥겨운 식사를 즐기도록 하세요.

날이 새는 대로 그대들은 다시 배를 타고 항해에 나서야 해요. 앞으로 그대들이 넘어야 할 위험들을 상세하게 알려드리지요. 당신들이 두 번 다시 무지와 어리석음으로 인하여 스스로를 불행에 빠뜨리지 않도록 말이에요.'

키르케는 시녀들을 시켜 가지고 온 빵과 고기를 병사들에게 나누어 주고 술잔 가득 포도주를 따라주었습니다. 그러고는 제 손을 이끌고 병사들과 조금 떨어진 곳에 위치한 바위로 갔습니다. 나는 키르케와 함께 그 바위 위에 걸터앉았죠. 그녀는 나에게 저승에서 있었던 이야기를 소상하게 해달라고 청했습니다. 나는 저승에서 보고 듣고 느낀 모든 것을 모두 설명했습니다. 그러자 키르케는 오랫동안 말없이 제 얼굴을 쳐다보더군요. 이윽고 그녀가 입을 열었습니다.

'당신은 모든 일을 성공적으로 마쳤군요. 하지만 아직 위험이 끝난 것은 아니에요. 당신의 고향 이타케로 가는 길은 아직도 너무 멀기만 하고, 포세이돈 신의 분노도 여전하니까요. 지금부터 내가 하는 이야기를 명심하세요.

당신은 이곳을 떠난 후 가장 먼저 세이렌들의 섬에 당도하게 될 거예요. 그녀들이 부르는 마법의 노래는 너무나 달콤하지만 인간들에게는 매우 치명적이죠. 그 노래에 홀린 뱃사람들은 하나같이 배가 난파되어 모두 목숨을 잃었답니다. 그래서 세이렌들이 사는 섬의 해변에는 수많은 뱃사람들의 백골이 늘려 있지요.

항해를 하다가 세이렌들의 섬이 보이면 아무것도 듣지 말고 그곳을 최대한 빠르게 지나가야 해요. 세이렌의 노랫소리를 듣지 않으려면 꿀벌 집에서 나온 부드러운 밀랍으로 병사들의 귀를 틀어막으세요. 만약 그 노랫소리를 들어보고 싶다면 먼저 병사들을 시켜서 당신의 손발을 돛대에 꽁꽁 묶은 후여야 해요. 물론 당신은 세이렌의 노랫소리를 듣게 되면 견디지 못하고 병사들에게 밧줄을 풀어달라고 명령할 거예요. 하지만 밀랍으로 귀를 막은 병사들은 그 소리를 듣지 못하겠지요. 그렇더라도 미리 병사들에게 다짐을 받아 두세요. 당신이 아무리 고통스러워해도, 아무리 밧줄을 풀어달라고 강요해도 절대 풀어주면 안 된다고 말이죠. 그렇게만 하면 세이렌의 위험에서 벗어날 수 있어요.

세이렌 자매의 섬을 무사히 벗어나고 나면 두 갈래로 갈라진 물길이 나올 거예요. 그곳에서 어느 쪽 길을 선택할지는 스스로 결정해야 해요. 왜냐하면 두 곳 모두 별 차이가 없을 만큼 위험한 곳이기 때문이에요.

오른편 물길을 선택하면 신들께서 '혼란의 절벽'이라고 이름 붙인 바위를 만나게 됩니다. 그곳에 이르면 파도가 엄청난 힘으로 절벽에 부딪쳤다가 하늘 위로 높이 솟구치고는 다시 바다 위로 부서져 내리지요. 만약 파도에 배들이 휩쓸리면 송두리째 산산조각 나고 맙니다. 하늘을 나는 새 조차 그 절벽을 피해 다닐 만큼 위험한 곳으로, 지금까지 인간의 능력으로 그곳을 무사히 통과한 배는 없다고 해요. 하지만 단 한 번 예외는 있었지요. 황금 양털을 찾아 콜키스로 가던 아르고호 원정대였는데, 그들의 배가 무사히 통과할 수 있었던 것은 순전히 헤라 여신의 도움 덕분이었죠.

오디세우스여, 만약 당신이 오른 편이 아닌 왼편 물길을 선택한다면 두 개의 높은 바위 절벽을 만나게 될 거예요. 한 봉우리는 무척 높고 뾰족해서 꼭대기가 항상 검은 구름에 가려져 있어요. 계절에 상관없이 하늘이 아무리 맑은 날에도 보이지 않죠. 게다가 그 바위는 마치 잘 다듬어진 대리석처럼 매끄러워서 어느 누구도 그 절벽을 오를 수 있는 사람이 없지요. 그 바위 절벽의 한복판에 자욱한 안개로 뒤덮인 동굴이 하나 있는데, 거기에는 끔찍한 괴물 스킬라가 살고 있어요. 스킬라의 목소리는 마치 갓 태어난 강아지처럼 사랑스럽지만 그 모습이 어찌나 기괴하고 흉측한지 그 공포스러운 모습은 상상을 초월한답니다.

괴물 스킬라는 목이 자유자재로 늘어나는 머리가 여섯 개이며, 무시무시한 갈퀴가 달린 발이 열두 개나 됩니다. 입안에는 죽음의 공포가 서려있는 송곳처럼 날카로운 이빨이 세 줄로 촘촘히 나 있지요. 그녀는 속이 빈 동굴 안에 몸뚱이를 반쯤 숨기고 누워 있지만 여섯 개의 머리는 한순간도 쉴 틈 없이 주변을 감시하고 있어요. 그러다가 그 근처를 지나가는 돌고래나 물개 등 큰 바다짐승들을 잡아먹곤 합니다.

당신은 스킬라가 있는 곳을 지나가면서 어느 정도 희생은 감수해야 해요. 적어도 여섯 명의 병사들은 잃게 될 테니까 말이에요. 하지만 스킬라를 피하려고 다른 바위 절벽 옆으로 통과하려고 했다가는 더 큰 희생을 치를 수 있어요. 거기에는 잎이 무성한 커다란 무화과나무가 한 그루 서 있는데, 바로 그 무화과나무 아래 카립디스라는 괴물이 몸을 숨기고 있답니다.

카립디스는 커다란 입을 벌려 하루에 세 번은 물을 빨아들이고, 세 번은 다시 그 물을 내뱉고는 하지요. 카립디스가 물을 빨아들이는 시간에는 절대로 그곳을 지나가지 마세요. 그때는 바다의 신 포세이돈조차 당신들을 죽음에서 구해낼 수 없을 거예요. 그러니 그대는 스킬라의 동굴 쪽으로 배를 바짝 붙여서 최대한 빨리 그곳을 통과하세요. 배 안에서 여섯 명의 전우를 잃는 편이 한꺼번에 전우를 모두 잃는 것보다는 훨씬 나을 테니까요. 자 이제 선택은 당신의 몫이에요. 어느 쪽을 선택할지 잘 생각해 봐요.'

'여신이여. 스킬라와 카립디스를 동시에 피할 수 있는 방법은 없습니까? 꼭 희생을 치르면서 그곳을 지나야만 하는 겁니까? 스킬라를 처치할 방법은 없는 겁니까?'

'나도 안타깝게 생각해요. 당신이 어느 물길을 선택하든지 끔찍한 불행을 피할 수 있는 방법은 없어요. 그러니 스킬라와 싸워보겠다는 헛된 망상은 버리세요. 그녀는 죽음의 신도 이길 수 없는 존재예요. 불사의 운명을 타고났기 때문이지요. 당신이 선택할 수 있는 최선의 방법은 여섯 명의 전우를 잃고 그곳을 최대한 빨리 빠져나가는 거예요. 이때 한눈을 팔거나 잠시라도 머뭇거렸다가는 또다시 여섯 명이 괴물의 먹이가 되고 말 거예요. 그러니 당신은 정신을 바짝 차려야 합니다.'

그녀의 말에 나는 한숨이 절로 나왔습니다. 전우들이 괴물에게 잡아먹히는 끔찍한 상황을 당해도 그저 무기력하게 바라보기만 해야 한다는 것이 도저히 용납되지 않았어요. 키르케는 내 생각을 읽었는지 다시 한번 힘주어 말했지요.

'명심하세요. 스킬라는 무시무시하고 끔찍하고 사납고 맞서 싸울 수 없는 불사의 재앙이에요. 어느 누구도 그 괴물의 손아귀를 벗어나는 것은 불가능해요. 최소한의 희생을 치르고 최대한 빨리 그곳에서 도망치는 게 상책이죠.'

그녀는 잠시 나의 표정을 살피고는 조심스레 말을 이어갔습니다.

'스킬라와 카립디스의 마수를 벗어나면 당신은 비로소 테이레시아스가 말했던 곳, 트리나키아 섬에 당도하게 될 거예요. 그 섬은 태양신 헬리오스가 자신의 소 떼와 양 떼를 방목하는 곳이에요. 일곱 무리의 소 떼와 일곱 무리의 양 떼가 있는데 각 무리는 오십 마리씩입니다. 그 가축들은 새끼를 낳지도 않고 죽지도 않아서 항상 같은 수를 유지하는데, 헬리오스의 딸들인 요정 파에투사와 라페티아라가 돌보고 있지요. 그 가축들을 해치지 않고 그대로 둔다면 당신들의 고난은 완전히 끝이 납니다. 다음 도착지는 꿈에도 그리던 고향 이타케가 되는 거예요.

그러나 만약 가축들에게 해를 입힌다면 당신들은 파멸을 면치 못할 것입니다. 당신은 부하들을 모두 잃고 만신창이가 되어 귀국하게 될 거예요. 그러니 내 말을 명심하셔야 해요.'

키르케의 이야기에 귀를 기울이고 있을 때, 어느새 동쪽 하늘에서 새벽의 여신 에오스가 솟아오르고 있었습니다.

'우리는 이쯤에서 작별 인사를 나누어야겠군요. 어서 병사들을 깨워서 떠나도록 하세요.'

키르케는 작별 인사를 건넨 후 숲을 향해 발걸음을 옮겼습니다. 나는 그녀의 모습이 숲속으로 완전히 사라질 때까지 눈길을 떼지 못했습니다. 키르케와의 만남은 그렇게 끝이 났습니다.

우리는 배를 띄우고 다시 항해를 시작했습니다. 키르케가 순풍을 보내준 덕분에 노를 젓는 수고는 하지 않아도 되었습니다. 나는 키르케의 예언을 병사들에게 미리 알려야 할지 말지를 고민했습니다. 말을 하지 않으면 위험에 대비하기가 어렵고, 미리 알게 되면 겁을 집어먹고 항해를 포기할 수 있기 때문이었죠. 결론을 내리지 못하고 고민에 고민을 거듭한 결과 세이렌에 대해서는 알려주고 스킬라와 카립디스에 대해서는 언급하지 않기로 했습니다. 나는 병사들을 불러 모았습니다.

'전우들이여, 모두들 내가 하는 말을 잘 듣게. 어젯밤 키르케가 고향으로 돌아가는 물길의 방향을 알려주었네. 앞으로 가게 될 물길은 많은 위험이 도사리고 있어. 테이레시아스도 똑같은 예언을 했었지. 맨 먼저 우리는 세이렌들이 사는 섬을 지나게 될 거야. 세이렌들은 마법의 노래로 선원들을 홀려 배를 난파시키고, 선원들의 목숨을 잃게 만든다네. 지금까지 세이렌의 노랫소리를 듣고 살아남은 자가 없다고 하네. 하지만 키르케가 세이렌들의 노랫소리를 듣고도 안전하게 그곳을 지나갈 방법을 알려주었네. 그러니 모두 나의 지시를 잘 따라주게.

우리가 세이렌들의 섬과 가까워지면 나는 자네들의 귀를 모두 밀랍으로 막아버릴 것이다. 그러면 자네들은 나를 돛대에 꽁꽁 묶게. 내가 자네들에게 풀어달라고 호통을 치거나 애원해도 절대 풀어주지 말고, 오히려 더 세게 묶어야 하네!

병사들은 내 명령을 반드시 지키겠다고 약속했습니다. 그러나 그들은 자신들이 겪게 될 위험을 별로 실감하지 못하는 것 같더군요. 오히려 신기하고 재미있어하는 것 같았습니다.

얼마 후 저 멀리 회색빛 바다 위로 초록빛 해안이 눈에 들어왔습니다. 그러자 어디선가 강한 바람이 불어와 배를 섬쪽으로 몰고 갔습니다. 직감적으로 세이렌의 섬이라는 것을 느꼈습니다. 나는 서둘러 밀랍 덩어리를 칼로 잘게 잘라 태양열로 녹인 다음 말랑말랑해질 때까지 손으로 주물렀습니다. 밀랍이 적당하게 말랑말랑해지자 그것을 가지고 병사들의 귀를 차례대로 빈틈없이 막았습니다. 그러자 병사들은 내 몸을 돛대에 단단히 묶었습니다.

배를 몰아주던 순풍이 갑자기 잦아들면서 파도조차 잠잠해지자 바다에는 정적이 흘렀습니다. 배가 멈춰 서서 움직이지 않자, 병사들은 서둘러 노를 젓기 시작했습니다. 섬이 가까워지자 해안가를 살펴보니 꽃이 만발한 들판이 펼쳐져 있었습니다. 그 들판 위에는 어렴풋이 세이렌 자매들의 모습이 보였습니다.

세이렌 자매들은 배가 온 것을 알아차리고 높은 소리로 합창하기 시작했습니다. 그 노랫소리는 뭐라고 형언할 수 없을 만큼 아름답고 달콤해서 마치 황홀경에 빠져드는 느낌이었습니다. 나는 좀 더 가까운 곳에서 노랫소리를 듣고 싶은 욕망이 강렬하게 일어났습니다. 그래서 병

오디세우스와 세이렌 레옹 아돌프 오귀스트 벨리, 1867년

사들에게 뱃머리를 섬으로 돌리라고 명령했습니다. 그러나 부하들은 나를 외면한 채 노젓기에 집중했습니다. 나와의 약속을 지켰던 것입니다.

우리가 자신들의 노랫소리에 반응이 없자, 세이렌들은 들판에서 해변으로 내려와 더 높은 소리로 노래를 불렀습니다.

'자, 이리 오세요. 지략이 뛰어난 오디세우스여! 이곳에 배를 세우고 우리가 부르는 감미로운 노래에 귀를 기울여 보세요. 지금까지 우리의 노랫소리를 듣고 이곳을 그냥 지나쳐간 배나 사람은 없었답니다. 우리 노래를 듣고 위로받은 사람들은 모두 현명해졌지요. 우리는 그 어떤 인간들보다 많은 것을 알고 있답니다. 그래서 트로이아에서 그리스 군대와 트로이아 군대가 신들의 뜻에 따라 전쟁을 벌였던 일들도 모두 알고 있지요. 용맹스러운 영웅이여. 이곳에 잠시만 쉬었다 가세요. 그러면 당신은 지금보다 더 행복해지고 더 현명해져서 이곳을 떠나실 수 있게 된답니다.'

나는 섬으로 가고 싶은 더욱 강렬한 충동에 사로잡혔습니다. 그래서 밧줄을 풀어보려고 안간힘을 썼습니다. 그러자 에우릴로코스와 페리메데스가 밧줄을 가져다가 내 몸을 몇 겹 더 단단히 동여매었습니다. 그러자 나는 꼼짝할 수 없게 되었답니다.

배는 세이렌의 섬에서 점점 멀어져 가다가 마침내 시야에서 완전히 사라졌습니다. 그제야 병사들은 귀에서 밀랍 덩어리를 떼고 나를 풀어 주었습니다. 나는 새삼스럽게 키르케에게 고마운 마음이 들었습니다. 그녀가 미리 대응 방법을 알려주지 않았다면 우리는 모두 세이렌의 유혹에 넘어가 목숨을 잃었을 것입니다. 세이렌의 노랫소리는 그만큼 강력해서 인간의 의지로 그 유혹을 벗어나는 것은 불가능하기 때문입니다.

얼마 후 바다 건너 저 멀리에서 연기가 피어오르는 모습이 보였습

오디세우스와 세이렌 허버트 제임스 드레이퍼, 1910년경

니다. 파도가 암벽에 부딪혀 부서질 때 나는 소리도 들려왔습니다. 직감적으로 스킬라와 카립디스가 가까워졌다는 것을 알았습니다. 마침내 키르케가 알려주었던 두 개의 암벽이 나타났습니다. 하나는 높고 가파른 절벽이었고, 다른 하나는 키가 낮긴 했지만 거대한 바위들이 병풍

처럼 둘러쳐진 암벽이었습니다. 높은 절벽 중간 동굴에 스킬라가 있고, 야트막한 바위에서 우람하게 잘 자란 나무 아래 바닷속에 카립디스가 숨어 있을 것입니다.

과연 카립디스가 물을 토해낼 때는 가마솥에서 물이 펄펄 끓어오르듯이 구름에 가려있는 절벽 봉우리의 꼭대기까지 물을 뿜더군요. 반대로 짠 바닷물을 빨아들일 때는 심연이 드러날 만큼 물이 깊고 넓게 소용돌이쳐서 주변의 바위들이 으르렁 그렸습니다. 병사들은 모두 겁을 집어먹고 벌벌 떨었습니다.

'저기 좀 보게! 저게 뭘까? 또 무슨 끔찍한 불행이 우리를 기다리고 있는 걸까?'

병사들은 두려움에 떨며 우왕좌왕하기 시작했습니다. 나는 그들을 진정시켜야 했습니다.

'전우들이여! 우리는 그동안 온갖 위험을 이겨내고 여기까지 왔다. 키클롭스를 생각해 보게. 그 괴물이 우리를 가두고 잡아먹을 때도 나의 지략으로 물리치지 않았는가?

자, 그러니 모두 용기를 내서 내가 시키는 대로 하게. 다들 자리를 벗어나지 말고 노 젓는 일에만 열중하게. 바로 옆에서 어떤 끔찍한 일이 벌어져도 절대 돌아보지 말고, 노 젓는 일에만 집중하게.

그리고 키잡이여, 자네는 흰 연기가 하늘을 향해 피어오르는 모습이 보이거든 그 연기가 피어나는 곳으로부터 최대한 거리를 두고 배를 몰게. 배를 무조건 높은 절벽 쪽으로 몰아가야 하네. 자칫 방심하다가 야트막한 바위 쪽으로 배를 몰았다가는 우리 모두 죽음을 면치 못할

것이다.'

병사들은 일제히 내 명령을 따랐습니다. 나는 끝내 스킬라와 카립디스에 대해서는 함구했습니다. 그 얘기를 들으면 병사들은 분명 노를 팽개치고 배 밑바닥으로 내려가 숨을 것이며, 그렇게 되면 배는 파도를 따라 이리저리 절벽 사이를 떠돌다가 카립디스의 입속으로 빨려 들어갈 것이 분명했기 때문이었죠.

나는 배 밑으로 내려가 서둘러 무장을 했습니다. 그러고는 두 개의 창을 들고 배의 앞머리에 있는 갑판 위에 섰습니다. 깎아지른 절벽을 주시하며 괴물이 나타나면 처치하려고 잔뜩 별렀습니다. 스킬라에게 맞서지 말라는 키르케의 경고를 잊었던 것입니다.

배가 암벽 가까이에 다가가자 절벽에 부딪혀 부서지는 파도 소리가 마치 천둥소리처럼 귀전을 때렸습니다. 겁을 잔뜩 집어먹은 병사들은 열심히 노를 저어 두 개의 바위 절벽 사이를 향해 갔습니다. 이때 카립디스가 큰 입을 벌려 바닷물을 빨아들이자 거대한 소용돌이가 만들어졌습니다. 순식간에 바닷물이 카립디스의 목구멍으로 흘러들어가자 바닥에는 모래와 검정 자갈들만이 모습을 드러냈습니다.

병사들은 그 광경을 보고 모두 하얗게 질린 얼굴로 정신없이 노를 저었고, 배의 키잡이 병사는 그 소용돌이에서 멀어지기 위해 재빨리 왼편의 높은 바위 절벽쪽으로 배의 방향을 틀었습니다. 그 절벽에 배를 바짝 붙이고 노를 저어가는데 갑자기 햇빛이 사라지고 사방이 어두워졌습니다. 스산한 기운이 뺨을 스치자 뭔가 불길한 징조가 느껴졌습니다. 아니나 다를까 절벽 위 높은 동굴에서 괴물 스킬라가 튀어나왔습니다.

여섯 개의 머리를 가진 괴물은 순식간에 여섯 명의 병사들을 물고 갔습니다. 처절한 비명소리를 듣고 고개를 돌렸을 때 이미 하늘 높이 끌려가는 병사들의 손과 발만 보였습니다. 그야말로 순식간에 벌어진 일이었습니다. 혼비백산한 병사들은 미친 듯이 노를 저었습니다.

배는 어느새 카립디스와 스킬라가 사는 좁은 협곡을 벗어나서 넓은 바다로 나왔습니다. 그제야 병사들은 자신들이 커다란 불행에서 벗어났다는 것을 실감할 수 있었습니다.

우리는 여섯 명의 희생을 치르고서야 태양신의 섬 트리나키아에 도착했습니다. 동료를 잃은 슬픔과 노 젓기에 지칠 대로 지친 병사들은 수풀이 무성한 아름다운 해변을 발견하자 환호성을 질렀습니다. 아름답고 평화로운 그 섬은 분명 위험도 없을 것이라고 생각했기 때문이었습니다. 그러나 나는 테이레시아스와 키르케의 예언이 떠올라 불길한 예감이 들었습니다. 그래서 동료들에게 어렵게 입을 떼었습니다.

'전우들이여, 자네들이 몹시 지쳐있다는 것을 잘 아네. 모두 저 섬에 들어가서 푹 쉬며 지친 몸과 마음을 달래고 싶을 걸세. 나 역시 자네들과 다르지 않네. 그런데 예언자 테이레시아스와 키르케가 저 섬을 피해 가라고 했네. 안 그러면 재앙이 닥친다고 말이야. 그러니 우리 힘은 들겠지만 저 섬을 그냥 지나쳐 가세.'

내 말에 병사들은 몹시 실망해서 불평을 터뜨렸습니다. 에우릴로코스는 심지어 화를 내며 나에게 따지고 들었습니다.

'오디세우스여! 당신은 정말 이기적이군요. 당신의 몸은 무쇠로 만

병사들을 물고 가는 스킬라 알레산드로 알로리, 1575년경

들어졌나 봅니다. 당신이 지치거나 피곤하지 않다고 해서 우리도 그런 줄 아는 것 아닌가요? 우리는 심신이 지치고 힘들어서 이대로 쓰러져 잠들고 싶은 생각이 간절합니다. 저 섬에 가면 저녁 식사를 맛있게 하고 푹 쉴 수 있는데 그대로 지나쳐서 밤새 굶어가며 노를 저어라는 것

입니까? 이제 곧 어둠이 찾아올 텐데 사나운 폭풍우라도 만나면 어쩌려고 하시는 겁니까? 밤에 만나는 폭풍우가 얼마나 끔찍한지 당신도 잘 아시지 않습니까? 만약 사나운 태풍이 배를 산산조각을 낸다면 이 망망대해에서 어둠을 뚫고 어디로 피신한다는 말입니까?

우리는 무슨 일이 있어도 저 섬에 꼭 가야만 하겠습니다. 저 섬에 정박해서 저녁 식사를 한 다음 충분한 수면을 취합시다. 그런 다음 내일 아침 일찍 출항하면 되지 않겠소?'

병사들은 에우릴로코스의 말에 모두 동조하며 나의 결단을 촉구했습니다. 그 순간 나는 운명의 여신이 병사들의 마음을 뒤흔들고 있다는 것을 느꼈습니다. 가슴속에서 걱정과 분노의 감정이 동시에 솟구쳐 올라왔으나 병사들의 요구도 무시할 수 없었습니다.

'자네들 모두의 뜻이 정히 그렇다면 받아들이겠다. 하지만 단 한 가지만은 내게 맹세해야 한다. 저 섬에 들어가면 무슨 일이 있어도 가축들을 건드리면 안 된다. 저 소와 양들은 모두 태양신 헬리오스의 것이다. 단 한 마리라도 해쳤다가는 우리 모두 파멸하고 말 것이다. 그러니 키르케 여신이 챙겨준 음식을 먹고 마시는 것으로 만족해야 한다.'

병사들은 모두 신의 이름을 걸고 약속을 지키기로 맹세했습니다. 우리는 넓은 포구에 배를 정박시키고, 육지에 내려서 저녁 준비를 했습니다. 모닥불을 피워 놓고 그 주변에 둘러앉아 고기와 빵, 치즈와 포도주를 배불리 먹은 뒤, 죽은 여섯 명의 동료들을 위해 제사를 올렸습니다. 그런 다음 해변에 누워 달콤한 잠에 빠져들었지요.

그런데 새벽 무렵이 되었을 때, 갑자기 폭풍우가 밀려왔습니다. 검은 구름이 하늘을 뒤덮었고, 사나운 파도가 거칠게 모래사장을 때렸습니다. 정박시켜놓은 배는 물 위에 띄워 놓은 나뭇잎처럼 힘없이 이리저리 파도에 휩쓸렸습니다.

잠에 취해있던 병사들은 허겁지겁 해변의 바위틈에 난 동굴로 피신했습니다. 아침이 되자 우리는 배를 동굴 안으로 끌어다가 바위에 단단히 묶어 두었습니다. 밖에는 여전히 거센 바람과 함께 장대비가 쏟아졌고, 바다에서는 거친 파도가 미친 듯이 날뛰었습니다.

그러나 동굴 안은 따뜻했고, 배 안에는 비상식량도 넉넉했습니다. 나는 다시 한번 동료들에게 다짐을 받았지요.

'폭풍우가 며칠 동안 계속 된다고 해도 배에는 먹을 것이 충분하니 걱정할 것이 없네. 노파심에서 하는 말이네만 섬의 가축들은 무슨 일이 있어도 건드리지 마라. 만약 손끝 하나라도 대었다가는 태양신의 분노를 사게 될 것이다. 모두 명심해라!'

병사들은 두 번째로 맹세를 했고 약속을 지켰습니다. 하지만 폭풍우는 날이 갈수록 더욱 거세지기만 했고, 잦아들 기미가 보이지 않았습니다. 그렇게 한 달이 지나가자 배 안에 있던 비상식량도 동이 나고 말았습니다. 병사들은 폭풍우 속에서 먹을 것을 찾으러 섬을 뒤지기 시작했습니다. 그러나 들짐승이라고는 단 한 마리도 보이지 않았고, 결국 물고기와 날짐승을 닥치는 대로 잡아먹었습니다.

나는 절박해졌습니다. 그래서 혼자 조용한 곳을 찾아 신들에게 간절히 기도하기 시작했습니다. 우리를 제발 무사히 귀국 시켜달라고 말입니다. 그런데 신들은 야속하게도 기도를 들어주지 않고 오히려 내 눈

위에 달콤한 잠을 내렸습니다. 에우릴로코스가 동료들을 선동할 수 있도록 말입니다.

'동지들이여, 내 말을 잘 들어보게. 우리는 그동안 이루 말할 수 없는 고통을 겪어왔네. 이대로 가다가는 머지않아 모두 굶어죽고 말 거야. 어차피 인간은 모두 죽겠지만 굶어 죽는 것만큼 비참하고 끔찍한 죽음이 또 있겠나? 나는 굶주림에 지쳤네. 더는 견딜 수가 없어. 우리 태양신의 소를 한 마리 잡아서 제물로 바치고, 오랜만에 고기로 배를 채워보세. 고향에 가서 헬리오스 신께 훌륭한 신전을 지어드리고, 많은 제물을 바치겠다고 약속하면 태양신께서도 눈감아 주실 거야. 만약 그렇게 약속해도 신께서 진노를 품고 우리 배를 침몰시킨다면 기꺼이 목숨을 내놓겠네. 이 삭막한 섬에서 굶주림에 고통받다가 서서히 죽어가느니, 난 차라리 짠 바닷물을 들이키고 빨리 죽는 편을 택하겠네.'

에우릴로코스가 말을 마치자 병사들은 환호하며, 모두 그의 말에 찬성했습니다. 때마침 배 근처 초원에서 소 떼가 풀을 뜯고 있었습니다. 병사들은 소들을 에워싸고 신들의 이름을 부르며 떡갈나무의 어린 잎사귀를 사방에 뿌렸습니다. 제사 의식에 사용할 흰 보릿가루를 모두 먹어버려서 더는 남아있지 않았기 때문이었습니다. 그들은 가장 살찐 소 한 마리를 잡아서 목을 친 후 가죽을 벗긴 후 고기를 부위별로 잘랐습니다. 그러고 나서 모닥불을 지피고 거기에다 신들이 좋아하는 부위를 골라 구웠습니다. 그런 다음 그 위에 포도주 대신 물을 뿌렸습니다. 가죽 부대에 포도주가 한 방울도 남아있지 않았기 때문이었죠. 모든 의식을 마친 병사들은 남은 고기를 잘게 썰어 꼬치로 만들어 불에 굽기

헬리오스의 소를 잡는 오디세우스의 동료들 펠레그리노 티발디, 1554~1556년

시작했습니다.

그즈음 잠에서 깬 나는 서둘러 동굴로 돌아오다가 고기 굽는 냄새를 맡았습니다. 순간 가슴이 덜컥 내려앉으며, 온몸에 힘이 풀려 그 자리에 풀썩 주저앉았습니다.

'오, 신들이시여! 기어코 저를 파멸로 이끄시는군요. 제게 저주받을 잠을 보내서 전우들이 돌이킬 수 없는 큰 죄를 범하게 하시다니요.'

한편 요정 람페티아는 올림포스로 올라가서 헬리오스 신에게 병사들이 저지른 죄를 낱낱이 고해바쳤습니다. 헬리오스는 크게 진노하여 다른 신들에게 소리쳤습니다.

'신들의 왕 제우스시여! 그리고 불멸의 신들이여! 저들의 죄에 마땅한 벌을 내려주소서! 그들은 무도하게도 내가 소중하게 아끼는 소를 죽였소. 내가 하늘 위로 높이 솟아오를 때마다 내 가축들은 나를 즐겁게 해주었습니다! 여러분이 만약 저들의 죄를 벌하지 않는다면, 나는 하데스로 내려가 이제부터는 그곳에 햇빛을 비춰주도록 하겠습니다.'

그러자 제우스 신께서 이렇게 대답하셨소.

'헬리오스여! 그들의 배는 내가 바다 한가운데서 번개를 내리쳐 산산조각을 만들 것이다. 그러니 분노를 거두고 신들과 인간들에게 계속 햇빛을 비춰주도록 하라!'

나는 그 사실을 칼립소 여신에게 들었는데 그녀는 헤르메스 신으로부터 들었다고 했습니다. 나는 서둘러 병사들에게 가서 그들 한 명 한 명을 돌아가며 책망했습니다. 하지만 이미 주워 담을 수 없는 엎질러진 물이었습니다. 곧 신들이 보낸 재앙의 징조들이 눈앞에 나타나기 시작했습니다. 벗겨 놓은 소가죽이 슬금슬금 기어 다니고, 꼬챙이에 꽂아둔 살점들이 소리를 질러댔습니다. 그 소리는 마치 소 울음소리 같았습니다. 그 모습을 본 병사들은 두려움에 떨었지만 그것도 잠시뿐이었죠. 지독한 굶주림에 눈이 뒤집힌 병사들은 그러고도 엿새 동안이나 더 태양신의 소를 잡아먹었습니다. 그들은 태양신에게 고향에 돌아가 신전을 지어 많은 제물을 바치기로 약속했으니, 신께서도 노여움을 풀 것이라며 자신들의 행동을 합리화했습니다.

병사들이 처음 소를 잡아먹은 지 이레째 되는 날이었습니다. 폭풍우가 멎고 바다가 잠잠해지자 우리는 서둘러 배를 띄우고 출항했습니다. 하지만 배가 트리나키아 섬에서 완전히 멀어지자, 갑자기 먹구름이 몰려와 순식간에 바다에 어둠이 내려앉았습니다. 강한 바람이 사방에서 불어오기 시작하더니 굵은 빗줄기가 바람을 타고 쏟아져 내렸습니다. 돛줄은 강풍을 이기지 못하고 끊어지고, 돛대까지 부러지자, 돛대에 매달려 있던 돛과 밧줄이 한꺼번에 갑판 위로 후드득 떨어져 내렸습니다. 부서져 내린 돛대의 파편이 키잡이 병사의 머리에 떨어져서 그의 두개골을 박살 냈습니다. 그의 몸은 그 자리에서 바닷속으로 고꾸라지며 떨어졌습니다.

그 순간 제우스 신이 던진 벼락이 고막을 찢는 우렛소리와 함께 배 한가운데 내리꽂혔습니다. 배는 광란하듯 요동쳤고, 유황불 냄새가 코를 찔렀습니다. 병사들은 모두 배에서 떨어져 바다 위를 떠돌다가 하나 둘씩 소용돌이치는 바닷물 속으로 사라져 갔습니다.

나는 부서져 내리는 배 위에서 중심을 잃고 쓰러지면서 혼신의 힘을 다해 양손으로 어딘가를 부여잡고 버텼습니다. 곧 산더미 같은 큰 파도가 밀려와 나를 덮쳤고 하마터면 바닷물 속으로 깊숙이 빠져들어 갈 뻔 했습니다. 나는 파도가 밀려간 틈을 타서 주위를 살폈습니다. 배에서 떨어져 나온 나무판들이 여기저기 떠다니는 것이 보였습니다. 그것은 배의 몸체가 부서져 나가기 시작했다는 증거였죠. 나는 놀라서 긴장하기 시작했습니다. 언제 배가 완전히 부서질지 모를 상황이었습니

스킬라와 카립디스 앞의 오디세우스
헨리 푸젤리, 1794~1796년 사이

다. 폭풍우는 기세가 꺾일 줄 몰랐고, 사나운 파도는 배를 마구 뒤흔들었습니다. 그 충격에 배는 견디지 못하고 두 동강이 나고 말았습니다. 갑판 위에 있던 나는 그만 바닷물 속으로 곤두박질치고 말았습니다.

나는 거친 파도 위를 떠다니다가 운 좋게 배의 돛대를 붙잡았습니다. 돛대에는 가죽으로 된 긴 밧줄이 감겨있었고, 그 밧줄로 돛대와 용골의 나무판들을 묶어 뗏목을 만들 수 있었죠. 나는 그 뗏목에 몸을 싣고 파도에 떠밀려 정처 없이 앞으로 나아갔습니다.

새벽의 여신 에오스가 바다를 밝히자 나는 소스라치게 놀랐습니다. 뗏목이 밤새 표류하다가 스킬라가 사는 바위 절벽과 카립디스의 소용돌이 사이의 협곡에 다다른 것이었습니다. 때마침 카립디스가 바닷물을 빨아들이기 시작했습니다. 나는 정신없이 그곳의 키 큰 야생 무화과나무에 훌쩍 뛰어올라 박쥐처럼 붙잡고 매달렸으나, 어디에도 발을 안전하게 디디고 설 수가 없었습니다. 뿌리들은 저 멀리 아래에 뻗어 있고, 나뭇가지는 하늘 높이 뻗어 카립디스에게 그늘을 만들어 주고 있었습니다. 나는 다시 한번 그 커다란 소용돌이가 뗏목을 토해내 주기를 끈질기게 기다렸습니다.

한참만에 뗏목이 수면 위로 떠오르자, 나는 무턱대고 뗏목 위로 몸을 날렸습니다. 그리고 뗏목 위에 누워 노 대신 두 팔로 물결을 젓기 시작했습니다. 스킬라의 동굴이 있는 바위 절벽을 따라 협곡을 벗어나는데 다행히 괴물은 내 존재를 눈치채지 못했소. 만약 스킬라가 나를 발견했다면 결코 살아남지 못했을 겁니다.

나는 구사일생으로 죽음의 그늘에서 벗어나 아흐레 동안 정처없이 표류했고, 열흘째 되던 날 여신 칼립소가 사는 오기기아 섬에 닿았습니다. 여기서부터는 두분께 이미 말씀드렸으니 다시 반복할 필요는 없을 것 같습니다."

제13장

이타케에 도착하다

오디세우스의 모험 이야기는 끝이 났다. 오디세우스는 숨을 크게 들이 마시고 포도주로 칼칼한 목을 축였다. 어느덧 새벽의 여신이 찾아올 시간이 가까워지고 있었다. 연회장에 있는 사람들은 오디세우스의 놀라운 이야기에 푹 빠져 시간의 흐름도 잊었다. 오디세우스의 모험담은 끝이 났지만 아무도 입을 열거나 움직이지 않았다. 마치 시간이 멈춘 듯 정적만이 흘렀다.

그 정적을 깨뜨린 것은 알키노오스 왕이었다.

"그대의 모험 이야기는 너무나 놀랍군요! 하지만 이제 마음을 놓으시기 바랍니다. 내 집에 왔으니 더는 표류하지 않고 그대의 집으로 무사히 돌아가게 될 것이오. 내가 보장하겠소."

알키노오스 왕은 오디세우스를 안심시킨 뒤 사람들을 향해 말했다.

"파이아케스족의 귀족과 원로들이여. 그리고 이 만찬에 함께한 이들이여. 나는 그대들에게 한 가지 제안을 하겠소. 여러분이 오디세우스님을 위해 보내준 선물은 내가 준비한 선물과 함께 나무 상자에 모두 담아 두었소. 거기에 우리 각자 큰 세 발 솥과 가마솥을 하나씩 선물로 추가하도록 합시다. 우리는 나중에 백성들에게 세금을 거두어 보충하면 되지 않겠소?"

왕의 제안에 모두 즐거운 마음으로 찬성했고, 그들은 잠을 청하기 위해 집으로 돌아갔다. 오디세우스도 알키노오스 왕이 마련해 준 방으로 가서 지친 몸을 쉬게 하였다.

그리고 날이 밝자, 사람들은 오디세우스에게 줄 선물들을 가지고 배로 모여들었다. 알키노오스 왕은 손수 배의 상태를 점검하고, 선물들을 안전하게 노 젓는 자리 아래에 챙겨 넣었다. 선원들이 노를 저을 때 방해받지 않게 하려는 것이었다. 항해 준비를 모두 마치자 알키노오스 왕은 궁전으로 가서 마지막 만찬을 베풀었다.

제우스 신을 위해 황소 한 마리가 제물로 바쳐졌다. 넓적다리뼈들이 다 타자 남은 고기들을 구워서 다 함께 흥겨운 만찬을 즐겼다. 음유시인 데모도코스는 악기를 연주하며 흥을 돋우었다.

그러나 오디세우스는 태양이 빨리 지기를 바라며 자꾸만 하늘을 올려다보았다. 그의 마음속에는 온통 고향에 돌아갈 생각으로 가득 차 있었기 때문이었다. 오디세우스는 만찬에 참석한 파이아케스인들과 알키노오스 왕에게 답례했다.

"알키노오스 왕이시여, 파이아케스족의 원로와 귀족들이여! 당신들은 나의 안전한 귀향을 위해 신들에게 제물을 바치며 제사를 지냈습니다. 거기에다 귀한 선물까지 마련해 주신 여러분께 올림포스 신들께서 축복을 내려주시기를! 나는 무사히 고향에 돌아가서 사랑하는 아내와 가족들을 만날 수 있기를! 여러분들 또한 계속 이곳에서 부인과 자녀들과 함께 행복을 누리시기를! 신들께서 부디 그대들에게 온갖 축복을 내려주셔서 어떤 재앙도 찾아들지 못하도록 막아주시기를 빕니다."

사람들은 오디세우스의 답례 인사에 흡족해하며 기뻐했다. 알키노오스 왕이 시종에게 명령했다.

"폰토노오스! 혼주 병에 좋은 술을 섞어서 여기 모든 이들에게 따라주도록 하라! 우리는 먼저 제우스 신께 헌주하고 나서 손님을 고향 땅으로 호송해 줄 것이다."

폰토노오스는 마음을 흥겹게 만들어줄 포도주에 물을 섞어서 모두에게 골고루 따라주었다.

모두들 앉은 자리에서 넓은 하늘을 지배하는 신들에게 헌주했다. 이때 오디세우스가 일어서서 아레테 왕비에게 술잔을 바치며 찬양했다.

"부디 평안하십시오, 왕비님! 늙음과 죽음이 찾아올 때까지 이 세상의 모든 부귀와 영광이 왕비님과 함께 하기를 빕니다. 나는 고향에 돌아가지만 그대는 이 궁전에서 자식들과 백성들과 알키노오스 왕과 즐겁게 지내십시오."

마침내 오디세우스는 궁궐을 나섰다. 알키노오스 왕의 명령을 받은

파이아케스인들에게 작별을 고하는 오디세우스 17세기 초

전령이 그를 배가 있는 바닷가로 안내했다. 아레테 왕비의 시녀들이 깨끗한 옷가지, 튼튼한 궤짝, 빵과 포도주를 들고 그 뒤를 따랐다. 전송하러 나와 있던 사람들이 그것을 받아다가 배에 실었다. 그리고 배의 갑판 위에 모직 이불과 베개, 리넨 천 등으로 편안한 잠자리를 만들어 주었다.

모든 준비를 마치자 오디세우스는 파이아케스인들과 작별 인사를 나눈 뒤 배에 올랐다.

오디세우스가 탄 배는 항구를 떠나 파도를 가르며 넓게 펼쳐진 바다 위로 거침없이 나아갔다. 오디세우스는 파이아케스인들의 노 젓는 모습을 보며 절로 감탄이 나왔다.

'하늘을 나는 새들 중에서 가장 빠르다는 매도 이 배를 따라잡지는 못하겠구나. 그런데 갑자기 왜 이렇게 졸리지? 아무래도 잠시 눈을 좀 붙여야겠다.'

오디세우스는 갑판 위에 마련된 잠자리에 누워 깊은 잠에 빠져들었다. 그는 밤새도록 잤다. 그사이 배는 쉼 없이 바다 위를 빠르게 나아갔다. 이른 아침에 새벽의 여신의 빛을 알리는 가장 밝은 별이 떠올랐을 때 마침내 배는 이타케 섬 가까이 이르렀다. 이타케에는 바다 노인의 이름을 따서 포르키스 포구라고 불리는 곳이 있었다. 포구는 두 개의 커다란 바위에 의해 넓은 바다로부터 분리되어 아늑했다. 그 덕분에 폭풍이나 높은 파도로부터 공격받을 염려도 없었고, 배를 정박시키기 위해 닻을 내리거나 밧줄을 기둥에 묶어둘 필요도 없었다.

포구의 가장 안쪽 부둣가에는 긴 잎이 무성한 올리브 나무가 있고, 그 옆에는 그늘진 쾌적한 동굴이 하나 있는데 그것은 '나이아데스'라고 불리는 요정들에게 바쳐진 것이다. 그 속에는 마르지 않는 샘물이 흘렀다. 돌 혼주 병과 손잡이가 둘 달린 항아리들이 있고, 또 벌들이 집을 지어놓고 있다. 그 안에는 돌로 된 커다란 베틀이 있는데 이것으로 요정들이 얇은 자줏빛 베를 짰다. 동굴에는 문이 두 개 있는데 북풍을 향한 문으로는 인간들이 내려갈 수 있으나 남풍을 향한 문은 신들만 드나들 수 있는 통로였다.

파이아케스인들은 훌륭한 선원들답게 거침없이 포구 안으로 배를 몰았다. 배는 가볍게 흔들리며 평평한 모래사장 위로 사뿐히 가서 닿았다. 그러나 오디세우스는 여전히 잠들어 있었다. 선원들은 갑판 위 모포 위에서 잠들어 있는 오디세우스를 그대로 들어 올려서 바닷가 모래 위에 뉘었다. 그러고 나서 알키노오스 왕과 원로들이 준 선물들을 육지로 나르기 시작했다.

항구의 끝자락에 가지를 길게 늘어뜨린 거대한 올리브나무 한 그루가 서 있었다. 선원들은 그 나무 아래에 오디세우스의 물건들을 숨겼다. 오디세우스가 잠들어 있는 동안 길 가던 행인이 와서 훔쳐 가지 못하도록 하기 위해서였다. 일을 마친 파이아케스족 선원들은 오디세우스에게 작별 인사도 건네지 못하고 곧바로 배에 올라 다시 넓은 바다 위를 노 저어 나갔다.

한편, 올림포스의 신들은 오디세우스가 무사히 고향에 돌아간 모습을 모두 지켜보고 있었다. 포세이돈 역시 그 모든 것을 지켜보았다. 그는 자신이 오디세우스에게 했던 위협들을 모두 기억하고 있었기 때문에 제우스의 계획을 물었다.

"제우스여, 앞으로 어떤 신이 나를 존경하겠소? 인간인 파이아케스인들 조차 나를 존경하지 않는데 말이오. 나도 오디세우스가 당장에 죽기를 바란 것은 아니오. 다만 그가 지금보다 더 많은 고통을 겪기를 바랐던 것이오. 당신도 그렇게 하라고 애초에 승낙했었소. 그런데 저 오만한 파이아케스인들이 오디세우스를 이타케 섬에 데려다주고, 청동과 황금으로 된 보물들까지 선물로 주었소. 그가 트로이아에서 챙겼던 전리품보다 훨씬 많은 선물을 말이오."

포세이돈의 말에 제우스가 즉시 대답했다.

"포세이돈이여. 대체 누가 그대를 업신여긴단 말이오? 우리 가운데 가장 연장자이며 가장 고귀한 그대를 업신 여길 수 있는 신은 아무도 없소. 인간들 중에서 누군가가 완력이나 권력을 믿고 그대에게 경의를 표하지 않으면 그대는 반드시 벌을 주었소. 그러니 그대는 하고 싶은 대로 하시오."

포세이돈이 제우스의 말을 받았다.

"제우스여! 나는 지금 당장 그대가 말한 대로 하고 싶소. 하지만 나는 늘 그대의 노여움을 존중하고 다툼을 피해왔소. 그러나 지금은 파이아케스인들의 배를 안개빛 바다에서 부숴버릴 것이오. 저들이 앞으로 더는 사람을 호송해 주는 일을 할 수 없도록 말이오. 그리고 저들의 도시도 높은 산으로 둘러쌀 것이오."

제우스는 그 말에 미간을 찌푸렸다.

"그건 너무 심한 것 같소. 정녕 그들을 혼내고 싶다면 이렇게 하면 어떻겠소? 파이아케스인들이 오디세우스를 호송하고 돌아오는 배를 바라보고 있을 때, 그 배가 포구 가까이 다가오면 돌로 만들어 버리는 것이오. 그렇게만 해도 그동안 파이아케스인들이 행한 오만한 행동에 대한 충분한 경고가 될 것 같소. 그러니 저들의 도시를 높은 산으로 둘러싸는 일만은 참아주시오."

포세이돈은 제우스의 말에 수긍하고, 곧 그대로 실행하기 위해 스케리아 섬으로 떠났다. 그는 스케리아 섬 해안 절벽 위에서 배가 오기를 기다렸다. 얼마 후 오디세우스를 실어다 준 빠른 배가 포구를 향해 들어왔다. 포세이돈은 손바닥을 들어 배를 힘껏 내리쳤다. 그러자 배는 포구를 눈앞에 둔 바다 위에서 하늘을 향해 수직으로 우뚝 솟아오르더니 돌로 변했고, 그 돌은 바다 밑으로 뻗어내려가 뿌리를 박았다.

한편 바닷가 포구에서 그 모습을 목격한 파이아케스인들은 깜짝 놀라서 비명을 질렀다. 조금 전까지 포구를 향해 다가오던 멀쩡한 배가 갑자기 하늘을 향해 수직으로 솟아오르더니 그대로 바위가 되어버렸기 때문이다.

"이게 도대체 무슨 일인가? 배가 포구로 들어오다가 갑자기 바위로 변하다니!"

그들은 눈앞에 펼쳐진 광경을 보고도 믿지 못하겠다는 듯 서로에게 물었다.

"도대체 누가 저 배를 바다에 묶어버렸을까?"

그들이 영문을 몰라 웅성거리고 있을 때 알키노오스 왕만은 고개를 끄덕이며 길게 탄식했다.

"아아……, 이럴 수가! 옛날 내 아버지가 말씀하셨던 신탁이 실현되었구나. 바다를 다스리는 포세이돈 신께서 우리가 그동안 많은 사람들을 안전하게 고향으로 데려다준 것 때문에 노여움을 품었다고 하셨지. 언젠가 호송을 마치고 돌아오는 배를 산산조각으로 부숴버리고, 우리가 살고 있는 이 도성을 높은 산으로 둘러싸일 거라고 하셨었지.

백성들이여, 모두 내 말을 잘 듣거라! 앞으로는 그 어떤 사람이 찾아와 호송을 부탁해도 무조건 거절해야 한다. 그리고 어서 서둘러 황소 열두 마리를 잡아 포세이돈 신께 제물을 바치도록 하자. 어쩌면 그분이 우리를 불쌍하게 여기셔서 도성을 산으로 둘러싸는 일만은 참아주실

지도 모른다."

한편 오디세우스는 꿈에 그리던 고향 땅에서 잠을 깼지만, 자신이 있는 곳이 이타케라는 것을 알지 못했다. 너무 오랫동안 고향을 떠나 있었고, 아테나 여신이 그의 주위를 안개로 덮었기 때문이었다. 여신은 구혼자들이 자신들의 모든 범행을 보상하기 전에는 아무도 오디세우스를 발견하지 못하도록 조치를 취하고, 그가 잠에서 깬 후에 앞으로의 일을 상의하려고 했다. 그래서 오디세우스에게도 자신의 옛 영지를 알아보지 못하게 만들었다. 그의 눈에는 오솔길과 포구, 가파른 바위와 잎이 무성한 나무가 모두 낯설었다. 곧 그의 마음속에 의심의 싹이 자라나기 시작했다.

'그런데 파이아케스인들은 모두 어디로 간 것이지? 그들이 나를 배신하고 어느 낯선 해안가에 버리고 간 것인가?'

오디세우스는 주변을 둘러보며 탄식했다.

"아아, 그들이 내 보물이 탐이 나서 나를 이 낯선 땅에 버리고 내 보물을 훔쳐서 도망친 게 분명해!"

그러나 주위를 둘러보자 그의 보물들은 모두 무화과나무 아래에 고스란히 놓여있었다. 솥과 옷감과 나무상자들의 숫자를 세어보니 다행히 한 가지도 빠진 것이 없었다.

오디세우스는 자신이 있는 곳의 지형을 파악하기 위해 바닷가에 난 오솔길을 조심스레 걸어갔다. 이때 아테나가 양치기 청년의 모습을 하고 그에게 다가왔다. 그녀는 어깨에는 망토를 걸치고 발에는 샌들을 신고 손에는 단창을 들었다. 그녀를 보자 오디세우스는 기뻐하며 다가갔다.

"친구여, 그대는 내가 이 나라에서 처음 만나는 분입니다. 아무쪼록 나를 적대시하지 말고 나와 내 물건들을 보호해 주십시오. 신들께 기도하듯이 그대의 무릎에 엎드려 부탁드립니다. 부디 제게 사실대로 말씀해 주십시오. 이곳은 어떤 나라이며, 누가 살고 있나요?"

아테나가 대답했다.

"나그네여! 당신은 정말 멀리서 오셨나 보군요. 이곳이 어딘지도 모르신다니 말이에요. 이타케는 작고 부유하지는 않지만 그리스 인이라면 모르는 사람이 없을 만큼 잘 알려진 섬이지요. 이타케라는 이름은 그리스에서 멀리 떨어진 트로이아까지 알려져 있답니다."

오디세우스는 자신이 있는 곳이 그토록 그리워했던 고향 이타케라는 사실을 알게 되자 뛸 듯이 기뻤다. 그렇지만 본심을 숨기고 이렇게 말했다.

"그렇군요. 이타케에 대한 소문은 크레타 섬에서도 익히 들었습니다. 나는 크레타 출신입니다. 하지만 그 섬에서 도망쳐 나와야 했지요. 왜냐하면 내가 이도메네우스 왕의 아들 오르실로코스를 죽였기 때문이지요. 그는 내가 트로이아 전쟁에서 얻은 전리품을 모두 빼앗으려고 했소. 나는 그를 죽이고 보물을 챙겨 항구로 달려갔는데, 마침 페니키아인들의 배가 막 출항하려던 참이었소. 나는 선원들에게 많은 보물을 주고 필로스나 엘리스로 데려다 달라고 했소. 그런데 강풍이 불어서 배가 엉뚱하게 이곳으로 오게 되었고, 육지에서 잠시 휴식을 취하기 위해 올라왔다가 그만 잠에 곯아떨어졌소. 그런데 깨어보니 선원들이 나와 내 보물을 모두 여기 남겨두고 시돈 해변으로 돌아간 모양이오."

오디세우스의 이야기가 끝나자 아테나는 갑자기 큰 소리로 웃기 시작했다. 그녀의 갑작스러운 웃음에 오디세우스가 어리둥절해 하자 아테나는 손을 뻗어 그의 눈꺼풀을 쓰다듬었다. 그러고는 양치기 청년의 모습에서 성숙하고 아름다운 여인으로 변신했다.

"라에르테스의 아들 오디세우스여! 그대는 고향에 돌아와서도 사람을 속이는 계략을 그만두지 않는구나."

오디세우스는 깜짝 놀라 움찔했다.

'눈앞에 있던 양치기 청년은 어디로 사라지고, 이 여인은 또 어디서 나타난 것일까? 그리고 내 이름은 어떻게 아는 것일까?'

오디세우스가 영문을 몰라 당황하고 있을 때 아테나는 계속 말을 이었다.

"하지만 이번만큼은 그대도 지혜로움을 보여주지 못했구나. 나는 그대가 고난을 당할 때마다 그대 곁에서 지켜주었건만 그대는 나 팔레스 아테나를 알아보지 못했다. 그러지 않았다면 분명 나를 상대로 거짓된 이야기를 꾸며내지는 않았을 테니 말이다. 내가 파이아케스인들의 마음을 움직여 그대에게 친절을 베풀고 고향으로 데려다주도록 했다."

오디세우스는 그제야 눈앞에 드리워져 있던 막이 벗겨지면서 아테나를 알아볼 수 있었다.

"여신이시여, 용서해 주소서!"

오디세우스는 부끄러움에 갑자기 얼굴이 뜨거워지며 몸 둘 바를 몰라 했다.

"여신께서는 모습을 자유자재로 바꾸시고, 너무나 여러 가지 모습으로 인간들 앞에 나타나시기 때문에 제대로 알아보는 것은 참으로 어려운 일입니다. 게다가 저는 트로이아를 떠난 후 한 번도 여신을 뵌 적이 없습니다. 그래서 제가 고난을 받을 때 여신께서 제 곁을 지키며 돕고 계신 줄은 몰랐습니다. 오히려 저는 신들께서 저를 재앙에서 해방시켜줄 날만을 손꼽아 기다리며 스스로 고난을 헤쳐왔습니다. 파이아케스인들의 섬에 도착한 후에야 비로소 여신께서 저를 돕고 계시다는 것을 느낄 수 있었습니다. 부탁하건대, 더 이상 저를 놀리지 마시고 사실대로 말씀해 주십시오. 이곳이 정말 제 고향 이타케입니까?"

팔라스 아테나는 오디세우스를 안심시켰다.

"나는 그대를 구하기 위해 내 아버지의 형제이신 포세이돈 님과 싸울 수는 없었다. 하지만 그대가 여전히 의심을 품고 있으니 잘 보거라! 지금 이타케의 모습을 보여주겠다."

여신은 손을 들어 안개를 걷어냈다. 그러자 오디세우스의 눈앞에 낯익은 항구의 모습이 펼쳐졌다. 바다 노인의 포구 포르키스, 신성한 올리브나무, 요정 나이아데스가 사는 동굴, 동굴 안에 있는 요정들이 사용하는 돌로 된 베틀, 키가 큰 돌 항아리, 벌집, 손잡이가 두 개 달린 단지, 숲이 울창한 네리톤 산, 모두 그의 기억 속에 생생하게 남아있는 그리운 이타케의 모습이었다.

오디세우스는 크게 기뻐하며 대지에 입을 맞추고 요정들에게 기도했다.

"제우스 신의 딸이신 나이아데스 요정들이여! 나는 당신들을 두 번

이타카 섬을 밝히기 위해 오디세우스에게 나타나는 아테나 주세페 보타니, 18세기

다시 만나지 못하리라고 생각했습니다. 지금은 그대들에게 기도로 인사드리지만 다음에는 예전처럼 풍성한 제물을 바치겠습니다. 만약 제우스 신의 따님께서 내게 장수하도록 축복하셔서 귀여운 아들의 장성한 모습을 보게 해주신다면 말입니다."

오디세우스의 기도가 끝나자 아테나가 말했다.

"안심하라! 그 일이라면 더 이상 염려할 필요가 없다. 자, 이제 그대의 보물들을 안전하게 보관하기 위해 이 동굴의 맨 안쪽에 숨겨 두도록 하자. 그런 다음 그대의 집에서 벌어지고 있는 일들을 어떻게 해결할지 의논해 보도록 하자."

아테나와 오디세우스는 보물들을 모두 동굴로 옮겼다. 그러고 난 뒤 아테나가 커다란 바위로 동굴 입구를 막아 놓았다. 그러고 나서 그들은 신성한 올리브 나무 밑에 앉아서 구혼자들을 파멸시킬 방법을 궁리했다.

"내가 그대를 도시에서 멀리 떨어진 한적한 이곳에 오도록 한 것은 이유가 있다. 만약 곧장 집으로 갔다면 그대는 구혼자들로부터 끔찍한 환영식을 치르게 되었을 것이다. 그들은 3년 동안이나 그대의 궁전에서 뻔뻔스럽게 주인 행세를 하면서 그대의 아내 페넬로페에게 청혼하고 있다. 그녀는 어쩔 수 없이 그들에게 거짓 희망을 주면서 남편의 귀국을 손꼽아 기다리고 있다."

"여신께서 제 귀국을 그렇게 안배하시지 않으셨다면, 저 역시 아가멤논처럼 집에서 구혼자들의 손에 죽음을 당했을 겁니다. 이제부터 제가 어떻게 해야 할까요? 부디 트로이아에서처럼 제게 대담한 용기와 지혜를 주십시오. 여신께서 저의 곁에서 지켜주신다면 저는 삼백 명의 장정들과도 맞붙어 싸우겠습니다."

"내가 그대 곁에서 잠시도 눈을 떼지 않고 도와줄 것이다. 머지않아 그대의 재산을 탕진하고 있는 구혼자들의 피와 골수가 대지 위에 흩뿌려질 것이다. 그러기 위해서 무엇보다도 먼저 아무도 그대를 알아보지 못하도록 변장을 해야 한다. 내가 그대의 매끄러운 피부를 주름투성이로 만들고, 온몸의 근육은 쇠약하게 만들 것이다. 맑게 빛나는 두 눈동

아테나에 의해 거지로 변한 오디세우스 주세페 보타니, 1775년

자는 짓무르고 흐려져서 혼탁해질 것이고, 윤기나는 금발은 잿빛의 윤기 없는 머리가 되어 그대의 얼굴을 뒤덮을 것이다. 그대의 옷은 너덜너덜하고 더러워서 아무도 가까이하려 들지 않게 될 것이다. 구혼자는 물론 그대의 아내나 아들 역시 그대를 알아보지 못할 것이다."

말을 마친 아테나는 지팡이로 오디세우스를 건드렸다. 그러자 오디세우스는 쭈글쭈글한 피부에 부스스한 머리, 초점 잃은 뿌연 눈동자에 누더기 옷을 걸친 늙은 거지의 모습으로 변했다. 아테나는 그에게 지팡이를 들고 망태를 매게 한 후 그 모습을 보며 만족해했다.

"그대는 그 모습으로 우선 돼지치기 에우마이오스에게 가거라. 그는 한결같이 그대의 돼지를 지키며 페넬로페와 텔레마코스에게 충성을 다하고 있다. 필시 커다란 도움이 될 것이다. 그는 코락스 바위와 아레투사 샘 근처에서 살면서 검은 물과 도토리로 돼지들을 키우고 있다. 그대는 돼지치기 집에 머물면서 궁전에서 돌아가는 상황을 자세하게 물어보거라. 그동안 나는 스파르타로 가서 텔레마코스를 데려오겠다. 그 아이는 아버지의 소식을 묻겠다며 라케다이몬의 메넬라오스를 찾아갔다."

"여신께서는 모든 사정을 다 아시면서 왜 그 아이에게 말씀해 주시지 않으셨습니까? 혹시 그 아이도 저처럼 거친 바다 위를 떠돌아다니며 고통받게 하시려는 겁니까? 불한당 같은 구혼자들이 제 집의 재산을 모두 탕진하도록 말입니다."

여신은 오디세우스를 달래듯 인자한 표정으로 고개를 가로저었다.

"그 아이에 대해서는 아무 걱정도 하지 말거라! 내가 직접 멘토르로 변신하여 그 여행에 동행했었고, 그 아이에게 훌륭한 명성을 안겨주려는 의도였으니 말이다. 내일 밤이면 그 아이도 무사히 돌아올 것이다. 몇몇 구혼자들이 사모스의 협곡에 매복해서 암살을 시도하겠지만 걱정할 필요 없다. 구혼자들이 텔레마코스를 해치기 전에 바다 밑의 대지가 구혼자들을 삼켜 그들이 먼저 불귀의 객이 되어 있을 것이다."

아테나 여신은 오디세우스를 안심시킨 뒤 텔레마코스를 찾으러 라케다이몬으로 떠났다.

14장

돼지치기 에우마이오스

오디세우스는 거지 노인의 모습으로 돼지치기 에우마이오스를 찾아갔다. 에우마이오스는 산기슭에서 살고 있었다. 그의 아담한 오두막 주변으로는 커다란 울타리가 쳐져 있고, 그 안쪽에는 수많은 돼지들이 자유로이 쉬고 있거나 먹이를 먹고 있었다.

에우마이오스는 바깥 문턱에 앉아서 한숨을 쉬며 근심스러운 표정을 짓고 있었다. 그는 오디세우스의 하인들 중에서 가장 충성스러웠다. 그래서 페넬로페나 라에르테스도 모르게 돼지들을 키울 장소를 손수 마련했다. 그는 돌을 잘라내서 차곡차곡 쌓아 널찍한 안마당을 만들고, 그 위에 야생 배나무로 울타리를 쳐놓았다. 그러고 나서 안마당의 바깥쪽에다가 검은 껍질을 벗긴 떡갈나무 말뚝을 빽빽하게 박아놓았다. 그 안쪽에는 다닥다닥 붙은 돼지우리 열두 칸을 만들어 돼지들의 잠자리를 만들었다. 각각의 우리에는 쉰 마리씩의 돼지들이 갇혀서 바닥에 누워 있었다. 수퇘지는 우리 밖에서 길렀는데 암퇘지에 비해 그 숫자가 훨씬 적었다. 구혼자들이 수퇘지만 골라서 잡아먹었기 때문이다. 그래도 아직 수퇘지는 삼백육십 마리나 되었다.

돼지우리 옆에는 사나운 개 네 마리가 누워서 돼지들을 지키고 있었다.

에우마이오스는 마침 좋은 빛깔의 쇠가죽을 제 발에 맞게 재단해서 샌들을 만들고 있었다. 나머지 일꾼들 중 세 명은 먹이를 찾는 돼지들을 몰고 각자 다른 방향으로 떠나고 없었고, 한 명은 구혼자들에게 돼지를 바치러 갔다.

오디세우스가 돼지치기 집으로 다가가자, 잠자고 있던 개들이 갑자기 머리를 번쩍 쳐들었다. 낯선 이방인의 냄새를 맡은 것이다. 개들은 미친 듯이 짖으며 문 쪽으로 달려들었다. 오디세우스는 개들의 공격 본능을 잘 알고 있었다. 그는 개들을 자극하지 않기 위해서 손에든 지팡이를 땅바닥에 내던지고, 그 자리에 서서 움직이지 않았다.

어느새 오디세우스의 바로 앞에 다가온 개들이 달려들기 직전, 에우마이오스의 성난 목소리가 들려왔다. 그는 쇠가죽을 내팽개치고 안뜰을 가로질러 오디세우스와 개들이 있는 곳으로 한달음에 달려왔다. 그는 개들을 꾸짖고 돌멩이를 마구 던져 사방으로 쫓아냈다.

"이보시오, 노인장. 하마터면 개들이 당신을 물어뜯을 뻔했소! 그랬더라면 당신은 나를 얼마나 원망했겠소. 그렇지 않아도 내게는 걱정과

에우마이오스의 개들에게 공격받은 오디세우스 루이 프레데릭 슈첸베르거, 1886년

근심이 산더미 같은데, 저 개들까지 내게 근심거리를 안겨줄 뻔했단 말이오. 불쌍한 우리 주인님께서는 지금쯤 어디선가 먹을 빵 한 조각이 없어서 굶고 계실지도 모르는데, 나는 여기 앉아서 저 불한당 같은 구혼자들을 위해 돼지를 살찌우고 있다오. 물론 그분이 아직도 살아 계시다면 말이오."

에우마이오스는 슬픔이 복받치는 듯 잠시 고개를 숙이고 한숨을 깊게 내쉬었다.

"휴우……, 이런 얘기는 해서 무엇 하겠소. 아무튼 안으로 들어오십시오. 우선 음식을 좀 드시고 당신이 누구인지 어디서 왔는지 말씀해 주세요."

그는 오디세우스를 집 안으로 데리고 들어가 바닥에 나무 잔가지들을 잔뜩 깔고, 그 위에 두툼한 염소 가죽을 덮어놓고 앉기를 권했다.

"주인 양반, 이렇게 친절하게 맞아주시다니 고맙소. 불사의 신들께서 당신이 가장 바라는 것을 이루어주시기를 빌겠소."

"노인장, 나는 아무리 초라한 행색으로 찾아온 사람이어도 그를 업신여기지 않아요. 나그네나 동냥하는 이들 모두 제우스 신께서 보낸 자들이니까요. 다만 내 살림살이가 넉넉지 못해서 많이 베풀 수 없는 것이 안타깝네요. 내 주인께서 계셨다면 그분께 허락받고 더 많이 베풀 수 있었을 텐데 말입니다.

신들께서 그분의 귀향을 막으신 게 틀림없어요. 그분이라면 틀림없이 충성스러운 하인에게 보상을 후하게 하셨을 텐데, 그러나 그분께서는 돌아가셨다오. 아아, 헬레네 일족들이 싹 다 망해버렸으면 좋겠소. 그들로 인해 수많은 전사들이 목숨을 잃었으니 말이오.

나의 주인께서도 아가멤논의 명예를 위해 트로이아 전쟁에 참전하셨다가 영영 돌아오지 못하고 계시다오."

에우마이오스는 겉옷을 허리 띠로 졸라 매더니 새끼 돼지들이 갇혀 있는 우리로 갔다. 그곳에서 새끼 돼지 두 마리를 끌어내서 제물로 바치더니, 그것들을 불에 그슬린 다음 잘게 썰어 꼬챙이에 꿰었다. 고기가 알맞게 익자 그 위에 흰 보릿가루를 뿌려서 오디세우스 앞에 내놓았다. 그러고 나서 나무 대접에다 물로 희석시킨 포도주를 따라주었다.

"우리에게 허락된 것은 돼지 새끼뿐이라오. 그래도 어서 드십시오. 살찐 돼지들은 모두 불한당 같은 구혼자들이 잡아먹기 때문이오."

에우마이오스는 격분해서 말했다.

"그런데 말이오. 내가 정말 이해할 수 없는 것은 어떻게 그들이 감히 왕비님께 청혼을 하며 우리 주인님의 재산을 멋대로 탕진할 수 있냐는 것이오! 그들은 분명 주인님께서 비참한 죽음을 당하셨다는 것을 알고 있는 것 같단 말이오. 그렇지 않고서야 어떻게 저들이 안하무인일 수 있겠소?"

"당신이 말하는 그 주인님은 누구를 말하는 것이오? 나는 지금껏 무수히 많은 나라들을 돌아다녔소. 혹시 내가 그를 우연히 만나본 적이 있을지도 모르잖소?"

오디세우스가 물었다.

"노인장! 그런 말씀은 하지도 마시오. 안 그래도 예전에 이타케를 찾은 숱한 나그네들이 왕비님을 찾아갔는데, 그때마다 왕비님께서 그들을 귀하게 대접하시고, 남편의 소식을 묻곤 하셨지요. 그런데 떠돌이들이란 조금이라도 후한 대접을 받을 목적으로 아무 거짓말이나 지어내기를 서슴지 않더군요. 노인장, 설마 당신도 그들처럼 거짓 이야기를 꾸며낼 생각이라면 헛수고하지 마시오. 내 분명히 말하지만 페넬로페 왕비님이나 텔레마코스 도련님은 물론 나 역시 그런 소식은 절대 믿지 않을 것이오. 그동안 나그네들이 전해준 이야기가 모두 새빨간 거짓말이었기 때문이오.

우리 주인님은 바로 이십 년 전에 트로이아 원정대로 떠나셨던 오디세우스 님이시오. 그분은 이미 저세상으로 떠나서 개나 새들에게 살갗을 뜯기신 게 틀림없소. 아니면 바다 한가운데서 물고기 밥이 되어서 뼈가 바닷가 모래밭에 파묻혀 있겠죠."

오디세우스는 충직한 하인 에우마이오스가 너무 마음 아파하는 것이 보기가 안쓰러웠다. 그래서 그를 위로하며 말했다.

"친절한 이여, 내 말을 들어보시오. 내가 제우스 신의 이름으로 맹세하는데 당신의 주인이신 오디세우스 님은 분명히 돌아온다오. 그것도 저 달이 다 차기 전에 말이오. 그리고 저 흉악한 구혼자들에게 복수를 할 것이오. 만약 내가 말한 대로 그분이 집으로 돌아오시는 날에 내게 겉옷과 망토를 선물해 주시오."

에우마이오스는 턱도 없는 소리 말라는 듯 고개를 가로저었다.

"당신은 절대 옷과 망토를 얻지 못할 것이오! 왜냐하면 우리 주인님께서는 결코 돌아오시지 못하기 때문이오. 게다가 필로스로 떠나신 텔레마코스 도련님마저 볼 수 있을는지 누가 알겠소. 신들께서 그분을 돌보시는지 나이가 들수록 용모나 지혜가 주인님을 닮아가셔서 부친 못지 않은 뛰어난 영웅이 되리라고 기대했었소. 그런데 어떤 신이 도련님의 이성을 흐리게 하셨는지 모르지만 갑자기 분별력을 잃고 필로스로 떠났지 뭡니까. 구혼자들이 자신을 해치려고 매복해 있는 줄도 모르고 말입니다.

아아, 우리 이제 그런 슬픈 이야기는 그만둡시다. 이렇게 앉아서 슬퍼하며 고민해 봤자 해결책도 없고 오히려 걱정만 커지게 만들 뿐이오. 그보다는 노인장, 당신이 겪었다는 고난에 대해서나 말해보시오. 그리고 당신은 누구이며 어디서 왔는지도 말이오."

그러자 오디세우스는 다시 한번 진실과 허구를 교묘하게 섞어가며 이야기를 꾸며냈다.

"나는 크레타 출신이오. 내 아버지는 그곳의 영주이시며 어머니는 팔려온 노예였소. 정확하게 말하자면 나는 첩의 소생이지. 하지만 아버지는 나를 정실부인이 낳은 아들들과 똑같이 대해주셨소. 그분은 부와 명예와 또 훌륭한 아들들을 둔 덕분에 크레타에서 신처럼 존경받으셨소.

하지만 아버지가 돌아가시자 문제가 생겼소. 형들이 아버지의 유산을 자기들끼리 모두 나누어 갖고, 내게는 달랑 집 한 채만 남겨 주었소. 그래서 나는 부잣집의 딸을 아내로 데려왔소. 그 집안에서는 내가 싸움에서 물러서거나 도망가는 사내가 아니라는 점을 높이 샀다오. 지금은 이렇게 볼품이 없지만 한때 나도 꽤나 사내다운 면모가 있었지.

나는 크레타의 장수가 되어 많은 전쟁에 참가했소. 트로이아 전쟁에도 참전하여 그리스 편에 서서 유명한 장수들과 함께 싸웠소. 나는 그 전쟁에서 많은 전리품을 획득하였고, 점점 부자가 되었소.

트로이아 전쟁이 끝나고 집으로 돌아온 지 한 달쯤 되었을 때, 나는 이집트로 향한 항해에 마음이 끌렸소. 나는 선원들을 모아 아홉 척의 배에 나누어 타고 크레타를 떠나 이집트로 향했소. 다행히 배는 순풍을 안고 바다를 가르며 나아가 닷새 만에 나일강에 무사히 도착했고 그곳에 닻을 내렸소. 그러고 나서 선원들에게 배를 지키라고 명한 뒤 정찰대를 내보냈소. 그러나 선원들은 내 명령을 어기고 이집트인들의 집을 약탈하고 경작지를 황폐하게 만들었으며, 부녀자들을 욕보이고 그들에게 저항하는 남자들을 모두 죽였소.

그 소문이 삽시간에 도성에 알려졌고, 날이 밝자마자 성안에서 수많은 병사들이 쏟아져 나와 우리를 포위했소. 수많은 전쟁을 수행한 강력한 이집트 군대에게 오합지졸인 우리는 참혹하게 무너졌지요. 전투가 시작되자마자 순식간에 선원들은 대부분 죽음을 당했고, 다행히 목숨을 건진 몇몇 선원들은 포로가 되어 강제 노동에 끌려갔소.

지금 생각해 보면 나도 차라리 그때 목숨을 잃었다면 좋았을 것 같소. 그 뒤로 나의 삶은 불행뿐이었으니 말이오.

최후의 순간에 나는 투구를 벗어던지고, 방패와 창도 내팽개친 후 이집트 왕의 전차로 가서 눈물을 흘리며 자비를 구했소. 왕은 나를 측은하게 여겼고, 나그네를 보호하는 제우스 신을 두려워했소. 왕은 나를 자기 전차에 태우더니 자신의 집으로 데려갔소. 거기서 난 7년을 지냈고 다시 부를 얻는데 성공했소.

그러던 어느 날, 페니키아 상인이 찾아와서 자기와 함께 자신의 고향으로 가자고 나를 꼬드겼소. 나는 흔쾌히 그와 동행했소. 페니키아에서 머무른 지 1년쯤 지났을 때였소. 그는 나에게 리비아로 함께 장사를 하러 가자고 했소. 나는 별생각없이 그와 함께 리비아로 가는 배를 탔소. 그런데 알고 보니 그는 나를 타국에 노예로 팔아넘기려고 했던 것이오. 하지만 그는 뜻을 이루지는 못했소.

우리가 넓은 바다로 나가자마자 제우스 신께서 먹구름을 보내시고 천둥을 치시면서 벼락을 던졌습니다. 벼락을 맞은 배는 빙글빙글 돌기 시작했고, 유황냄새가 진동하는 가운데 선원들은 비명을 질러댔소. 하지만 비명소리는 이내 엄청난 천둥소리에 묻혀버렸소.

배의 선체는 수직으로 솟아올랐다가 뒤집어지면서 바닷속으로 휩쓸려 들어갔고, 배는 그대로 전복되고 말았지요.

갑판에 있던 나와 선원들은 모두 거센 파도에 휩쓸려 바다에 던져졌소. 선원들은 마치 한 떼의 바다오리처럼 배 주위를 둥둥 떠다녔소.

그러다가 한 명씩 차례로 시커먼 바닷속으로 모습을 감추었소.

내가 절망에 빠져있을 때 제우스 신께서는 도움의 손길을 내밀어 주셨소. 내가 죽음의 위기를 넘길 수 있도록 그분은 손수 내 손에 배의 기다란 돛대를 쥐여 주셨소. 그렇게 돛대에 몸을 싣고 아흐레 동안 바다 위를 떠돌았고, 열흘째 되던 날 밤, 큰 파도가 밀려와 나를 테스프로티아 바닷가로 데려다주었습니다.

바닷가에 쓰러져 있는 나를 그 나라의 왕자가 발견해서 궁전으로 데려갔소. 왕자의 아버지인 페이돈 왕은 나를 환대하며 손님으로 극진히 대접했소. 그때 페이돈 왕으로부터 오디세우스 님에 대한 이야기를 들었소. 오디세우스께서 고향으로 돌아가던 중 자신의 왕국에 들렀었다고 말이오. 그러면서 오디세우스 님이 다시 그곳으로 돌아올 때까지 자신에게 맡겨둔 보물도 보여주었소.

페이돈 왕이 말하기를 오디세우스 님은 고향 이타케로 무사히 돌아가는 방법을 제우스 신께 묻기 위하여 도도네로 갔다고 했소. 왕은 그가 돌아오면 이타케까지 데려다주기 위해 선원들까지 대기시켜 놓았다고 했소.

나는 기다렸다가 트로이아 전쟁의 영웅 오디세우스를 만나보고 싶었소. 하지만 밀의 고장 둘리키온으로 떠나는 배가 있다는 소식을 듣고 생각을 바꾸었소. 왕은 나를 둘리키온의 아카스토스 왕에게 정중히 모셔다드리라고 선원들에게 명령했소. 그러고는 내게 새 옷과 값나가는 많은 보물을 선물로 주었소. 그런데 그것이 화근이 될 줄 어찌 알았겠소?

선원들은 둘리키온이 아닌 이타케를 향해 뱃머리를 돌렸소. 그들은

에우마이오스와 대화하는 오디세우스 존 플랙스만, 월터 파젯, 1910년

해안이 가까워지자 나를 밧줄로 묶고 내가 가진 것을 모두 빼앗았소. 심지어 입고 있던 옷과 망토까지 벗겨내고는 대신 다 찢어져 너덜거리는 누더기를 던져주더군. 지금 입고 있는 게 바로 그 누더기요.

그들은 배를 해안에 정박시킨 후 해변에 모여앉아 저녁을 먹고 잠을 청했소. 그사이 나는 신들의 도움으로 묶여있던 밧줄을 푸는 데 성공했소.

나는 재빨리 누더기로 머리를 감싼 채 짐을 내리는 널빤지를 타고 바다로 들어갔소. 그러고는 해안을 따라 헤엄쳐 간 후 다시 뭍으로 올라와 숲속에 몸을 숨겼소. 내가 도망친 사실을 알게 된 선원들은 나를 찾기 위해 고함을 지르며 이리저리 뛰어다녔소.

한참을 그러더니 다행스럽게도 그들은 나를 찾는 것을 포기하고 배에 올라 그곳을 떠나버렸소. 지금 생각해 보니 내가 그들의 손에서 벗어날 수 있었던 것도, 당신의 집을 찾아온 것도 모두 신의 뜻이었나 봅니다."

"아, 참으로 가련한 분이시군요. 노인장의 온갖 고난과 방랑에 관한 이야기는 내 마음을 감동시켰소. 하지만 우리 주인님에 관한 이야기는 설득력이 떨어지는군요. 왜 쓸데없는 거짓말을 하시오? 나에게 더 나은 대접을 받고 싶어서 그러시오? 그럴 필요 없소. 내가 당신을 손님으로 대접하는 것은 동정심 때문이고, 나그네를 보호하라는 제우스 신의 명령 때문이오."

"그럼 당신은 오디세우스 님이 돌아올 것이라는 내 말을 믿지 못하겠다는 것이오? 그렇다면 좋소. 올림포스 신들을 증인으로 나와 내기를 하나 합시다. 만약 당신의 주인께서 저 보름달이 다 차기 전까지 돌아오면 나에게 외투와 망토를 입혀주고, 그리운 둘리키온으로 보내주시오. 만약 내 말이 거짓이면 당신 동료들을 시켜 나를 저 절벽 아래 낭떠러지로 던져버리시오."

에우마이오스는 고개를 절레절레 흔들었다.

"노인장, 그런 말씀 마세요. 내가 당신을 집안으로 모셔서 대접까지 해놓고 죽이면 세상 사람들이 뭐라 하겠어요? 내 분명히 말하지만 당신은 그 내기에서 이길 수 없소. 그러니 더는 이야기하지 맙시다. 동료들이 돼지를 몰고 오는 소리가 들리는군요. 나는 이만 저녁 준비를 해야겠소."

그사이 밖에서는 젊은 돼지치기들이 가축 떼를 몰고 돌아왔다. 그들이 돼지들을 우리 안으로 몰아넣자 돼지들은 요란스럽게 울어댔다. 에우마이오스가 동료들에게 말했다.

"여보게들, 오늘 우리 집에 손님이 찾아오셨네. 멀리서 오신 분이니 그분에 대한 존경의 뜻으로 평소 구혼자들만 먹는 수퇘지를 잡아 대접하려고 하네. 덕분에 우리도 좋은 고기 좀 먹어보세. 우리가 애써 키운 돼지들을 저 불한당 같은 구혼자 놈들이 공짜로 먹어대는 게 말이 되는가? 정작 수고한 우리는 이런 기회가 아니면 맛도 볼 수 없는 데 말일세."

젊은 돼지치기들은 그 말에 기뻐하며 살이 통통 오른 다섯 살배기 수퇘지 한 마리를 끌고 왔다. 에우마이오스는 장작을 패고 화덕에 불을 피웠다. 그러고는 돼지의 머리털을 잘라서 불속에 던져 넣고, 주인인 오디세우스가 고향으로 돌아올 수 있게 해달라고 기도했다.

제사 의식을 마친 돼지치기들은 돼지를 잡아 불에 그슬렀다. 에우마이오스가 능숙한 솜씨로 고기를 썰어 꼬챙이에 꽂아 화롯 불에 올려 구웠다.

에우마이오스는 가장 좋은 부위는 신들에게 제물로 바치기 위해 불에 던지고, 남은 부위는 모두에게 공평하게 나누어 주었다. 이때 돼지고기의 등심 부위 살코기는 모두 거지 노인의 접시에 놓았다. 가장 좋은 부위를 손님에게 대접한 것이다. 오디세우스는 겉으로 표현하지 못했지만 속으로 매우 흐뭇해했다.

"에우마이오스여, 제우스 신께서 나를 도와주신 것 같이 당신도 보살펴 주시기를 빕니다. 나 같은 추한 비렁뱅이를 이토록 환대해 주시니 몸 둘 바를 모르겠소."

에우마이오스가 정색을 하며 손사래를 쳤다.

"그런 생각은 거두고, 그저 편하게 많이 잡수세요. 손님이 즐거워하시면 그것으로 충분합니다. 신께서는 사람이 마음에 간절히 원해도, 어떤 것은 들어주시지만 어떤 것은 들어주시지 않지요."

그는 제물인 고기를 신들께 구워 바친 후 포도주를 담은 잔을 들어 신에게 헌주했다. 그리고 그 잔을 오디세우스에게 건넨 후 자기 자리에 가서 앉았다. 그러자 에우마이오스의 시종인 메사울리스가 모두에게 음식을 나눠주었다. 메사울리스는 원래 타포스인들이 부리는 노예였는데, 에우마이오스가 자신이 어렵게 모은 돈으로 그를 사서 자신의 시종으로 삼았다.

그들이 먹고 마시며 이야기를 나누는 동안 어느새 밤이 깊어졌고, 돼지치기들은 하나둘 잠자리를 찾아 누웠다. 메사울리스는 식탁을 치우고 정리했다.

밤이 더욱 깊어지자 폭풍우가 찾아왔다. 습하고 차가운 공기가 틈새를 헤집고 집 안으로 들어왔다. 오디세우스는 온몸에 한기를 느꼈다. 그가 몸에 걸친 것이라고는 누더기 한 장이 전부였다. 그는 돼지치기들에게 몸을 따뜻하게 감싸줄 외투 한 벌을 빌리고 싶었으나 말을 입 밖으로 내지 않고, 머리속으로 이야기 하나를 지어냈다.

"에우마이오스여, 포도주를 많이 마셔서 그런지 말이 많아지는 것 같소. 내가 여러분께 재미있는 이야기를 하나 해드리지요.

이전에 내가 트로이아 전쟁에 참전했을 때였소. 당시 나는 오디세우스와 메넬라오스에게 소속된 매복 부대에서 병사들을 지휘했소. 트로이아를 포위하고 있던 어느 날, 나는 부하들과 함께 적진에서 매복을 하고 있었소. 추운 밤이었고, 우리는 습지와 갈대숲에 몸을 숨기고 있었지요. 그런데 매서운 북풍에 실려 눈보라가 쏟아지기 시작하면서 기온이 급격히 떨어져 온몸이 꽁꽁 얼어붙더군. 투구와 방패 둘레에 고드름이 죽 달릴 정도였소. 다른 이들은 따뜻한 양털로 된 망토를 덮고 편안히 잠들었는데, 나는 부주의하게도 그만 망토를 막사에 두고 오는 바람에 오들오들 떨어야만 했소. 추위가 뼛속까지 스며들자 나는 더 이상 참지 못하고 옆에 있는 오디세우스에게 도움을 요청했소.

'오디세우스 님, 실수로 외투를 두고 왔는데 날씨가 너무 차서 견디기가 어렵습니다. 이대로 가다가는 얼마 못 가서 얼어 죽고 말 것 같습니다.' 내가 이를 딱딱 부딪치며 떨고 있는 모습을 본 그분은 잠시 생각에 잠기셨소. 그러더니 곧 우리 뒤편에 누워있는 병사들을 향해 말했소.

'전우들이여, 우리는 지금 적진에 너무 깊숙이 들어와 있다. 만일 적에게 발각된다면 목숨을 보전하기 어려운 상황이다. 그러니 너희 중에 한 명이 빨리 아가멤논 사령관에게 가서 추가로 병사들을 보내달라고 부탁해야겠다!'

그러자 젊은 병사 하나가 벌떡 일어나서 외투를 벗어던지고 아가멤논의 막사를 향해 달려갔소. 그래서 고맙게도 나는 그의 외투를 뒤집어쓰고 아침까지 추위를 견딜 수 있었소. 휴우……! 내가 그때처럼 젊고 힘이 강했다면 얼마나 좋았겠소. 그랬다면 그대들 중 누군가가 틀림없이 훌륭한 전사에 대한 애정과 존경심에서 내게 망토를 주었겠지요."

에우마이오스의 얼굴 위에 옅은 미소가 번졌다.

"노인장, 당신이 우리 주인님을 칭찬하신 이야기는 매우 훌륭하오. 그분은 지혜로운 분이셔서 다른 사람에게 피해를 주지 않으면서도 누군가를 돕는 방법을 잘 알고 계시지요. 이제야 나는 당신이 내 주인님을 만났다는 것을 믿을 수 있을 것 같소. 그리고 당신이 그 이야기를 한 의도를 알 수 있을 것 같군요."

에우마이오스는 일어나서 화롯불 옆에 오디세우스를 위한 잠자리를 마련하고 양과 염소 가죽을 깔아주었다. 오디세우스가 거기에 몸을 눕히자, 외투를 가져다가 그의 몸을 덮어주었다. 그 외투는 돼지치기들이 입고 있던 외투가 비에 젖었을 때 갈아입는 예비용 외투였다.

"이 외투는 선물로 주는 것이 아니오. 우리는 각자 예비용 외투를 한 벌씩 만 가지고 있기 때문이오. 하지만 기다려 보시오. 텔레마코스 도련님이 돌아오시면 그분이 당신께 겉옷과 외투를 기꺼이 선물해 주실 거요. 그리고 당신이 가고자 하는 목적지로 데려다주실 겁니다."

오디세우스가 잠을 청했을 때 목동들은 이미 잠이 들었다. 그러나 에우마이오스는 돼지들과 떨어져 자는 것이 안심이 되지 않아 밖으로 나갈 채비를 했다. 그는 어깨에 검을 맨 뒤 외투를 걸치고 그 위에 바람을 막아줄 양가죽을 뒤집어쓰고는 투창을 들고 밖으로 나갔다. 그러고는 돼지우리 주변의 으슥한 바위 밑에 가서 몸을 뉘었다.

제15장

텔레마코스의 귀국

오디세우스가 돼지치기의 집에 머무를 때 아테나 여신은 라케다이몬으로 갔다. 오디세우스의 아들 텔레마코스를 서둘러 귀국시키기 위해서였다.

바로 그 시간, 텔레마코스는 페이시스토라스와 함께 마차를 타고 필로스를 향해 달려가고 있었다. 그는 간 밤에 꾼 꿈을 생각하고 있었다. 그 꿈은 실제 그 일을 겪은 것처럼 너무도 생생했다. 꿈에 아테나 여신이 그를 찾아왔다.

'텔레마코스여, 이제 그만 집으로 돌아가도록 해라. 지금은 네가 지켜내야 할 가산을 저 불한당 같은 구혼자들의 손에 팽개쳐 두고서 아버지의 소식을 찾아다닐 때가 아니다. 당장 집에 돌아가지 않으면 지금까지보다 더 큰 불행이 너의 집에 닥칠 수 있어. 네 어머니 페넬로페가 부모와 형제들의 강요에 못 이겨 에우리마코스와 재혼할지도 모른다. 네 외가 쪽에서는 에우리마코스가 구혼자들 중 가장 똑똑하고 부자여서 그를 선택한 것 같다. 만약 네 어머니가 지쳐서 전 재산을 가지고 에우리마코스와 재혼한다면 정말 큰일이다. 여자란 남편을 부유하게 만들고 싶어하기 때문에 전남편과의 사이에서 태어난 자식들은 까맣게 잊어버린단다. 그러니 어서 집으로 돌아가서 시녀들 중 가장 믿음직한 사람에게 재산 관리를 맡기도록 하라. 그리고 돌아갈 때 조심해야 한다. 구혼자들이 이타케 섬과 사모스 섬 사이의 협곡에 몸을 숨기고 네가 그곳을 지나가기를 기다리고 있다. 네 목숨을 빼앗기 위해서 말이다!

그러니 너는 그 길이 아닌 반대 방향으로 멀찌감치 돌아서 이타케로 가야 한다. 이타케에 도착하면 배가 항구로 들어가기 전에 먼저 내려라. 그리고 선원들에게는 배를 항구로 몰고 가서 정박시키게 해라. 너는 궁전으로 가기 전에 먼저 돼지치기 에우마이오스의 오두막으로 가서 하룻밤을 보내야 한다. 그리고 다음 날 아침 일찍 그를 페넬로페에게 보내 네가 무사히 돌아왔다는 사실을 알려라.' 여신은 말을 마치자 연기처럼 종적을 감추었다.

텔레마코스는 마차를 타고 달리는 내내 그 꿈 생각에 사로잡혔다. 그리고 그 꿈이 신의 계시라는 결론을 내렸고, 여신의 말을 따르기로 했다.

그들이 타고 있는 마차는 마침내 필로스에 도착했다. 이때 텔레마코스는 페이시스트라토스에게 당부했다.

"친구여, 부탁이 있소. 나를 내가 타고 왔던 배 곁에 내려주시오. 그대와 함께 왕궁으로 가면 분명 네스트로 님께서 나를 대접해 주시려고 붙잡으실 텐데 그러면 곤란합니다. 나는 서둘러 귀국해야 할만한 사정이 있습니다."

페이스스트라토스는 텔레마코스의 처지를 이해한다는 듯 고개를 끄덕였다.

"그대의 말이 옳소. 아버님께서는 자신을 찾아온 손님을 서운하게 보낸 적이 없으셨소. 그대를 충분히 대접했다고 느끼시기 전에는 절대 놓아주시지 않으실 거요."

페이시스트라토스는 유쾌하게 웃으며 말했다. 그러고는 말 머리를 돌려 텔레마코스의 배가 정박한 해안을 향해 달려갔다. 배 앞에 도착하자 선원들이 달려와서 마차에 있는 텔레마코스의 물건들을 배에 옮겨 실었다. 그 물건들은 메넬라오스와 헬레네에게 받은 값진 보물들이었다.

출항할 준비를 마치자 텔레마코스는 페이시스트라토스와 작별 인사를 나누었다.

"고맙소. 그대는 이번 여행길에서 내게 큰 힘이 되어주었소. 앞으로도 우리 절친한 친구로 지내도록 합시다!"

텔레마코스의 말에 페이시스트라토스는 고개를 끄덕였다.

"좋소. 그렇게 합시다. 어서 배에 오르시오. 지금 바람이 적당하게 불고 있으니 항해하기에 아주 좋은 날씨로군요. 그리고 내가 집에 도착하기 전에 최대한 멀리 가도록 하시오. 그렇지 않으면 아버님께서 쫓아오셔서 그대를 억지로 끌고 갈지도 모르오."

페이시스트라토스의 유쾌한 농담에 텔레마코스는 웃음을 터뜨렸다. 두 사람은 아쉬운 마음을 뒤로하고 작별 인사를 나누었다. 텔레마코스가 배에 오르자 페이시스트라토스는 손을 흔들어 보이고는 말 머리를 돌려 필로스의 궁전으로 향했다.

텔레마코스는 출항에 앞서 선원들을 갑판 위로 불러 모았다.

"여러분, 출발하기 전에 먼저 아테나 여신께 감사의 제물을 올려드립시다."

그들이 갑판 위에 서서 안전한 항해를 기원하고 있을 때, 한 남자가 배를 향해 다가왔다. 그 남자는 몹시 초라한 행색을 하고 있었는데 얼굴에는 수심이 가득했다. 그는 불안한 표정으로 제사가 끝나기를 기다렸다가 텔레마코스를 향해 조심스럽게 물었다.

"당신에게 부탁드립니다. 그대는 누구이며, 어디에서 오셨는지 내게 말해줄 수 있습니까?"

텔레마코스가 대답했다.

"나는 이타케에서 온 오디세우스의 아들 텔레마코스입니다. 실종된 아버지의 소식을 수소문하기 위해 이곳에 왔습니다."

그러자 낯선 남자는 비로소 안심이 되는 듯 표정이 밝아졌다.

"나는 아르고스에서 온 테오클리메노스인데 적에게 쫓기는 중입니다. 당신의 배에 나를 태워주실 수 있으십니까? 나를 도와주신다면 그에 대한 보상은 신들께서 충분히 해주실 것이오."

텔레마코스는 망설이지 않고 즉시 대답했다.

"어서 올라오십시오. 제우스 신께서는 간청하는 사람의 부탁을 절대 거절하지 말라고 하셨소."

테오클리메노스는 기뻐하며 배에 올랐다. 텔레마코스는 그에게서 청동 창을 받아 갑판 위에 놓았다. 그러고는 자신의 옆에 테오클리메노스를 앉혔다.

"내 부친은 유명한 예언자 폴리페이데스입니다. 그분은 아폴론 신으로부터 뛰어난 예언의 능력을 선물받으셨지요. 나 역시 아버지의 혈통을 이어받아 계시의 능력을 얻고 예언자가 되었소. 그런데 불행하게도 난 내 고향 아르고스에서 그곳의 권력자와 결투를 벌이게 되었고, 그를 죽이고 말았소. 그의 일가친척들은 나에게 복수를 하기 위해 혈안이 되어있소. 그래서 나는 그들을 피해 이렇게 도망 다니고 있는 거요. 당신이 날 도와준다면 그 은혜를 갚을 날이 반드시 올 것이오."

"그렇다면 나와 함께 이타케로 갑시다. 고향에 도착하면 내가 힘닿는 데까지 도와드리겠습니다."

텔레마코스는 선원들을 향해 출항 명령을 내렸다. 선원들은 전나무 돛대를 세우고 튼튼한 소가죽 끈으로 흰 돛을 올렸다. 아테나 여신이 순풍을 보내 주자 배는 넓은 바다 위를 빠른 속도로 미끄러져 나아갔다.

한편 돼지치기의 오두막에서 하룻밤을 보낸 오디세우스는 날이 밝자 농장의 잡다한 일들을 거들며 시간을 보냈다. 돼지치기들이 밥만 축내는 쓸모없는 사람이라고 여길지도 몰랐기 때문이다. 그러면서 그는 저녁이 속히 오기를 고대했다. 그날 밤이 바로 아테나 여신이 알려준 텔레마코스가 도착하기로 예정된 시간이기 때문이다.

저녁식사 후 오디세우스는 에우마이오스의 마음을 떠보기로 했다. 오두막에 계속 머물게 할지 아니면 떠나게 할지 궁금했기 때문이었다.

"에우마이오스, 나는 더 이상 당신에게 짐이 되고 싶지 않소. 그래서 내일 아침 마을로 구걸을 하러 떠날까 하오. 마을 사람들 중에는 나에게 빵 한 조각이나 보리죽 한 그릇이라도 적선할 이가 있을 것이오. 그러다가 오디세우스님의 궁전에도 한 번 찾아가 보고 싶소. 페넬로페 님께 소식을 전해드리고, 혹시 구혼자들에게 봉사할 기회라도 얻는다면 그들이 내게 맛있는 요리를 대접할지도 모르잖소. 나는 그들이 원하는 것은 무엇이든지 잘 해낼 자신이 있소. 헤르메스 신께서 내게 은총을 베풀어 주신 덕분에 불을 피우고 장작을 패며, 고기를 썰고 굽는 일 등 하인들이 하는 일이라면 무엇이든지 다 할 수 있소."

그러자 에우마이오스가 역정을 냈다.

"노인장, 어째서 그런 엉뚱한 생각을 품고 계시오. 그 구혼자들이 어떤 인간들인지 아시고 그런 말씀을 하십니까? 그들이 안하무인에 난폭하다는 것은 하늘에까지 전해져 있어요. 당신이 그들 밑에서 일하겠다는 것은 죽기로 작정한 것이나 다름없어요.

그리고 구혼자들의 시중을 드는 이들은 당신과는 생긴 것부터 다릅니다. 그들은 젊고, 머리에 기름을 바르고, 얼굴에는 윤기가 잘잘 흐르지요. 옷도 깨끗하고 고운 것으로 잘 차려입어야 해요. 그러니 구혼자들의 시중을 들겠다는 생각은 버려요. 괜히 조롱이나 당하고 어쩌면 학대까지 할지도 모르오. 그자들은 능히 그러고도 남을 불한당들이오.

그러니 아무 소리 하지 말고 우리와 함께 있으세요. 아무도 당신을 푸대접하지 않을 것이오. 그리고 텔레마코스님이 돌아오시면 분명 노인장에게 망토와 속옷 등 의복은 물론 당신이 가고 싶어 하는 곳으로 보내 주실 겁니다."

"당신의 뜻이 그렇다면 내 기꺼이 따르겠소. 그대는 나를 고달픈 방랑생활의 괴로움에서 구해주셨으니 제우스 신께서 당신을 늘 보살펴 주시기를 기도하오. 그건 그렇고 당신의 주인이신 오디세우스에 대해서 조금 더 이야기를 해주시겠소? 그분의 부모님은 어떤 분들이신지요. 두 분의 나이가 꽤 많으실 텐데, 그분들은 살아계시오? 아니면 이미 하데스의 집으로 떠나셨소?"

에우마이오스는 한숨을 길게 내쉬었다.

"주인님의 부친이신 라에르테스 님은 아직 생존해 계십니다. 하지만 아드님이 행방불명 되셨고, 부인마저 돌아가셔서 상심에 빠져 쓸쓸한 노후를 보내고 계십니다. 라에르테스 님의 부인께서는 나에게 친어머니나 다름없소. 나는 그분의 집에서 그분의 자녀들과 함께 자랐는데 친자식과 차별 없이 내게 사랑을 베푸셨다오. 그분이 돌아가신 후 나를 그렇게 살갑게 보살펴 주는 분은 더 이상 없소.

그렇다고 이곳 생활이 불만스럽다는 것은 아닙니다. 내게는 이렇게 먹고살 만한 일이 있고, 가끔은 누군가를 도울 수도 있으니 말입니다."

오디세우스가 진지한 표정으로 말했다.

"에우마이오스여, 그렇다면 당신은 어렸을 적에 라에르테스 님의 집으로 온 것이오? 부모님에 대한 기억은 있으시오? 그 어린 나이에 어쩌다가 남의 집에서 지내게 되었단 말이오?"

오디세우스는 충직한 돼지치기로부터 되도록 많은 이야기를 듣고 싶어서 질문을 던졌다. 에우마이오스는 잠시 생각에 잠기더니 곧 자세를 편하게 고쳐 잡고 이야기를 시작했다.

"노인장, 내 이야기를 하자면 좀 사연이 길지요. 당신은 내 이야기를 들으며 편하게 술이나 드시고 계시구려. 나도 당신과 더불어 서로 상대방의 쓰라린 슬픔을 일깨우며 즐길 것이오. 고단한 몸을 이끌고 세상을 떠돌아다닌 사람들에게는 고통도 지나고 나면 즐거운 법이지요.

노인장은 시리아라는 섬을 들어 보셨소? 그 섬은 태양이 방향을 바꾸는 오르티기아 섬 위쪽에 있어요. 인구는 많지 않지만 모든 게 풍요로운 섬이었어요. 소와 양을 키우기에 좋은 목초지가 펼쳐져 있고, 포도와 곡식도 늘 풍성한 수확을 거두었지요. 또한 가뭄도 전염병도 없는 살기 좋고 평화로운 나라였어요. 그 나라에는 부유한 도시가 둘 있었는데 모두 내 아버지가 다스렸었지요.

내가 어린아이였을 때 우리 집에는 페니키아 출신 하녀가 한 명 살고 있었어요. 그녀는 매우 성실하고 헌신적이어서 어머니는 나의 양육을 그녀에게 맡기셨소. 그러던 어느 날 사기꾼으로 소문난 페니키아 상인들이 자신들의 배에 싸구려 물건을 잔뜩 싣고 우리나라에 왔소.

그들은 자기들이 가져온 물건을 팔고 우리 섬에서 만든 물건을 사며 물물교환을 하였지요. 그러다가 그 상인들은 우연히 우리 집 하녀를 만나게 되었는데, 그들은 그녀가 같은 고향 출신이라는 것을 바로 알아보았소. 상인들 중 한 명이 하녀와 눈이 맞아 동침을 했는데, 그런 경우 아무리 행실이 바른 여인도 마음이 흔들리게 마련이지요. 그때 그자가 그녀에게 어디에 사는 누구인지, 어떻게 시리아까지 오게 되었는지를 꼬치꼬치 캐물었소.

'나는 청동이 많이 나는 시돈 출신으로 그곳의 부호인 아리바스의 딸이에요. 그런데 들판에 꽃을 따러 갔다가 타포스 섬 해적들에게 납치 되었답니다. 그들은 나를 이곳의 왕에게 노예로 팔았지요.'

그러자 그녀와 동침했던 상인은 그녀에게 달콤하게 속삭였소.

'그렇다면 우리가 고향으로 데려다줄까? 고향에 가서 부모님을 만날 수 있게 말이야. 그분들은 아직 부자여서 집에 돌아가면 공주처럼 살 수 있겠지?'

하녀는 그의 말에 솔깃해서 말했소.

'좋아요. 당신이 나를 무사히 우리 집까지 데려다준다고 약속하면, 나도 무엇이든 당신들을 돕겠어요.'

그는 동료 상인들을 불러와서 하녀가 원하는 맹세와 서약을 했지요. 그러자 그 여인은 그들에게 이렇게 말했지요.

'앞으로 당신들은 무슨 일이 있어도 나를 아는 척해서는 안됩니다. 그렇지 않으면 누군가 우리들의 관계를 밀고할 것이고, 주인마님은 나를 의심하고 결박지어서 가둘 거예요. 그렇게 되면 당신들의 목숨도 장담할 수 없겠죠. 그러니 당신들은 귀국길에 싣고 갈 물건들을 서둘러 사들이세요. 그리고 배에 물건들이 가득 차면 나에게 연락하세요. 그러면 나도 주인집에 있는 값진 보물들을 모두 훔쳐낼 테니까요. 그리고 나는 뱃삯으로 다른 것도 드리겠어요. 바로 주인집 아들이에요. 그 아

이를 외국인에게 팔면 후한 값을 받을 수 있을 거예요.'

'그거 좋은 생각이로군! 지금부터 우리는 이 섬의 도시들을 다니며 장사를 할 것이다. 모든 준비가 끝나면 우리 중 하나가 구실을 대고 궁전에 들어가 너에게 신호를 줄 것이다. 그러면 너는 아무도 모르게 우리 배로 오너라.'

페니키아 상인들은 꼬박 1년간을 우리 섬에 머물면서 많은 물건들을 사들였소. 마침내 배에 물건이 가득 차자 그들은 하녀에게 연락을 했어요. 그러고는 한 낯선 사내가 궁전으로 찾아왔소. 그는 어머니와 시녀들에게 황금과 호박으로 만든 값비싼 장신구들을 보여주며 사라고 했어요. 물건을 놓고 서로 흥정이 오갈 때 하녀는 문가에 서 있었소. 그때 사내가 하녀에게 빠르게 눈짓을 보내자, 그녀는 내 손을 잡고 서둘러 보물들을 챙긴 후 궁전을 빠져나와 항구로 내려갔소. 그곳에는 이미 출항 준비를 마친 페니키아 상인들이 있었소. 우리가 배에 오른 지 얼마 되지 않아 궁전에 물건을 팔러 왔던 사내가 헐레벌떡 뛰어왔소. 그러자 배는 곧 항구를 떠나 빠른 속도로 바다를 가르며 나아갔죠. 하지만 출항한지 이레째 되던 날, 아르테미스 여신께서 하녀를 화살로 쏘아서 죽였습니다. 상인들은 그녀가 갑자기 죽음을 맞자 영문을 몰라 하며 그녀의 시체를 바다에 던졌소. 나는 홀로 남아 외로움과 두려움에 떨었소. 그렇게 배가 이타케에 도착했을 때, 그들은 나를 라에르테스 님에게 팔았소. 그렇게 해서 내가 여기까지 오게 된 것이라오."

"에우마이오스여, 당신은 참으로 어려서부터 끔찍한 일을 당하셨구려! 듣기만 해도 마음이 아프구려. 하지만 제우스 신께서는 그대에게 재앙과 행운을 함께 주셨군요. 불행을 겪은 후에는 그래도 마음씨 고운 분의 집으로 인도하셨으니 말이오. 하지만 나는 이리로 오기 전에 수많은 도시들을 떠돌아다녔소."

그들은 밤을 지새우면서 이야기를 나누다가 동이 터고 나서야 잠자리에 들었다.

한편 텔레마코스는 꿈에 본 아테나 여신의 지시에 따라 포구 가까이에 배를 정박했다. 그들은 육지에 내려서 붉은 포도주와 함께 식사를 했다. 식사가 끝나자 텔레마코스는 선원들에게 말했다.

"여러분은 배를 항구까지 더 몰고 가십시오. 나는 여기서 농장으로 갈 것이오. 거기서 볼일을 보다가 날이 저물면 집으로 가겠소. 그대들에게는 내일 아침에 여행의 품삯을 지불하고, 고기와 달콤한 포도주를 곁들여 푸짐한 식사를 대접하겠소."

그러자 예언자 테오클리메노스가 물었다.

"저는 어디로 가야 합니까? 제가 당신의 집으로 찾아가서 당신의 어머니께 제 은신처를 마련해 달라고 부탁드려도 되겠습니까?"

텔레마코스가 잠시 망설이다가 대답했다.

"그렇게 하라고 하고 싶지만, 지금은 사정이 여의치 않습니다. 당신이 집으로 찾아가도 어머니는 만나 주지 않으실 겁니다. 그분은 구혼자들 때문에 방에서 아예 나오시지를 않거든요. 더구나 저도 집에 없으니 말입니다. 하지만 걱정하지 마십시오. 제가 당신을 돌봐드릴 수 있을 때까지 편히 쉴 수 있는 곳을 소개하겠소."

바로 그때였다. 그의 오른쪽으로 독수리 한 마리가 날아갔다. 독수리는 발톱 사이에 비둘기 한 마리를 움켜쥐고 있었다. 독수리가 공중에서 비둘기를 부리로 뜯자, 깃털들이 땅으로 우수수 떨어졌다. 테오클리메노스는 그 광경을 주의 깊게 관찰한 후 텔레마코스를 따로 불렀다. 그러고는 텔레마코스의 손을 덥석 잡으면서 흥분한 목소리로 말했다.

"텔레마코스 님, 저 새가 당신의 오른쪽으로 날아온 것은 신의 계시가 틀림없습니다. 독수리가 비둘기를 죽인 것과 같이 당신들은 구혼자들을 처단하게 될 것이오."

그의 말에 텔레마코스는 큰 위로를 받았다.

"그 말씀이 실현되면 얼마나 좋겠습니까. 그렇게만 된다면 당신은 나에게 환대 받고 수많은 선물을 받게 될 것이오. 당신을 만나는 사람마다 부러워할 만큼 말이오."

텔레마코스는 말을 마치고 믿음직한 동료 페이라이오스에게 지시했다.

"클리티오스의 아들 페이라이오스여, 그대는 필로스까지 동행했던 동료들 중에서 내 말을 가장 잘 따라주었네. 이번에도 내 부탁을 좀 들어주게. 내가 집으로 돌아갈 때까지 이 손님을 자네 집으로 모시고 가서 정성껏 대접해주기 바라네."

뛰어난 창술을 자랑하는 페이라이오스가 대답했다.

"텔레마코스여, 그대가 이곳에 오랫동안 머문다고 해도 나는 이분을 정성껏 보살펴 주겠습니다. 손님이 마음 놓고 편히 쉴 수 있도록 최선을 다할 테니 걱정 마십시오."

텔레마코스는 그제서야 안심하고 배에 올라 갑판에 세워 둔 청동 창을 집어 들었다. 그러고는 기쁜 마음으로 다시 배에서 내렸다. 선원들은 텔레마코스의 지시대로 배를 항구로 몰고 들어갔다. 그 모습을 지켜보던 텔레마코스는 돼지치기의 농장을 향해 발걸음을 돌렸다.

제3부

돌아온 영웅의 복수

제16장

아버지와 아들

오디세우스와 에우마이오스는 불을 지펴서 아침 식사를 준비하고 있었다. 젊은 돼지치기들은 이미 돼지 떼를 몰고 풀밭을 찾아 나갔다. 그때 텔레마코스가 농장 앞에 도착하자, 개들은 그를 알아보고 달려와서 꼬리를 흔들며 재롱을 부렸다. 오디세우스는 곧 인기척을 느끼고 에우마이오스에게 말했다.

"누군가 왔소! 개들이 짖지 않고 반기는 것으로 보아 그대의 친척이나 이웃인 것 같소."

그 말이 채 끝나기도 전에 텔레마코스가 문간에 서 있었다. 이때 에우마이오스는 항아리에서 포도주를 한 잔 퍼내고 있는 중이었다. 그는 텔레마코스를 발견하고 놀라서 잔과 항아리를 바닥에 떨어뜨린 채 곧장 텔레마코스에게 달려갔다. 그러고는 어린 주인의 얼굴과 눈과 손에 입을 맞추며 눈물을 왈칵 쏟았다.

"돌아오셨군요. 텔레마코스 도련님! 필로스로 떠나셨다는 말을 듣고 사랑스러운 도련님을 영영 뵙지 못하는 줄 알았습니다. 자 어서 안으로 들어오세요. 도련님께서는 오랫동안 이곳을 찾아주지 않으셨습니다. 아마도 구혼자들과 어울려 지내는 것이 훨씬 즐거우셨나 봅니다."

에우마이오스가 짐짓 화가 난 투로 말하자, 텔레마코스는 그의 말을 가볍게 웃으며 받아넘겼다.

"아저씨, 전 지금 귀국하자마자 이곳을 찾았어요. 집에 가기 전에 아저씨께 먼저 집안 사정을 물어보고 싶어서요. 어머니는 아직 궁전에 머물고 계시나요? 벌써 다른 남자와 재혼을 하신 것은 아니겠지요?"

에우마이오스가 텔레마코스에게서 청동 창을 받아 들며 대답했다.

"걱정하지 마세요. 왕비님께서는 지금도 굳건하게 궁전을 지키고 계십니다. 하지만 날마다 눈물 속에서 괴로운 시간들을 보내고 계시답니다."

텔레마코스는 문지방을 넘어서다가 노인으로 변장한 오디세우스를 발견했다. 오디세우스는 텔레마코스에게 자리를 마련해 주기 위해 곧바로 일어섰다. 그는 20년 만에 그리운 아들의 모습을 보자 목이 메어 아무 말도 입 밖으로 내지 못했다.

"어르신, 그냥 그대로 계십시오! 나는 다른 자리를 마련하면 됩니다."

텔레마코스는 공손한 태도로 오디세우스를 자리에 도로 앉혔다. 그러고는 에우마이오스가 마련해 준 자리에 가서 앉았다. 그러자 에우마이오스는 어제 먹다 남은 고기 접시와 빵 바구니, 달콤한 포도주로 식탁을 차리고 음식을 권했다. 그들이 식사를 하는 동안 에우마이오스는 그동안 이타케에서 있었던 일들을 소상히 말했다. 그러나 오디세우스는 한 마디도 말을 하지 않았다. 텔레마코스가 에우마이오스에게 궁금한 듯 물었다.

"이 어르신은 누구신가요?"

"이분은 크레타 섬에서 오신 분입니다. 그동안 여러 나라를 떠돌다가 테스프로티아의 도적들에게 물건을 모두 뺏기고, 그들의 배에서 간신히 몸만 빠져나와 저희 오두막을 찾아왔습니다. 이제 이분에 대한 처우는 도련님께 맡기겠습니다."

"에우마이오스 아저씨, 이분을 돕는 일은 어려울 것 같습니다. 이분을 집으로 데려갔다가 구혼자들이 이분을 놀리거나 괴롭혀도, 난 어리고 힘이 없어서 막아드릴 수가 없어요. 이분을 그 불한당 같은 못된 구혼자들 틈에 있게 하는 것은 생각만 해도 끔찍해요. 게다가 어머니 마음도 흔들리시는 것 같아요. 남편의 침상과 백성들의 평판을 쫓아 이대로 아들 곁에 머물며 집을 지키실지, 아니면 구혼자들 중에서 혼수품을 가장 많이 보내는 남자를 따라가실지 말이에요. 하지만 아저씨께 큰 부담이 가지 않도록 이 어르신께 새 옷과 음식을 보내겠습니다."

이때 침묵을 지키며 듣고만 있던 오디세우스가 자리에서 벌떡 일어났다. 그의 흐릿하던 두 눈은 분노로 이글거렸다.

"이보시오, 젊은 친구! 나도 한마디 하겠소. 그대의 말을 듣고 있다 보니 내가 다 분통이 터지는군요. 도대체 그 구혼자들은 어떻게 굴러먹은 자들이기에 그토록 흉악무도하다는 말이오. 어떻게 주인도 없는 집에 들어앉아 무단 취식하면서 집주인의 아들까지 죽이려 든다는 말이오?

도대체 이타케에는 그들에게 대항하여 당신 편에 서서 싸워줄 사람이 하나도 없단 말이오?

만약 내가 당신처럼 젊거나, 오디세우스님의 아들이거나, 아니면 아예 방랑길에서 돌아온 오디세우스라면 무슨 걱정이 있겠소. 당장에 구혼자들을 찾아가서 그들의 행패를 끝장내고 말 것이오. 어찌 되었건 당신에게는 아직 희망이 있소. 분명 당신의 아버지는 살아계시고, 언젠가는 반드시 돌아오실 것이오. 내 말이 거짓이라면 당장 내 목을 쳐도 좋소!"

텔레마코스는 처음 보는 노인의 격앙된 어조에 속으로 놀랐다. 하지만 왠지 모르게 그의 말에 신뢰가 갔다.

"어르신, 저도 아버지가 살아계시다는 것을 믿고 싶습니다. 필로스와 스파르타를 다녀오면서 그런 기대는 더욱 커졌습니다. 제 어머니 역시 지금도 희망을 버리지 않고 계십니다. 하지만 어머니가 당하는 고통과 괴로움 역시 감당할 수 없을 만큼 크답니다. 지금 저희 집에는 헤아릴 수 없을 만큼 구혼자들이 많이 와 있지요. 그들은 둘리키온과 사메와 자킨토스 같은 섬을 통치하는 영주의 자녀들과 이타케의 귀족 자녀들입니다. 모두들 제 아버지 오디세우스 님의 왕권과 재산에 눈이 멀어 끊임없이 어머니를 괴롭히고 있습니다.

그러나 어머니께서는 구혼자들을 물리칠 뾰족한 방법이 없으셔서, 이러지도 저러지도 못하고 계십니다. 계속 이대로 가다가는 저 불한당 같은 구혼자들이 우리 집의 재산을 모두 거덜 내서 나는 곧 빈털터리 신세가 되고 말 것입니다. 그 모든 것이 결국 신들의 뜻에 달려있기는 하지만요.

그나저나 어머니께는 필로스와 스파르타로 떠난 것을 비밀로 했습니다. 만약 그 사실을 아셨다면 지금쯤 제 안위를 걱정하시느라고 노심초사하실 겁니다. 에우마이오스 아저씨, 지금 어머니께 좀 다녀오세요. 그분께 제가 귀국한 사실을 알려드려서 조금이라도 근심을 들게 해드리고 싶어요. 하지만 조심하세요. 어머니 외에 어느 누구도 내가 돌아왔다는 사실을 알게 하면 안 됩니다. 나의 불행을 꾀하는 자들이 많아서 그래요. 아저씨도 그냥 소식만 전하고 곧장 돌아오세요. 그러나 유모인 에우리클레이아에게는 제 귀국 사실을 알려주고, 그 소식을 아무도 모르게 라에르테스 할아버지께 전해드리라고 하세요. 아들을 잃고 그동안 절망 속에 사셨는데, 이제 손자까지 잃었다고 생각하시면 삶의 끈을 놓아버리실지도 몰라요."

오디세우스는 텔레마코스의 사려 깊은 말에 몹시 감격했다. 갓난아기 때 두고 떠났던 아들이 어느새 더 이상 바랄 나위 없이 훌륭한 청년으로 성장했던 것이다.

텔레마코스의 명령을 받은 에우마이오스는 재빨리 샌들 끈을 조이고 부리나케 마을로 달려갔다. 그가 떠나자마자 아테나 여신이 오두막을 찾아왔다. 그러나 여신의 모습은 텔레마코스에게는 보이지 않고 오디세우스만 볼 수 있었다. 여신은 오디세우스에게 눈썹을 움직여 신호를 보냈고, 오디세우스는 서둘러 안마당으로 가서 여신 앞에 섰다.

"라에르테스의 아들인 지략에 뛰어난 오디세우스여! 이제 그대의 방랑은 모두 끝났다. 하지만 그대와 텔레마코스에게는 아직 구혼자들과의 싸움이 남아있다. 이제 그대의 아들에게 정체를 밝히고, 아들과 함께 구혼자들을 어떻게 상대할 것인지를 의논하여라! 그리고 그대들 둘이서 많은 적들을 상대한다고 두려워하지 말거라. 때가 되면 내가 그대들 편에 서서 함께 싸울 것이다. 이제 텔레마코스가 그대의 말을 믿도록 잠시 원래의 모습으로 돌려주겠다."

아테나 여신은 말을 마치고 나서 황금 지팡이로 오디세우스를 쳤다. 그러자 오디세우스의 모습이 바뀌기 시작했다. 먼저 누더기 옷이 화려하고 고급스러운 겉옷과 자줏빛 망토로 변했고, 쭈글쭈글하던 피부와 왜소한 몸집도 젊고 건장한 체격에 거무스름하고 팽팽한 피부로 변했다.

구부러진 허리는 곧게 펴졌으며, 흐릿했던 두 눈은 형형한 안광을 뿜어냈다. 오디세우스는 전보다 더 당당하고 위엄 있는 모습으로 오두막으로 들어갔다.

오디세우스가 들어서자 텔레마코스는 깜짝 놀라 자리에서 벌떡 일어났다. 그는 오디세우스를 신인 줄 알고 두려워했다.

"다, 당신은 누구십니까? 혹시……, 조금 전 그 노인장이 맞습니까? 옷과 피부색도 다르고 체격도 완전히 바뀌셨네요. 게다가 노인에서 젊은이로 모습이 바뀌셨네요. 이렇게 자유자재로 모습을 바꾸시는 것을 보니 틀림없이 하늘에 사시는 신들 중 한 분이시군요. 부디 제게 자비를 베푸소서. 제가 당신의 마음을 기쁘게 해줄 제물과 황금 그릇을 바치겠습니다."

"아들아, 나는 신이 아니란다. 내가 어찌 신들과 비교가 될 수 있겠

오디세우스를 알아보는 텔레마코스 요한 아우구스트 나흘 르 주네, 1752~1825년

느냐? 나는 네 아버지 오디세우스란다."

오디세우스가 이렇게 말하고 아들에게 입을 맞추자, 그의 두 눈에서 참았던 눈물이 쏟아져 볼을 타고 흘렀다. 그러나 텔레마코스는 그를 의심했다.

"당신은 내 아버지 오디세우스가 아닙니다! 신께서 내게 더욱더 슬퍼하며 신음하도록 나를 놀리시는 것이겠죠? 필멸의 인간이 어떻게 불멸의 신들처럼 모습을 자유자재로 바꿀 수 있단 말입니까? 당신은 좀 전까지 분명 늙고 볼품없는 가난한 노인이었소. 그런데 지금은 올림포스의 신들 중 한 분처럼 보이십니다. 그런데 날 보고 당신의 말을 믿으라고 하십니까?"

오디세우스는 텔레마코스가 계속 자신의 말을 믿지 않고 의심하자 그저 웃음밖에 나오지 않았다. 그러나 자상한 목소리로 이렇게 대답했다.

"텔레마코스야, 내가 모습을 바꾼다고 해서 그렇게 놀랄 필요 없다. 지금 이 모습이 원래 내 모습인데 아테나 여신께서 나를 사람들이 알아보지 못하도록 늙은 거지로 변신시키신 거란다.

신들에게 그런 일쯤은 아무것도 아니거든. 그러니 너는 내 말을 믿어야 한다.

나는 20년 동안 방랑하며 온갖 고난을 겪다가 마침내 집으로 돌아온 네 아버지란다."

오디세우스는 말을 마치고 자리에 앉았다. 아테나 여신은 텔레마코스의 마음에 의심을 걷어내고 믿음을 심어주었다. 그제야 텔레마코스는 아버지 앞에 쓰러지듯 매달리며 통곡했다. 20년 만에 만난 아버지와 아들은 서로 부둥켜 안고 그동안 쌓인 그리움을 마음껏 토해냈다. 두 사람은 그렇게 시간의 흐름도 잊은 채 부자의 정을 나누었다. 그러다가 텔레마코스가 문득 생각난 듯 말했다.

"아버지, 그런데 대체 누가 아버지를 이타케까지 데려다주셨나요? 오실 때 타고 온 배는 어떤 배였나요? 궁금한 게 너무 많아요."

"그렇겠지. 나도 하고 싶은 이야기가 너무 많구나. 나를 데려다준 이들은 항해술이 뛰어나기로 유명한 파이아케스인들이야. 그들은 자기 나라를 찾아온 나그네는 누구든지 따지지 않고 모두 호송해 준단다."

오디세우스는 자신이 이타케에 오게 된 과정을 요약해서 설명한 후 이렇게 덧붙였다.

"아테나 여신께서 나를 이곳에 보내시고, 널 만나게 하셨다. 이제 우리는 구혼자들을 궁전에서 몰아내고 그들이 저질렀던 죄악들을 심판하고 벌을 내려야 한다. 그러자면 무엇보다 전략이 중요하다. 먼저 그들에 대한 정보를 말해보거라. 그들은 어떤 자들이며 숫자는 얼마나 되느냐? 우리 둘이서도 충분히 이길 수 있겠느냐?"

"오, 아버지. 우리 둘이서 그들을 상대하는 것은 불가능합니다. 그들의 숫자가 너무나 많아요. 그들은 여러 나라에서 왔는데 대부분 하인들까지 데리고 왔습니다. 둘리키온 섬에서만 쉰두 명의 젊은 귀족들이 여섯 명의 하인을 데려왔고, 사메에서는 용사들만 스물네 명, 자퀸토스에서 스무 명, 이타케 안에서도 열두 명이 왔는데 하나같이 모두 젊고 싸움에 능한 자들이에요. 물론 저는 아버지의 뛰어난 명성과 지혜에 대해서 어려서부터 항상 들어왔습니다. 하지만 우리와 함께 싸워 줄 동지가 없다면 이 싸움은 계란으로 바위를 치는 것과 같습니다."

오디세우스는 빙긋이 웃으며 겁을 집어먹은 아들을 안심시켰다.

"걱정하지 마라! 싸움은 숫자로만 하는 것은 아니란다. 우리에게는 수천만의 군대보다 강한 조력자가 있단다. 그분은 팔라스 아테나 이시다. 그분은 때가 되면 친히 우리와 함께 싸워주시기로 약속하셨다.

그러니 이제부터 내 말을 잘 들어라. 내 계획을 말해 주겠다. 너는 내일 날이 밝는 대로 서둘러 집으로 돌아가라. 그리고 구혼자들의 의심을 사지 않도록 예전처럼 자연스럽게 행동해라.

나는 나중에 에우마이오스와 함께 네 뒤를 따르겠다. 다시 늙은 거지의 모습으로 변장을 하고 갈 터이니 아무도 나를 알아보지 못할 것이다. 그래야 안심하고 구혼자들 사이를 돌아다니며 그들의 생각을 알아볼 수 있을 것이다. 그리고 너는 어떤 상황에서도 나서면 안 된다. 내가 그들에게 모욕을 당하던 그들이 나에게 어떤 행패를 부리든지 모른 척해야 한다. 심지어 내가 심하게 폭행을 당해도 말이다. 정 참기 어려울 때는 그저 조용히 타이르는 정도로 그쳐야 한다. 그래도 그들은 네 말을 듣지 않을 것이다. 그들에게 운명의 날이 닥쳤기 때문이다.

그리고 또 한 가지 당부할게 있다. 아테나 여신께서 내 마음에 넌지시 신호를 보내시면 나는 너에게 고개를 끄덕여 보이겠다. 그러면 너는 내 신호를 알아채고 즉시 홀 안에 있는 무기들을 모조리 창고로 날라다 감추고 창고 문을 잠궈버려라. 구혼자 놈들이 무기가 없어진 것을 알고 너에게 묻거든, 적당히 얼버무려라.

무기들이 계속 연기에 그을려 망가져서 연기가 없는 곳에 잘 보관하고 있다고 하거라. 또 자주 그러듯이, 술에 취해 언쟁이 벌어지면 홧김에 무기를 들고 서로 싸우게 될까 봐 걱정이 되어 안전을 위해 옮겨다 놓았다고 해라. 그렇게 말하면 그들도 수긍할 것이다. 그들은 불행이 이미 자신들의 머리 위에 올려져 있다는 것을 전혀 눈치채지 못하고 있다.

그리고 다시 한번 강조하지만 내가 돌아온 것은 아무도 몰라야 한다. 네 어머니나 할아버지 그리고 에우마이오스도 마찬가지다. 그들은 너무 기쁜 나머지 발설할 수 있고, 그것은 곧 너와 나의 죽음을 의미하는 것이다. 구혼자들이 그 사실을 알고 싸울 준비를 하거나 음모를 꾸며 우리를 죽일 것이기 때문이다. 에우마이오스가 돌아왔을 때 나를 알아볼까 봐 걱정하지 마라. 그때는 이미 늙은 거지의 모습으로 돌아가 있을 것이다."

오디세우스와 텔레마코스가 구혼자들을 응징할 계획을 세우고 있을 때, 에우마이오스는 왕궁이 있는 도시로 접어들고 있었다. 그가 항구를 지나가고 있을 때, 때마침 그곳에 텔레마코스가 타고 온 배가 정박하고 있었다. 선원들은 텔레마코스가 네스트로와 메넬라오스로부터 받은 선물들을 클리티오스의 저택으로 가져갔다. 그들은 또 페넬로페에게 텔레마코스의 귀국을 알리기 위해 서둘러 전령을 보냈다. 그 사실을 알게 된 에우마이오스는 선원들이 보낸 전령보다 먼저 소식을 전하기 위해 더욱더 속력을 내어 달리기 시작했다. 그러나 전령 또한 젊고 빠른 다리를 가지고 있는 까닭에 그들은 궁전 대문 앞에서 마주쳤다.

심부름꾼은 마중 나온 시녀들에게 소리쳤다.

"왕비님께 알리시오. 사랑하는 아드님이 무사히 돌아오셨다고 말입니다!"

그러나 에우마이오스는 페넬로페를 직접 만나서 텔레마코스가 부탁한 이야기를 상세하게 전했다. 그러고는 궁전을 빠져나와 곧장 농장으로 돌아갔다.

한편, 구혼자들도 텔레마코스의 귀국 소식을 전해 들었다. 놀란 그들은 대문 앞에 모여 앉아서 회의를 열었다. 폴리보스의 아들 에우리마코스가 먼저 말문을 열었다.

"우리의 계획은 보기 좋게 실패한 것 같소. 그 녀석이 해낼 줄은 꿈에도 생각하지 못했는데, 아무튼 매복해 있는 동지들에게 이 사실을 알리고 철수하게 합시다."

그런데 이때 암피노모스가 고개를 돌려 포구 쪽을 내려보다가 배 한 척을 발견했다. 그 배에서 매복을 떠났던 구혼자들이 내리는 모습을 보고 그는 빙그레 웃으며 말했다.

"그럴 필요 없을 것 같소. 그들은 벌써 돌아왔으니 말이오."

그 말에 구혼자들은 모두 벌떡 일어나서 바닷가로 우르르 몰려나갔다. 선원들은 배를 육지로 끌어올리고, 시종들은 무구를 배에서 뭍으로 날랐다. 구혼자들은 회의장으로 몰려가서 시종들에게 경비를 세우고 회의를 했다. 매복에서 돌아온 안티노오스는 화가 머리끝까지 나서 씩씩거렸다.

"이게 무슨 꼴이란 말이오. 우리는 밤낮으로 서로 교대해가며 잠시도 쉬지 않고 파수를 봤소. 그런데 텔레마코스는 우리의 매복을 피해 귀국을 했소. 누군가 정보를 흘렸거나 어떤 신이 빼돌리지 않고서야 어찌 이런 일이 일어날 수 있단 말입니까?"

안티노오스는 분통을 터뜨리며 열변을 토해냈다.

"텔레마코스가 이번엔 운 좋게 목숨을 건졌지만, 그 녀석을 이대로 살려둘 수는 없소. 그 녀석을 파멸시킬 계책을 다시 세웁시다. 그 녀석이 살아있는 한 우리의 목적을 달성하기 어렵다는 것을 모두 잘 아시지 않소. 우리는 백성들로부터 전폭적인 지지를 받지 못하고 있는데 그녀석은 눈치가 빠르고 제 아비를 닮아 매우 영리하오. 지난번 이타케인들의 회합 때 그 녀석이 얼마나 맹랑하고 당돌한지 모두 잘 보셨을 거요. 이대로 두면 어떤 위협이 될지 알 수 없어요. 우리가 자기를 살해하려고 했다고 백성들을 선동이라도 해 보시오. 자칫 백성들이 단합해서 우리에게 해를 입히거나 우리를 섬에서 추방시키기라도 하면 어쩌겠소?

그런 일이 벌어지기 전에 우리가 먼저 선수를 쳐야 합니다! 인적이 드문 곳을 골라 그 녀석을 유인해서 처치합시다. 그리고 녀석의 재산이나 물건들은 적당히 나눕시다. 궁전은 페넬로페와 결혼하는 사람이 갖도록 합시다.

그러나 만약 내 제안이 못마땅하다면, 그 녀석이 그냥 제 아버지의 유산을 모두 물려받도록 내버려 두겠다면, 우리는 더 이상 그의 재산을 축내는 짓은 그만둡시다. 각자 집으로 돌아가서 최대한 많은 혼수품을 마련하여 그녀를 얻도록 합시다. 그녀가 가장 혼수품을 많이 준비한 남자를 선택해서 결혼하면 되지 않겠소?"

안티노오스의 말이 끝나자 좌중은 쥐 죽은 듯이 조용해졌다. 침묵을 깬 것은 니소스의 왕자인 암피노모스였다. 그는 밀과 풀이 풍부한 둘리키온에서 구혼자들을 인솔해 왔는데 마음씨가 착하고 분별력이 있어서 페넬로페도 그의 말은 신뢰했다. 그는 조심스럽게 말했다.

"친구들이여, 나는 생각이 좀 다르오! 크로노스의 아드님이신 제우스 신의 뜻을 알기 전에는 텔레마코스를 죽여서는 안됩니다. 왕가의 혈통을 끊는 것은 도리에 어긋나는 일이오.

그러니 우선 신들의 뜻을 여쭤보도록 합시다. 신들이 우리의 행동을 말리시든지, 허락하시든지 나는 오직 그분들의 뜻만을 따를 것이오."

그의 말은 호소력이 있어서 구혼자들의 마음을 움직였다. 그들은 모두 암피노모스의 제안을 받아들였고, 다시 만찬을 즐기기 위해 궁전으로 갔다.

한편 페넬로페는 텔레마코스의 여행과 구혼자들의 암살 계획, 텔레마코스의 안전한 귀국 등 일련의 사건들을 통해 심적 변화를 겪게 되었다. 평소 구혼자들 앞에 모습을 나타내지 않던 그녀였지만 오늘은 달랐다. 그녀는 친히 수많은 하녀들을 거느리고 구혼자들 앞에 섰다. 구혼자들은 일제히 그녀에게 시선을 돌렸다. 오랜만에 모습을 나타낸 그녀는 더욱 우아하고 아름다웠다.

페넬로페는 그들 중 어느 누구에게도 관심을 두지 않았고 오직 그녀의 눈길은 안티노오스만을 찾았다. 마침내 그를 발견한 페넬로페는 빠른 발걸음으로 안티노오스 앞에 섰다.

"안티노오스!"

페넬로페의 목소리는 얼음장처럼 차가웠다. 그녀는 경멸에 찬 표정으로 안티노오스를 노려보며 구혼자들 앞에서 비난했다.

"당신은 어째서 내 아들 텔레마코스의 목숨을 노리는 거죠? 예전에 오디세우스께서 당신의 아버지를 구해준 사실을 벌써 잊었나요? 당시 그대의 아버지는 백성들이 무서워 이 집으로 도망쳐왔었지요.

백성들이 분개한 이유는 당신의 아버지가 해적들과 어울려 다니며 우리의 동맹국인 테스프로토이족을 해치고 괴롭혔기 때문이에요. 그래서 다들 그를 죽여 그의 심장을 꺼내고 그의 재산을 빼앗겠다고 분노했었지요. 그러나 오디세우스는 그들로부터 당신 가족을 구했어요. 하지만 당신은 은혜를 갚기는커녕 은인의 재산을 탕진하고, 그의 아내에게 청혼을 하고 그 아들까지 죽이려 하고 있어요. 이제 제발 멈춰주세요!"

페넬로페의 꾸짖음에 안티노오스는 얼굴을 붉히며 할 말을 찾지 못했다. 그러자 에우리마코스가 그들 사이로 끼어들었다.

"이카리오스의 따님이신 페넬로페여! 안심하십시오. 그런 일이라면 조금도 걱정하지 마세요. 내가 두 눈을 뜨고 있는 한 우리 중 어느 누구도 텔레마코스를 해치지 못할 것입니다. 만약 누군가 텔레마코스를 해치려고 한다면 제 창을 그놈의 피로 붉게 물들일 것입니다. 오디세우스님은 무릎에 나를 앉히고 구운 고기를 손으로 먹여주고 붉은 포도주를 입에 넣어주셨지요. 그런 분의 아들인 텔레마코스는 나에게도 매우 소중한 사람입니다. 다만 신들이 텔레마코스의 죽음을 정해 놓으셨다면 그것은 어쩔 도리가 없겠지만요."

에우리마코스는 짐짓 거짓으로 그녀를 위로하며 슬픈 표정을 지었다. 하지만 그는 말과 다르게 속으로는 누구보다 텔레마코스를 살해할 마음을 품고 있었다. 페넬로페는 그에게 눈길 한 번 주지 않고 몸을 돌려 안채로 들어갔다. 그녀는 에우리마코스의 속셈을 간파하고 있었기 때문이었다. 2층의 안채 침실에 도착한 페넬로페는 악인들 한가운데 홀로 서 있다는 두려움과 외로움에 한참을 울었다.

제17장

텔레마코스의 귀가

다음 날 새벽, 돼지치기의 오두막에서 잠을 잔 텔레마코스는 집으로 돌아갈 준비를 서둘렀다. 그는 샌들을 신고 창을 집어 든 뒤 에우마이오스에게 말했다.

"아저씨, 저는 지금 집으로 갑니다. 어머니께서 내 얼굴을 직접 보셔야 비로소 마음을 놓으실 것 같습니다. 그래서 부탁드리는데, 저 어르신을 데리고 궁전으로 와주세요. 사람들이 많은 곳으로 내려가야 음식을 충분히 구걸할 수 있을 겁니다. 저분에게는 안된 일이지만 지금의 제 처지로는 도움을 드리기가 어렵군요."

텔레마코스의 말에 오디세우스가 자리에서 몸을 일으키며 말했다.

"아이고, 내 걱정일랑 마시오. 나도 여러분에게 짐이 되고 싶은 생각은 없소. 내 몸이 젊다면 여기서 축사 일을 돕는 것도 좋겠지만, 이렇게 늙고 허약한 몸으로는 구걸하는 편이 더 낫다오. 그러니 도시로 나가 동냥을 하렵니다. 여기서 조금 더 불을 쬐다가 햇살이 더 많아지면 그때 출발하지요. 이 다 떨어진 누더기를 입고 새벽길을 나서기에는 무리라오. 늙은이들이 새벽의 찬 공기를 맞으면 병이 나기 십상이라오."

텔레마코스는 아버지의 능청스러운 연기에 절로 웃음이 나왔다. 그는 재빨리 몸을 돌려 터져나오는 웃음을 참기 위해 입술을 지그시 깨물었다. 텔레마코스는 돼지농장을 떠나 시내로 가는 오솔길에 접어들었다. 아버지를 만나 느꼈던 벅찬 감격이 아직도 그의 가슴에 생생했다. 그는 아버지와 함게 구혼자들에게 복수하는 상상을 하면서 길을 재촉했는데. 그의 발걸음은 그 어느 때보다 가볍고 경쾌했다.

궁전에 도착한 텔레마코스는 창을 높은기둥에 기대어 놓고 페넬로페의 침실이 있는 안채로 들어갔다. 회랑을 걷고 있던 텔레마코스는 유모 에우리클레이아와 마주쳤다. 그녀는 가죽 더미를 홀 안으로 옮기는 중이었다. 그녀는 텔레마코스를 발견하고 너무 기쁜 나머지 들고 있던 가죽 더미를 팽개치고 달려왔다.

"오오, 도련님. 무사히 돌아오셨군요."

유모는 울먹이며 텔레마코스의 어깨와 빰에 입을 맞추었다. 곧이어 시녀들도 달려와서 기뻐하며 얼굴과 어깨에 입을 맞추었다. 유모가 텔레마코스의 등을 떠다 밀었다.

"도련님, 지체하지 말고 어서 어머니께 가세요. 어서요."

페넬로페는 벌써 방문 앞에 나와 서 있었다. 그녀는 사랑하는 아들을 두 팔로 얼싸안고 눈물을 흘리며 아들의 머리와 두 눈에 입을 맞추었다.

"아들아, 돌아왔구나. 나는 너를 영영 못 보는 줄로만 알았다. 네가 내 승낙도 없이 집을 떠난 후, 구혼자들이 너를 해치려고 바다에 매복하고 있다는 소식을 듣고 얼마나 걱정했는지 모른다. 그런데 이렇게 무사히 돌아와 내 앞에 서 있으니, 너를 무사히 집으로 돌려보내 주신 신들께 제물을 바쳐야 겠다.

얘야, 궁금한 것도 듣고 싶은 이야기도 많구나. 하지만 그 이야기는 제사를 드린 후 나중에 하도록 하자."

"네, 어머니. 그렇게 하세요. 우선 따뜻한 물로 목욕을 하시고, 깨끗한 옷으로 갈아입으신 뒤 시녀들과 더불어 모든 신께 기도해 주세요. 제우스 신께서 우리의 복수를 도와주신다면 가장 훌륭한 헤카톰베를 바치겠다고요. 저는 지금 광장으로 가서 저와 함께 필로스에서 온 손님 한 분을 어머니께 데려오겠습니다. 어머니가 궁금해하시는 이야기들은 그때 자세히 말씀드릴게요."

텔레마코스는 말을 마치자마자 서둘러 안채를 빠져나왔다. 그는 홀 안에 두었던 창을 가지고 서둘러 궁전을 빠져나와 광장으로 향했다. 거기에는 이미 많은 사람들이 모여 있었고, 구혼자들도 거기 있었다. 구혼자들은 텔레마코스를 보자마자 소란스럽게 수선을 피우며 온갖 칭찬을 늘어놓았다. 텔레마코스는 그들의 입에 발린 칭찬과 거짓 친절에 역겨움을 느꼈다. 그는 자신을 둘러싼 구혼자들을 밀쳐내고 아버지의 친구들인 멘토르, 안티포스, 할리테르세스 곁으로 갔다. 텔레마코스가

텔레마코스의 귀환 에버하르트 폰 베히터, 1804년

그들과 함께 이런저런 이야기를 나누고 있을 때, 페이라이오스가 예언자 테오클리메노스와 함께 광장으로 올라왔다.

텔레마코스가 다가가자 페이라이오스가 먼저 말을 걸었다.

"텔레마코스, 그대가 필로스와 스파르타에서 받아온 선물들은 내 집에 보관하고 있습니다. 사람을 보내면 내어 드리겠습니다."

텔레마코스는 고개를 가로저었다.

"아닐세. 그 선물들은 자네 집에 좀 더 보관해 주게. 앞으로 무슨 일이 일어날지 모르네. 만약 저 구혼자들이 나를 죽여서 저희들끼리 내 재산을 분배해 가진다면, 나는 그 선물들을 저들에게 빼앗기느니 자네가 갖기를 바라네. 반대로 내가 구혼자들을 물리치게 된다면, 그때 선물을 가지고 와도 늦지 않을 걸세."

말을 마친 텔레마코스는 이번엔 테오클리메노스를 향해 말했다.

"자 나와 함께 어머니를 뵈러 갑시다."

텔레마코스가 앞장 서자 예언자는 그의 뒤를 따랐다. 그들이 안채로 들어갔을 때 페넬로페는 물레를 돌리고 있었다. 그녀의 희고 고운 손가락 사이로 섬세하고도 하얀 실이 자아져 나왔다.

페넬로페는 테오클리메노스와 인사를 나눈 뒤, 낯선 손님이 궁전에 오면 항상 그랬듯이 오디세우스의 소식을 물었다. 그녀는 오디세우스의 생사에 대한 확실한 소식을 듣게 될것이라는 희망은 이미 버린지 오래였다. 그럼에도 불구하고 페넬로페는 낯선 손님들이 찾아오면 남편의 소식을 묻는 것이 습관처럼 되어버렸다. 하지만 우선 텔레마코스가 여행에서 들은 오디세우스의 소식부터 먼저 들어보아야 했다.

페넬로페는 시녀들에게 음식을 내오게 하고, 테오클리메노스가 식사를 마치기를 기다렸다. 이윽고 예언자가 식사를 마치자 텔레마코스는 이야기를 시작했다.

"어머니, 저는 필로스로 가서 네스토르 님을 뵈었습니다. 그분은 저를 환대하며 친자식처럼 정성껏 보살펴 주셨어요. 그러나 아버지에 대한 새로운 소식을 듣지는 못했습니다. 하지만 그분은 스파르타의 메넬라오스 님이라면 혹시 소식을 들었을 지도 모르겠다고 하셨어요. 그러면서 자신의 막내아들 페이시스트라토스에게 저를 스파르타로 안내하라고 명하셨죠.

저는 페이시스트라토스가 모는 마차를 타고 스파르타로 가서 메넬라오스 님을 만났습니다. 그분은 구혼자들이 행패를 부린다는 이야기를 들더니 격분하시면서 저를 위로하셨어요.

그리고 포세이돈 신의 아들인 바다 노인에게 직접 들은 이야기를 해주셨어요. 바다 노인의 말에 따르면 아버지는 칼립소의 섬에 갇혀 있었는데 배도 없고, 함께 항해할 동료도 하나 없어 고향으로 돌아갈 수 없는 상황이었다고 합니다."

텔레마코스의 이야기를 듣던 페넬로페는 두 눈에 가득 눈물이 고였다. 그러나 그 소식이 좋은 소식인지 나쁜 소식인지 도대체 분간할 수가 없었다. 그러자 침묵을 지키며 듣고 있던 테오클리메노스가 말했다.

"왕비님! 메넬라오스 님이 들려준 바다 노인의 이야기는 모두 사실입니다. 하지만 그게 전부는 아닙니다. 제가 정확하게 신탁을 전해드릴 테니 잘 들으십시오.

오디세우스 님은 이미 이곳 이타케 섬에 돌아와 계십니다. 하지만 그분이 궁전으로 돌아오지 않는 것은 이유가 있습니다. 그분은 저들의 악행을 심판할 계획을 세우고 계십니다. 곧 구혼자들에게 큰 재앙이 내려질 겁니다. 저는 텔레마코스 님과 돌아오는 길에 새들의 모습을 보고 신의 계시를 받았습니다."

텔레마코스는 속으로 놀라움을 감추지 못했다. 예언자가 받은 계시는 너무도 정확했기 때문이다. 텔레마코스는 내색하지 않고 어머니의 반응을 살폈다.

'어머니는 예언자의 말을 믿으실까? 아니면 믿지 않으실까? 어머니에게 사실을 숨기는 것도 마음이 편치 않구나. 하지만 어머니가 아시게 되면 너무도 기쁜 나머지 틀림없이 시녀들에게 말씀하실 테고, 그렇게 되면 구혼자들이 알게 되는 것은 시간문제다.'

텔레마코스가 이런 생각을 하고 있을 때 페넬로페는 예언자의 눈을 유심히 들여다보았다. 마치 그의 눈을 통해서 진실 여부를 판단하려는 것 같았다.

'이 사람의 눈은 진실을 말하고 있는 것 같구나. 하지만 그동안 수없이 많은 사람들이 나에게 비슷한 말을 했어. 그 이야기들은 모두 사실 같았지만 언제나 거짓으로 밝혀졌어.'

페넬로페가 마침내 입을 열었다.

"손님, 그대의 말씀이 사실이라면 얼마나 좋을까요? 만일 그런 일이 일어난다면 나는 당신에게 누구나 부러워할 만큼 충분한 보상을 할 거예요. 하지만 안타깝게도 당신의 말을 액면 그대로 받아들이기는 쉽지 않군요."

페넬로페가 말을 마쳤을 때 안채 밖에서 왁자지끌한 소리가 들려왔다. 구혼자들이 고함을 지르고 웃고 떠들며 홀 안으로 들이닥쳤다. 그들은 점심때가 되자 식사를 준비하기 위해서 몰려온 것이었다. 페넬로페는 미간을 찌푸리며 자리에서 일어나 침실로 향했다.

한편, 돼지치기의 농장에서는 오디세우스와 에우마이오스가 함께 외출 준비를 하고 있었다.

"노인장, 도련님 말씀대로 도시로 나갈 생각이라면 지금 출발합시다. 내 맘 같아서는 이곳에 머무르게 하고 싶지만 도련님 생각은 다르시니 나도 어쩔 수 없구려. 점심때가 지났으니 어서 서둘러야 합니다. 머뭇거리다가 저녁이 되면 추위가 심해질 거요."

에우마이오스가 재촉하자 오디세우스는 망태를 어깨에 둘러메며 말했다.

"그렇게 합시다. 지금부터 당신이 길 안내를 해주구려. 혹시 지팡이로 사용할 만한 다듬어 놓은 몽둥이 하나 있으시오? 길이 험하다는데 혹시 미끄러질까 봐 염려가 되어서 말이오."

에우마이오스는 뒤뜰에서 잘 다듬어진 지팡이 하나를 가져다주고 앞장서서 오두막을 나섰다. 오디세우스는 지팡이를 짚고 그의 뒤를 따랐다. 그들은 울퉁불퉁한 길을 따라 한참을 걸어내려갔다. 에우마이오스는 가파르고 험한 길을 만날 때마다 오디세우스를 부축하며 도와주었다. 시내로 들어가는 입구에는 마을 공동 우물이 하나 있었다. 그 주변에는 백양나무숲이 빙 둘러서 있고 높다란 바위에서는 차가운 물이 흘러내리고 있었다. 우물의 위쪽에는 요정들의 제단이 있어서, 그곳을 지나는 나그네들은 모두 거기서 제물을 바치고 기도를 올렸다.

에우마이오스와 오디세우스는 그곳을 지나가다가 건너편에서 염소를 몰고 오던 돌리오스의 아들 멜란티오스와 마주쳤다. 그는 동료 두 명과 함께 구혼자들의 만찬용 염소를 몰고 궁전으로 가는 길이었다. 그는 에우마이오스를 보자마자 대뜸 시비를 걸었다.

"어이, 돼지치기 친구! 그 늙은 비렁뱅이를 어디로 끌고 가는거냐?

혹시 시내로 데려가려는 것은 아니겠지? 비렁뱅이란 이 집 저 집 문전 걸식을 해서 잔치를 엉망으로 만든단 말이야.

하긴 네놈은 멍청해서 그런 생각도 못하지? 원래 생각이라고는 없잖아.

그 늙은이와 무슨 관계인지는 모르지만 나에게 늙은이를 넘기는 것은 어떤가? 마구간을 청소하고 낙엽을 긁어모으는 일쯤은 할 수 있겠지? 음, 그런데 이 늙은이는 딱 보니 게을러서 그 일도 못할 것 같군. 비렁뱅이 근성이 몸에 베서 일은 하지도 않고 주린 배만 채우려고 할게 분명해. 내가 장담하는데, 혹여 오디세우스의 궁전에라도 들어갔다가는 구혼자들의 손에 얻어맞아 갈비뼈가 부러지고 말 거야."

멜란티오스는 한껏 조롱하고 나서는 자기 옆을 지나가는 오디세우스의 엉덩이를 걷어찼다. 오디세우스는 그 바람에 몸의 균형을 잃고 넘어질 뻔했다. 다행히 에우마이오스가 휘청거리는 그를 재빨리 부축했다. 오디세우스의 가슴속에 분노의 불길이 솟구쳤다. 그는 당장 멜란티오스를 지팡이로 후려쳐 응징하고 싶었지만, 아직은 때가 아니라는 생각에 분노를 꾹 눌러 참았다. 그러나 에우마이오스는 염소치기의 조롱을 모른척하고 넘어가지 않았다. 그는 화가 나서 멜란티오스를 뒤에서 불러 세웠다.

"이보게, 멜란티오스! 우리 주인님께서 이 자리에 계셨으면 자네의 그 오만방자함을 결코 용서치 않으셨을 거야."

멜란티오스는 고개를 돌려 뒤돌아보며 말했다.

"뭐라는 거야! 이 돼먹지 못한 천한 돼지치기 놈아! 내 언제가 네놈을 이타케에서 먼 곳으로 팔아넘겨 버릴 것이다. 그리고 오디세우스는 돌아오지 않아! 그 인간은 이미 죽은 게 확실하거든. 이제 그 아들 텔레마코스도 제 아비처럼 하데스로 가게 될거야. 아폴론의 은 화살에 맞아 죽든가 아니면 구혼자들의 손해 살해될 게 확실하거든."

말을 마친 멜란티오스는 흥겹게 콧노래를 부르며 가던 길을 계속 갔다. 궁전에 도착한 멜란티오스는 몰고 갔던 염소들을 안뜰에 데려다 놓은 후, 구혼자들이 모여 식사를 하고 있는 홀로 갔다. 그는 평소 자신을 아끼는 에우리마코스의 맞은편 자리에 가서 앉았다. 시녀들이 그의 앞에 고기와 포도주를 가져다 놓았다. 그는 고기와 포도주를 마시며 구혼자들과 어울렸다.

잠시 후 에우마이오스와 오디세우스도 궁전에 도착했다. 그들이 홀로 들어갔을 때 그 안에서 노랫소리와 악기를 연주하는 소리와 사람들이 흥겹게 웃고 떠드는 소리가 들려왔다.

오디세우스가 미간을 찌푸리며 물었다.

"웬 노랫소리와 악기 소리지요? 고기 굽는 냄새에 사람들이 웃고 떠드는 것을 보니 궁전에서 잔치라도 벌어졌나 보오."

오디세우스의 질문을 받고 에우마이오스가 조심스럽게 대답했다.

"휴, 잔치는 잔치지요. 남의 재산을 제 것처럼 날로 먹어치우는 잔치 말이오. 저렇게 술에 취해 시끄럽게 웃고 떠드는 자들은 왕비님께 구혼하는 자들이오. 저기 노래하는 음유시인은 페미오스인데 원래 주인님의 식사시간에만 노래를 불렀었지요. 하지만 지금은 구혼자들의 협박에 못 이겨 저들의 잔칫상 앞에서 노래를 부르고 있지요. 그건 그렇고 어떻게 하겠소? 노인장이 먼저 들어가서 구혼자들과 어울리시오. 나는 이곳에 남겠소. 그게 싫으면 노인장이 여기 계시오. 내가 먼저 들어가겠소. 하지만 곧 뒤따라 와야 하오. 누군가 당신이 밖에 혼자 있는 것을 보면 시비를 걸거나 폭행을 할지도 모르니까."

"무슨 말인지 잘 알아들었소. 내가 이곳에 남겠소. 나는 얻어맞고 걷어 채이는 일에는 이골이 났으니 걱정하지 마시오. 바다나 전쟁에서 겪은 고난에 비하면 그것쯤은 아무것도 아니지요. 그런데 정말 무서운 것은 굶주림이라오. 사실 온갖 고난과 고통을 당하는 이유도 따지고 보면 모두 배고픔 때문이라오. 그것은 굶주림을 당해본 자만이 깨닫게 되는 진리이지요."

말은 마친 오디세우스는 갑자기 시선을 한 곳에 고정시키고 뚫어져라 쳐다보았다. 그곳에는 짚으로 된 거름 더미가 한 더미 있었고, 그 위에 개 한 마리가 누워 있었다. 한눈에 보기에도 늙고 병든 그 개는 주위에서 윙윙거리는 귀찮은 파리 떼 조차 쫓지 못했다. 오디세우스는 그 개를 한눈에 알아보았다. 갓 태어났을 때부터 자신이 손수 기르며 애정을 쏟았던 개 아르고스였기 때문이다. 오디세우스는 하마터면 너무 반가운 나머지 개의 이름을 부를 뻔했다. 하지만 곧 감정을 억눌렀다. 자칫 자신의 정체가 드러날 수 있어서였다. 그래서 아르고스를 향해 안타까운 눈길만 보냈다.

그런데 이번에는 아르고스가 코를 씰룩거리며 무엇인가 냄새를 맡는 것 같더니, 힘겹게 고개를 들고 오디세우스를 바라보았다. 그러더니 좌우로 천천히 꼬리를 흔들었다. 그러고는 주인을 반기기 위해 몸을 일

아르고스와 오디세우스 루이 프레데릭 슈첸베르거, 1884년

으키려 하다가 이내 포기했다. 아르고스의 몸은 너무도 쇠약해져 있었던 것이다. 그 모습을 지켜보던 오디세우스는 자신도 모르게 개를 향해 한 걸음 더 가까이 다가갔다. 그러나 바로 그 순간, 아르고스가 경련을 일으키더니 곧 머리를 힘없이 옆으로 떨구었다. 그러고는 사지를 쭉 뻗었다.

오디세우스는 그 모습을 보고 가슴이 먹먹해졌다. 그의 두눈에서는 어느새 눈물이 뺨을 타고 흘러내렸다. 착하고 충직한 개 아르고스는 20년 동안이나 기다렸던 주인을 만나고서야 비로소 눈을 감았던 것이다. 오디세우스는 흐르는 눈물을 재빨리 소매로 닦고, 슬픔으로 가득 찬 마음을 진정시켰다. 그러고는 에우마이오스의 뒤를 따라 서둘러 홀 안에 들어섰다.

텔레마코스는 그들이 홀 안으로 들어서는 모습을 보고 손을 흔들어 에우마이오스를 불렀다. 그러고는 빵 한덩어리와 고기를 듬뿍 퍼주며 말했다.

"아저씨, 이걸 노인장께 가져다드리고, 구혼자들 사이를 돌아다니면서 동냥하라고 하세요. 가만히 앉아서 기다리다가는 얻을 수 있는 것도 놓치는 법이죠."

에우마이오스는 오디세우스에게 가서 텔레마코스의 말을 그대로 전했다.

"신들의 축복이 텔레마코스와 함께 하기를 빌겠소!"

오디세우스는 기도를 마친 후 에우마이오스가 가져다준 빵과 고기를 먹었다. 홀 안은 구혼자들이 먹고 마시며 떠드는 소리로 떠들썩했다.

한편 염소를 치는 멜란티오스는 돼지치기 에우마이오스가 텔레마코스와 한 식탁에 마주 앉아 음식을 먹는 모습을 보고 질투심을 느꼈다. 그는 구혼자들 앞에서 에우마이오스에 대한 험담을 늘어놓았다.

"여러분께서는 저 낯선 비렁뱅이 늙은이가 누구인지 아십니까?"

멜란티오스 오디세우스를 가리키자 구혼자들의 시선이 그에게로 향했다.

"사실 저도 잘 모릅니다. 하지만 돼지치기는 그가 누구인지 잘 알 것입니다. 돼지치기가 저 비렁뱅이를 이곳으로 데려왔으니까요."

그러자 안티노오스가 에우마이오스를 나무랐다.

"이봐, 돼지치기! 저 비렁뱅이를 이곳에 데려온 이유가 뭔가? 이곳에도 잔치를 망쳐 놓은 비렁뱅이들은 이미 차고도 넘쳐! 그 녀석들이 여기 몰려와서 자네 주인의 음식을 축내는 것으로 부족하던가? 그래서 저 늙은이까지 부른 건가?"

에우마이오스가 대답했다.

"안티노오스 님, 그 말씀은 지나치십니다. 예언자나 의사, 목수, 가인 같은 사람이라면 몰라도 도대체 자기 재산을 축내려고 일부러 비렁뱅이를 부르는 사람이 어디 있습니까? 당신은 모든 구혼자 중에서 유난히 오디세우스 님의 하인들에게 가혹하셨지요. 특히 나한테 말입니다. 그러나 왕비님과 텔레마코스 도련님이 궁전에 살고 계시는 한 나는 그런 것에 신경 쓰지 않을 것이오."

텔레마코스가 그의 말을 가로막았다.

"아저씨, 저런 삐딱한 인간들에게 대꾸하지 마세요. 안티노오스는 언제나 우리에게 비아냥 거리며 시비를 걸고 다른 자들까지 그러라고 부추기잖아요."

그러더니 안티노오스를 향해 고개를 돌렸다.

"안티노오스여, 당신은 정말로 나를 친아버지처럼 걱정해 주고 있소. 당신은 낯선 이가 찾아와서 한 조각의 빵이나 한 입도 안되는 고기를 내 집에서 가져가는 것까지 걱정해 주니 말이오. 그런 사람이 어떻게 주인 허락도 없이 몇 년째 남의 집에 머물면서 흥청망청 그 집 재산을 탕진하는 것이오? 마치 불한당처럼 말이오."

안티노오스는 얼굴이 벌겋게 달아올랐다.

"텔레마코스, 네가 지금 나를 조롱하는 것이냐?"

그는 몸을 숙여 식사 내내 다리를 올려놓았던 무거운 발판을 집어 들었다. 그러고는 텔레마코스를 위협하듯 흔들어 보였다.

"꼬마야, 잘 봐 두어라! 내가 저 거지에게 빵 부스러기 하나도 주지 않을 것이다. 그래야 앞으로 이 궁전에는 얼씬도 안 하게 될 테니까 말이다!"

그러나 오디세우스는 홀 안을 돌아다니며 구걸을 했고, 이미 그의 망태에는 음식들이 그득했다. 그래서 문간으로 가서 그것들을 먹으려고 하다가, 안티노오스가 화를 내자 일부러 그의 곁으로 다가갔다.

"나리, 이 불쌍한 늙은이에게 적선하십시오. 당신은 구혼자들 중에서 가장 부자에다 고귀한 분처럼 보이는군요. 그러니 남들보다 더 많은 것을 제게 주시겠지요.

나도 예전에는 당신처럼 부자였소. 이 궁전처럼 화려한 저택을 소유했었고 많은 하인을 거느렸지요. 하지만 제우스께서 그 모든 것을 내게서 빼앗아 가셨다오. 그래서 보시다시피 빌어먹는 비렁뱅이가 되고 말았소. 부디 도와주십시오."

안티노오스는 황당하다는 표정을 지었다.

“정말 무례한 늙은이로구나! 여기 있는 모든 이가 너에게 적선을 했는데 아직도 만족하지 못한다는 거냐? 나는 아무것도 주기 싫으니 당장 꺼지거라!”

오디세우스는 그 자리를 떠나려고 등을 돌리며 투덜거렸다.

“허, 사람 참 인색하시군. 남의 집 재산을 제멋대로 퍼먹는 주제에, 그중에 빵한조각 나누어 주는 것조차도 이리 인색하시오? 나그네를 대접하라는 신들의 뜻을 거역했으니, 당신이라고 나 같은 신세가 되지 말란 법이 있겠소?”

오디세우스의 도발은 안티노오스를 격분시켰다.

“아니, 이 늙은이가 죽으려고 작정을 했나? 감히 누구를 모욕하는 거야!”

안티노오스는 화가 나서 집어 들고 있던 발판을 오디세우스를 향해 힘껏 던졌다. 발판은 날아가서 오디세우스의 어깨에 적중했다. 그러나 오디세우스는 끄떡도 하지 않았다. 구혼자들은 모두 깜짝 놀라서 그 모습을 지켜보았다. 안티노오스가 던진 발판은 장정이라도 거꾸러뜨릴 만큼 크고 묵직한 것이었다. 그런데 허약한 거지 노인은 마치 아무 일도 없었다는 듯 담담했다. 참으로 기이한 일이 아닐 수 없었다. 그들중에는 안티노오스의 말과 행동에 마음이 불편한 자들도 있었다. 그중 한 명이 안티노오스에게 말했다.

“안티노오스, 그렇게까지 할 필요가 있었소? 혹시 저 걸인이 신이라면 그대는 재앙을 부른 것이오. 신들이 타국에서 온 부랑자 행색으로 도시를 다니시며 인간들을 시험하신다는 이야기도 있지 않소.”

그러나 안티노오스는 코웃음을 치며 동료들의 말을 무시했다. 그 모습을 본 텔레마코스는 화가 나서 자리에서 벌떡 일어났다. 그의 눈은 분노로 이글거렸고, 금방이라도 안티노오스에게 달려들 테세였다. 이때 오디세우스가 아들을 향해 참으라는 신호를 보냈다. 그러자 텔레마코스는 속으로 분노를 삼키며 침묵할 수밖에 없었다. 그는 곧 다가올 복수를 생각하며 이를 갈았다.

한편 안채에 있는 페넬로페는 시녀들이 전해주는 말을 통해 홀 안에서 벌어지는 상황을 알고 있었다. 안티노오스가 거지 노인에게 발판을 던졌다는 이야기도 들었다. 그녀는 좀 더 자세한 상황을 듣고 싶어서 에우마이오스를 불렀다. 곧 그가 페넬로페의 부름을 받고 달려왔다.

"에우마이오스, 내가 듣기로는 홀 안에 거지 한 명이 와있다고 하던데, 그를 내게로 좀 데려오게. 그에게 오디세우스 님의 소식을 들은 적이 있는지 물어보아야겠네."

"오, 왕비님, 그 노인은 여러 나라를 떠돌아다니며 수많은 사람을 만나보았다고 합니다. 또한 트로이아에서 오디세우스님과 함께 지낸적도 있다고 했어요. 그의 이야기를 다 들으려면 아마 며칠 밤을 지새워도 부족할 것입니다."

에우마이오스는 페넬로페에게 거지 노인으로부터 들었던 이야기를 기억나는 대로 전했다. 페넬로페는 그 말을 듣고 조바심을 내며 독촉했다.

"어서 그를 모셔오게. 내가 직접 그에게 들어봐야겠다."

에우마이오스는 서둘러 오디세우스에게 달려갔다.

“노인장, 고귀하신 왕비님께서 당신을 뵙자고 하십니다. 내가 그분께 당신이 주인님을 잘 안다고 이야기했소. 어서 나와 함께 갑시다.”

오디세우스가 진지한 표정으로 말했다.

“당신 말이 맞소. 나는 당신 주인이신 오디세우스 님을 그 누구보다 잘 알지요. 나는 그와 같이 트로이아군과 싸웠고 그와 같이 고난을 당했소. 그가 있는 곳이면 어디든지 나는 함께 있었소. 나는 그 모든 것을 왕비님께 이야기할 거요. 단, 지금은 때가 아니오. 내가 지금 왕비님을 만나러 가면 저 난폭한 구혼자들이 무슨 트집을 잡고 나를 괴롭힐지 모르오. 당신도 보셨지 않소? 잘못도 없는 나에게 화가 난다고 발판을 던지지 않았소? 왕비님께 전해주시오. 밤이 깊어 구혼자들이 모두 자리를 뜨면 그때 뵙자고 말이오. 누구의 방해도 받지 않고 이야기를 들으시는 게 좋지 않겠소? 그리고 장소는 이곳 홀이 좋겠소. 비렁뱅이가 안채로 찾아뵙는 것은 결례이니 왕비님께 예의를 지키고 싶소.”

에우마이오스는 고개를 끄덕였다.

“노인장은 정말 사려 깊은 분이시구려. 왕비님께서 당신에게 분명 좋은 겉옷과 망토를 선물하실 거요. 하지만 명심하시오. 그분께 진실만을 말씀드려 주시오. 그분은 이미 많은 나그네들에게 충분히 실망을 하셨다오. 당신까지 더해서 그분께 상처를 드려서는 안되오.”

말을 마친 에우마이오스는 페넬로페에게 소식을 전하기 위해 자리에서 일어났다. 그가 안채에 도착하자마자 페넬로페가 급한 마음에 먼저 물었다.

"어째서 혼자 온 것이냐? 누군가 두려운 사람이라도 있어서 안 온다더냐? 아니면 무슨 다른 이유라도 있다더냐?"

에우마이오스가 말했다.

"아닙니다. 구혼자들의 눈이 있으니 오늘 저녁까지만 기다려 달라고 합니다. 그렇게 해야 다른 사람의 방해를 받지 않고 충분한 이야기를 나눌 수 있다고 생각하는 것 같습니다. 또한 홀 안에서 뵙자고 하더군요. 왕비님에 대한 예의를 지키고 싶다면서요."

페넬로페는 고개를 끄덕였다.

"알겠네. 이야기를 듣고 보니 그는 매우 합리적이고 예의 바른 사람 같구나. 지금까지 만나본 여행자들 중 그처럼 사려 깊은 자는 없었네."

페넬로페에게 이야기를 전한 에우마이오스는 다시 홀 안으로 들어가 텔레마코스에게 다가갔다. 그러고는 귓속말을 했다.

"도련님, 저는 이만 돌아가겠습니다. 어서 농장으로 가서 목동들과 돼지들을 돌봐야 하니까요. 항상 몸조심하시고 저들이 도련님의 목숨을 노리고 있다는 것을 잊으시면 안 됩니다."

텔레마코스는 에우마이오스의 어깨를 토닥이며 말했다.

"내 걱정은 하지 마세요. 신들의 도움으로 이곳 일들은 머지않아 좋은 결말을 맺게 될 테니까요. 우선 식사를 마치고 가셨다가, 내일 날이 밝으면 다시 여기로 와주세요."

에우마이오스는 다시 자리에 앉아 음식을 배불리 먹고 마신 후, 궁전을 떠났다. 구혼자들은 여전히 춤과 노래를 즐기며 흥겹게 놀았다. 어느덧 어둠이 대지에 내리고 있었다.

제18장

이로스와의 권투시합

연회장의 구혼자들이 한창 흥에 겨워할 때 홀 안으로 진짜 거지가 들어왔다. 그는 이타케에서 모르는 사람이 없을 만큼 악명 높은 대식가였다. 워낙 식탐이 강하고 많이 먹다 보니 거지답지 않게 유난히 덩치가 컸다. 하지만 덩치에 비해 배짱도 없고 주먹도 약한 사내였다. 그의 이름은 아르나이오스였지만 사람들은 그를 이로스(심부름꾼이라는 뜻)라고 불렀다.

"저기 이로스가 오고 있소!"

구혼자들은 그가 홀 안에 들어서는 모습을 보자 웃으며 소리쳤다. 그 소리를 듣고 이로스가 구혼자들에게 향해 인사를 했다.

"안녕하십니까? 왕비님의 고귀하신 구혼자들이여!"

이로스는 구혼자들을 향해 비굴하게 굽신거리며 아부하다가 오디세우스를 발견했다. 그는 다짜고짜 욕설을 퍼부어 댔다.

"이 영감태기야! 당장 여기서 꺼져! 모두들 내게 너를 끌어내라고 눈짓하는 게 안 보여? 다리몽둥이를 분질러놓기 전에 어서 꺼져!"

오디세우스는 그를 노려보았다.

"어리석은 자여! 왜 시비를 거는가? 나는 그대를 해코지하지도 않고, 누가 네게 적선을 많이 한다고 해서 시기하지도 않을 것이다. 이곳은 먹을 것이 풍족해서 우리 두 사람이 동냥하기에는 충분하오. 그대도 나와 같은 비렁뱅이 같은데 서로 얼굴 붉히지 맙시다. 내 비록 늙었지만 그대를 상대하기에는 결코 힘이 부족하지 않소. 공연히 내 화를 돋았다가는 두 번 다시 이곳에 출입하지 못하게 될 것이오."

이로스는 오디세우스의 말에 부아가 치미는지 거친 숨을 몰아쉬며 씩씩거렸다.

"이야! 이 늙은이 말 솜씨 좀 보소. 내 당장 이 늙은이의 아래턱을 쳐서 이빨을 모조리 부러뜨려 땅바닥에 쏟아 버릴 테다. 여기있는 분들이 모두 보시고 즐거워하도록 말이야! 자, 단단히 각오해!"

그들은 서로 상대방의 부아를 돋우고 있었다. 안티노오스가 그들의 말을 듣고 유쾌하게 웃어젖혔다. 그는 구혼자들을 둘러보며 말했다.

"친구들이여! 여기 재미있는 볼거리가 생겼소. 배불뚝이 이로스와 거지 노인네가 서로 주먹다짐을 벌일 모양이니 우리가 제대로 싸움을 붙여봅시다."

그의 말에 구혼자들이 폭소를 터뜨리며 거지들 주변으로 몰려들었다. 안티노오스가 사람들을 계속 선동했다.

“여기 불 위에 염소의 내장이 두 개가 있소. 우리가 간식으로 먹으려고 여기에 기름 조각과 피를 잔뜩 채워 놓았소. 승리한 자에게 이 내장들 가운데 하나를 고르게 합시다. 또한 우리와 함께 음식을 먹게 해주고, 다른 거지들은 궁전의 출입을 금지하도록 합시다.”

그 말에 구혼자들이 즐거워하자, 오디세우스가 그들을 향해 말했다.

“여러분! 이 늙은이가 거구의 젊은이와 싸운다는 것은 계란으로 바위를 치는 격이죠? 저도 잘 압니다. 하지만 주린 내 창자가 나를 부추기는군요. 하지만 결투를 시작하기 전에 먼저 여러분이 맹세해 주십시오. 여러분 중 누구도 이로스를 돕기 위해 부당하게 나를 공격하지 않겠다고 말입니다.”

오디세우스의 요구에 구혼자들은 모두 그가 시키는 대로 맹세했다. 그러자 텔레마코스가 나서서 거들었다.

“노인 어른! 이로스와 정정당당하게 싸우기를 원한다면 그렇게 하세요. 다른 이들은 걱정하지 마시고요. 맹세를 깨뜨리고 노인 어른을 공격하는 자가 있다면 여기 모든 이들이 당신 편에 서서 싸우게 될 것이오! 구혼자들을 대표해서 안티노오스와 에우리마코스 두 분이 내 의견에 동의하실 거요.”

그러자 모든 구혼자들이 한목소리로 텔레마코스의 의견에 동의했다. 오디세우스는 누더기를 벗어 엉덩이에 걸치고 끈으로 단단히 묶었다. 그러자 아테나가 그의 사지에 힘을 불어 넣어주었다. 순간 굵고 단단한 넓적다리와 딱 벌어진 넓은 어깨, 울룩불룩 한 근육이 두 팔에 그대로 드러났다. 구혼자들은 그 모습을 보고 모두 크게 놀랐다. 그들 중 하나가 말했다.

"와! 저 넓적다리와 팔의 근육 좀 봐! 이로스가 스스로 화를 자초했군."

그들의 말에 이로스는 마음이 크게 흔들렸다. 갑자기 심한 두려움이 몰려와 그를 덮치자 이로스의 두 다리가 후들거렸다. 그가 결투에 나서지 못하고 우물쭈물하자 하인들이 그의 등을 떠밀었다. 그 모습을 보고 안티노오스가 소리를 버럭 질렀다.

"이 허풍쟁이야! 좀 전에 기세등등하던 그 모습은 어디로 갔지? 볼품없는 늙은이를 상대하면서 그렇게 벌벌 떨 거면 처음부터 시비를 걸지 말았어야지. 내가 장담하는데 만약 저 노인네가 승자가 되면 나는 너를 배에 태워서 에케토스 왕에게 보낼 것이다. 그 왕은 극악무도하기로 악명 높지. 네 코와 귀를 무자비하게 칼로 자르고 남근을 뽑아내서 개들에게 먹이로 던져줄 것이다."

안티노오스의 위협에 이로스는 더욱더 사지가 부들부들 떨렸다. 오디세우스는 그런 이로스를 바라보며 궁리했다.

'한 방에 숨통을 끊어 버릴까, 아니면 가볍게 쳐서 쓰러뜨릴까.'

오디세우스는 고민 끝에 가볍게 쳐서 쓰러뜨리기로 마음먹었다. 한 방에 상대의 숨통을 끊어 구혼자들의 지나친 관심을 끄는 것은 지혜로운 선택이 아니었기 때문이다.

결투는 싱겁게 끝났다. 두 사람은 동시에 주먹을 휘둘렀고, 이로스의 주먹은 오디세우스의 어깨를 가격했고, 오디세우스의 주먹은 이로

거지와 싸우는 오디세우스 로비스 코린트, 1903년

스의 귀밑 목덜미를 가격했다. 이로스의 솜방망이 주먹은 오디세우스에게 아무런 타격도 주지 못했지만 오디세우스의 주먹은 뼈를 으스러뜨렸다. 이로스는 비명을 지르며 땅바닥에 쓰러져 발버둥을 치며 이를 바드득 갈았다. 그 모습을 보고 구혼자들은 환호하며 즐거워했다. 오디세우스는 쓰러진 이로스의 발을 잡고 정원으로 끌고 나가서 담장에 기대어 앉혔다. 그러고는 이로스의 손에 지팡이를 쥐여주며 말했다.

"너는 앞으로 여기 앉아서 개나 돼지들을 쫓아라. 그리고 앞으로는 불상한 걸인들에게 주인 행세 좀 하려 들지 마. 그렇지 않으면 지금보다 더 끔찍한 일을 당하게 될 것이다."

이로스는 두려움에 가득 찬 눈으로 고개를 끄덕였다. 오디세우스는 그를 뒤로하고 다시 홀 안으로 들어갔다. 구혼자들이 환호하며 그를 맞아주었다. 안티노오스가 말했다.

"노인장, 올림포스의 신들께서 그대가 가장 바라는 것, 가장 좋아하는 것을 얻을 수 있게 해주실 거요. 저 끝도 없이 처먹어대는 먹보를 더는 안 봐도 되게 해주었으니 말이야. 우리는 그자를 곧 에케토스 왕에게 보낼 작정이니까. 그리고 약속대로 염소의 내장을 주겠소. 또한 당신은 앞으로 이 궁전에서 구걸하는 유일한 거지가 될 것이오."

그 말은 오디세우스에게 좋은 조짐으로 느껴졌다. 안티노오스는 염소의 내장을 그의 앞에 가져다주었고, 암피노모스는 광주리에서 빵 두 덩어리와 포도주가 가득한 황금 잔을 권하며 친절하게 말을 걸었다.

"노인장, 당신에게 행운이 함께 하기를 바랍니다. 지금까지는 당신이 수많은 불행을 겪고 있지만, 앞으로는 모든 것들이 다 좋아질 것이오."

오디세우스는 그의 말에 내심 감동했다.

"암피노모스 님, 당신은 매우 슬기로운 분이시군요. 둘리키온의 니소스 님처럼 훌륭한 분의 아드님이시니 당연하겠지요. 그래서 드리는 말씀인데 제 말을 잘 들어주십시오.

이 지상에서 인간보다 가엾고 허약한 존재는 없소. 신들이 건강을 지켜주는 동안은 뒷날 화가 닥칠 것도 모르고 기고만장하지만, 신들이 분노하시면 꼼짝없이 불행을 겪게 되지요. 그것이 인간의 삶이지요. 나도 한때는 부귀영화를 누렸던 적이 있어요. 부모나 형제들의 권력과 힘을 믿고 사람의 도리에 벗어난 짓도 꽤 많이 저질렀소. 하지만 그때는 꿈에라도 생각했겠소? 내게 수없이 많은 고난이 닥칠 줄 말이오.

당신에게 감히 충고를 드리겠소. 법과 정의에 어긋나는 못된 짓을 일삼는 저들과 거리를 두시오. 저들은 남의 재산을 허락도 받지 않고 탕진하고 있으며, 멀쩡하게 살아있는 남자의 아내에게 구혼을 하고 있소. 그런데 그 남자는 이미 이곳에 와 있어요. 그것도 아주 가까이 말이죠. 바라건대, 신들께서 당신이 그 남자와 마주치지 않고 당신의 고향으로 무사히 데려다주시기를 빌겠소. 왜냐하면 이곳은 곧 피비린내 나는 살육의 현장이 될 것이며, 그때가 되면 당신까지 해를 입을까 걱정되기 때문이오!"

오디세우스의 이야기를 마치고 포도주 잔을 들어 신에게 헌주한 후 마셨다. 그러고는 빈 잔을 암피노모스에게 돌려주었다. 암피노모스는 간담이 서늘해졌다. 다가올 불행에 대한 예감이 그를 엄습해왔다. 그는 불안한 마음을 안고 자리를 떠났다.

한편 페넬로페는 안채의 침실에서 구혼자들의 잔치가 빨리 끝나기만을 학수고대했다. 그런데 바로 그 순간 페넬로페에게 좋은 생각이 하나 떠올랐다. 구혼자들의 마음을 들뜨게 만들고 남편과 아들에게는 자신의 소중함을 더욱 일깨우기로 한 것이다.

그녀는 유모 에우리클레이아에게 아우토노에와 힙포다메이아를 데려오게 했다. 두 시녀가 대령하자 그녀는 옷을 갈아입고 화장하는 것을 돕도록 했다. 준비가 끝나자 그녀는 얼굴을 베일로 가리고 구혼자들이 모여 있는 홀로 내려갔다. 그녀가 홀 안에 들어서는 순간 아테나 여신은 그녀를 더욱 아름답고 매혹적이며 우아한 모습으로 돋보이게 했다. 그러자 구혼자들은 일제히 넋을 잃고 그녀를 쳐다보았다. 그들은 사랑에 매혹되어 저마다 그녀와 함께 침상에 눕게 해달라고 기도했다. 어머니의 모습을 본 텔레마코스는 그녀에게 다가갔다. 페넬로페는 텔레마코스와 함께 자리를 잡고 앉은 후 아들에게 말했다.

"내 아들아, 네 생각이 예전처럼 현명하지가 못하구나. 어릴 때는 그토록 영특한 아이였는데, 청년이 된 지금은 어리석어졌어. 네 손님이 수치를 당하는데도 왜 너는 그것을 막지 않았느냐?. 우리 집에 찾아온 손님이 환대 받지 못하고 봉변을 당한다면, 그 수치와 망신은 두고두고 네 몫이 될 것이다."

"어머니가 노여워하시는 것은 당연합니다. 하지만 저도 무엇이 옳고 그른 지는 잘 알고 있습니다. 그러나 저 혼자서 저 많은 구혼자에게 대항하여 무엇을 얻을 수 있겠습니까? 저는 제 편에 서서 함께 싸워줄 분이 나타나주기를 기다릴 뿐입니다. 그러면 저 구혼자들은 이로스처럼 참패를 당하고 머리도 제대로 가누지 못한 채 정원 담장에 기대앉는 신세가 되고 말 것입니다."

바로 그때 에우리마코스가 그들의 대화에 끼어들었다. 그는 페넬로페의 아름다움에 매혹되어 텔레마코스의 비난도 귀에 들어오지 않았다.

"오, 아름다운 페넬로페여! 그리스 땅에 사는 모든 남자들이 당신의 모습을 본다면 더 많은 구혼자들이 모여들어 이 큰 궁전도 너무 비좁을 것입니다. 당신은 이 세상 모든 여인들 중에서 가장 아름답고 지혜롭기 때문입니다."

페넬로페는 그의 아첨에도 전혀 기뻐하지 않았다.

"에우리마코스여, 신들께서는 제 남편이 트로이아로 떠나는 배에 오른 순간 이미 제 아름다움을 거두어 가셨습니다. 그때부터 나는 줄곧 신들이 내린 재앙으로 괴로워하고 있습니다. 남편은 이십 년이 되도록 생사를 알 수 없고, 당신들은 수년 동안 우리 집 재산을 멋대로 탕진하고 있어요. 그래서 우리는 이제 빈털터리가 되고 말 것입니다.

당신들이 그렇게 하는 것은 구혼자들의 풍습이 아니에요. 원래 남자들이 한 여인을 얻으려고 할 때에는 손수 자신들이 기른 소나 양을 몰고 와서 신부의 친척들에게 잔치를 베풀어 주었지요. 또한 신부에게 줄 값진 선물도 가져왔어요. 왜냐하면 아무런 보상도 없이 신부의 재산을 축내는 것은 불명예스러운 일이라고 여겼기 때문이랍니다.

구혼자들은 그 말을 듣고 떨떠름한 표정을 지었지만 안티노오스는 반색을 했다. 선물이 문제라면 그는 왕비를 차지할 수 있는 가능성이 매우 높았다. 그의 집안은 구혼자들 중에서도 대표적인 부자였기 때문이다.

"왕비시여! 당신은 우리들 모두에게서 값진 선물을 받아야 마땅합니다. 우리가 선물을 보내드리면 거절하지 말고 받아주십시오. 선물을 거절하는 것은 아름답지 못한 일입니다. 우리는 당신이 우리 가운데 가장 뛰어난 자와 결혼하는 것을 보기 전에는 절대로 이 궁전을 떠나지 않을 것이오."

구혼자들은 모두 안티노오스의 의견에 찬성하고는, 각자 하인을 집으로 보내서 선물을 가져오게 했다. 안티노오스의 하인은 다채로운 무늬가 수놓인 화려하고 아름다운 옷을 한 벌 가져왔다. 그 옷에는 황금 브로치가 모두 열두 개나 달려 있었다. 에우리마코스의 하인은 호박 알이 박힌 황금 목걸이 하나를 가져왔다. 그 목걸이는 태양처럼 번쩍였다.

에우리다마스의 하인은 한 쌍의 귀걸이를 가져왔는데 오디 같은 구슬이 세 개가 박혀있고, 빛깔이 휘황찬란했다. 페이산드로스의 하인은 장식이 크고 화려한 목걸이를 가져왔다. 다른 구혼자들도 저마다 훌륭한 선물을 가져왔다. 그러자 페넬로페는 자리에서 일어나 2층 안채로 올라갔다. 시녀들이 선물들을 들고 그녀의 뒤를 따랐다.

페넬로페가 침실로 돌아간 후에도 구혼자들은 한참 동안 설레는 마음을 주체하지 못했다. 그들은 즐거운 마음으로 춤과 노래를 즐겼다. 밖은 점점 어두워져 갔다. 시녀들은 홀 안에 불을 밝히기 위해 화덕 세 개를 가져다 놓고, 관솔과 나뭇가지 등으로 불을 지폈다. 시녀들은 번갈아가며 등화를 쑤석거려서 불길을 돋우었다. 오디세우스가 시녀들에게 다가서며 말했다.

"당신들은 이 일을 나에게 맡기시오. 내가 여기서 아침이 올 때까지 불이 꺼지지 않도록 지키겠소. 그대들은 이곳 일은 걱정하지 말고 왕비님의 방으로 가서 그분을 위로해 드리세요."

시녀들은 깔깔거리며 웃었다. 그러나 멜란토만은 그에게 심한 욕설을 퍼부었다. 돌리오스의 딸인 그녀는 페넬로페가 친딸처럼 애정을 쏟으며 돌보아주었다. 그런데도 그녀는 고마워하기는커녕 에우리마코스와 동침하면서 페넬로페를 공격하고 있었다.

"이 분수도 모르는 노인네 같으니, 대장간이나 합숙소에 가서 잘 생각을 해야지. 고귀하신 분들 앞에서 얼토당토않은 소리나 지껄여대고 여기서 머물겠다고? 거지 이로스를 이겼다고 우쭐해진 거야? 하지만 조심하는 게 좋아! 이로스보다 강한 자가 나타나서 당신 머리를 피투성이로 만들고 이 집에서 내쫓을 거니까."

멜란토가 악담을 퍼부어대자 오디세우스는 그녀를 쏘아 보았다.

"이 개처럼 천박한 계집이여! 네가 한 말을 텔레마코스님께 그대로 전해주마. 그분이 당장 네 손발을 모두 잘라서 토막 내 버리시도록 말이다."

오디세우스의 서슬 퍼런 꾸짖음에 시녀들은 간담이 서늘해져 황급히 홀을 빠져나갔다. 오디세우스는 등화용 화덕 앞에 앉아 불길을 바라보며 마음속으로는 반드시 해야 할 일들을 곰곰이 생각했다.

그때 술이 거나하게 취한 에우리마코스가 또다시 오디세우스를 조롱하기 시작했다.

"이봐, 늙은이! 내 밑에서 일할 생각은 없으신가? 돌을 모아서 담을 쌓고 키 큰 나무만 심으면 품삯을 줄 테니까. 또한 배불리 먹여주고, 입혀주고, 신발까지 제공할 텐데, 어때? 구미가 당기 시나? 하지만 당신 같은 부류는 나쁜 짓만 배우고, 일하는 것은 죽으라고 싫어하지. 그러니 동냥질이나 하며 살아가는 것 아니겠어?"

오디세우스가 응수했다.

"에우리마코스여! 당신은 참으로 교만하고 인심이 야박한 사람이오. 당신은 자신을 위대하고 강하다고 생각하는 것 같소. 하지만 내가 보기에 당신은 형편없이 치졸한 인간에 불과하오. 몇몇 변변찮은 놈들에게 우두머리 대접을 받으며 우쭐거리는 그런 인간 말이오.

지금이야 당신이 제 세상인 것처럼 날뛰지만 만약 오디세우스 님이 고향 땅에 돌아온다면, 지금은 굉장히 넓어 보이는 저 문들도 당신이 도망칠 때는 굉장히 비좁게 느껴질 거요!"

그러자 에우리마코스는 화가 머리끝까지 나서 소리 질렀다.

"이 늙은이가 미쳐도 단단히 미쳤구나! 감히 내게 그런 시건방진 말을 하다니, 내 오늘 이 못된 비렁뱅이의 버릇을 단단히 고쳐주고야 말겠다."

그러고는 바닥에 있던 발판을 집어 들더니 오디세우스를 향해 힘껏 던졌다. 그러자 오디세우스는 암피노모스 옆으로 민첩하게 몸을 피했고, 발판은 날아가 마침 술 항아리를 들고 술을 따르는 시종의 오른손을 강타했다. 항아리가 쨍그랑 소리를 내며 바닥에 떨어졌고, 시종은 비명을 지르며 바닥에 벌렁 나자빠졌다.

그때 텔레마코스가 자리에서 벌떡 일어나서 소리쳤다.

"도대체 뭐 하는 짓들이오? 내가 보기에 당신들은 너무 취했소! 아마 어느 신께서 여러분을 재앙으로 이끄시는 것 같소! 그러니 더 이상 소동을 일으키지 말고 그만 가서 잠이나 청하시오!"

구혼자들은 깜짝 놀랐다. 그들은 어리게만 느꼈던 텔레마코스의 강하고 단호한 말투에 당황했다. 그러나 곧 감정이 상해 눈을 부라렸다.

만약 암피노모스가 나서지 않았다면 분위기가 험악해졌을 것이다.

"텔레마코스의 말이 옳소. 우리는 오늘 포도주를 지나치게 마셨소. 이성을 잃을 만큼 말이오. 그러니 마지막으로 신들께 헌주하고 모두 침소로 돌아갑시다. 그러나 저 거지 노인은 이 집에 그냥 머물게 합시다. 텔레마코스가 그를 돌봐줄거요."

구혼자들은 그의 말에 모두 찬성했다. 그러자 암피노모스의 시종인 몰리오스가 혼주 병에 술을 섞어서 돌렸다. 그들은 다 함께 잔을 들어 신들께 헌주하고 포도주를 마셨다. 마침내 구혼자들이 각자 자기의 숙소를 찾아 홀을 떠났다.

제19장

페넬로페와의 대담

널따란 홀 안에는 이제 오디세우스와 텔레마코스만이 남았다. 텔레마코스는 자기 힘으로 구혼자들을 쫓아냈다는 사실에 뿌듯했다. 그는 아버지를 바라보며 웃었다. 하지만 오디세우스는 웃지 않았다. 그는 구혼자들과의 결전을 궁리하고 있었기 때문이었다.

"아들아, 이제 이 홀 안의 무기들을 모두 창고로 옮겨야 할 때가 되었다. 구혼자들이 무기를 찾으면 내가 지난번에 일러준 대로만 대답해라."

텔레마코스는 아버지의 지시를 따랐다. 그는 아무것도 묻지 않고 조용히 안채로 가서 유모 에우리클레이아를 불렀다.

"유모 부탁이 있어요. 시녀들이 당분간 안채에 머물며 바깥으로 나오지 않도록 통제를 해주세요. 나는 지금부터 홀 안에 있는 아버지의 무기들을 모두 창고로 옮길 겁니다. 무기들이 연기 때문에 녹이 슬고 무뎌지고 있어요. 그 일을 아무도 모르게 할 수 있도록 도와주세요."

그 말을 들은 에우리클레이아는 흡족한 표정으로 고개를 끄덕였다.

"도련님이 집안일을 살피고 재산을 관리하신다니 참말로 다행스런 일이에요. 도련님은 누가 뭐래도 이 집안의 주인이잖아요. 그건 그렇고 등불을 밝힐 시녀 한 명은 있어야 하지 않나요?"

"그 일은 저 어르신이 맡아서 할 거예요. 우리 집 빵과 고기를 드셨으니 밥값은 하셔야지요."

유모는 고개를 끄덕이고는 시녀들의 출입을 막기 위해 안채로 갔다. 그러자 두 사람은 서둘러 투구와 방패, 창들을 모두 창고로 옮겼다. 그러고는 창고의 철문을 단단히 잠갔다.

"너는 이제 그만 가서 자는 것이 좋겠다. 나는 여기서 네 어머니를 기다리겠다."

무기 옮기는 일을 마친 후 오디세우스가 말했다. 텔레마코스는 아버지의 권유대로 침실로 갔다. 그는 복수의 날이 밝아오기를 고대하며 잠들었다.

오디세우스는 홀에 앉아서 페넬로페를 기다리며 복수의 방법을 궁리했다. 잠시 후 한 무리의 시녀들이 몰려와서 홀 안을 정돈하기 시작했다. 그녀들은 구혼자들이 먹다 남긴 음식과 술잔들, 그리고 술 항아리를 치우고 화로에 새 장작을 채워 넣었다. 그때 멜란토가 다시 오디세우스를 조롱했다.

"이 늙은 비렁뱅이야! 왜 아직도 여기서 죽치고 있는 거야. 밤새 집 안을 돌아다니며 여자들을 엿보기라도 하려는 거야? 어서 나가지 않으면 몽둥이로 때려서 쫓아낼 테다."

오디세우스는 미동도 하지 않은 채 눈을 들어 그녀를 노려보았다.

"이봐요. 왜 날 못 잡아먹어서 안달이지? 내 몰골이 추하고 옷이 남루해서 마음에 들지 않소? 내 경고하리다. 어느 날 당신의 그 아름다움이 사라지지 않도록 조심하시오! 어쩌면 머지않아 당신의 무례함을 뼈저리게 후회하게 될 거요. 당신의 주인 오디세우스 님께서 돌아오시거나 왕비님께서 당신이 불쌍한 사람을 얼마나 가혹하게 대하는지 아시게 된다면 말이오."

멜란토는 문득 오디세우스의 시선이 자신이 아닌 다른 곳을 향하고 있는 것을 깨달았다. 그녀는 이상한 느낌을 받고 그의 시선을 좇아 고개를 돌렸다. 거기에 페넬로페가 서 있었다.

"멜란토야, 너는 참으로 맹랑하구나! 네가 무슨 권한으로 내 집에 오신 손님을 함부로 내쫓으려는 것이냐? 에우리마코스를 믿고 집주인 노릇이라도 하려는 게야? 네가 에우리마코스와 다른 구혼자들에게 자진해서 몸을 바쳐온 사실을 내가 모르는 줄 아느냐? 두고 보자 하니 네 하는 짓이 방자하기 이를 데 없구나! 꼴도 보기 싫으니 당장 나가거라! 너는 네가 한 행위에 대해서 대가를 치르게 될 것이다. 또한 너처럼 구혼자들과 놀아난 시녀들은 모두 벌을 받게 될 것이다!"

페넬로페의 꾸짖음에 크게 놀란 멜란토는 쫓기듯이 자리를 떴다. 페넬로페는 화롯가에 있던 상아와 은으로 만든 의자로 가서 앉았다. 유모 에우리노메가 그녀의 맞은편에 의자를 가져와서 그 위에 양털가죽을 덮었다. 그리고 의자 밑에는 발판을 놓아 주었다. 오디세우스가 그 의자에 앉았다.

페넬로페와 마주 앉은 오디세우스는 만감이 교차했다. 트로이아로 떠난지 어느덧 이십 년, 그 긴 세월 동안 꿈에도 그리던 아내였다. 그는 갑자기 자신의 정체를 털어놓고 싶은 걷잡을 수 없는 욕망에 사로잡혔다. 하지만 아직은 때가 아니었다. 그는 곧바로 감정을 억제하고 페넬로페의 말을 기다렸다. 이윽고 그녀가 입을 열었다.

"타국에서 오신 손님이여, 당신은 누구이고 어디서 오셨습니까? 당신의 나라와 부모님들은 어디에 계십니까?"

오디세우스는 갈등했다. 아내에게만은 거짓말을 하고 싶지 않았다. 그렇다고 진실을 말할 수도 없었다. 그래서 질문을 교묘하게 피해 가려고 했다.

"왕비님, 당신은 무엇이든지 제게 질문을 하시고 답변을 하라고 명하실 수 있습니다. 그러나 제 가문과 고향은 묻지 말아주십시오. 저는 그동안 많은 고통을 경험했고, 과거의 가슴 아픈 사연들은 눈물을 참을 수 없을 만큼 제 마음을 무겁게 만듭니다. 그 일을 떠올려 왕비님 앞에서 비탄의 눈물을 쏟아내는 것은 도리에 어긋나는 일입니다. 시녀들은 또다시 저를 비웃으며 술 주정을 부린다고 오해할 것입니다."

"나 역시 슬픔과 고통의 무게를 잘 알아요. 내 남편 오디세우스께서 트로이아로 떠난 후 이십 년이 되도록 그분의 생사를 알 수가 없어요. 그럼에도 내 의지와 상관없이 많은 남자들이 나에게 청혼을 했지요. 그

오디세우스와 페넬로페 요한 하인리히 빌헬름 티슈바인, 1802년

들은 내 허락도 없이 집을 점거하고 내 재산을 멋대로 탕진하고 있어요. 내 아들은 그 모든 것을 지켜보며 분노를 삭이고 있지요. 게다가 친정 부모님들은 재혼을 강요하고 있어요. 그런데 나는 혼자서 어떤 결정도 내리지 못하고 있답니다. 그런데 저 구혼자들은 매일 잔치를 벌이며 우리 집 재산을 탕진하고 있어요. 이대로 가다가는 재산이 모두 거덜 나서 텔레마코스는 빈털터리가 되고 말겠지요. 아아, 모르겠습니다. 내가 어떤 선택을 해야 할지 말이에요."

그녀는 잠시 말을 끊었다. 자신이 처음 보는 남자에게 너무 많은 이야기를 했다고 느껴서였다. 그래서 말을 바꾸어 재차 되물었다.

"그건 그렇고, 어서 당신의 이름과 가문을 말씀해 주세요. 그대는 분명 나무나 바위에서 태어난 것은 아니잖아요?"

"왕비님, 제 이름과 가문을 기어코 알고 싶으신가요? 그렇다면 모두 말씀드리죠."

오디세우스는 차마 아내에게는 거짓말을 하고 싶지 않았다. 그래서 민감한 질문은 피하고 싶었다. 하지만 그녀가 재차 요구하자 부득이 에우마이오스에게 이야기했던 크레타 출신의 남자에 대한 이야기를 해주었다. 거기에 또 한 번 사실과 허구를 교묘하게 섞은 이야기를 덧붙였다.

"저는 크레타의 해안에서 오디세우스 님과 그의 동료들을 만났습니다. 그들은 폭풍우에 떠밀려 그곳까지 왔다고 했습니다. 저는 그들을 집으로 초대하여 정성껏 대접했습니다. 나는 그분과 그의 동료들을 위해 백성들이 모아온 보릿가루와 붉은색 포도주를 주었고, 신들에게 제물로 바치라고 소들도 드렸습니다. 그들은 내 집에서 꼬박 열이틀 동안 머물렀습니다. 북풍이 사납게 불어서 그들의 배를 포구에 묶어 두었기 때문입니다. 그리고 열 사흘째 되던 날 마침내 그들은 출항했습니다."

오디세우스는 이야기를 하는 동안 차마 그녀의 얼굴을 바라볼 수가 없었다. 그래서 이야기를 마치고도 고개를 들지 못하고 그녀의 반응을 기다렸다. 그러나 그녀는 침묵을 지켰고 기다리다 못한 오디세우스는 슬쩍 눈을 들어 그녀를 바라보았다. 놀랍게도 그녀는 울고 있었다. 오디세우스의 거짓말이 얼마나 생생했든지, 페넬로페의 마음을 울리고도 남았던 것이다. 그것을 본 오디세우스는 가슴이 찢어질 듯 아팠다. 그래서 어떻게 하면 자신을 드러내지 않고 그녀를 위로할 수 있을지 궁리했다. 한참을 울고 난 페넬로페는 다시 입을 열었다.

"당신이 정말 제 남편을 환대해 주셨나요? 당신이 초대했던 그 사람이 정말로 오디세우스인지 내가 확인할 수 있도록 좀 더 자세히 이야기해 주세요. 그 사람이 입었던 옷과 동료들의 생김새 같은 것 말이에요."

"왕비님, 벌써 이십 년 전의 일입니다. 기억이 희미하지만 생각나는 대로 모두 말씀드리지요. 당시 오디세우스 님은 자주색 털 망토를 입고 계셨는데, 그 망토에 걸쇠가 두 개인 황금 브로치가 달려있었어요. 거기에는 특이하게도 사슴을 앞발로 움켜쥐고 있는 개가 조각되어 있었어요. 그분의 동료들 중에 특별히 기억에 남는 사람은 곱사등이 병사였는데, 그는 까만 얼굴에 곱슬머리를 하고 있었지요."

오디세우스가 이야기를 마치자 페넬로페는 다시 서럽게 흐느꼈다. 그녀는 간신히 울음을 삼키고 나서 말했다.

"이제야 당신의 말을 모두 믿을 수 있을 것 같군요. 당신이 이야기한 그 망토는 내가 옷장에서 내어드린 거예요. 그리고 황금 브로치도 그이가 트로이아로 출정하기 전날 내가 직접 달아드렸지요. 그 병사는 그와 항상 동행하던 병사였고요. 그러나 이미 오래전 일이에요. 벌써 이십 년이 되었지만 그분의 생사는 아직도 불확실해요. 이제 더는 희망을 가질 수가 없군요."

"아름답고 현명하신 왕비님, 더 이상은 울지 마세요. 슬픔이 쌓이면 몸과 마음을 상하게 된답니다. 그리고 왕비님께서 절망하기에는 아직

이릅니다.

제가 이곳에 오기 전 테스프로티아인들의 나라에 머물렀는데, 그들의 왕 페이돈이 제게 말씀하시기를 오디세우스 님께서도 한동안 그곳에 머무시다가 귀향에 관한 신탁을 듣기 위해 도도나로 갔다고 했습니다. 그분은 돌아올 때 가져가겠다며 페이돈 왕에게 많은 보물을 맡겨두었답니다. 그러면서 제게 그 보물들을 보여주기도 했답니다. 그 보물은 십 대 손까지도 충분히 쓸 만큼 엄청난 양이었지요.

왕비님, 저는 제우스 신과 여기 이 화로를 지키는 헤스티아 여신에게 맹세할 수 있습니다. 그분은 분명히 살아계시고 곧 이곳으로 돌아오십니다!"

"그렇게만 된다면 얼마나 좋겠어요. 그러면 나는 그대에게 모두가 부러워할 만큼 엄청난 선물을 할 거예요. 하지만 나는 더 이상 헛된 희망은 품지 않을 거예요. 그런 희망들은 매번 나를 좌절시켰고 더 큰 슬픔으로 돌아왔지요. 하지만 그대에게는 최대한의 감사와 예의를 표하겠어요."

말을 마친 페넬로페는 손뼉을 쳐서 시녀들을 불렀다.

"너희들은 이 손님을 위해 가장 좋은 이불과 베개를 내어와서 잠자리를 마련하거라! 또한 이분의 발을 씻겨 드리고, 내일 아침에는 목욕을 시켜드린 후 향유를 발라드려라. 그런 다음 텔레마코스와 함께 아침식사를 하실 수 있도록 준비해라. 그리고 앞으로는 이분께 무례한 말과 행동을 해서는 안 된다! 만약 어길 시에는 내가 용서하지 않을 것이다."

"왕비님, 부탁이 있습니다. 저는 크레타를 떠난 후 오랜 방랑 생활을 하다보니 부드러운 이불과 베개가 오히려 불편해졌습니다. 그러니 편안한 잠자리를 준비하라는 명령은 거두어 주십시오. 또한 젊은 시녀가 제 발을 씻겨주는 것도 원하지 않습니다. 혹시 나처럼 고생을 많이 한 노파라면 또 모르겠습니다."

"손님이시여, 나는 지금까지 당신처럼 사려 깊게 말하는 손님을 본 적이 없어요. 그대가 하는 말은 모두 신중하고 슬기로워요. 마침 여기에 나이 들고 지혜로운 노파가 한 명 있는데 그녀는 내 남편을 태어날 때부터 키우고 보살핀 분입니다. 그녀는 비록 기운은 없지만 그대의 발은 씻겨드릴 것입니다."

페넬로페는 에우리클레이아를 손짓으로 불렀다.

"유모, 내 남편과 연배가 비슷한 이 분의 발을 씻겨 드리세요. 오디세우스의 손과 발도 어쩌면 이 손님의 손과 발처럼 되었을지 몰라요. 인간은 불행에 처하면 금세 늙어버리니 말이에요."

그 말에 에우리클레이아는 두 손으로 얼굴을 감싸고 눈물을 흘렸다.

"오디세우스 님을 위해서라면 내가 못할 일이 무엇이 있겠어요. 저는 주인님을 생각하면서 이 손님을 정성껏 돌봐드릴 것입니다.

손님, 아마 나의 주인님도 낯선 땅의 이름난 궁전을 찾아갔을 때 그곳 여인들에게 놀림과 조롱을 당했을 거예요. 지금 이곳의 시녀들이 당신을 모욕하듯이 말이에요. 당신은 그 여자들의 욕설과 모욕을 피하려고 발 씻기를 거절하셨겠지요? 하지만 나는 당신의 발을 씻겨드리는 것이 기쁘답니다. 그런데 당신께 꼭 드리고 싶은 말씀이 있어요.

당신은 어쩌면 그렇게 제 주인이신 오디세우스 님과 목소리가 닮으셨나요? 또한 당신의 손과 발도 그분의 손발과 너무 닮았어요."

오디세우스는 그녀의 예상치 못한 말에 속으로 뜨끔했다.

"아, 유모. 정말 잘 보셨소. 내가 오디세우스님과 함께 사람들 앞에 나서면 그들이 우리를 보고 쌍둥이처럼 똑 닮았다고 했었지요."

늙은 유모는 어느새 바삐 움직였다. 큰 대야를 가져다가 먼저 양동이에 있는 차가운 물을 붓고, 그 위에 화로 위 주전자의 뜨거운 물을 부어 적당한 온도를 맞추었다. 그러고는 대야를 오디세우스의 발 앞에 가져다 놓고, 자신도 그 앞에 무릎을 꿇고 앉았다.

바로 그 순간, 오디세우스의 뇌리 속에 번개처럼 스쳐가는 것이 있었다. 그의 발에 난 상처였다. 그 상처는 오디세우스가 소년 시절 외삼촌들과 함께 파르나소스에 사냥을 갔다가 멧돼지 송곳니에 찔린 상처였다. 당시 오디세우스의 외할아버지 아우톨리코스는 헤르메스 신으로부터 특별한 재능을 선물받았다. 그 덕분에 그는 세상에서 도둑질과 거짓말이 가장 뛰어난 인간이 되었다. 아우톨리코스는 시집간 딸이 아들을 낳았다는 소식을 듣고 이타케를 방문했다가 외손자의 이름을 지어달라는 부탁을 받았다. 그때 아우톨리코스가 말했다.

"내 사위와 딸이여! 나는 이 대지 위의 모든 사람들에게 미움받는 자로 살아왔으니, 이 아이의 이름을 오디세우스(증오를 받는 자)라고 부르거라. 이 아이가 자라서 파르나소스의 외갓집에 오면 내 재산을 나누어 주겠다."

그래서 오디세우스는 파르나소스에 간 것이다. 외가에 머무는 동안 오디세우스는 외삼촌들을 따라 파르나스의 숲으로 사냥을 나갔다가 멧돼지의 공격을 받고 다리에 상처를 입었다. 유모 에우리클레이아는 당시 효험이 뛰어난 약초 즙과 연고로 오랫동안 그 상처를 치료했었다. 그래서 오디세우스는 그녀가 상처를 알아볼 것이 염려되었던 것이다.

아니나 다를까. 에우리클레이아는 발을 씻기 시작하자마자 곧 그 상처를 알아보았다.

유모는 두 손으로 다리를 잡고 무릎 아래에서 발로 문질러 내려오다가 그 흉터를 확인하자 그만 잡고 있던 발을 툭 떨어뜨렸다. 발은 대야의 가장 자리를 쳤고, 그 바람에 대야가 한쪽으로 기울어지면서 물이 바닥에 엎질러졌다. 에우리클레이아는 떨리는 손으로 상처를 쓰다듬었다. 이내 그녀의 두 눈에서 뜨거운 눈물이 흘러내렸다.

"마침내 돌아오셨군요, 나의 사랑하는…… 주인님!"

그녀는 목이 메어 낮게 중얼거렸다. 순간 오디세우스는 페넬로페를 쳐다보았다. 다행히 그녀는 홀 반대 쪽에서 시녀들에게 무엇인가 지시를 내리고 있었다. 그래서 에우리클레이아의 말을 듣지 못했다. 오디세우스가 얼른 유모를 가까이 끌어당겨 그녀의 입을 막으며 나지막하게 속삭였다.

"조용히 하시오, 유모! 왜 나를 망치려 드시오? 유모의 젖으로 나를 키우지 않았소? 나는 지금 온갖 고난을 이겨내고 이십 년 만에 집으로 돌아온 것이오. 그러나 아직은 이 집에 있는 어느 누구도 내가 돌아왔다는 사실을 알아서는 안됩니다. 만약 누군가에게 알려지면 곧바로 구혼자들의 귀에 들어가고 말 거요. 시녀들은 입이 싼 데다가 그들 중 상당수가 구혼자들과 정을 통하고 있으니 말이오! 그러니 유모도 혀를

오디세우스를 알아 본 에우리클레이아 귀스타브 불랑제, 1849년

조심하세요!"

에우리클레이아는 고개를 끄덕이고는 정색을 하며 말했다.

"주인님, 그 무슨 섭섭한 말씀이세요. 제가 어떻게 주인님을 배반하겠어요. 제가 얼마나 의지가 굳고 입이 무거운지 잘 아시잖아요. 돌멩이나 무쇠처럼 행동할 테니 걱정하지 마세요."

그녀는 말을 마치고 물을 새로 가져오기 위해 밖으로 나갔다. 그녀는 너무나 기쁜 나머지 발걸음마저 경쾌했다. 마치 오디세우스를 친자식처럼 돌보던 그 시절로 돌아간 것 같았다.

물을 가지고 다시 돌아온 유모는 이번에는 침묵하며 발을 마저 씻기고 올리브유를 발라주었다. 오디세우스는 의자를 화로 가까이 당겨 앉은 뒤 흉터를 누더기로 덮고 발을 말렸다. 페넬로페는 한동안 말없이 오디세우스를 쳐다보다가 다시 말을 걸었다.

"손님, 한 가지 더 물어볼 게 있어요. 당신은 현명하고 경험이 많으신 분이니 분명 내가 고민하는 문제에 대한 해답도 알고 계실 것 같아요. 당신에게 밝혔듯이 나는 오디세우스 님이 돌아오리라는 희망을 버린 지 오래되었어요. 그래서 이제는 결단하려고 해요. 그렇지 않으면 저 못된 구혼자들이 내 아들의 재산을 모두 다 탕진해버리고 말 거예요. 저들은 내가 그들 중 한 명을 배우자로 선택하기 전에는 절대로 이 궁전을 떠나지 않을 거예요. 그러니 그들 중 한 명에게 시집가는 것 외에 내가 선택할 수 있는 일이 아무것도 없어요. 하지만 그들 중에서는 오디세우스의 자리를 대신할 사람이 없어요. 그래서 나는 그들 중 한 사람을 내기를 통해서 뽑기로 결심했어요.

오디세우스께서는 다른 사람들은 시위를 당길 엄두도 내지 못하는 거대한 활을 가지고 있어요. 그이는 열두 개의 도끼를 배 용골의 버팀목처럼 일렬로 세워놓고 멀리서 도낏자루 구멍을 전부 화살로 관통시키고는 했지요.

나는 내일 구혼자들에게 그와 똑같은 방법으로 시합을 시켜서, 도낏자루 구멍 열두 개를 모두 관통시키는 사람과 결혼하겠다고 약속했어요. 그런데 당신이 찾아오셨고 오디세우스가 살아서 곧 돌아올 거라는 말을 했어요. 내가 약속했던 활쏘기 시합을 뒤로 미루고 당신의 예언이 실현되기를 기다려야 하나요? 이것이 내가 고민하는 문제예요. 당신은 이 문제의 해답을 알려줄 수 있나요?"

"왕비님, 약속하신 경기를 미루지 마세요. 무슨 일이 있어도 그대로 진행하셔야 합니다. 구원자들 중 하나가 그 활의 시위를 당길 수 있기도 전에 오디세우스 님이 반드시 도착하실 거니까요."

그의 말은 페넬로페에게 큰 위로가 되었다.

"손님의 이야기를 들으니 신기하게도 내 마음이 안정되고 힘이 솟아나네요. 나는 이만 내 침실로 돌아가겠어요. 손님도 편히 주무세요."

페넬로페는 마침내 잠을 청하기 위해 침실로 올라갔다. 그녀는 침실에 도착하자마자 무너지듯 침대 위에 쓰러졌다. 그러고는 사랑하는 남편 오디세우스를 그리워하며 슬픔의 눈물을 흘렸다.

제20장

구혼자들의 위기

페넬로페가 침실로 올라간 후 오디세우스도 잠자리를 찾아 회랑으로 나갔다. 그곳에 소가죽 한 장과 여러 장의 양가죽을 두툼하게 깔고 자리에 누웠다. 에우리클레이아가 와서 모직 망토를 덮어주었다. 그러나 다음 날 있을 구혼자들과의 전투에 대한 근심과 걱정 때문에 잠이 오지 않았다. 그는 생각했다. 전투가 시작된다면 돼지치기 에우마이오스와 유모 에우리클레이아는 최선을 다하여 그의 편이 되어 줄 것이다. 소 치는 목동인 필로이티오스도 당연히 도와 줄 것이다. 다른 한편으로는 페넬로페가 그동안 정절을 지켜왔다는 사실이 기쁘고 감사했다.

오디세우스가 이런저런 생각에 잠을 이루지 못하고 계속 뒤척이자, 하늘에서 아테나 여신이 내려왔다.

"왜 아직도 잠을 이루지 못하는 것이냐? 여기는 그대의 집이고, 이 집 안에는 그대의 아내와 아들이 있지 않은가? 더구나 아들이 훌륭한 청년으로 성장했는데 무엇이 걱정인가?"

"여신이여, 당신의 말씀은 모두 옳습니다. 하지만 내일 어떻게 저 많은 구혼자들과 대항해서 싸워야 합니까? 저는 혼자인데 말입니다. 또한 가지 걱정되는 것이 있습니다. 제가 제우스 신과 여신님의 도움으로 구혼자들을 모두 죽이게 되면 어디로 도망칠 수 있느냐는 것입니다. 그들의 가족과 친지들이 우리에게 복수를 하기 위해서 무기를 들 텐데 말입니다."

"그대는 쓸데없이 의심과 걱정이 많구나. 대부분의 인간들은 자신보다 나약한 동료들도 믿던데, 그대는 이제까지 온갖 재앙에서 지켜준 여신을 못 믿는단 말인가? 내가 분명히 말하겠다. 저들이 쉰 배나 더 많은 수로 우리 둘을 에워싸고 공격해도, 그대는 그들의 소떼와 양 떼들을 그들의 코앞에서 빼앗을 수 있다. 그러니 걱정하지 말고 편안히 자거라. 그대의 불행도 곧 모두 사라질 것이다."

여신은 오디세우스의 눈에 잠을 쏟아부어주고 올림포스로 돌아갔다. 오디세우스는 곧 깊은 잠에 빠져들었다.

새벽의 여신 에오스가 대지를 밝히자 시녀들이 달려 나와 홀 안에 화덕을 지폈다. 텔레마코스도 일어나서 옷을 차려 입고 가죽 샌들을 신었다. 어깨에 칼을 메고 오른손으로 창을 집어 들었다. 텔레마코스가 홀 안으로 들어갔을 때 에우리클레이아는 시녀들 사이를 분주하게 오가며 일을 감독하고 있었다.

"자 어서 일을 시작해라! 샘에 가서 물을 길어 오너라! 중간에 딴짓하며 게으름 피우지 말고 항아리에 물을 채우면 즉시 돌아와야 한다! 빗자루로 바닥을 쓸기 전에 먼지가 나지 않도록 물부터 뿌려라! 술잔과 항아리, 빵과 고기를 담을 그릇들은 반짝반짝 광이 나도록 깨끗이 닦아야 한다! 행주로 탁자를 한 번 더 닦고, 의자 위에 모포를 깔아라! 그리고 오늘은 음식을 평소보다 여유 있게 준비해라! 오늘은 아폴론 신의 축제일이고, 잔치가 벌어질 것이다."

텔레마코스는 그녀의 옆을 지나가며 물었다.

"유모, 그 낯선 손님은 잘 돌보아 드렸나요?"

"우리는 최대한 그분께 잘 대접해 드리려고 했었지요. 하지만 그분께서는 침대에서 주무시는 것을 거절하시고 저 바깥 회랑에서 모피를 깔고 주무셨어요. 그래서 제가 모직 망토를 덮어드렸어요."

"그분께서 원하는 대로 해주셨으면 됐어요."

텔레마코스는 고개를 끄덕이고는 사냥개를 데리고 광장으로 가기 위해 홀 안을 나섰다. 정원에서는 구혼자들의 하인들이 화로와 아궁이에 쓸 장작을 패고 있었다. 돼지치기 에우마이오스는 세 마리의 살찐 돼지를 끌고 정원 안으로 들어왔다. 염소치기 멜란티오스와 두 명의 동료들은 여러 마리의 염소를 정원 안으로 몰고 들어와 현관 앞에 묶었다. 뒤이어 소 치는 목동인 필로이티오스가 살찐 암소 한 마리를 몰고 들어와서 현관 앞 기둥에 소 고삐를 묶어놓았다.

단잠을 자던 오디세우스는 밖에서 들려오는 소음 때문에 잠에서 깨어났다. 그는 밤새 바닥에 깔고 잤던 모포를 서둘러 정돈한 후 정원으로 나갔다. 에우마이오스가 다가와서 그에게 친절하게 인사했다.

"노인장, 지난밤에는 잘 지내셨소? 구혼자들이 잘 적선해 주던가요? 당신에게 혹시 행패를 부리지는 않던가요?"

"에우마이오스여, 신들께서 저 불한당들에게 재앙을 내리셨으면 좋겠소. 저들이 하는 짓을 보고 있자면 눈에 천불이 나더군요. 이곳에서 하룻 밤을 보낸 내가 이러니 왕비님과 텔레마코스 님의 속은 오죽하겠소?"

이때, 멜란티오스가 동료 두 명과 함께 그들 곁으로 다가왔다. 멜란티오스는 오디세우스를 보자마자 욕설을 퍼부어댔다.

"이 비렁뱅이 늙은이야, 왜 아직도 이곳에 있는 거야! 오늘도 여기서 구걸을 하면서 우리를 귀찮게 할 거냐? 나와 주먹다짐이라도 벌이기 전에 썩 꺼져라!"

그러나 오디세우스는 염소치기의 도발을 무시했다. 하지만 그의 무례한 행위들은 가슴속에 깊이 새겨두었다. 이번에는 소 치는 목동 필로이티오스가 그들에게 다가왔다. 그는 에우마이오스를 보고 물었다.

"에우마이오스, 저분은 누구시오? 처음 뵙는 분 같은데……. 내가 보기에 저분은 비록 걸인의 모습을 했지만, 평범한 걸인이 아니라 불행에 빠지게 된 고귀한 분 같군요."

그러고는 오디세우스를 향해 인사했다.

"낯선 분이여, 인사드립니다. 당신의 앞 날에 행운이 함께 하시기 바랍니다. 당신을 보니 나의 주인이신 오디세우스 님이 생각나는군요. 그분께서도 어쩌면 당신처럼 불행에 빠져 낯선 곳을 헤매고 계실지도 모르겠소. 그 생각을 하니 눈물이 앞을 가리네요. 제발 살아계시기라도 하셨으면 좋으련만…….

노인장, 내가 어렸을 적에 그분은 나에게 소 지키는 책임을 맡겨 주셨지요. 저는 그분의 재산을 충실히 관리하고 그분 소유의 소들을 열심히 돌봐서 지금은 그 수가 헤아릴 수 없을 정도로 불어났지요. 하지만 난데없이 불한당 같은 놈들이 나타나 마치 제멋대로 잡아먹고 있으니 우리 주인님께 무슨 도움이 되겠어요. 만약 텔레마코스님이 안 계셨더라면 나는 이미 오래전에 소들을 모조리 끌고 다른 나라로 도망쳐 버렸을 겁니다. 오디세우스 님이 돌아오시면 나는 그분의 가축들이 얼마나 늘었는지 자랑스럽게 보여드릴 겁니다. 모두 그분이 돌아가셨다고 하지만 나는 주인님이 돌아온다는 희망을 아직도 버리지 못하고 있거든요."

오디세우스는 그의 말을 듣고 몹시 기뻤다.

"소 치는 목동이여! 당신은 참으로 올바르고 충직한 사람이구려. 그래서 하는 말인데 내 말을 잘 새겨들으시오. 내 맹세하겠소. 당신은 여기 머무는 동안 오디세우스께서 구혼자들에게 어떤 최후를 준비했는지 직접 보게 될 것이오."

필로이티오스는 놀라서 오디세우스를 쳐다보았다.

"그렇게 확신에 차서 말씀하시다니 놀랍군요. 당신은 예언자이십니까? 만약 그렇게만 된다면 당신 역시 내 두 주먹이 무엇을 할 수 있는

지 보시게 될 겁니다."

그들이 이런 대화를 나누고 있을 때, 텔레마코스는 광장에 도착했다. 그곳에서는 구혼자들이 머리를 맞대고 텔레마코스를 살해할 계획을 세우고 있었다. 그들은 텔레마코스가 옆으로 지나가자 하던 말을 멈추고 딴전을 피웠다. 그러다가 텔레마코스와 거리가 벌어지자 안티노오스가 낮은 목소리로 말했다.

"저 눈에 가시 같은 녀석이 아직 멀쩡하게 살아있소. 우리가 저 꼬마 하나를 처치하지 못하는 것을 보면 신들께서 그의 죽음을 원하지 않는 것 같소.!"

바로 그 순간, 독수리가 내지르는 날카로운 소리가 하늘에서 들려왔다. 독수리는 발톱으로 비둘기 한 마리를 움켜잡고, 구혼자들의 머리 위를 빙빙 돌며 날고 있었다. 구혼자들은 긴장한 표정으로 그 모습을 지켜보았다. 그것은 신들께서 보내는 신호이기 때문이다.

독수리가 그들의 오른쪽으로 지나가면 텔레마코스의 암살 계획이 성공할 것이다. 그러나 왼쪽으로 날아가면 실패할 징조였다. 그들은 숨을 죽이고 모두 독수리가 오른쪽으로 날아가기를 빌었다.

독수리는 잠시 날개를 움직이지 않고 그 자리에 멈춰있더니, 곧 다시 날개를 퍼득이며 쏜살같이 구혼자들의 왼쪽으로 날아갔다. 구혼자들은 실망하며 한숨을 내쉬었다.

"친구들이여, 신들께서는 우리의 계획에 반대하시는 것 같소. 그러니 텔레마코스를 헤치려는 계획은 포기하고 궁전으로 돌아가서 잔치나 즐깁시다!"

암피노모스는 내심 기뻐했다. 그는 애초부터 텔레마코스를 해치려는 마음은 없었기 때문이다.

그러나 다른 구혼자들은 여전히 미련을 버리지 못했다. 그들은 어떻게 하면 신들의 뜻을 거역하지 않으면서 텔레마코스를 헤칠 수 있는지 곰곰이 생각했다.

궁전의 홀에서는 축제를 위한 만찬 준비에 한창이었다. 양과 염소를 제물을 바치기 위해 죽이고, 수퇘지와 암소를 도살해서 구웠다. 에우마이오스는 혼주 병에 포도주를 담아서 구혼자들의 잔에 포도주를 따랐고, 필로이티오스는 빵 바구니를 들고 다니며 식탁 사이를 오갔다. 멜란티오스는 물과 포도주를 적당히 혼합하고 있었고, 구혼자들의 하인들은 고기를 자르고 구워진 내장을 나누었다.

텔레마코스도 광장에서 돌아왔다. 그는 오디세우스를 홀 안의 돌문턱에 앉게 하고, 그 앞에 작은 의자와 상을 가져다 놓았다. 그러고는 시종들을 불러서 구혼자들의 상차림과 똑같이 음식을 차리게 했다.

"노인 어른, 여기 앉아서 포도주와 고기를 드십시오. 저 구혼자들이 행패를 부리지 못하도록 내가 지켜주겠소. 이곳은 공공장소가 아니라 내 아버지 오디세우스의 궁전이자 그분이 나를 위해 마련하신 집이라오. 그러니 나는 이곳의 명령권자입니다."

텔레마코스는 구혼자들이 들을 수 있도록 일부러 큰 소리로 말했다. 구혼자들은 그 소리가 귀에 거슬렸는지 입술을 깨물었다. 그들은 적의에 가득 찬 눈으로 텔레마코스를 노려보았다.

안티노오스가 낮은 목소리로 말했다.

"저 녀석 어제부터 좀 이상한데, 뭘 믿고 계속 건방진 소리를 쏟아내지? 하지만 네 녀석이 그렇게 멋대로 지껄일 수 있는 날도 머지않았다! 그 입을 영원히 다물게 만들어 줄 테니까!"

구혼자들은 찜찜한 기분을 느끼며 알 수 없는 불안감에 사로 잡혔다. 그러나 아무도 그 이유를 정확하게 알 수 없었다. 시간이 흐르고 포도주 잔이 비워질수록 그런 기분은 더욱 심해져 갔다. 구혼자들 중에 사메 섬에서 온 크테시포스라는 자가 있었다. 그는 술기운이 오르자 갑자기 원인 모를 분노에 사로잡혔다. 그는 누군가에게 그 분노를 폭발시키고자 대상을 찾다가 오디세우스를 발견했다. 그는 살을 발라먹고 난 소 다리뼈를 집어 들고 소리쳤다.

"친구들이여! 저기 좀 보시오. 지금 저 늙은 비렁뱅이는 우리와 똑같은 음식상을 대접받았소. 과연 텔레마코스는 손님을 차별하지 않는구려. 나도 그에게 선물을 하나 더 주고 싶소!"

그는 말을 마치자마자 오디세우스를 향해 소 다리뼈를 힘껏 던졌다. 오디세우스는 재빨리 몸을 피했고, 뼈다귀는 단단한 벽에 날아가서 부딪쳤다. 그것을 본 텔레마코스는 끓어오르는 분노로 몸을 떨었다. 그는 크테시포스를 맹비난했다.

"크테시포스! 손님이 무사해서 다행인 줄 아시오. 만약 이분이 그 뼈다귀에 맞았더라면 내 창이 당신의 가슴을 꿰뚫었을 것이며, 당신의 부모는 아들의 결혼식 대신에 장례식을 치르게 되었을 것이오! 구혼자들이여, 누구든지 내 집에서 더 이상 폭력을 쓰거나 행패를 부리면 용서하지 않겠소. 나는 당신들의 불한당 같은 짓거리를 더는 참지 않을 것이며, 사생결단의 각오로 싸울 것이오! 이것이 나의 마지막 경고임을 명심하시오!"

텔레마코스의 분노에 찬 외침에 구혼자들은 할 말을 잊었고, 한동안 무거운 침묵이 흘렀다. 침묵을 깬 것은 다마스트로의 아들 아겔라오스였다.

"친구들이여, 텔레마코스가 저렇게 분노하는 것을 그의 탓으로만 돌릴 수는 없지 않겠소? 우리도 저 걸인을 괴롭히는 일 따위는 이제 그만둡시다. 그도 텔레마코스의 손님이잖소. 그리고, 텔레마코스여! 자네와 자네 어머니께 내 진심을 담아 충고 하나만 하겠네.

자네 부친 오디세우스가 집을 떠난 지 어느덧 이십 년이 되었네. 자네 어머니는 그동안 남편이 돌아오기를 기다리며 우리들의 청혼을 받아들이지 않았네. 하지만 그동안 충분히 기다렸고 이제는 포기할 때가 되지 않았나? 그는 지금까지 돌아오지 않았고, 앞으로도 돌아오지 않을 것이네. 그러니 자네 어머니를 설득해 주게. 우리 중에서 한 사람을 남편감으로 선택하라고 말일세. 그렇게만 하면 구혼자들은 모두 이 궁전을 떠나고, 자네 어머니는 새 남편을 따라 그의 집으로 떠나게 되겠지. 그러면 자네는 아버지의 재산과 왕위를 모두 물려받을 수 있어."

텔레마코스가 말했다.

"아겔라오스여, 제우스 신과 내 아버지가 겪은 숱한 고난을 두고 맹세하는 데 나는 내 어머니께 어떤 요구도 하지 않을 것이오. 재혼을 하는 것이 어머니의 뜻이라면 그 뜻에 따를 것이며, 어머니가 그럴 의사가 없으시다면 내 어머니를 이 집에서 떠나시게 하지도 않을 것이오. 그것은 자식 된 도리가 아니니까!"

그러자 구혼자들 사이에 소동이 일었고, 팽팽한 긴장과 흥분 사이에서 묘한 반응들이 연출되었다. 그들은 고함을 지르거나, 포도주를 마구 퍼마시고, 날고기를 바닥에 내동댕이 치거나 미친 듯이 웃고 갑자기 눈물을 흘리기도 했다.

이때 예언자 테오클리메노스가 홀 안으로 들어왔다. 그러나 그의 출현에 신경을 쓰는 사람은 아무도 없었다. 그의 얼굴은 창백했고, 수심에 가득 찼으며, 두 눈동자는 슬픔의 심연에 잠겨있었다.

"오, 불행한 자들이여, 너희를 애도하노라! 그대들에게 내린 이 어두운 그림자는 대체 무엇인가? 그대들의 머리와 얼굴과 무릎은 어둠에 덮여 있구나. 허공은 비명으로 채워지고, 뺨은 눈물로 흠뻑 젖었으며 벽돌과 아름다운 대들보들이 피로 물들었구나. 현관과 정원에는 저승으로 달려가는 혼백들의 그림자로 가득 찼도다. 해는 하늘에서 사라지고 불길한 안개만이 세상을 온통 뒤덮는구나."

구혼자들은 미동도 하지 않은 채 예언자를 응시했고, 알 수 없는 불안과 공포가 그들의 마음을 파고들었다. 그러자 그들은 두려움을 감추려는 듯 큰 소리로 웃었다. 에우리마코스가 예언자를 가리키며 소리쳤다.

"저자는 텔레마코스가 필로스에서 데려온 이방인이 아닌가? 헛소리를 지껄여 대는 것을 보니 아무래도 정신이 온전치 못한 것 같소. 누가 저자를 밖으로 내쫓아버리시오."

예언자 테오클리메노스가 대답했다.

"에우리마코스여, 그럴 필요 없소. 나에게도 눈과 귀와 발이 있소. 게다가 가슴에는 확고한 분별력이 있고, 그대들 보다 결코 못하지 않소. 나는 그것들에 의지하여 밖으로 나갈 것이오. 하지만 당신들에게는 재앙이 닥쳐오고 있고, 오디세우스의 궁전에서 악행을 저지른 자들은 한 명도 그 재앙에서 벗어나지 못할 것이오."

테오클리메노스는 홀을 빠져나와 그 길로 아예 오디세우스의 궁전을 떠나버렸다. 그러나 구혼자들은 다가오는 자신들의 불운을 깨닫지 못한 채 여전히 예언자를 비웃고, 텔레마코스를 조롱하며 웃어댔다.

"텔레마코스, 자네 손님들은 하나같이 어떻게 저따위들인가? 한 사람은 일은 하지도 않고 남에게 빌붙어서 구걸이나 하는 비렁뱅이고, 또 한 사람은 자칭 예언자인척 하는 정신병자가 아닌가? 저런 쓸모없는 자들과 어울리지 말고 저들은 스케리아인들에게 팔아넘기면 어떤가?"

그러나 텔레마코스는 조롱하는 자의 말에 신경 쓰지 않고, 오직 아버지의 신호만을 기다렸다.

제21장

오디세우스의 활

텔레마코스가 오디세우스의 신호를 기다리고 있을 때, 페넬로페는 시녀들과 함께 무기 창고로 갔다. 오디세우스의 활은 가죽 주머니 안에 담겨 벽에 걸려있었다. 페넬로페는 그것을 내려서 가죽 주머니를 벗긴 후 활을 유심히 들여다보았다. 그 활은 유난히 크고 무거워서 오디세우스처럼 힘이 센 남자만이 다룰 수 있는 특별히 제작된 활이었다. 페넬로페는 생각했다.

'구혼자들 중 이 활을 다룰 수 있는 사람이 있을까?'

그녀는 아무도 그 활을 다룰 사람이 없기를 빌었다. 그래서 시합이 무산되었으면 했다. 하지만 누군가 오디세우스처럼 열두 개의 도낏자루 구멍에 화살을 통과시킨다면 그녀는 약속대로 그에게 시집 가야만

한다. 그 생각에 이르자 그녀는 가슴이 먹먹해지면서 절로 눈물이 쏟아져 나왔다.

그러다가 문득 낯선 걸인이 했던 말을 떠올렸다.

'구원자들 중 하나가 그 활의 시위를 당길 수 있기도 전에 오디세우스 님이 반드시 도착하실 거니까요.'

그러자 신기하게도 마음이 안정되고 힘이 솟아났다.

"그래, 어차피 한 번은 겪어야 할 일이야! 어떤 쪽이든 결정을 내려야 해!"

페넬로페는 오디세우스의 활을 어루만지며 마음을 다잡았다. 그녀는 시녀들에게 활과 화살, 열두 자루의 도끼가 들어있는 함을 들고 따라오라고 명령했다.

페넬로페는 시녀들을 거느리고 홀 안으로 들어갔다. 그녀가 홀의 기둥 앞에 서자 눈치 빠른 시녀 두 명이 재빠르게 그녀의 좌우에 대령했다. 조금 전까지 소란을 피우며 이리저리 날뛰던 구혼자들은 페넬로페가 나타나자 언제 그랬느냐는 듯 왕비 앞에서 고상한 행동을 보이기 위해 노력했다. 하지만 페넬로페는 구혼자들의 그런 모습에 관심이 없었다. 그녀의 시선은 홀 안을 살피다가 저 건너편 문지방 앞에 앉아있는 늙은 거지에게 멈췄다. 그의 모습을 보자 그녀는 알 수 없는 기대감으로 설레었다.

페넬로페는 시선을 돌려 구혼자들을 바라보며 말문을 열었다.

"구혼자들이여, 내 말을 똑똑히 들어 주세요. 여러분들은 나와 결혼하기 위해 이곳에 왔다고 했습니다. 그런데 당신들은 매일 잔치를 벌여

오디세우스의 활을 내리는 페넬로페 안젤리카 카우프만

내 아들의 재산을 탕진하고, 내 시녀들과 밤마다 놀아나며, 내 손님들을 학대했어요. 이제 그 모든 악행은 끝을 내야만 합니다.

그래서 저는 오늘 시합을 통해 당신들 중 한 명을 새로운 남편감으로 정하기로 했습니다. 자, 여기 오디세우스의 활이 있습니다. 그분은 이 활로 화살을 쏘아 열두 개의 도낏자루에 난 구멍을 관통시키곤 했지요. 당신들도 그와 똑같이 해야만 합니다. 가장 먼저 성공하는 사람을 저는 남편으로 맞을 것이며, 이 궁전을 떠나서 그분의 집으로 갈 것입니다."

그녀는 돼지치기 에우마이오스에게 활과 도끼를 가져다 놓도록 명령했다. 그는 활을 내려놓으며 오디세우스와의 추억이 생각나서 눈물을 글썽거렸다. 한쪽에서 그 모습을 지켜보던 소 치는 목동 필로이티오스도 슬픔이 복받쳐 흐느꼈다. 페넬로페가 에우마이오스에게 말했다.

"에우마이오스, 이 활을 가지고 가서 구혼자들께 보여드리게."

에우마이오스는 활을 들고 식탁을 따라 걸으며 생각했다.

'이렇게 크고 무거운 활의 시위를 저런 인간들이 과연 당길 수 있을까?'

구혼자들은 오디세우스의 거대한 활을 잔뜩 긴장한 표정으로 관찰했고, 마음이 무거워지는 것을 느꼈다. 그때 안티노오스가 말했다.

"친구들이여, 이 시합은 결코 쉽지 않겠소. 여기 있는 우리 모두는 오디세우스처럼 강하지 못하기 때문이오. 나는 어릴 때부터 그를 보아 왔기 때문에 그가 얼마나 강한지 잘 알고 있소."

하지만 말과 다르게 그는 마음속으로 자신이야말로 활시위를 당겨 열두 개의 도낏자루에 난 구멍을 모두 관통시킬 수 있다고 자부했다. 그러나 운명의 여신은 불행히도 안티노오스가 가장 먼저 오디세우스의 화살에 목숨을 잃도록 준비하고 있었다.

안티노오스의 말에 구혼자들이 동요하며 술렁일 때 텔레마코스가 그들을 향해 소리쳤다.

"하지만 이 시합의 대가는 충분하다고 생각합니다. 당신들은 그토록 원하던 제 어머니를 아내로 얻게 될 테니까 말입니다. 내가 이 자리에서 어머니를 굳이 칭찬할 필요가 있겠습니까?

솔직히 말하자면 나도 그 활을 한 번 당겨보고 싶습니다. 만약 내가 활시위를 당겨 도낏자루 구멍에 화살을 통과시킨다면, 어머니는 내 집을 떠나지 않으셔도 될 것이고, 나 또한 외톨이가 될 일이 없겠지요."

텔레마코스는 두 어깨에서 자주색 망토를 벗어던지고, 어깨에 메고 있던 칼집을 벗어 내려놓았다. 그는 활로 바닥에 긴 고랑을 파고는 그 안에 열두 개의 도끼를 한 줄로 나란히 세우고 흙으로 묻었다. 그런 모습을 처음 본 구혼자들은 신기해하면서 속으로 감탄했다.

텔레마코스는 활을 집어 들고 화살통에서 화살을 꺼내서는 문지방으로 걸어갔다. 그러고는 도낏자루를 향해 활시위를 당겨 조준하려 했으나 역부족이었다. 세 번이나 계속 시도했지만 모두 실패했다. 네 번째로 그가 활시위를 당기려고 했을 때 오디세우스가 그만두라는 신호를 보냈다. 그러자 텔레마코스는 구혼자들을 향해 말했다.

"나는 아직 어려서 힘이 부족한 것 같습니다. 자 이제 당신들 차례입니다."

텔레마코스는 활의 시위를 단단히 죄어, 윤이 나는 판자문에 세워 놓았다. 그러고는 시합을 보기 위해 페넬로페 옆에 있는 의자에 가서 앉았다.

안티노오스가 좌중을 돌아보며 말했다.

“여러분, 홀의 맨 오른쪽 끝에 앉은 사람부터 시작하도록 합시다.”

구혼자들은 그의 제안에 모두 동의했다. 이렇게 해서 첫 번째로 나선 사람은 오이노프스의 아들 레오데스였다. 그는 구혼자들이 신들에게 제사를 올릴 때 늘 데리고 다니는 예언자였는데, 언제나 맨 구석 쪽 혼주 병 옆에 앉는 버릇이 있었다. 그는 평소 구혼자들의 못된 행동을 미워했고, 그들에게 적개심을 품어왔다.

레오데스는 판자문에 기대어있는 활을 들어 올렸는데 시위를 당기기도 전에 팔의 힘이 먼저 빠져버렸다. 그는 고개를 가로저으며 한숨을 내쉬었다.

“여러분, 나는 도저히 못 하겠소. 당신들이나 실컷 활시위를 당겨보시오. 내 생각에는 당신들 중 대부분이 나처럼 활시위도 제대로 당겨보지 못하고 포기할 거요. 그리고 내 분명히 말하지만, 이 오디세우스의 활은 우리에게 큰 재앙을 가져올 것이오! 내 말이 맞는지 틀리는지 두고 보시오.”

레오데스는 침통한 표정으로 자리에 돌아가 앉았다. 그러자 안티노오스가 그를 비난했다.

“레오데스, 무섭고 불쾌한 말이군. 그대가 활시위를 당기지 못한다고 해서 다른 사람도 실패할 것이라는 말인가? 무슨 근거로 그렇게 판단하는 거요? 그리고 재앙이 온다니, 우리에게 저주라도 하겠다는 것이오? 두고 보시오. 곧 다른 이가 멋지게 활시위를 당길 테니!”

안티노오스는 염소치기 멜란티오스를 불렀다.

"멜란티오스, 어서 화덕에 불을 지펴라! 그 옆에 커다란 의자를 가져다 놓고 그 위에 모피 한 장을 펴도록 해라! 그리고 커다란 비계 덩어리를 하나 가져오게. 활을 너무 오랫동안 사용하지 않아서 온통 뻣뻣해졌구나!"

멜란티오스는 서둘러 달려 나갔다. 곧 화로에 불이 지펴졌고, 구혼자들은 활을 부드럽게 만들기 위해서 불에 녹인 기름을 활에 골고루 발랐다. 그러고는 한 명씩 차례대로 시합에 나섰다. 그러나 아무도 활시위를 당기지 못했다. 그들의 팔힘이 많이 부족했던 것이다.

결국 안티노오스와 에우리마코스 둘만 남게 되었다. 그들은 눈치싸움을 하며 상대가 먼저 시합에 나서기를 은근히 바랐다. 그렇게 시간은 흐르고 있었다.

안티노오스와 에우리마코스가 시간을 끌자, 에우마이오스와 필로이티오스는 지루함을 이기지 못하고 밖으로 나갔다. 그 모습을 본 오디세우스도 그들의 뒤를 따라 나갔다. 그들이 정원을 지나 대문을 향해 나갈 때 오디세우스가 그들을 불러 세웠다.

"여보시오, 잠깐 할 이야기가 있소! 지금 막 당신들의 주인이 돌아와서 구혼자들과 싸운다면 당신들은 어느 편에 서서 싸우시겠소? 당신들의 솔직한 마음을 알고 싶소!

소 치는 목동 필로이티오스가 즉시 대답했다.

"내가 이미 말하지 않았소? 신께서 만약 나에게 그런 기회를 제공하신다면 내 두 주먹이 무엇을 할 수 있는지 보게 될 것이오!"

에우마이오스도 오디세우스가 돌아오면 당연히 주인님과 함께 구혼자들을 궁전에서 쫓아낼 것이라고 말했다. 그들의 마음을 확인한 오디세우스가 두 사람에게 말했다.

"자네들 주인은 이미 이곳에 와 있네! 내가 바로 오디세우스라네. 물론 지금 내 모습이 자네들 눈에는 불쌍한 늙은이로 보일 것이다. 그러나 좀 더 자세히 본다면 나를 알아볼 수 있을 것이네!"

오디세우스는 무릎을 덮고 있던 누더기를 위로 들췄다.

"이 상처를 거억하겠는가? 예전에 외할아버지 아우톨리코스의 아들들과 함께 파르니소스 숲에 사냥을 나갔다가 멧돼지의 흰송곳니에 입은 상처이다."

두 사람은 상처가 남긴 흉터를 유심히 살펴보더니, 눈앞의 늙은 걸인이 오디세우스라는 것을 확인하고 울음을 터뜨렸다. 그들은 돌아온 주인을 두 팔로 감싸 안으며 주이의 어깨와 뺨에 입을 맞추었다.

오디세우스는 그들이 기뻐서 어쩔 줄 모르는 모습을 감격스럽게 쳐다보았다. 그러나 곧 조심할 것을 당부했다.

"자, 두 사람 모두 눈물을 거두게. 혹시 누군가 우리를 보고 구혼자들에게 알리면 위험해질 수 있네. 그러니 우리는 각별히 조심해야 하네.

지금부터 내가 하는 말을 잘 듣고 그대로 실행에 옮겨주기 바라네. 나는 내 활과 화살을 손에 넣어야 하네. 그것만이 우리의 목숨을 구해줄 수 있기 때문이네. 하지만 구혼자들은 나에게 그런 기회를 주지 않을 것일세. 그러나 에우마이오스, 자네는 무슨 수를 써서라도 활과 화살을 나에게 가져다주어야 하네. 그러고 나서 에우리클레이아를 불러서 그녀에게 안채의 문을 모두 잠그고 하녀들이 밖으로 나오지 못하도록 통제하라고 전해주게. 밖에서 무슨 일이 벌어지든지 절대로 밖에 나오면 안 된다고 다짐을 받아주게.

필로이티오스, 자네는 정원 입구에 빗장을 걸고 굵은 밧줄로 다시 한번 단단히 묶어주게. 자, 이제 다시 홀 안으로 들어가세. 함께 들어가면 의심을 받을 수 있느니 한 사람씩 움직여야 하네. 내가 먼저 들어갈 테니 자네들은 시간 차를 두고 따로 들어오게."

말을 마친 오디세우스는 홀 안으로 들어갔다. 그러고 좀 전까지 앉아있던 자리에 다시 가서 앉았다. 잠시 후 에우마이오스와 필로이티오스도 들어왔다.

에우리마코스는 활을 화롯 불 위에다 대고 구석구석 열기가 전달되도록 천천히 돌렸다. 그러나 그것은 시간을 벌기 위한 구실에 불과했다. 그는 속으로 어떻게 하면 시합을 피할 수 있을지 궁리하기에 바빴다. 시위를 당길 자신감이 없었기 때문이었다.

그러나 어떤 핑곗거리도 찾을 수 없었고, 결국 시합에 나서야 했다. 그는 온몸의 힘을 두 팔에 끌어모아 활시위를 힘껏 당겼다. 그는 나름대로 완력을 자랑했으나, 그 활은 그의 도전을 보기 좋게 물리쳤다. 자존심이 상한 그는 분을 삯이지 못하고 활을 바닥에 팽개쳤다.

"빌어먹을! 내가 화가 나는 것은 페넬로페와 결혼하지 못해서가 아니오. 이타케에는 그녀 말고도 아름다운 여인들이 많이 있기 때문이오! 오디세우스가 힘들이지 않고 화살을 쏘아 열두 개의 도낏자루 구멍을 관통시킨 이 활을 우리 중 어느 누구도 당길 수가 없다는 사실, 그 자체가 나를 화나게 만드는 것이오. 후세 사람들이 우리를 얼마나 비웃겠소. 활도 쏠 줄 모르는 사람들이라고 말이오."

이때 안티노오스가 간교한 생각을 떠올렸다.

"에우리마코스, 실망하지 마시오. 오늘이 무슨 날인지 잊었소? 이타케에서 궁술의 신 아폴론께 제사를 지내는 신성한 날이오! 그러니 이 신성한 날 신께서 우리에게 화살을 쏘는 것을 허락 하시겠소? 자, 오늘 우리는 더 이상 활쏘기 시합을 하지 말고 그냥 잔치를 즐기도록 합시다!

그리고 멜란티오스에게 시켜서 내일 날이 밝는 대로 가장 훌륭한 염소를 데려다가 아폴론 신께 바칩시다. 그러고 나서 시합을 처음부터 다시 하도록 합시다!"

모두가 안티노오스의 의견에 찬성했다. 그들은 다시 한번 시합에 나설 수 있다는 사실에 안도하며 기뻐했다. 고러고 다시 술과 고기를 먹으며 잔치를 즐겼다. 어느 정도 술기운이 무르익자 오디세우스가 자리에서 일어나 외쳤다.

"에우리마코스와 안티노오스여! 두분은 방금 매우 설득력 있는 말씀을 하셨습니다. 만일 신들께서도 그렇게 결정하신다면, 내일 여러분들 중 한 분이 승리의 영광을 안게 될 것입니다.

그렇다면 저도 한 가지만 부탁드리겠습니다. 나에게도 그 활을 당겨볼 수 있는 기회를 허락해 주십시오! 내 몸에 예전의 그 기운이 아직 남아있는지 한 번 시험해 보고 싶습니다."

구혼자들은 놀랍고 당황스러운 표정으로 오디세우스를 바라보다가 당치도 않은 소리를 한다며 몹시 화를 냈다. 하지만 속으로는 이로스와 늙은 거지의 결투 장면을 떠올리며 저 거지가 혹시 활시위를 당기면 어쩌나하고 겁이 났던 것이다.

안티노오스가 화가 잔뜩 나서 호통을 쳤다.

"이런 건방진 늙은이! 도대체 분수를 모르는 구나. 비렁뱅이 주제에 어딜 끼어들겠다는 거야! 우리와 함께 앉아서 먹고 마시도록 허락한 것만으로는 만족을 못 하겠다는 거냐? 조용히 구석에 앉아 포도주나 마실 일이지, 젊은이들과 경쟁하겠다는 생각은 꿈도 꾸지 마라!"

페넬로페는 화로 옆에 앉아 홀 안에 벌어진 소란스러운 상황을 차분히 지켜보았다. 그러나 그녀의 가슴은 알 수 없는 흥분이 고조되면서 두 방망이질했다. 그녀 자신도 그 원인은 알 수 없었다. 하지만 어떤 조짐이 일어날 징조는 감지하고 있었다. 그래서 침묵할 수 없었다.

페넬로페는 자리에서 일어나 안티노오스를 바라보며 말했다.

"안티노오스여, 텔레마코스의 손님에게 무례를 범하지 마세요. 당신은 저 노인분께서 활시위를 당기신다면, 나를 집으로 데려가 아내로 삼을 거라고 생각하시나요? 이분은 그런 생각이 추호도 없을 것입니다. 그러니 여러분들은 그런 걱정을 하실 필요가 없어요. 다만 저는 저분께도 당신들처럼 동등한 기회를 드리고 싶군요. 저분도 우리의 손님이잖아요."

순간, 안티노오스는 적절한 대답이 떠오르지 않아 머뭇거렸다. 그러자 에우리마코스가 재빨리 나섰다.

"오, 왕비님! 우리도 당연히 저 늙은이가 기적이라도 일어나서 활시위를 당긴다 해도 당신이 저 비렁뱅이에게 시집가실 것이라고는 생각하지 않습니다. 하지만 생각해 보십시오. 만약 저 늙은이가 정말로 활을 당기게 된다면 우리는 고개를 들고 다닐 수 없게 됩니다. 사람들은 수군거리며 비렁뱅이 늙은이보다 못한 사내들이라고 우리를 비웃을 것입니다. 그것은 우리 모두에게 견딜 수 없는 불명예가 됩니다."

페넬로페가 반박했다.

"당신들에게 잃어버릴 명예가 아직도 남아있나요? 당신들은 훌륭한 영웅 오디세우스의 궁전에서 그의 생사가 파악도 안됐는데 그의 아내에게 무례하게도 청혼을 했어요. 그의 허락도 없이 그의 궁전을 무단 점거하고 그의 재산으로 잔치까지 벌렸죠. 그러니 저 노인분이 활시위를 당긴다고 해서 그것이 여러분에게 불명예가 될 일은 없습니다. 더구나 저분은 원래 훌륭한 가문의 자제이기도 합니다."

페넬로페는 에우마이오스에게 명령했다.

"저 노인분께 활을 가져다드려라! 만약 저분이 활시위를 당기면 나는 그에게 훌륭한 옷과 신발을 선물할 것이며, 그의 명예가 드러나도록 창과 칼을 선물하겠습니다."

바로 그 순간, 오디세우스는 또다시 은밀하게 텔레마코스에게 신호를 보냈다. 텔레마코스는 마침내 결전의 순간이 왔다는 것을 느낄 수 있었다.

"어머니, 아버지의 활에 대한 권리는 제게 있습니다. 그러니 저 노인어른에게 활을 당길 수 있는 기회를 드리는 것도 제 권한입니다. 제가 저분에게 기회를 드린다고 해서 아무도 저를 막을 수는 없습니다. 이제 이 일은 저에게 맡겨주시고, 더는 신경 쓰지 마십시오. 어머니께서는 안채로 들어가셔서 물레로 실을 잦거나 시녀들이 일하는 것을 감독해

주세요. 그렇지 않으면 시녀들은 제멋대로 여기저기 어슬렁거리며 게으름을 피울 것입니다."

페넬로페는 아들의 의젓한 말솜씨에 매우 흡족했다. 그녀는 고개를 끄덕이고는 아무 말 없이 자리에서 일어나 홀을 나섰다. 시녀들이 그녀의 뒤를 따랐다.

페넬로페가 안채로 올라간 후 오디세우스는 이번엔 에우마이오스에게 신호를 보냈다. 그러자 에우마이오스는 즉시 일어나 안티노오스와 에우리마코스가 앉아있는 식탁으로 향했다. 활은 그들 바로 옆의 벽에 기대어 있었다.

에우마이오스는 오디세우스의 활과 화살 통을 조용히 집어 들고 오디세우스를 향해 걸어갔다. 그 모습을 본 구혼자들이 일제히 거친 욕설을 퍼부었다.

"이봐, 건방진 돼지치기야! 누구 맘대로 활을 들고 가는 것이냐? 당장 제자리에 가져다 놓지 못하겠느냐? 만약 네가 그 활을 거지 늙은이에게 가져다주기라도 한다면 네 목을 비틀어서 개들에게 던져줄 것이다. 개들이 네놈의 몸을 갈기갈기 찢어발기도록 말이다!"

구혼자들의 위협을 받은 에우마이오스는 주눅이 들어서 그 자리에 주저앉았다. 그 모습을 본 텔레마코스가 화가 나서 소리쳤다.

"아저씨! 그 활을 어서 노인 어른께 가져다드리세요! 그 활의 주인은 접니다. 구혼자들은 그 활에 대한 아무런 권리가 없어요. 그러니 저들이 뭐라고 하든지 신경 쓰지 마시고, 아저씨는 제 말만 따르면 됩니다!"

그러자 다시 용기를 낸 에우마이오스는 활과 화살 통을 가져다가 오디세우스의 손에 넘겨주었다. 그러고는 홀 밖으로 나가 안채에 있던 에우리클레이아를 불러냈다.

"텔레마코스 도련님의 명령을 전해드립니다. 유모는 안채의 문을 모두 걸어 잠그고 시녀들이 밖으로 나오지 못하도록 단속하라고 하셨습니다. 밖에서 난리가 나고 어떤 소동이 벌어지더라도 말입니다."

유모 에우리클레이아는 안채에 들어가자마자 문이란 문은 모두 잠갔다. 그러고는 하녀들의 바깥출입을 금지시켰다.

한편 필로이티오스도 몰래 정원으로 나와 정원 문에 빗장을 걸어 잠그고 다시 굵은 밧줄로 빗장을 여러 번 묶었다. 홀 안으로 되돌아온 필로이티오스는 에우마이오스와 함께 문지방 옆에 기대어 서서 오디세우스가 보내는 신호를 기다렸다.

그때 오디세우스는 활을 손에 들고 사방으로 휘두르며 화살이 손상된 곳은 없는지 이쪽저쪽을 꼼꼼히 살폈다. 그 모습을 본 구혼자들은 불안한 듯 수군거렸다.

"저 비렁뱅이 늙은이가 화살을 제법 다룰 줄 아는 것 같은데, 그나저나 활시위를 진짜로 당겨볼 생각인 건가?"

구혼자들의 시선과 신경은 온통 오디세우스에게 집중되었다. 그들은 늙은 거지가 활시위를 당길 수 있으리라고 믿지 않았다. 하지만 일말의 불안감이 그들을 사로잡았다.

그때 제우스 신이 천둥소리를 울려 길조를 나타냈다. 오디세우스는 천둥소리를 신호 삼아서 탁자 위에 놓인 화살통 속에서 화살을 꺼내들었다.

오디세우스는 길게 심호흡을 하고 나서 가볍게 활시위를 당겼다. 그러고 나서 목표물을 겨누었다. 그 모습을 본 구혼자들은 경악했다. 설마 했던 일이 현실로 나타났기 때문이었다. 그들이 젖 먹던 힘까지 끌어다가 시도했지만 실패했던 일을 늙은 거지는 전혀 힘들이지 않고 가볍게 성공했기 때문이다.

구혼자들은 할 말을 잊은 채 넋을 잃고 오디세우스를 바라보았다. 이때 오디세우스가 활시위를 놓자 화살은 목표물을 향해 바람을 가르며 날아갔다. 그 찰나의 순간 구혼자들의 시선은 빠르게 화살을 좇았다. 그들이 얼마나 집중했는지 온 몸의 신경이 곤두서고, 호흡조차 잊었으며 그 넓은 공간에 정적이 휩싸여 마치 시간이 멈춰 선 것 같았다.

이때 오디세우스가 쏜 화살은 바람을 가르고 날아가 열두 개의 도낏자루 구멍을 보기 좋게 관통했다. 그와 동시에 구혼자들은 마치 약속이라도 한 듯 크게 놀라며 동시에 자리에서 벌떡 일어났다. 그 바람에 여기저기서 의자들이 쿵 소리를 내며 옆이나 뒤로 넘어졌다. 구혼자들이 공황 상태에 빠져 헤어 나오지 못할 때 오디세우스가 큰 소리로 외쳤다.

"텔레마코스여! 나는 그대의 명예를 훼손하지 않았소! 내 화살은 결코 과녁을 벗어나지도 않았고, 활시위를 당기기 위해 무리한 힘을 사용하지도 않았소. 내 완력은 보다시피 아직 쓸만하다오! 시합은 끝났소. 우리는 마침내 다른 시합을 할 때가 왔소!"

테렐마코스는 오디세우스의 말이 끝나자마자 날카로운 칼을 어깨에 두르고, 창을 손에 거머졌다. 그러고는 아버지 옆으로 재빠르게 달려가 그의 옆에 섰다.

제22장

구혼자들의 최후

오디세우스는 누더기를 벗어던진 후, 활과 화살이 가득 든 화살 통을 들고 문지방으로 뛰어올랐다. 그는 화살통에 들어있던 화살을 모두 바닥에 쏟아놓고는 그중에 하나를 집어 들었다.

이때 안티노오스는 황금 술잔을 두 손으로 받쳐 들고 막 입가에 가져가고 있었다. 놀란 가슴을 진정시키기 위해서였다.

오디세우스의 화살은 안티노오스를 겨누었다. 그러나 안티노오스는 이 사실을 전혀 눈치채지 못하고 있었다. 설마 늙은 거지가 자신에게 화살을 쏘리라고 어떻게 짐작이나 했겠는가? 그것도 구혼자들이 모두 모여있는 만찬의 자리에서…….

그 순간 오디세우스가 쏜 화살은 바람을 가르고 날아가 안티노오스의 목을 정확하게 관통했다. 술잔이 그의 손에서 굴러떨어졌다. 동시에 그의 몸은 바닥으로 벌러덩 나자빠졌다. 이내 그의 콧구멍에서 검붉은 선혈이 분수처럼 솟구쳤다. 그의 흰색 윗옷이 금세 핏빛으로 물들었다.

그 모습을 본 구혼자들 사이에 일대 소란이 일어났고, 그들은 비명을 지르며 사방으로 흩어져 벽에 걸려있던 무기를 찾았다. 그러나 오디세우스와 텔레마코스가 이미 치워버린 무기가 있을 리 만무했다. 그들은 공포와 분노에 사로잡혀 오디세우스에게 고함을 질러댔다.

"네가 지금 무슨 짓을 저질렀는지 아느냐? 너는 지금 이타케의 귀족들 중 가장 뛰어난 젊은이를 죽였다! 당장 활을 내려놓아라! 그렇지 않으면 네놈은 그 대가로 독수리 밥이 되고 말 것이다!"

그들은 오디세우스가 안티노오스를 죽인 것이 실수라고 믿고 있었다. 혼자서 자신들을 상대로 계획적인 전투를 벌일 줄은 상상도 하지 못했던 것이다. 그러나 오디세우스가 다시 한번 자신들을 향해 화살을 겨누었을 때, 그들은 비로소 뭔가 이상한 낌새를 눈치채고 겁에 질려 뒷걸음쳤다.

"이 개 같은 자들아! 내가 트로이아에서 영원히 돌아오지 못할 줄 알았느냐? 너희들은 뻔뻔스럽게도 내 재산을 탕진하고, 시녀들과 함께 놀아났다. 그리고 무엇보다도 네놈들은 멀쩡하게 살아있는 나를 두고 내 아내에게 혼인을 강요하며 집단으로 괴롭혔다. 더구나 내 아들을 살해하려고까지 했다!

너희는 그동안 신과 인간들 앞에서 아무런 거리낌 없이 악행을 일삼았다! 인간이기를 포기하고, 짐승만도 못한 짓을 저지른 너희는 지

페넬로페의 구혼자들에 대한 오디세우스의 복수
크리스토퍼 빌헬름 에케르스베르크, 1814년

금 이 자리에서 그 대가를 치러야 한다!"

구혼자들의 얼굴은 파랗게 질렸다. 죽음의 공포가 그들의 마음을 무겁게 내리눌렀다. 절망에 빠진 그들은 탈출구를 찾아 두리번거렸다. 그러나 홀 안의 문은 모두 잠겨있었다.

이때 에우리마코스가 목소리를 높여 외쳤다.

"다, 당신이 정말 오디세우스란 말이오?"

그는 오디세우스의 분노를 누그러뜨리기 위해 가식적인 목소리로 말했다.

"그렇다면 당신이 하신 말씀은 모두 옳습니다. 저희 모두를 죽이고 싶을 만큼 화가 많이 나신 것도 당연합니다. 우리도 잘못을 모두 인정합니다. 그러나 분명히 아셔야 할 게 있습니다. 그 모든 죄의 원인을 제공한 자는 이미 목숨을 잃었습니다. 안티노오스가 언제나 우리로 하여금 그같은 죄를 짓도록 선동했습니다. 그는 페넬로페 왕비님과 결혼하기를 원했으며, 자기가 이타케의 왕이 되기 위해 텔레마코스를 몰래 죽이려고 했습니다.

하지만 그는 이미 죽음으로 자신의 악행에 대한 심판을 받았습니다. 그러니 잠시 노여움을 푸십시오. 우리는 당신이 그동안 입은 피해를 상쇄하고도 남을 만큼 충분한 보상을 약속드리겠습니다! 또한 당신이 요구하는 것이라면 무엇이든지 들어 드리겠습니다. 그것이 무리한 요구라고 해도 당신을 비난할 사람은 아무도 없을 것입니다."

에우리마코스는 자신과 구혼자들의 목숨을 구걸하며 위기를 벗어나려고 시도하였다. 다른 구혼자들도 일말의 희망을 가지고 오디세우스의 반응을 살폈다. 그러나 오디세우스는 보기 좋게 그들의 기대를 무너뜨렸다.

"에우리마코스, 이 교활한 자여! 죽은 자가 말을 못 한다고 그에게 모든 죄를 뒤집어 씌우려고 하는구나! 하지만 소용없다. 나는 네놈들이 그동안 어떤 짓을 저질러왔는지 충분히 알고 있다.

내가 너희들에게 요구하는 것은 단 하나다! 죽음으로 속죄하는 것! 자, 그러니 시간 낭비하지말고 싸우든지 아니면 있는 힘껏 도망쳐라!"

오디세우스의 추상같은 호령에 구혼자들은 심장이 멎을 것 같은 공포에 사로잡혔다. 그들 중 몇몇은 다리의 힘이 풀려 중심을 잃고 휘청거렸다. 그러자 에우리마코스가 소리쳤다.

"친구들이여! 어차피 우리에게는 선택의 여지가 없소! 저자는 우리 모두를 죽이기 전에 활시위를 당기는 것을 멈추지 않을 것이오! 그러니 우리도 대항해서 싸웁시다! 모두 칼을 뽑아 들고 탁자를 방패 삼아 화살을 막아냅시다. 그러고 동시에 그를 공격해서 문지방 앞에서 몰아냅시다! 문을 열고 밖으로 나가서 사람들에게 도움을 요청합시다!"

말을 마친 에우리마코스는 제일 먼저 칼을 뽑아들고 오디세우스를 향해 달려들었다. 그러나 채 몇 걸음을 떼기도 전에 오디세우스가 쏜 화살이 날아와 그의 가슴 한 복판에 박혔다. 에우리마코스의 손에서 칼이 바닥에 떨어짐과 동시에 그의 몸은 탁자 위에 가서 처박혔다.

그러자 이번엔 암피노모스가 칼을 뽑아들고 오디세우스를 향해 돌진했다. 하지만 그 역시 텔레마코스가 던진 창에 목숨을 잃고 말았다. 텔레마코스는 오디세우스에게 바짝 다가가 속삭였다.

"아버지, 저는 화살이 바닥나기 전에 무기를 좀 가져오겠습니다. 에우마이오스와 필로이티오스가 쓸 무기도 필요합니다."

오디세우스가 고개를 끄덕였다.

"속히 다녀오거라. 화살이 떨어지면 어차피 창과 칼로 싸울 수밖에 없다."

텔레마코스는 무기를 숨겨둔 창고를 향해 힘껏 달려갔다. 홀의 뒤쪽에 있는 작은 문을 통해 들어가서, 좁은 복도를 달린 끝에 무기 창고로 이어진 계단을 올라갔다. 창고에 도착한 그는 방패 네 개, 창 여덟 개, 투구 네 개를 꺼내서 서둘러 홀 안으로 가져갔다. 텔레마코스가 무기를 가지고 돌아오자 에우마이오스와 필로이티오스도 서둘러 무장을 했다. 머리에 투구를 쓰고 어깨에 방패를 두르고 손에 창을 잡았다. 그러자 오디세우스는 안심하고, 이때부터 구혼자들을 겨냥하여 무차별적으로 화살을 쏘아대기 시작했다.

구혼자들은 화살의 표적이 되는 것을 피하기 위해 필사적이었다. 그들은 동료들의 뒤에 몸을 숨기기 위해 서로 드잡이질을 벌이기도 했다. 오디세우스는 쉬지 않고 화살을 날렸고, 그때마다 화살은 구혼자들을 거꾸러뜨렸다.

마침내 화살이 떨어지자 오디세우스는 재빨리 투구를 쓰고 가죽 방패를 어깨에 두른 후 양손에 창을 쥐었다. 구혼자들이 화살이 떨어진 것을 알면 벌떼처럼 공격해 올 것이다. 오디세우스는 육박전을 치르기 위해 전의를 다졌다. 하지만 구혼자들은 움직이지 않았다. 그들은 여전히 기둥 뒤나 탁자 밑, 동료들의 시체 뒤에 몸을 웅크리고 숨어서 미동도 하지 않았다. 팽팽한 긴장감이 감도는 가운데 오디세우스와 구혼자들의 탐색전이 이어졌다.

그러다가 오디세우스는 몇몇 구혼자들이 무장한 모습을 발견하고 소스라치게 놀랐다. 그들도 투구를 쓰고 어깨에 방패를 두르고 손에 창을 들고 있었던 것이다.

"큰일이다! 저들이 모두 무장한다면 우리 네 명이서 감당하는 것은 불가능하다. 저들이 어떻게 무기를 손에 넣었단 말인가?"

오디세우스는 긴장해서 텔레마코스를 가까이 불렀다.

“아들아. 이게 어떻게 된 일이냐?”

“아버지, 제 실수입니다. 좀 전에 무기를 가져오면서 창고 문을 잠그는 것을 깜빡 잊었습니다. 누군가 그 사실을 알아챈 것 같습니다. 아무래도 멜란티오스 짓인 것 같습니다. 그놈은 그동안 구혼자들이 필요로 하는 것은 무엇이든지 이 집을 뒤져 찾아다 주고는 했습니다. 이 집의 구조를 구석구석 잘 알기 때문에 무기를 숨겨둔 곳도 충분히 짐작했을 겁니다.”

말을 마친 텔레마코스는 에우마이오스를 향해 다급하게 말했다.

“아저씨, 어서 창고로 가서 문을 잠가주세요. 누군가 구혼자들에게 무기를 가져다주는 것 같아요.”

사태의 심각성을 느낀 에우마이오스는 텔레마코스의 말이 채 끝나기도 전에 홀 뒤쪽의 작은 문을 향해 달려갔다. 이때 그의 눈에 멜란티오스가 그 작은 문을 빠져나가는 것이 보였다. 에우마이오스는 가던 걸음을 되돌려 오디세우스에게 돌아왔다.

“주인님, 방금 멜란티오스가 작은 문을 빠져나가는 것을 보니 무기를 가지러 창고로 가는 것 같습니다. 어떻게 할까요? 당장 뒤쫓아가서 저 사악한 놈을 바로 쳐 죽일까요?”

오디세우스는 고개를 가로 저었다.

“그 자는 주인을 배신하고 구혼자들의 주구 노릇을 했으니 그 죄가 크다. 하지만 지금은 구혼자들을 처단하는 것이 먼저다. 그 자의 손과 발을 묶어서 창고의 기둥에 매달고 창고 문을 잠가두어라! 잠시 목숨이 붙어있는 동안 자신이 어떤 죄를 지었는지 돌아볼 수 있도록 말이다. 그 자가 구혼자들에게 무기만 가져다주지 않았어도 싸움은 오래 걸리지 않았을 텐데, 이제 힘겨운 싸움이 될 것 같구나. 필로이티오스, 자네도 함께 가게!"

에우마이오스와 필로이티오스는 곧장 창고로 갔다. 그들은 발소리를 죽여가며 조심스럽게 창고로 가서 몰래 그 안을 살폈다. 염소치기 멜란티오스는 그런 사실을 모른 채 무구를 챙기느라고 바빴다. 두 사람은 문설주 뒤에 숨어서 염소치기가 나오기를 기다렸다. 곧 그가 무구를 챙겨 나왔고, 에우마이오스와 필로이티오스는 득달같이 달려들어 그를 사로잡았다. 곧 멜란티오스는 손과 발을 밧줄에 포박을 당한 채 기둥에 꽁꽁 묶이는 신세가 되었다.

에우마이오스와 필로이티오스는 멜란티오스를 창고 안에 혼자 내버려 둔 채 밖으로 나가 창고의 문을 단단히 잠갔다. 그들은 서둘러 홀 안으로 돌아갔다.

홀 안에서는 오디세우스와 텔레마코스가 구혼자들에 맞서 힘겨운 싸움을 계속하고 있었다. 에우마이오스와 필로이티오스의 합류로 인원이 늘었지만 상황은 크게 변하지 않았다.

오디세우스는 구혼자들과 맞서면서도 수적으로 열세에 놓인 상황을 어떻게 극복할 것인지 고민했다. 하지만 뾰족한 방법이 생각나지 않았다. 구혼자들이 덤벼들 때마다 투창을 던져 물리쳤지만 한 번 던진 창은 회수가 어려웠다. 창이 떨어지면 결국 칼로 상대할 수밖에 없었다.

'하지만 저 많은 적을 어떻게 칼로 상대할 수 있단 말인가?'

오디세우스의 고민은 깊어져만 갔다. 이때 갑자기 아테나 여신이 멘토르로 변신해서 나타났다. 오디세우스는 그가 여신이라는 것을 느꼈지만 다른 사람이 눈치채지 못하도록 짐짓 이렇게 말했다.

"멘토르! 내 오랜 친구여, 자네는 우리를 도와주기 위해서 온 것인가?"

멘토르는 오디세우스를 향해 책망하듯이 말했다.

"오디세우스, 자네는 어쩌다가 확고한 신념과 용기를 모두 잃어버렸는가? 자네는 트로이아에서 그 치열한 전투를 수행하면서도 용기를 잃은 적이 없었네. 그런데 어째서 지금은 절망하는 것인가?"

멘토르의 책망에 오디세우스는 한없이 부끄러웠다. 그는 곧 멘토르가 아테나 여신이라고 확신했다. 그러자 온몸에 용기가 샘솟았고, 자신감이 생겨났다.

한편 멘토르를 발견한 구혼자들은 그에게 성난 목소리로 외쳤다.

"멘토르여! 오디세우스의 감언이설에 넘어가지 마시오. 만약 그의 말에 넘어가 우리와 대적한다면 당신의 목을 쳐서 죽은 동료들에게 바칠 것이오. 그뿐만이 아니오! 당신의 재산을 모두 빼앗고, 당신의 아내와 자식들도 살려두지 않을 것이오! 그러니 잘 알아서 행동하시오!"

구혼자들의 위협을 받은 후 멘토르, 즉 아테나 여신은 아무도 모르게 제비로 변신하여 연기로 그을린 천장에 올라가 앉았다. 여신은 아직은 오디세우스에게 결정적 승리를 안겨주지 않고 좀 더 그들 부자의 힘과 용맹을 시험해 볼 참이었다. 구혼자들은 갑자기 멘토르의 모습이 사라지자 자신들의 위협이 통했다고 생각하며 기뻐했다. 다마스토르의 아들 아겔라오스가 소리쳤다.

"친구들이여, 보시오! 멘토르라는 놈은 우리가 하는 말에 겁을 집어 먹고 도망쳐 버렸소! 이제 저들을 죽이는 일만 남았소! 이제부터 우리가 한꺼번에 창을 던질 것이 아니라 여섯 명식 짝을 지어 차례로 창을 던집시다. 어쩌면 제우스 신께서 우리가 오디세우스를 명중시켜 명예를 높일 수 있도록 허락하실지도 모르오! 저자만 없애면 나머지 놈들은 걱정할 게 없소!"

그러자 구혼자들은 아겔라오스의 지시에 따라 창을 던졌다. 하지만 여섯 개의 창은 단 한 개도 목표물을 명중시키지 못했다. 창은 문이나 문설주 기둥 혹은 벽에 가서 꽂혔다. 아테나가 날아오는 창들을 모두 흩어놓았기 때문이다.

구혼자들은 자신들의 눈을 의심했다. 그들은 눈앞의 상황을 이해할 수 없다는 듯 허탈한 표정을 지었다. 오디세우스가 외쳤다.

"자, 이제 우리가 던질 차례이다!"

그 말을 신호로 오디세우스와 텔레마코스, 에우마이오스와 필로이티오스는 구혼자들이 던진 창을 재빨리 뽑아서 던지기 시작했다. 그들이 던진 창은 하나도 빗나가지 않고 네 명의 구혼자들을 명중시켰다. 그들은 구혼자들 중 가장 힘과 능력이 뛰어난 데모프톨레모스, 에우리아데스, 엘라토스, 페이산도르였다. 그들의 죽음은 살아남은 구혼자들의 용기를 꺾어 놓았다. 구혼자들은 쓰러진 동료들을 남겨두고 홀의 구석으로 몰려가서 몸을 피했다. 그러자 에우마이오스와 필로이티오스가 달려가서 시체에서 창을 회수했다.

구혼자들은 다시 여섯 명을 구성하여 오디세우스를 향해 창을 던졌다. 그러나 창들은 이번에도 보기 좋게 모두 빗나갔다. 또다시 오디세우스 편에서 창을 던질 차례였다. 오디세우스는 에우리다마스를 겨누고, 텔레마코스는 암피메돈, 에우마이오스는 폴리보스, 필로이티오스는 크테시포의 가슴을 겨누고 창을 던졌다. 이 번에도 그들이 던진 창은 어김없이 상대의 목숨을 빼앗았다.

오디세우스는 다시 창을 잡고 이번에는 구혼자 무리들을 지휘하던 아겔라오스에게 달려가 그를 창으로 찔러 쓰러뜨렸다. 텔레마코스 역시 아버지의 뒤를 따르며 레오크리토스의 배를 창으로 찔러 쓰러뜨렸다. 이렇게 해서 구혼자들 중 싸움에 능한 자들은 모두 목숨을 잃었다.

이때 아테나 여신이 자신의 방패 아이기스를 높이 들자 엄청난 빛이 구혼자들을 향해 쏟아져 나왔다.

살아남은 구혼자들은 혼비백산하여 사방으로 흩어졌다. 그러나 그들이 이리저리 뛰어다녀도 숨을 곳은 없었다. 어딘가에서 바람을 가르며 날아든 창이 그들의 몸을 여지없이 꿰뚫었다. 운 좋게 창을 피했다고 생각한 순간 곧 누군가 휘두르는 칼에 목이 잘려나갔다. 여기저기서 비명소리와 함께 피비린내가 홀 안에 진동했다.

어느덧 비명소리도 멈추고 실내에 정적이 흘렀을 때, 오디세우스는 홀 중앙에 서서 사방을 둘러보았다. 구혼자들은 한 명도 남김없이 모두 시체가 되어 여기저기 널브러져 있었다. 그때 시체들 사이에서 누군가 움직였다. 구혼자들의 제사를 담당했던 예언자 레오데스였다. 그는 구혼자들의 시체 사이에서 몸을 숨기고 있다가 오디세우스에게 목숨을 구걸하기로 마음먹었다. 레오데스는 오디세우스에게 달려와 그의 무릎

구혼자 귀스타프 모로, 1852~1853년 사이

에 매달리며 애원했다.

"오디세우스 님, 그대의 무릎을 잡고 간청하오니 부디 자비를 베풀어 주십시오. 나는 결코 시녀들에게 못된 말이나 못된 짓을 한 적이 한

번도 없었습니다. 오히려 다른 구혼자들이 그렇게 하면 말렸습니다. 하지만 그들은 악행을 멈추지 않았고, 결국 오늘과 같은 비참한 최후를 맞고 말았습니다. 나는 예언자로서 그들을 대신하여 신들께 제사를 올렸을 뿐 아무런 잘못이 없습니다. 여기서 저들과 함께 목숨을 잃는다면 좋은 일을 해도 나중에 아무런 보상이 없다는 소리가 나올 겁니다."

오디세우스는 싸늘한 눈빛으로 그를 노려보았다.

"네놈이 구혼자들의 예언자였으니 아마 이 집안에서 나의 귀향을 막아달라고 신들께 기도했겠구나. 사랑하는 내 아내가 그들 중 한 명과 결혼하여 자식을 낳게 해달라고 제사도 지냈겠지. 네놈이 직접 시녀들을 괴롭히거나 내 아내에게 청혼한 것은 아니지만 그들을 위해 제사를 지낸 것도 그 죄가 결코 가볍지 않다. 그러니 네놈도 죽음을 피할 수 없다!"

오디세우스는 아겔라오스가 죽으면서 떨어뜨린 칼을 집어 들고 가차 없이 예언자의 목을 베었다.

음유시인 페미오스도 그 와중에 살아남아있었다. 그는 오디세우스와 구혼자들 사이에 싸움이 벌어졌을 때 처음부터 뒷문 바로 앞에 몸을 숨기고 있었다. 그러다가 싸움이 끝나자 오디세우스가 자신에게 어떤 처분을 내릴지 걱정되었다.

'오, 두렵구나. 나는 이제 어떻게 되는 것일까? 오디세우스 님이 나를 보시면 구혼자들을 위해 노래했다는 이유로 나를 죽이실지도 몰라! 제우스 신의 제단에 매달려서 용서를 빌어야 하나, 아니면 오디세우스 님의 무릎에 매달려 간청을 해야 할까? 그렇게 하면 과연 살려주실까?'

그는 짧은 순간에 어떤 선택을 해야 할지 고민했다. 그러다가 결국 오디세우스에게 매달리기로 결심했다. 그는 조심스럽게 오디세우스 앞으로 달려가 그의 앞에 엎드렸다.

“오, 주인님. 저에게 너그러운 마음으로 자비를 베풀어 주십시오. 저는 구혼자들의 앞에서 노래 부르는 것을 거부했으나 강제로 끌려가서 어쩔 수 없이 노래를 불렀습니다. 하지만 제 스스로 그들을 위해 노래한 적은 단 한 번도 없었습니다. 그 사실은 텔레마코스 도련님께서 잘 알고 계십니다. 부디 제 사정을 헤아려 주십시오.”

그러자 텔레마코스가 나서서 그를 편들었다.

“아버지, 그의 말은 모두 사실입니다. 제가 보증합니다. 페미오스와 메돈 만은 살려주셔야 합니다. 메돈 역시 용기가 부족해서 구혼자들의 시중을 들었지만, 그는 언제나 어머니와 저에게 충성했습니다.”

말을 마친 텔레마코스는 메돈을 찾기 시작했다. 그러나 홀 안에서 그를 발견할 수 없었다. 텔레마코스는 마음속으로 그가 살아있기를 빌면서 다시 한번 홀 안을 구석구석 살폈다.

“메돈, 메돈! 어디에 있는가? 살아있다면 대답 좀 하게!”

이때 커다란 의자 밑에 납작 엎드려 숨어있던 메돈이 다급하게 대답했다. 그는 온몸을 쇠가죽으로 돌돌 감고 있었다.

“도련님, 저 여기 있습니다!”

의자 밑에서 기어 나온 메돈은 몸에 감고 있던 쇠가죽을 벗어던졌다.

“도련님, 아버님께 제발 잘 말씀드려 주십시오. 주인님의 분노로 인하여 제가 저 구혼자들과 같은 운명이 될까 봐 두렵습니다.”

오디세우스가 빙긋이 웃으며 대답했다.

"텔레마코스가 너를 보증했으니 내 너에게는 어떤 처벌도 내리지 않겠다. 그러니 걱정 말고 페미오스와 함께 정원에 나가 있도록 하라! 그리고 악한 행동으로 죄를 짓는 것보다, 선한 마음을 갖는 것이 얼마나 떳떳한 일인지 세상 사람들에게 알리거라!"

두 사람이 홀 밖으로 나가자, 오디세우스는 구혼자 중에 목숨이 붙어있거나 몸을 숨긴 자가 있는지 살펴보았다. 그러나 구혼자들은 모두 숨이 끊어져 있었고, 도망친 자도 없었다. 오디세우스는 텔레마코스를 향해 말했다.

"어서 가서 유모를 불러오너라! 그녀가 해야 할 일들이 많다!"

텔레마코스는 서둘러 안채로 가서 문을 두드렸다. 잠시 후 유모 에우리클레이아가 문을 열고 나왔다. 그녀는 텔레마코스를 따라 홀 안으로 들어갔다. 그 순간 에우리클레이아는 그 자리에 멈춰 서서 온몸이 굳어버렸다. 홀 안에는 시체들이 널브러져 있었다. 바닥은 그들이 흘린 피로 흥건하게 물들었고, 피비린내가 코를 찔렀다. 끔찍한 광경이었다. 겁에 질린 유모의 눈이 시체들을 훑고 지나갔다. 그녀는 놀란 가슴을 진정시킨 후에야 비로소 시선을 돌려 주인의 모습을 찾았다.

오디세우스는 홀의 중앙에 우뚝 서 있었다. 유모는 본능적으로 그의 몸을 살폈다. 오디세우스의 몸은 피투성이였으나 다친 곳은 없어 보였다. 에우리클레이아는 안도의 숨을 내쉬며 환호했다. 그리고 주인을 향해 한달음에 달려갔다. 그녀의 눈에 감격의 눈물이 흘러내렸다.

"오, 주인님. 드디어 승리하셨군요!"

그러나 오디세우는 손을 들어 에우리클레이아의 말을 막았다.

"유모, 마음속으로만 좋아하세요. 죽은 사람들 앞에서 큰 소리를 내며 기뻐하는 것은 옳은 일이 아니오. 이들은 신들의 심판을 받은 것이고, 자신들의 악행 때문에 스스로 파멸한 것입니다!

자, 이제 안채로 가서 구혼자들과 놀아나며 자신의 의무를 망각했던 시녀들을 한 명도 빠짐없이 이리로 데려오세요!"

에우리클레이아가 대답했다.

"주인님, 제가 사실대로 말씀드리겠습니다. 안채에는 모두 쉰 명의 시녀가 있으며, 각자 맡은 업무에 따라 일해왔어요. 그런데 그중에 열두 명의 시녀가 자신들의 의무를 망각하고 구혼자들과 놀아났으며, 저뿐만 아니라 왕비님께도 무례한 짓을 저질렀습니다. 곧장 가서 그녀들을 대령시키겠습니다. 그리고 마님께도 이 사실을 알리도록 할게요."

오디세우스는 황급히 유모를 말렸다.

"아직은 그녀에게 알릴 때가 아니오. 유모는 구혼자들과 놀아난 시녀들만 데려오면 되오!"

유모는 구혼자들의 시체 사이를 조심스럽게 지나서 안채로 갔다. 곧 한 무리의 시녀들이 홀 안으로 들어왔다. 그녀들은 홀 안의 끔찍한 광경을 보고는 겁에 질려 두 손으로 얼굴을 감싸고 벽 쪽으로 몰려가 몸을 바들바들 떨었다.

오디세우스는 텔레마코스와 에우마이오스, 필로이티오스를 손짓으로 불렀다.

"시녀들에게 이 시체를 밖으로 옮기고 홀을 깨끗이 치우게 해라! 홀 안이 깨끗이 정리되면 저 열두 명의 시녀들을 정원으로 끌어내라. 욕정에 눈이 멀어 주인을 배신한 대가를 죽음으로 치르게 할 것이다. 그리고 무기 창고에 묶어둔 멜란티오스도 끌어내라! 그 역시 주인을 배신한 죄과를 죽음으로 치러야 한다."

시녀들은 후회의 눈물을 흘리면서 시체를 정원으로 운반했다. 그러고 나서 홀 안의 바닥에 묻은 핏자국들을 닦아냈다. 의자나 탁자들까지 모두 정리하고 나자, 텔레마코스는 시녀들을 정원으로 끌고 나가 모두 처형했다. 멜란티오스 역시 비참한 최후를 맞았다. 그의 코와 귀는 개들의 먹이가 되었고, 두 손과 발도 잘려나가 시체조차 온전하지 못했다.

모든 정리가 끝나자 오디세우스는 에우클레이아에게 말했다.

"유모, 홀과 회랑에 유황불을 피울 수 있도록 불과 유황을 가져다주구려."

에우리클레이아가 대답했다.

"주인님의 말씀은 모두 지당하십니다. 유황은 집안의 저주를 없애주니까요. 그러나 먼저 주인님의 옷과 망토를 준비하겠습니다. 그런 남루한 누더기로 늠름한 어개를 감싸고 계시다니 안 될 말씀입니다."

"유모의 그 마음은 충분히 알겠소. 하지만 지금은 홀을 정화하는 것이 먼저요. 유황을 가져다가 불부터 피워주시오!"

그러자 에우리클레이아는 더 이상 대꾸하지 않고 곧 불과 유황을 가져왔다. 오디세우스는 유황을 피워서 홀과 회랑 주변을 꼼꼼하게 유황불로 그을렸다. 그러고 나서 유모를 다시 불렀다.

"페넬로페에게 가서 시녀들과 함께 이리로 와 달라고 전해주세요. 또 궁전 안의 시녀들을 모두 이곳에 모이도록 해주시오"

오디세우스는 지시를 내린 후 화롯불 옆에 있는 의자에 가서 앉았다. 그러고는 페넬로페가 내려오기를 기다렸다. 유모는 안채로 가서 시녀들을 모두 불러 모아 오디세우스의 분부를 전달했다. 시녀들은 저마다 횃불을 들고 나와 오디세우스 주위를 에워싸고, 그의 어깨와 뺨에 입을 맞추며 기쁨의 눈물을 흘렸다. 오디세우스는 그녀들을 모두 알아보았다. 그제야 고향에 돌아온 것이 실감 나면서 그의 가슴속에는 기쁨의 물결이 요동쳤다.

제23장

페넬로페와의 재회

에우리클레이아는 서둘러 안채로 가서 페넬로페의 침실로 올라갔다. 그녀는 오디세우스가 돌아왔다는 소식을 한시라도 빨리 전하기 위해 걸음을 재촉했다. 마음이 앞서고 발을 자꾸 헛디뎌서 오히려 속도가 잘 나지 않았다. 그녀가 어렵사리 침실에 도착했을 때 페넬로페는 아직 자고 있었다. 에우리클레이아는 페넬로페를 살며시 흔들었다.

"왕비님, 일어나세요! 주인님이 돌아오셨어요!"

그녀가 말했다.

"기뻐하세요! 주인님이 돌아오셔서 불한당 같은 구혼자들을 모두 죽였어요! 허락도 없이 궁전을 점거하고 제멋대로 재산을 축내던 그 악당들 말이에요. 이제 왕비님의 모든 불행이 끝났단 말이에요!"

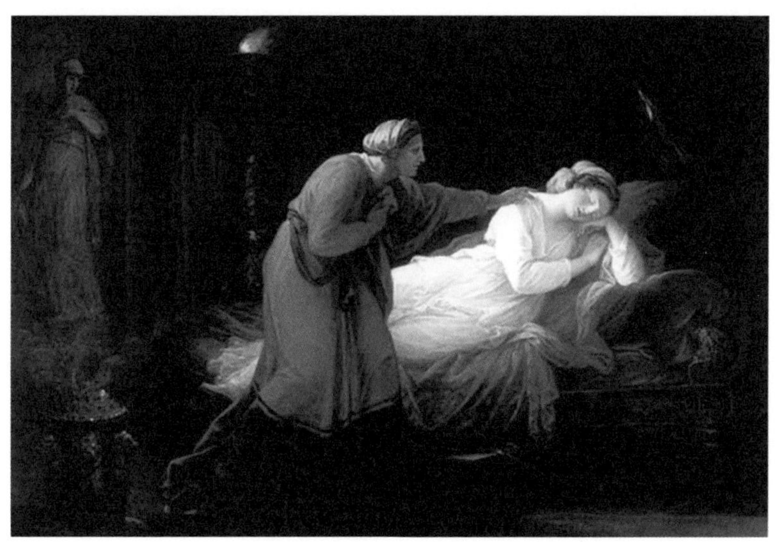

에우리클레이아가 깨운 페넬로페 안젤리카 카우프만, 1772년

페넬로페는 잠에 취한 상태로 자리에서 일어났다. 그러고는 유모를 물끄러미 쳐다보았다.

"유모, 지금 그게 무슨 소리죠? 신들께서 유모를 미치게 한 모양이로군요. 갑자기 그런 헛소리를 하는 것을 보면 말이야. 아니면 지금 나를 놀리는 건가요?"

페넬로페는 미간을 찌푸렸다.

"설령 그분이 돌아왔다고 해요. 그렇다고 해도 그분 혼자서 그 많은 구혼자들을 어떻게 처치할 수가 있단 말이죠? 제발 유모까지 내 마음을 흔들지 말아요. 다른 시녀가 내게 그런 말을 했으면 나는 그 아이에게 당장 큰 벌을 내렸을 거예요. 하지만 유모니까 그냥 넘어가는 거예요. 오디세우스 님이 트로이아로 원정을 떠난 후 나는 오늘처럼 단 잠을 이루어 본 적이 없어요. 그러니 방해하지 말고 이제 그만 나가보도록 해요. 나는 좀 더 눈을 붙일 테니까."

그러나 에우리클레이아는 물러서지 않았다.

"제 말을 믿으세요. 제가 언제 왕비님께 허튼소리를 한 적이 있었나요? 거지 행색을 하고 있던 그분이 오디세우스님이셨어요. 왕비님도 기억하시죠? 주인님이 어렸을 적에 외가에 갔다가 사냥터에서 멧돼지에게 물려 상처를 입으셨던 일 말이에요. 저는 제 두 눈으로 그 상처까지 직접 확인했어요. 또한 홀 안에 쓰러져있는 구혼자들의 시체도 봤고요. 만약 제 말이 거짓이라면 저를 죽이셔도 좋아요."

그제야 페넬로페는 뭔가 깨달은 듯 침상에서 뛰쳐나와 유모의 두 팔을 부여잡았다.

"유모, 그 말이 모두 사실이에요? 정말 그분이 돌아오셨나요? 자세히 말해봐요. 그 많은 구혼자들을 혼자서 어떻게 처치하셨는지, 신들께서 친히 나타나셔서 그들에게 천벌이라도 내리셨나요?"

"저도 어떻게 된 일인지는 잘 모른답니다. 제가 홀 안에 도착했을 때 구혼자들은 모두 죽어있었어요. 그전에는 도련님께서 안채 문을 잠그고 시녀들이 바깥에 나오지 못하도록 통제하라고 명하셨어요. 그래서 안채에 머물렀었고, 나중에 도련님이 부르셔서 함께 홀 안으로 갔었지요. 그때는 이미 구혼자들이 모두 죽고 난 뒤였어요."

페넬로페는 유모의 말을 듣고 나서도 그 사실이 좀처럼 받아들이기 어려웠다.

"유모, 앞장서세요. 아무래도 내가 직접 확인해 봐야겠어요."

한편 오디세우스와 텔레마코스는 텅 비어있는 홀 안에서 앞으로 해야 할 일들을 의논하고 있었다.

"아들아, 너는 누군가 살인을 하면 피해자의 가족과 친척들이 복수할 것이 두려워서 자신이 살던 나라를 떠나 해외로 도피한다는 사실을 알고 있을 것이다. 그런데 우리는 이타케의 귀족들과 명문가의 자제들을 수십 명이나 죽였다. 물론 그들은 용서받지 못할 악행을 저지르며 스스로 파멸을 자초했다. 그럼에도 그들의 부모나 친척들은 복수를 시도할 것이다. 그러니 우리는 당분간 그들의 눈을 피해 숨어 지내야 한다."

"혹시 생각하고 계신 곳이라도 있나요?"

텔레마코스가 궁금한 듯 물었다

"네 할아버지 라에르테스께서 계신 시골 농가를 생각하고 있다. 그곳이라면 최소한 얼마 간은 안전하게 지낼 수 있을 것이다. 그러나 우리가 그곳에 무사히 도착하기 전에는 구혼자들의 죽음이 외부에 알려져서는 안 된다. 평소처럼 궁전에서 즐거운 노래와 악기 연주 소리가 울려 퍼져야 한다. 또한 고기를 굽는 냄새가 밖에까지 진동하고 연기가 하늘로 피어올라야 한다. 밖에서 보면 구혼자들이 잔치를 벌이는 것으로 알도록 말이다. 그사이 우리는 궁전과 도시를 벗어나 멀리 시골까지 가야 한다. 우리의 계획을 에우마이오스와 필로이티오스에게 말해주고 무기 창고에서 무기를 꺼내어 주어라. 만약 무슨 일이 생긴다면 그에 대비해야 하니까."

이때 페넬로페가 에우리클레아와 함께 홀 안으로 들어왔다. 그녀의 눈에 테레마코스와 머리를 맞대고 있는 늙은 거지의 모습이 보였다. 그녀는 몰래 그의 모습을 살펴보았다. 그는 많이 늙었지만 어떻게 보면 오디세우스를 닮은 것도 같았다. 그러나 또 어떻게 보면 처음 본 사람처럼 너무도 낯설었다. 저 늙은 걸인이 정말 자신의 남편인지 그녀는 혼란스럽기만 했다.

'아, 이 사실을 어떻게 받아들여야 할까? 저 사람이 정말 오디세우스라면 왜 이토록 낯설게만 느껴지는 것일까? 자그마치 이십여 년을 기다려 왔던 사람인데, 그 사람이 눈앞에 나타났는데 왜 나는 반갑기보다 불안하기만 할까?'

그녀가 혼란스러운 마음을 추스르지 못하고 있을 때, 갑자기 오디세우스가 자리에서 벌떡 일어났다. 그러고는 그녀에게 눈길 한 번 주지 않고 안채를 향해 성큼성큼 걸어갔다. 그녀는 당황했다. 모두들 그가 이십 년 만에 돌아온 오디세우스라고 했지만, 그녀는 아직 확신이 서지 않았다. 그런 상황에서 오디세우스가 너무도 자연스럽게 안채로 들어가자 내심 못마땅했다. 도대체 그는 안채에서 무엇을 하려는 걸까? 그녀가 불안한 생각에 사로잡혀있을 때 텔레마코스가 다가왔다.

"어머니, 왜 이렇게 냉정하세요? 아버지는 이십 년 동안 온갖 고난을 다 겪으시다가 천신만고 끝에 집으로 돌아오셨어요. 그런데 어머니는 따뜻한 미소는커녕 말 한마디 없이 바라만 보셨어요. 마치 사기꾼을 바라보듯이 말이에요. 어머니는 아버지가 돌아오신 게 싫으세요?"

"오, 아들아. 나는 내가 도무지 무엇을 믿어야 할지 모르겠구나. 모두들 그분이 네 아버지라고 하지만 나는 아직 확신이 없단다. 그의 모습도 내가 기억하는 네 아버지와는 거리가 멀고, 물론 사람이 오랫동안 풍파에 시달리다 보면 모습도 변할 수 있단다. 하지만 모든 게 너무 낯설게만 느껴지는구나. 나도 그가 정말로 네 아버지인지 검증할 방법을 생각해 보겠다. 텔레마코스, 그러니 이 어미를 믿고 좀 기다려주겠니?"

한편, 안채로 들어간 오디세우스는 곧장 욕실로 갔다. 그는 피로 얼룩진 누더기를 벗어던지고 몸을 깨끗이 씻었다.

'페넬로페가 내 모습을 알아보지 못하다니, 이제 앞으로 어떻게 한단 말인가? 트로이아로 원정을 떠난 게 이십 년 전 일이었다. 그때의 모습과 지금 내 모습은 판이하게 다르다. 더구나 아테나 여신께서 내 모습을 늙은이로 바꿔 놓았다. 그녀가 나를 알아보지 못하는 것도 무리는 아니다. 하지만 그녀라면 내 모습이 어떻게 바뀌었어도 알아볼 줄 알았는데…….' 오디세우스는 목욕을 하면서도 계속 페넬로페가 자신을 알아보지 못한 일이 못내 신경에 쓰였다.

오디세우스는 목욕이 끝난 후 온몸에 향유를 바르고 곱고 깨끗한 옷으로 갈아입자 기분이 나아졌다. 이때 아테나 여신이 몰래 나타나서 황금 지팡이로 오디세우스의 몸을 살짝 건드렸다. 그러자 오디세우스의 모습은 이전보다 더욱 훌륭하고 늠름한 모습으로 바뀌었다. 피부는 더욱 매끄럽고 부드러워졌으며, 치렁치렁한 머리카락은 더욱 검고 윤기가 흘러내렸다. 눈동자는 맑고 투명하게 빛났다. 오디세우스는 자신의 모습이 이전보다 더 젊고 건강한 모습으로 변한 것을 알고 놀라워하며 기뻐했다.

‘이제 페넬로페가 내가 오디세우스라는 것을 한눈에 알아보겠지?’

오디세우스는 기쁜 마음으로 홀 안에 돌아와 페넬로페와 맞은편 자리에 가서 앉았다. 그런데 페넬로페의 표정은 그의 기대를 무너뜨렸다. 마치 무슨 끔찍한 괴물이라도 본 것처럼 놀란 표정이었다. 페넬로페는 눈앞에 앉아있는 사내의 모습이 오디세우스라는 것을 한눈에 알아보았다. 하지만 그 사실이 그녀를 더욱 혼란에 빠뜨렸다. 좀 전에 안채로 들어갔던 늙고 볼품없던 노인이 안채를 다녀와서 젊고 늠름한 오디세우스의 모습으로 바뀌었다. 그것이 어떻게 가능하다는 말인가? 그녀는 ‘혹시 어떤 신이 오디세우스의 모습을 하고 자신을 현혹하는 것은 아닐까’하고 의심했다. 그런 것이 아니라면 그녀의 상식으로는 도저히 있을 수 없는 일이었다.

오디세우스는 생각지도 못했던 페넬로페의 반응에 상심했다. 그는 더는 참지 못하고 입을 열었다.

“당신의 심장은 무쇠로 만들어졌나 보오. 세상의 어떤 여자도 당신처럼 냉담하게 남편을 외면하지는 않을 것이오. 더군다나 이십 년 만에 집에 돌아온 남편을 말이오! 앞으로 당신 마음대로 하시오. 나는 이제 그만 가서 잠이나 자야겠소! 유모, 이 집안 아무 곳이나 내 잠자리를 부탁하오. 이 집의 안주인은 죽은 줄 알았던 남편이 살아 돌아와도 따뜻한 말 한마디 건네지 않는구려!”

오디세우스는 한탄하듯 말을 내뱉고는 자리에서 일어섰다. 순간 페넬로페에게 좋은 생각이 떠올랐다. 그녀는 곧 오디세우스의 정체를 밝힐 수 있을 것으로 확신했다.

"유모, 시녀들을 데리고 가서 오디세우스 님의 침실에 있는 침대를 다른 방으로 옮겨다 놓고, 그 위에 양털 이불과 담요를 덮어주세요."

그러자 오디세우스는 미간을 찌푸리며 그녀를 조롱하듯이 웃었다.

"페넬로페여, 지금 내 침대를 옮기라고 했소? 시녀들이 무슨 수로 그 침대를 옮긴단 말이오? 만약 신께서 하신다면 몰라도 어느 누구도 그 침대를 옮길 수는 없소. 내가 그 침대를 어떻게 만들었는지 당신은 벌써 잊은 것이오? 예전에 저 안뜰에 굵은 올리브 나무가 한 그루 있었소. 그런데 그 줄기가 가늘고 곧은 것이 마치 천장을 받치고 있는 기둥 같았소. 나는 그 나무를 중심으로 해서 침실을 만들고, 석축을 쌓아올려 완성한 후 그 위에 지붕을 씌우고 튼튼하게 짜 맞춘 문짝들을 달았소. 그렇게 해서 둥근 천장을 가진 넓고 큰 멋진 침실이 완성된 것이오.

그런 다음, 이번에는 기다란 잎이 달린 올리브 나무의 잔가지들을 모두 쳐버리고 밑동을 다듬은 후 반들반들하게 갈아서 침대 기둥으로 만들었소. 그 침대 기둥에서부터 시작하여 나는 침상을 만들기 시작했고, 그것이 완성되자 황금과 은과 상아로 세공을 해서 장식하고 그 안에 자주색으로 물들인 쇠가죽 끈을 빙빙 감아서 묶었소. 그러니 아무리 힘이 강한 사람도 그 침대를 다른 곳으로 옮길 수 없소. 왜냐하면 침대의 기둥이 땅속 깊숙이 뿌리를 내리고 있으니 말이오!"

페넬로페는 그제야 그가 오디세우스라는 것을 확신했다. 세상에 그 침대의 비밀을 아는 사람은 자신과 오디세우스뿐이었기 때문이다. 그녀는 눈물을 흘리며 오디세우스에게 달려가서 두 팔로 그의 목을 감싸 안으며 입을 맞추었다.

"맞아요. 이제 저는 당신이 제 남편 오디세우스님이라는 것을 확실히 믿어요. 세상에서 그 침대의 비밀은 아는 사람은 당신과 나뿐이기 때문이지요. 제가 당신을 보자마자 반기지 않았다고 너무 서운하게는 생각하지 마세요. 그럴 수밖에 없었어요. 저는 누군가가 제게 와서 간사한 말로 저를 속여넘기지나 않을지 늘 불안에 떨며 살았어요. 세상에는 교활한 수법으로 사기를 치는 인간들이 너무 많으니까요."

오디세우스는 일편단심 자신만을 기다려준 아내가 너무 고맙고 사랑스러웠다. 그래서 페넬로페를 끌어안고 하염없이 눈물을 흘렸다. 마치 바다에서 배가 풍랑에 난파되어 표류하던 사나이에게 육지가 보이는 것이 한없이 기쁘고 감사한 것처럼 페넬로페도 기쁘기는 마찬가지였다.

오디세우스가 페넬로페를 향해 말했다.

"부인, 우리는 아직 모든 고난에서 벗어난 것은 아니오. 아직 예측할 수 없는 힘들고 어려운 일들이 남아 있소. 나는 그 일들을 마무리해야만 하오. 이제 우리 침상으로 가서 달콤한 잠에 몸을 맡기고 휴식을 취합시다."

페넬로페의 몸종인 에우리노메는 횃불을 밝혀 안채 깊숙한 침실로 두 사람을 안내했다. 부부는 즐거운 마음으로 침상에 들어 달콤한 사랑을 마음껏 나누며 회포를 풀었다. 그러고 나서 부부는 자신들이 겪었던 이야기들을 서로 나누었다. 페넬로페는 오디세우스가 트로이아로 떠난 후 구혼자들에게 시달렸던 이야기를 했고, 오디세우스는 트로이아 전쟁 후 집으로 돌아오기까지 겪었던 엄청난 고난에 대해 자세히 이야기

오디세우스와 페넬로페 프란체스코 프리마티초, 1545년경

했다. 그들은 이야기에 심취하여 시간의 흐름을 전혀 의식하지 못했다. 하지만 밤은 점점 깊어져가고 있었다.

오디세우스가 파이아케스족의 나라에 가게 된 일과 그들이 고향으로 호송해 준 이야기를 했을 때, 그들은 온몸을 나른하게 하는 잠 속으로 깊이 빠져들었다.

빛나는 눈의 여신 아테나는 부부가 충분히 회포를 풀고 충분한 수면을 취했을 즈음, 붙잡아 두었던 새벽의 여신을 다시 하늘에 오르게 했다. 빛이 세상을 밝히자 오디세우스는 잠에서 깨어났다.

"부인, 나는 잠시 집을 다시 떠나야 하오. 아침이 되면 구혼자들이 모두 죽음을 당했다는 소문이 도시에 퍼져나갈 거요. 그렇게 되기 전에 우리는 시골에 계신 아버님 라에르테스의 농장으로 피신해 있어야만 하오. 어쩌면 구혼자들의 가족이 복수를 하기 위해 그곳까지 찾아올 수도 있소. 그렇게 되면 우리는 다시 한번 피비린내 나는 싸움을 해야 할 거요. 하지만 염려할 것 없소. 아테나 여신께서 내 편이 되어주시겠다고 약속했소. 내가 궁전을 떠나면 궁전의 모든 문을 단단히 잠근 후 시녀들을 데리고 이층으로 올라가서 그곳에서 지내도록 해요. 내가 돌아올 때까지 아무도 만나지 말고 아무에게도 묻지 마시오."

오디세우스는 침실을 나와 무장을 한 뒤 텔레마코스와 에우마이오스, 필로이티오스를 깨워 떠날 채비를 하게 했다. 그들이 무장을 마치자 오디세우스가 앞장을 섰다. 아테나 여신은 이들을 어둠으로 감싸서 재빨리 도시 밖으로 데려갔다.

제24장

모험의 끝

오디세우스 일행은 들판과 숲을 지나고 평평한 언덕을 넘어 라에르테스의 농장에 도착했다. 저 멀리 그의 집이 보이고, 집 주위에는 빙 돌아가며 오두막들이 있었는데 그곳에는 하인들이 생활했다. 그곳에는 또 시칠리아 출신의 늙은 하녀가 한 명 있었는데, 그녀는 라에르테스와 다른 남자들의 시중을 들고 있었다. 그녀가 말했다.

"라에르테스 님은 과수원에 가셨어요. 그리고 돌리오스는 아들들과 함께 아침 일찍 울타리를 만들 재료를 구하러 나갔어요."

늙은 하녀의 말에 오디세우스는 손에 들고 있던 창을 텔레마코스에게 주었다.

"너는 에우마이오스와 필로이티오스를 데리고 집 안으로 들어가서 가장 살찐 돼지를 잡아 점심을 준비해라. 나는 아버님을 모시고 오겠다."

오디세우스는 아버지를 만나기 위해 과수원으로 갔다. 그곳에는 나무마다 잘 익은 사과, 배, 무화과, 포도 등이 주렁주렁 달려있었다. 라에르테스는 그곳에서 어린 나무를 옮겨 심고 있었다.

오디세우스는 배나무 밑에 숨어서 아버지의 모습을 바라보았다.

그는 누더기를 걸치고 정강이에는 쇠가죽으로 이어 만든 각반을 감고 손에는 식물의 가시에 찔리는 것을 막기 위해 장갑을 끼고 있었다. 그리고 머리에는 염소 가죽 모자를 쓰고 있었다.

'아버지도 그동안 많이 늙으셨구나.'

오디세우스는 아버지의 모습이 너무도 노쇠하고 비참해 보여서 절로 눈물이 나왔다.

'그동안 나 때문에 얼마나 마음고생이 심하셨을까? 아버지는 분명 내가 죽었다고 믿고 계실 거야. 당장 달려가서 아버지께 입을 맞추고 그동안 있었던 일들을 말씀드릴까? 아니야, 그랬다가 고령의 아버지께서 너무 기쁘고 놀라신 나머지 심장에 무리가 갈 수도 있어. 차라리 말을 돌려가면서 천천히 내 정체를 밝히는 것이 좋겠다.'

이렇게 마음을 먹은 오디세우스는 곧장 아버지에게 다가갔다. 라에르테스는 머리를 숙이고 어린 나무 주위를 막 파헤치고 있었다. 오디세우스는 그 옆으로 다가가서 말을 걸었다.

"어르신, 과수원을 가꾸는 솜씨가 보통이 아니십니다. 모든 나무의 열매들이 하나같이 모두 탐스럽게 열렸네요. 올리브 나무, 무화과나무, 사과나무, 배나무, 포도나무, 거기에 채소밭까지 구석구석 정말 잘 가꾸셨네요.

그런데 이 과수원에 한 가지 흠이 있네요. 제가 보기에 어르신은 자신을 가꾸는 일에 소홀하신 것 같습니다. 제가 이런 말씀을 드린다고 해서 언짢게 생각하지는 말아주십시오. 어르신께서는 비록 누추한 옷을 입고 계시지만 고귀한 신분을 가진 분으로 보여서 드리는 말씀입니다. 어떤 사정이 있으신지 저는 잘 모르겠지만, 어르신처럼 고귀한 신분에 연세가 많으신 분은 이런 고된 일에 맞지 않습니다. 지금도 심신이 많이 지쳐 보이시거든요. 누군가의 강요에 의해 이 일을 하시는 것이 아니라면, 목욕을 한 다음 식사를 하시고 푹신한 잠자리에서 휴식을 취하셔야 할 것 같습니다.

그건 그렇고, 저는 외국에서 와서 이곳 사정을 잘 모릅니다. 이 나라가 이타케이며 라에르테스의 아들 오디세우스가 살고 있는 곳이 맞습니까? 예전에 그분은 제 집에 손님으로 머물러 계신 적이 있었습니다. 그때 우리는 짧은 시간을 함께 했지만 마음이 통해 돈독한 우정을 쌓있었지요. 그분이 고향으로 떠날 때 저는 많은 선물을 드렸습니다. 황금 일곱 달란트와 꽃을 조각하여 장식한 은으로 만든 혼주 병, 털 망토 두벌과 모직 덮개와 담요 각각 열두 개, 속옷 열두 벌을 준비해 드렸죠. 그리고 일솜씨가 뛰어난 아름다운 여자도 네 명을 보냈는데, 모두 그분이 선택한 여자들이었지요."

라에르테스는 갑자기 땅 파는 일을 멈추었다. 그가 몸을 일으켰을 때 그의 두 눈에서는 어느새 눈물이 흘러내리고 있었다.

"그렇소. 이곳이 바로 이타케이고, 오디세우스는 내 아들이라오. 내 아들은 한때 이곳 궁전에 살았지만 지금은 생사를 알 수가 없다오. 그런데 그의 집에는 요즘 불한당 같은 무리들이 몰려와서 행패를 부리고, 그의 재산을 허락도 없이 멋대로 탕진하고 있다오. 먼 길을 오신 것 같은데 내 아들을 만날 목적으로 오셨다면 헛걸음을 하셨구려. 만약 내 아들이 살아있었다면 당신을 극진히 대접하고 충분한 답례의 선물도 드렸을 텐데.

그런데 손님, 당신이 오디세우스를 만난 것이 정확히 언제요? 내 아들이 트로이아로 떠난 지 어느덧 이십 년이 되었다오. 그 긴 시간 동안 아들의 소식을 고대하며 살다 보니 어느덧 애간장이 다 녹았다오. 그러니 제발 이 늙은이에게 확실하게 말해주시오. 당신은 누구이며 어느 나라에서 왔고, 내 아들을 만난 시기는 언제쯤이며, 이타케에는 어떤 배를 타고 온 것이오?"

이때 오디세우스는 언제나 그랬던 것처럼 이야기를 꾸며냈다. 그러다가 갑자기 목이 메고 말았다. 이야기를 듣던 라에르테스의 두 눈에서 끊임없이 눈물이 흘러내렸고, 이방인 앞에서 고통을 감추려는 아버지의 모습이 안쓰러웠기 때문이었다. 오디세우스는 참지 못하고 아버지의 품으로 달려들었다.

"아버지, 접니다. 아버지가 그토록 기다리시던 아들 오디세우스입니다. 제가 이십 년 만에 돌아왔습니다."

오디세우스는 이렇게 말하고 라에르테스를 와락 끌어안으며 그 뺨과 어깨에 입을 맞추었다. 그러나 라에르테스는 믿기지 않는 듯 오디세우스를 살며시 품에서 밀어냈다.

나이든 라에르테스를 안고 있는 오디세우스 테오도르 반 툴덴, 1600년

“내 아들의 얼굴을 본 지가 너무 오래되었소. 게다가 나는 이미 많이 늙어버렸소. 당신이 정말로 오디세우스라면 증거를 보여주시오.”

오디세우스는 얼른 다리의 흉터를 보여주었다.

“이 흉터 기억하시죠? 제가 어렸을 적에 외할아버지 댁에 간 적이 있었죠. 그때 나는 외삼촌들과 함께 파르나소스 숲으로 사냥을 갔다가 멧돼지에게 물려 깊은 상처를 입었었지요. 그리고 한 가지 더 말씀드릴게요. 제가 아주 어렸을 적이었어요. 그때 저는 심심하면 아버지를 따라 과수원 사이를 뛰어다녔습니다. 저는 어린 마음에 별걸 다 졸라대며 물었었지요. 그러자 아버지는 나무 사이를 걸어가시면서 나무 이름을 일일이 일러주시고 약속하셨어요. 사과나무 열 그루, 배나무 열세 그루, 무화과나무 마흔 그루를 제게 선물로 주시겠다고요."

"오오, 틀림없구나. 내 아들 오디세우스가 틀림없어!"

라에르테스는 감격에 겨운 얼굴로 오디세우스의 말을 중단시킨 뒤 그를 얼싸안으려고 했다. 그러나 다음 순간, 그는 그만 정신을 잃고 말았다. 오디세우스는 쓰러지는 라에르테스를 재빨리 팔을 벌려 끌어안았다. 라에르테스는 곧 다시 정신을 차렸다.

"네가 마침내 고향에 돌아왔구나, 내 아들아."

라에르테스는 떨리는 음성으로 말했다.

"그러나 너의 집에는 재앙이 일어나고 있다. 네가 없는 사이에 많은 사내들이 네 아내에게 청혼을 하고, 네 집을 무단으로 점거한 후 허락도 없이 네 재산을 마구 탕진하고 있단다."

"아버지, 그 일이라면 걱정하지 마세요. 제가 이미 구혼자들을 모두 죽였습니다."

라에르테스는 깜짝 놀라더니 이내 걱정스러운 표정으로 말했다.

"그들이 마침내 자신들의 악행에 대한 죗값을 치렀구나. 하지만 걱정이로구나. 그들의 가족이나 일가친척들이 네게 복수를 하겠다고 몰려올 테니 말이다."

오디세우스는 담담한 표정을 지으며 아버지를 안심시켰다.

"아버지, 그런 일은 걱정하지 마십시오. 제게도 다 계획이 있습니다. 그보다도 이제 집으로 가시죠. 식사를 준비시켜 놓았습니다."

오디세우스와 라에르테스는 이런저런 이야기를 주고받으며 집으로 향했다. 두 사람이 도착했을 때 텔레마코스와 에우마이오스, 필로이티오스는 이제 막 고기를 썰어서 나누고, 붉은 포도주를 섞고 있었다. 그 동안 라에르테스는 목욕을 하고 향유를 몸에 바른 뒤 깨끗한 옷을 입고 어깨에 망토를 둘렀다. 아테나 여신은 그의 팔과 다리를 살찌워서 전보다 더욱 굵고 튼튼하게 만들어 주었다. 그가 목욕을 마치고 돌아오자 오디세우스는 아버지의 모습에 감탄했다.

"아버지, 불사의 신들께서 아버지에게 은총을 베풀어주셨군요. 이전보다 훨씬 강하고 젊어지신 것 같습니다."

그러자 라에르테스가 곧바로 불멸의 신들에게 감사의 기도를 올렸다. 그러고 나서 함께 식탁에 둘러앉았다. 이때 돌리오스와 그 아들들이 식사를 하기 위해 집으로 돌아왔다. 돌리오스는 오디세우스를 보자 두 눈이 휘둥그레 졌다. 그는 너무나 놀라서 마치 넋이 나간 것처럼 보였다. 그 모습을 보고 오디세우스는 하마터면 웃음을 터뜨릴 뻔했다.

"할아범, 어서 이리 와서 앉아요. 그만 놀라고, 아까부터 식사 준비를 하고 기다리던 참이오."

"저, 정말 주인님이신가요? 제가 잘못 본 것은 아니겠지요? 이렇게 살아서 돌아오실 줄은 상상도 못했습니다. 그런데 이렇게 건강한 모습으로 돌아오시다니요."

돌리오스는 그제야 기쁜 표정을 지으며 눈물을 글썽거렸다. 그러고는 다짜고짜 두 팔을 벌리고 오디세우스에게 다가오더니, 손목에 입을 맞추었다. 돌리오스의 아들들도 오디세우스에게 다가와 인사를 했다. 오디세우스가 트로이아로 떠날 때 그들은 소년에 불과했다. 그러나 그들의 기억 속에 오디세우스는 멋진 영웅의 모습으로 각인되어 있었다.

그래서 오디세우스의 모습이 전혀 낯설지 않았고, 금방 그를 알아볼 수 있었다. 그들은 모두 식탁에 둘러앉아 이야기꽃을 피우며 즐겁게 음식을 나누었다.

한편 구혼자들이 죽었다는 소식은 바람에 번지는 들불처럼 도시에 퍼져나갔다. 구혼자들의 가족과 친척, 친구들은 모두 궁전으로 몰려갔다. 그러나 궁전은 텅 비어있는 듯 조용했고, 건물은 모두 잠겨 있었다. 정원에 쌓여있던 시체들은 가족들의 손에 넘어가 집으로 옮겨졌다. 타지에서 온 이들의 시체는 배에 실려 각자의 집으로 출발했다. 구혼자들의 집에서는 장례가 치러졌고, 가족들의 애끊는 통곡소리가 밖으로 흘러나왔다.

모든 장례절차가 마무리된 후 구혼자들의 가족 중 남자들은 모두 광장에 모였다. 안티노오스의 아버지 에우페이테스가 나서서 연설을 시작했다.

"여러분, 오디세우스는 이타케인들에게 너무도 끔찍한 악행을 저질렀소!"

그의 목소리는 분노로 가득 차 있었고, 두 눈에서는 분노의 불길이 이글거렸다.

"그는 이십 년 전 이타케의 젊고 유능한 젊은이들을 이끌고 트로이아 원정을 떠났소. 그러나 함께 간 젊은이도 그 많은 함선도 우리는 두 번 다시 볼 수 없었소. 그런데 이번에는 염치없이 혼자 살아 돌아와서는 이타케인들 중에서도 가장 뛰어난 젊은이들을 살해했습니다. 희생자들은 모두 사랑하는 우리의 형제와 아들들이오. 우리는 응당 그에게 핏값을 받아내야 합니다. 우리가 만약 그 살인자를 살려둔다면 훗날 우리의 자손들이 조상인 우리를 욕할 것이오. 그럴 바에는 차라리 스스로 목숨을 끊어버리고 하데스로 떠난 내 아들과 동행하는 것이 낫겠소.

우리는 오디세우스가 필로스나 엘리스로 도망가지 못하도록 당장 그를 찾아내야 합니다. 그들이 지금 궁전을 비운 것으로 봐서는 분명 라에르테스의 농장으로 갔을 겁니다. 자, 이제 여러분은 모두 집으로 가서 무기를 들고 나오시오. 당장 그곳으로 쳐들어갑시다!"

에우페테이스가 연설을 마치자 사람들은 모두 그의 말에 동의했다. 이때 전령 메돈이 자리에서 일어났다. 그는 구혼자들의 가족들이 광장에 모인다는 소식을 듣고 음유시인 페미오스와 함께 급히 달려왔던 것이다.

"이타케의 고귀하신 분들이여, 부디 내 말에 귀를 기울여 주십시오! 여러분이 가족의 복수를 생각하시는 점은 충분히 이해합니다. 그러나 한 번 생각해 보십시오. 오디세우스님께서 어떻게 혼자서 그 혈기왕성한 많은 젊은이들을 상대할 수 있었을까요? 신들께서 관여하지 않으셨다면 가능했을까요? 제가 분명히 말씀드립니다. 구혼자들이 죽음에 이른 것은 모두 신들의 뜻입니다. 악행에 대한 합당한 응징은 언제나 신들의 몫이기 때문입니다. 여기에 대한 판단은 여러분들의 몫입니다. 하지만 여러분이 하시려는 일이 과연 신들께서 동의하실지 신중하게 생각하시기 바랍니다."

그러자 사람들은 모두 새파랗게 질렸다. 과연 그랬다. 신들의 개입

없이 오디세우스의 힘만으로 그 많은 수의 구혼자들을 상대한다는 것은 불가능하다. 그들은 메돈의 말이 허튼소리가 아니라는 것을 충분히 이해했다.

이번에는 할리테르세스가 나섰다. 그는 과거나 미래를 내다볼 수 있는 능력의 소유자였다.

"지금까지 일어난 모든 일의 원인은 여러분에게도 있소! 나는 이미 오래전부터 당신들의 형제들과 아들들이 저지르는 만행을 중단시키도록 경고했었소. 그리고 백성들의 지도자인 멘토르님도 나와 같은 경고를 했습니다. 그러나 당신들은 무시했고, 결국 지금과 같은 비극적인 결과를 초래한 것이오. 나는 이 시간에 다시 한번 당신들에게 권면하겠소. 이번엔 당신들의 목숨이 달린 문제요. 여러분의 심정을 이해 못 하는 바는 아니지만 신들의 뜻을 거슬려 스스로 비극을 자초하지는 마시오! 그러니 지금이라도 복수를 멈추시오!"

그러자 사람들은 복수를 하자는 쪽과 하지 말자는 쪽으로 나뉘어 치열한 설전을 벌였다. 그러다가 절반이 넘는 사람이 복수를 포기하고 신의 뜻에 따르기로 했다. 그들은 모두 집으로 돌아갔다. 하지만 남아 있는 사람들은 에우페이테스를 따라 복수를 감행하기로 했다.

한편 올림포스 신전에서는 신들의 왕 제우스와 지혜와 전쟁의 여신 아테나가 이타케에서 일어나는 일들을 지켜보고 있었다.

"아버지 제우스시여! 이타케에 또다시 피바람을 일으키실 건가요? 저 가련하고 우매한 자들이 또다시 서로에게 창을 겨누는 모습을 지켜보기만 해야 하나요? 저들을 화해시킬 의향은 없으신가요?"

제우스가 대답했다.

"내 딸이여, 어째서 너는 내 생각을 자꾸만 묻는 것이냐? 오디세우스로 하여금 귀국하여 구혼자들의 악행을 심판하게 만든 것, 애초에 그 일을 계획한 것은 네가 아니냐? 그러니 지금도 네 생각대로 하여라! 다만 무엇이 의로운 일인지 헤아려 보아라. 죽은 자들은 자신들의 악행에 대한 대가를 이미 지불했고, 그것으로 불의는 응징되었다. 그러니 이제 증오와 불화는 모두 끝내고, 서로 양보해서 굳은 평화 서약을 맺도록 하는 게 좋을 것 같구나.

오디세우스는 예전처럼 다시 이타케의 왕으로 군림할 것이며, 예전처럼 행복과 번영을 누리도록 왕과 백성들 사이에 평화가 깃들어야 할 것이다. 내 생각을 말했을 뿐이지만 선택은 어찌 되었던 네 몫이다."

제우스의 말이 끝나자마자 아테나 여신은 서둘러 라에르테스의 농장으로 내려갔다. 그녀는 구혼자의 가족들이 몰려오는 길목에 몸을 숨기고 기다렸다.

이때 오디세우스 일행은 점심 식사를 끝내고 느긋한 마음으로 휴식을 취하고 있었다. 그러다가 오디세우스가 말했다.

"누가 밖을 좀 살피고 오겠나? 구혼자들의 가족이 근처에 몰려와 있으면 큰일이다."

돌리오스의 아들 중 한 명이 시키는 대로 밖으로 나가 바깥의 동정을 살폈다. 이때 그는 언덕 아래에서 농장을 향해 달려오는 한 무리의 사람들을 발견했다.

"주인님, 큰일 났습니다. 지금 한 무리의 무장한 사람들이 이곳을 향해 언덕을 올라오고 있습니다!"

"그렇다면 우리도 빨리 무장을 하자!"

그들은 모두 일어서서 무장을 했다. 오디세우스 일행 네 명, 돌리오스의 아들 여섯 명, 다른 하인들과 라에르테스와 돌리오스까지 갑옷을 입고 긴 창으로 무장을 했다. 그러고는 농장 입구로 달려갔다. 마침 구혼자들의 가족들도 농장의 입구에 도착했다. 그들은 오디세우스 일행과 마주치자 여기저기서 분노의 함성을 질러댔다.

선두에 있던 에우페이테스가 오디세우스를 발견하고 분노를 참지 못하고 창을 던졌다. 그 모습을 보고 라에르테스도 창을 던졌는데, 아테나 여신이 그의 팔에 강력한 기운을 불어 넣어주었다. 에우페이테스의 창은 오디세우스를 빗나갔지만, 라에르테스의 창은 에우페이테스의 투구를 꿰뚫었다. 에우페이테스가 쿵 하고 소리를 내며 쓰러졌고, 그의 무구들이 요란하게 울렸다.

그것을 신호로 양측은 서로를 향하여 돌진했다. 칼과 창들이 서로 요란하게 맞부딪혔다. 오디세우스와 텔레마코스가 창과 칼을 휘두를 때마다 구혼자의 가족들은 목숨을 잃고 쓰러졌다. 만약 아테나 여신이 싸움을 만류하지 않았다면 구혼자의 가족들은 모두 목숨을 잃었을지도 모른다.

"이타케의 남자들이여, 모두 전투를 멈추거라! 더 이상 너희 형제들의 피를 흘리지 마라!"

전투에 몰두하고 있던 사람들은 여신의 크고 무시무시한 목소리를 듣자 공포에 사로잡혔다. 겁에 질린 그들은 손에 잡고 있던 무기를 내

던지고 마을로 향해 달아났다. 그러자 오디세우스가 칼을 휘두르며 그 뒤를 쫓았다. 그때 하늘에서 제우스가 노하여 벼락을 던졌다. 오디세우스는 깜짝 놀라 뒷걸음쳤다. 아테나 여신이 오디세우스에게 말했다.

"라에르테스의 아들 오디세우스여! 피비린내 나는 전투는 이제 그만두어라. 제우스 신의 분노를 사지 않도록 조심해라. 그리고 앞으로는 평화를 유지하도록 하라!"

오디세우스는 여신의 명령을 따랐다. 아테나 여신은 멘토르의 음성을 빌려 양측을 설득한 후 서로 화해와 평화의 서약을 맺도록 했다.

271p 펠레그리노 티발디, 「헬리오스의 소를 잡는 오디세우스의 동료들」, 1554~1556년

274p 헨리 푸젤리, 「스킬라와 카립디스 앞의 오디세우스」, 1794~1796년 사이

280p 「파이아케스인들에게 작별을 고하는 오디세우스」, 17세기 초

289p 주세페 보타니, 「이타카 섬을 밝히기 위해 오디세우스에게 나타나는 아테나」, 18세기

291p 주세페 보타니, 「아테나에 의해 거지로 변한 오디세우스」, 1775년

295p 루이 프레데릭 슈첸베르거, 「에우마이오스의 개들에게 공격받은 오디세우스」, 1886년

302p 존 플랙스만, 월터 파젯, 「에우마이오스와 대화하는 오디세우스」, 1910년

329p 요한 아우구스트 나흘 르 주네, 「오디세우스를 알아보는 텔레마코스」, 1752~1825년

341p 에버하르트 폰 베히터, 「텔레마코스의 귀환」, 1804년

349p 루이 프레데릭 슈첸베르거, 「아르고스와 오디세우스」, 1884년

361p 로비스 코린트, 「거지와 싸우는 오디세우스」, 1903년

374p 요한 하인리히 빌헬름 티슈바인, 「오디세우스와 페넬로페」, 1802년

381p 귀스타브 불랑제, 「오디세우스를 알아 본 에우리클레이아」, 1849년

397p 안젤리카 카우프만, 「오디세우스의 활을 내리는 페넬로페」

412p 크리스토퍼 빌헬름 에케르스베르크, 「페넬로페의 구혼자들에 대한 오디세우스의 복수」, 1814년

421p 귀스타프 모로, 「구혼자」, 1852~1853년 사이

429p 안젤리카 카우프만, 「에우리클레이아가 깨운 페넬로페」, 1772년

·저작권자를 찾지 못하여 게재 허락을 받지 못한 일부 작품에 대해서는 저작권자가 확인되는 대로 게재 허락을 받고 통상의 기준에 따라 사용료를 지불하도록 하겠습니다.

지금 시작하는
오디세이아

초판 1쇄 인쇄 2022년 11월 11일
초판 1쇄 발행 2022년 11월 18일

지은이 양승욱
펴낸이 이효원
편집인 강산하
마케팅 추미경
디자인 박대성(표지), 기린(본문)
펴낸곳 탐나는책
출판등록 2015년 10월 12일 제 2021-000142호
주소 경기도 고양시 덕양구 삼송로 222, 101동 305호(삼송동, 현대헤리엇)
전화 070-8279-7311 **팩스** 02-6008-0834
전자우편 tcbook@naver.com

ISBN 979-11-89550-79-0 (04920)
ISBN 979-11-89550-56-1 (세트)

* 값은 뒤표지에 있습니다.
* 잘못된 책은 구입하신 서점에서 바꾸어 드립니다.